ZUIGAORENMINJIANCHAYUAN
SIFA JIESHI ZHIDAOXING ANLI LIJIE YU SHIYONG

——— 2019 ———

最高人民检察院
司法解释 指导性案例
理解与适用

最高人民检察院法律政策研究室 编著

【权威解读·要旨提示·析案答疑·应用指南】

中国检察出版社

出版说明

最高人民检察院司法解释和指导性案例对促进检察机关严格公正司法，保障法律统一正确实施，具有重要意义。2016年1月施行的《最高人民检察院司法解释工作规定》指出，最高人民检察院就检察工作中具体应用法律的问题制定的司法解释，具有法律效力，是司法人员办理案件的重要法律依据。2019年4月施行的《最高人民检察院关于案例指导工作的规定》提出，各级人民检察院应当参照指导性案例办理类似案件，将指导性案例纳入业务培训，充分发挥指导性案例规范司法办案的作用。

同时，最高人民检察院还发布了为数不少的事实上对法律适用活动产生重大乃至决定性影响的规范性文件，这些规范性文件包括但不限于"意见""办法"等。为帮助读者准确理解和适用最高人民检察院发布的司法解释、指导性案例及司法文件，以指导司法实践，我们特别编辑出版了《最高人民检察院司法解释指导性案例理解与适用（2019）》，本书全面收录了2019年1月至2020年1月最高人民检察院及最高人民检察院与最高人民法院等部门联合制定发布的司法解释及相关规范性文件36个、最高人民检察院指导性案例两批8个。

为了便于读者收集整理，我们每年出版一册，敬请期待。

2020年10月

目　　录

一、司法解释及相关规范性文件

最高人民检察院、生态环境部及国家发展和改革委员会、司法部、自然资源部、住房城乡建设部、交通运输部、水利部、农业农村部、国家林业和草原局

关于在检察公益诉讼中加强协作配合依法打好污染防治攻坚战的意见

（2019年1月2日） ………………………………（3）

最高人民法院、最高人民检察院、公安部

关于依法惩治妨害公共交通工具安全驾驶违法犯罪行为的指导意见

（2019年1月8日） ………………………………（7）

最高人民法院、最高人民检察院、公安部

关于办理非法集资刑事案件若干问题的意见

（2019年1月30日） ……………………………（10）

最高人民法院、最高人民检察院

关于办理非法从事资金支付结算业务、非法买卖外汇刑事案件适用法律若干问题的解释

（2019年2月1日） ………………………………（16）

最高人民法院、最高人民检察院、公安部、司法部、生态环境部

关于办理环境污染刑事案件有关问题座谈会纪要

（2019年2月20日） ……………………………（19）

最高人民检察院、国务院扶贫开发领导小组办公室

关于检察机关国家司法救助工作支持脱贫攻坚的实施意见

（2019 年 2 月 25 日）………………………………（28）

《关于检察机关国家司法救助工作支持脱贫攻坚的实施

意见》理解与适用……………徐向春　马　滔　赵景川（32）

最高人民检察院

人民检察院检察建议工作规定

（2019 年 2 月 26 日）………………………………（41）

《人民检察院检察建议工作规定》理解与适用

………………………………高景峰　吴孟栓　米　蓓（46）

最高人民检察院

关于案例指导工作的规定

（2019 年 4 月 4 日）…………………………………（53）

最高人民检察院《关于案例指导工作的规定》理解

与适用……………………………………李文峰　张　杰（56）

最高人民法院、最高人民检察院、公安部、司法部

关于办理黑恶势力刑事案件中财产处置若干问题的意见

（2019 年 4 月 9 日）…………………………………（63）

《关于办理黑恶势力刑事案件中财产处置若干问题的

意见》解读…………………………………………曹红虹（68）

最高人民法院、最高人民检察院、公安部、司法部

关于办理实施"软暴力"的刑事案件若干问题的意见

（2019 年 4 月 9 日）…………………………………（76）

《关于办理实施"软暴力"的刑事案件若干问题的意见》的

阐释………………………………童碧山　刘宁宁　刘晋（79）

最高人民法院、最高人民检察院、公安部、司法部

关于办理恶势力刑事案件若干问题的意见

（2019 年 4 月 9 日）…………………………………（85）

《关于办理恶势力刑事案件若干问题的意见》的理解

与适用 …………………………… 朱和庆　周　川　李梦龙（90）

最高人民法院、最高人民检察院、公安部、司法部

关于办理"套路贷"刑事案件若干问题的意见

（2019年4月9日） ………………………………………（101）

《关于办理"套路贷"刑事案件若干问题的意见》的内容

与解析 …………………………… 朱和庆　周　川　李梦龙（105）

应急管理部、公安部、最高人民法院、最高人民检察院

安全生产行政执法与刑事司法衔接工作办法

（2019年4月16日） ……………………………………（112）

最高人民检察院

关于《非药用类麻醉药品和精神药品管制品种增补目录》能否

作为认定毒品依据的批复

（2019年4月30日） ……………………………………（118）

最高人民检察院

司法解释工作规定

（2019年5月13日） ……………………………………（119）

最高人民检察院

关于废止部分司法解释性质文件和规范性文件的决定

（2019年6月14日） ……………………………………（124）

民政部、最高人民法院、最高人民检察院、发展改革委、教育部、

公安部、司法部、财政部、医疗保障局、共青团中央、全国妇联、

中国残联

关于进一步加强事实无人抚养儿童保障工作的意见

（2019年6月18日） ……………………………………（135）

教育部、最高人民法院、最高人民检察院、公安部、司法部

关于完善安全事故处理机制维护学校教育教学秩序的意见

（2019年6月25日） ……………………………………（142）

最高人民法院、最高人民检察院

关于办理利用未公开信息交易刑事案件适用法律若干问题的解释

（2019 年 7 月 1 日） ·· （147）

最高人民法院、最高人民检察院

关于办理操纵证券、期货市场刑事案件适用法律若干问题的解释

（2019 年 7 月 1 日） ·· （150）

最高人民检察院

人民检察院办案活动接受人民监督员监督的规定

（2019 年 8 月 27 日） ·· （154）

《人民检察院办案活动接受人民监督员监督的规定》

理解与适用 ·· 董桂文（158）

最高人民法院、最高人民检察院

关于办理组织考试作弊等刑事案件适用法律若干问题的解释

（2019 年 9 月 4 日） ·· （170）

《关于办理组织考试作弊等刑事案件适用法律若干

问题的解释》理解与适用 ···················· 缐 杰 宋 丹（173）

科技部、中央宣传部、最高人民法院、最高人民检察院等

科研诚信案件调查处理规则（试行）

（2019 年 9 月 25 日） ·· （182）

最高人民法院、最高人民检察院、公安部、国家安全部、司法部

关于适用认罪认罚从宽制度的指导意见

（2019 年 10 月 11 日） ·· （192）

《关于适用认罪认罚从宽制度的指导意见》的理解

和适用 ··· 苗生明 周 颖（205）

国家监察委员会、最高人民法院、最高人民检察院、公安部、司法部

关于在扫黑除恶专项斗争中分工负责、互相配合、互相制约严惩

公职人员涉黑涉恶违法犯罪问题的通知

（2019 年 10 月 20 日） ·· （237）

最高人民法院、最高人民检察院、公安部、司法部
  关于办理非法放贷刑事案件若干问题的意见
    （2019年10月21日） ……………………………………（241）
最高人民法院、最高人民检察院、公安部、司法部
  关于办理利用信息网络实施黑恶势力犯罪刑事案件若干问题的意见
    （2019年10月21日） ……………………………………（244）
最高人民法院、最高人民检察院、公安部、司法部
  关于跨省异地执行刑罚的黑恶势力罪犯坦白检举构成自首立功
    若干问题的意见
    （2019年10月21日） ……………………………………（247）
最高人民法院、最高人民检察院、海关总署
  打击非设关地成品油走私专题研讨会会议纪要
    （2019年10月24日） ……………………………………（250）
最高人民法院、最高人民检察院
  关于办理非法利用信息网络、帮助信息网络犯罪活动等刑事案件
    适用法律若干问题的解释
    （2019年11月1日） ……………………………………（254）
最高人民法院、最高人民检察院、公安部、司法部
  关于敦促涉黑涉恶在逃人员投案自首的通告
    （2019年11月4日） ……………………………………（259）
最高人民检察院
  人民检察院办理群众来信工作规定
    （2019年11月21日） ……………………………………（260）
  《人民检察院办理群众来信工作规定》的理解与适用
    ……………………………………… 徐向春　刘文峰（266）
最高人民法院、最高人民检察院
  关于人民检察院提起刑事附带民事公益诉讼应否履行诉前公告
    程序问题的批复
    （2019年12月6日） ……………………………………（275）

最高人民检察院

人民检察院刑事诉讼规则

　　（2019 年 12 月 30 日） ………………………………………（276）

修订后的《人民检察院刑事诉讼规则》主要内容解读

　　………………………………最高人民检察院法律政策研究室（400）

最高人民法院、最高人民检察院、公安部

关于依法惩治袭警违法犯罪行为的指导意见

　　（2020 年 1 月 10 日） …………………………………………（410）

最高人民法院、最高人民检察院

关于缓刑犯在考验期满后五年内再犯应当判处有期徒刑以上刑罚
之罪应否认定为累犯问题的批复

　　（2020 年 1 月 20 日） …………………………………………（413）

二、指导性案例

最高人民检察院

关于印发最高人民检察院第十四批指导性案例的通知

　　（2019 年 5 月 21 日） …………………………………………（417）

检例第 52 号　广州乙置业公司等骗取支付令执行虚假诉讼
　　　　　　　监督案 ……………………………………………（418）

　　【关键词】骗取支付令　侵吞国有资产　检察建议

检例第 53 号　武汉乙投资公司等骗取调解书虚假诉讼监督案 ……（421）

　　【关键词】虚假调解　逃避债务　民事抗诉

检例第 54 号　陕西甲实业公司等公证执行虚假诉讼监督案 ………（424）

　　【关键词】虚假公证　非诉执行监督　检察建议

检例第 55 号　福建王某兴等人劳动仲裁执行虚假诉讼监督案 ……（426）

　　【关键词】虚假劳动仲裁　仲裁执行监督　检察建议

检例第 56 号　江西熊某等交通事故保险理赔虚假诉讼监督案 ……（429）

　　【关键词】保险理赔　伪造证据　民事抗诉

《最高人民检察院第十四批指导性案例》解读
……………………………………………… 吕洪涛　兰　楠(432)

最高人民检察院

关于印发最高人民检察院第十五批指导性案例的通知
(2019年9月9日) ……………………………………………… (446)

检例第57号　某实业公司诉某市住房和城乡建设局征收补偿认定
　　　　　　纠纷抗诉案 …………………………………………(447)

　　【关键词】行政抗诉　征收补偿　依职权监督　调查核实

检例第58号　浙江省某市国土资源局申请强制执行杜某
　　　　　　非法占地处罚决定监督案 …………………………(450)

　　【关键词】行政非诉执行监督　违法占地　遗漏请求事项　专项监督

检例第59号　湖北省某县水利局申请强制执行肖某河道违法
　　　　　　建设处罚决定监督案 …………………………………(453)

　　【关键词】行政非诉执行监督　河道违法建设　强制拆除

《最高人民检察院第十五批指导性案例》解读
……………………………………………… 张相军　胡文正(457)

一、司法解释及相关规范性文件

最高人民检察院、生态环境部及国家发展和改革委员会、司法部、自然资源部、住房城乡建设部、交通运输部、水利部、农业农村部、国家林业和草原局关于在检察公益诉讼中加强协作配合依法打好污染防治攻坚战的意见

(2019年1月2日发布并施行)

为贯彻落实党中央、国务院关于打好污染防治攻坚战的各项决策部署，充分发挥检察机关、行政执法机关职能作用，最高人民检察院、生态环境部会同国家发展和改革委员会、司法部、自然资源部、住房城乡建设部、交通运输部、水利部、农业农村部、国家林业和草原局等部门，就在检察公益诉讼中加强协作配合，合力打好污染防治攻坚战，共同推进生态文明建设，形成如下协作意见。

一、关于线索移送的问题

1. 完善公益诉讼案件线索移送机制。各方应积极借助行政执法与刑事司法衔接信息共享平台的经验做法，逐步实现生态环境和资源保护领域相关信息实时共享。行政执法机关发现涉嫌破坏生态环境和自然资源的公益诉讼案件线索，应及时移送检察机关办理。

2. 建立交流会商和研判机制。各单位确定相关职能部门共同建立执法情况和公益诉讼线索交流会商和研判机制，由检察机关召集，每年会商一次，确有需要的，可随时召开。有关行政机关也可就本系统行政执法和公益诉讼线索情况单独进行交流会商，共同研究解决生态环境和资源保护执法中的突出问题。检察机关对生态环境和资源保护领域易发、高发的系统性、领域性问题，可以集中提出意见建议；行政执法机关对检察机关办案中的司法不规范等问题，可以提出改进的意见建议。

3. 建立健全信息共享机制。根据检察机关办理公益诉讼案件需要，行政执法机关向检察机关提供行政执法信息平台中涉及生态环境和资源保护领域的行政处罚信息和监测数据，以及环保督察等专项行动中发现的问题和线索信

息。检察机关定期向行政执法机关提供已办刑事犯罪、公益诉讼等案件信息和数据信息。进一步明确移送标准，逐步实现行政执法机关发现公益诉讼案件线索及时移送检察机关、检察机关发现行政执法机关可能存在履职违法性问题提前预警等功能。

二、关于立案管辖的问题

4. 探索建立管辖通报制度。检察机关办理行政公益诉讼案件，一般由违法行使职权或者不作为的行政机关所在地的同级人民检察院立案并进行诉前程序。对于多个检察机关均有管辖权的情形，上级检察机关可与被监督行政执法机关的上级机关加强沟通、征求意见，从有利于执法办案、有利于解决问题的角度，确定管辖的检察机关。

5. 坚持根据监督对象立案。对于一个行政执法机关涉及多个行政相对人的同类行政违法行为，检察机关可作为一个案件立案；对于一个污染环境或者破坏生态的事件，多个行政机关存在违法行使职权或者不作为情形的，检察机关可以分别立案。

6. 探索立案管辖与诉讼管辖适当分离。上级检察机关可根据案件情况，综合考虑被监督对象的行政层级、生态环境损害程度、社会影响、治理效果等因素，将案件线索指定辖区内其他下级检察机关立案。在人民法院实行环境资源案件集中管辖的地区，需要提起诉讼的，一般移送集中管辖法院对应的检察院提起诉讼。

三、关于调查取证的问题

7. 建立沟通协调机制。检察机关在调查取证过程中，要加强与行政执法机关的沟通协调。对于重大敏感案件线索，应及时向被监督行政执法机关的上级机关通报情况。行政执法机关应积极配合检察机关调查收集证据。

8. 建立专业支持机制。各行政执法机关可根据自身行业特点，为检察机关办案在调查取证、鉴定评估等方面提供专业咨询和技术支持，如协助做好涉案污染物的检测鉴定工作等。检察机关可根据行政执法机关办案需要或要求，提供相关法律咨询。

9. 做好公益诉讼与生态环境损害赔偿改革的衔接。深化对公益诉讼与生态环境损害赔偿诉讼关系的研究，加强检察机关、行政执法机关与审判机关的沟通协调，做好公益诉讼制度与生态环境损害赔偿制度的配合和衔接。

四、关于司法鉴定的问题

10. 探索建立检察公益诉讼中生态环境损害司法鉴定管理和使用衔接机制。遵循统筹规划、合理布局、总量控制、有序发展的原则，针对司法实践中存在的司法鉴定委托难等问题，适当吸纳相关行政执法机关的鉴定检测机构，加快准入一批诉讼急需、社会关注的生态环境损害司法鉴定机构。针对鉴定规范不明确、鉴定标准不统一等问题，加快对生态环境损害鉴定评估相关标准规范的修订、制定等工作，建立健全标准规范体系。加强对鉴定机构及其鉴定人的监督管理，实行动态管理，完善退出机制，建立与司法机关的管理和使用衔接机制，畅通联络渠道，实现信息共享，不断提高鉴定质量和公信力。

11. 探索完善鉴定收费管理和经费保障机制。司法部、生态环境部会同国家发展和改革委员会等部门指导地方完善司法鉴定收费政策。与相关鉴定机构协商，探索检察机关提起生态环境损害公益诉讼时先不预交鉴定费，待人民法院判决后由败诉方承担。与有关部门协商，探索将鉴定评估费用列入财政保障。

12. 依法合理使用专家意见等证据。检察机关在办案过程中，涉及案件的专门性问题难以鉴定的，可以结合案件其他证据，并参考行政执法机关意见、专家意见等予以认定。

五、关于诉前程序的问题

13. 明确行政执法机关履职尽责的标准。对行政执法机关不依法履行法定职责的判断和认定，应以法律规定的行政执法机关法定职责为依据，对照行政执法机关的执法权力清单和责任清单，以是否采取有效措施制止违法行为、是否全面运用法律法规、规章和规范性文件规定的行政监管手段、国家利益或者社会公共利益是否得到了有效保护为标准。检察机关和行政执法机关要加强沟通和协调，可通过听证、圆桌会议、公开宣告等形式，争取诉前工作效果最大化。最高人民检察院会同有关行政执法机关及时研究出台文件，明确行政执法机关不依法履行法定职责的认定标准。

14. 强化诉前检察建议释法说理。检察机关制发诉前检察建议，要准确写明行政执法机关违法行使职权或者不作为的事实依据和法律依据，意见部分要精准、具体，并进行充分的释法说理。要严守检察权边界，不干涉行政执法机关的正常履职和自由裁量权。

15. 依法履行行政监管职责。行政执法机关接到检察建议书后应在规定时间内书面反馈，确属履职不到位或存在不作为的，应当积极采取有效措施进行整改；因客观原因难以在规定期限内整改完毕的，应当制作具体可行的整改方案，及时向检察机关说明情况；不存在因违法行政致国家利益和社会公共利益受损情形的，应当及时回复并说明情况。

六、关于提起诉讼的问题

16. 检察机关应依法提起公益诉讼。经过诉前程序，行政执法机关仍未依法全面履行职责，国家利益或者社会公共利益受侵害状态尚未得到实质性遏制的，人民检察院依法提起行政公益诉讼。

17. 行政执法机关应依法参与诉讼活动。进入诉讼程序的，行政执法机关应按照行政应诉规定相关要求积极参加诉讼，做好应诉准备工作，根据诉讼类型和具体请求积极应诉答辩。对于国家利益或者社会公共利益受到损害的情形，在诉讼过程中要继续推动问题整改落实，力争实质解决。对于法院作出的生效判决要严格执行，及时纠正违法行政行为或主动依法履职。

七、关于日常联络的问题

18. 建立日常沟通联络制度。各方应明确专门联络机构和具体联络人员，负责日常联络及文件传输等工作。各方可定期或不定期召开联席会议，共同研讨解决生态环境和资源保护领域中存在的具体问题，以及司法办案中突出存在的确定管辖难、调查取证难、司法鉴定难、法律适用难、从严惩治难等问题。对于达成一致的事项，以会议纪要、会签文件、共同出台指导意见等形式予以明确。检察机关和各相关行政执法机关可以在日常工作层面进一步拓宽交流沟通的渠道和方式，建立经常性、多样化的交流沟通机制。

19. 建立重大情况通报制度。为切实保护国家利益和社会公共利益，及时处置突发性、普遍性等重大问题，对于涉及生态环境行政执法及检察公益诉讼的重大案件、事件和舆情，各方应当及时相互通报，共同研究制定处置办法，及时回应社会关切。在办案中发现相关国家机关工作人员失职渎职等职务违法犯罪线索的，应当及时移送纪检监察机关。

20. 建立联合开展专项行动机制。各方开展的涉及对方工作范围的专项行动等，可邀请对方参与，真正形成检察机关与行政执法机关司法、执法工作合力，共同促进生态环境和资源保护领域依法行政。

八、关于人员交流的问题

21. 建立人员交流和培训机制。各方可定期互派业务骨干挂职，强化实践锻炼，进一步优化干部队伍素质。检察机关可聘请部分行政执法机关业务骨干任命为特邀检察官助理，共同参与公益诉讼办案工作。检察机关和行政执法机关举办相关培训时，可以为各方预留名额，或邀请各方单位领导和办案骨干介绍情况，定期开展业务交流活动，共同提高行政执法和检察监督能力。

最高人民法院、最高人民检察院、公安部
关于依法惩治妨害公共交通工具安全
驾驶违法犯罪行为的指导意见

(2019年1月8日公布并施行)

各省、自治区、直辖市高级人民法院、人民检察院、公安厅(局),新疆维吾尔自治区高级人民法院生产建设兵团分院,新疆生产建设兵团人民检察院、公安局:

近期,一些地方接连发生在公共交通工具上妨害安全驾驶的行为。有的乘客仅因琐事纷争,对正在驾驶公共交通工具的驾驶人员实施暴力干扰行为,造成重大人员伤亡、财产损失,严重危害公共安全,社会反响强烈。为依法惩治妨害公共交通工具安全驾驶违法犯罪行为,维护公共交通安全秩序,保护人民群众生命财产安全,根据有关法律规定,制定本意见。

一、准确认定行为性质,依法从严惩处妨害安全驾驶犯罪

(一)乘客在公共交通工具行驶过程中,抢夺方向盘、变速杆等操纵装置,殴打、拉拽驾驶人员,或者有其他妨害安全驾驶行为,危害公共安全,尚未造成严重后果的,依照刑法第一百一十四条的规定,以以危险方法危害公共安全罪定罪处罚;致人重伤、死亡或者使公私财产遭受重大损失的,依照刑法第一百一十五条第一款的规定,以以危险方法危害公共安全罪定罪处罚。

实施前款规定的行为,具有以下情形之一的,从重处罚:

1. 在夜间行驶或者恶劣天气条件下行驶的公共交通工具上实施的;

2. 在临水、临崖、急弯、陡坡、高速公路、高架道路、桥隧路段及其他易发生危险的路段实施的;

3. 在人员、车辆密集路段实施的;

4. 在实际载客10人以上或者时速60公里以上的公共交通工具上实施的;

5. 经他人劝告、阻拦后仍然继续实施的;

6. 持械袭击驾驶人员的;

7. 其他严重妨害安全驾驶的行为。

实施上述行为,即使尚未造成严重后果,一般也不得适用缓刑。

（二）乘客在公共交通工具行驶过程中，随意殴打其他乘客，追逐、辱骂他人，或者起哄闹事，妨害公共交通工具运营秩序，符合刑法第二百九十三条规定的，以寻衅滋事罪定罪处罚；妨害公共交通工具安全行驶，危害公共安全的，依照刑法第一百一十四条、第一百一十五条第一款的规定，以以危险方法危害公共安全罪定罪处罚。

（三）驾驶人员在公共交通工具行驶过程中，与乘客发生纷争后违规操作或者擅离职守，与乘客厮打、互殴，危害公共安全，尚未造成严重后果的，依照刑法第一百一十四条的规定，以以危险方法危害公共安全罪定罪处罚；致人重伤、死亡或者使公私财产遭受重大损失的，依照刑法第一百一十五条第一款的规定，以以危险方法危害公共安全罪定罪处罚。

（四）对正在进行的妨害安全驾驶的违法犯罪行为，乘客等人员有权采取措施予以制止。制止行为造成违法犯罪行为人损害，符合法定条件的，应当认定为正当防卫。

（五）正在驾驶公共交通工具的驾驶人员遭到妨害安全驾驶行为侵害时，为避免公共交通工具倾覆或者人员伤亡等危害后果发生，采取紧急制动或者躲避措施，造成公共交通工具、交通设施损坏或者人身损害，符合法定条件的，应当认定为紧急避险。

（六）以暴力、威胁方法阻碍国家机关工作人员依法处置妨害安全驾驶违法犯罪行为、维护公共交通秩序的，依照刑法第二百七十七条的规定，以妨害公务罪定罪处罚；暴力袭击正在依法执行职务的人民警察的，从重处罚。

（七）本意见所称公共交通工具，是指公共汽车、公路客运车，大、中型出租车等车辆。

二、加强协作配合，有效维护公共交通安全秩序

妨害公共交通工具安全驾驶行为具有高度危险性，极易诱发重大交通事故，造成重大人身伤亡、财产损失，严重威胁公共安全。各级人民法院、人民检察院和公安机关要高度重视妨害安全驾驶行为的现实危害，深刻认识维护公共交通秩序对于保障人民群众生命财产安全与社会和谐稳定的重大意义，准确认定行为性质，依法从严惩处，充分发挥刑罚的震慑、教育作用，预防、减少妨害安全驾驶不法行为发生。

公安机关接到妨害安全驾驶相关警情后要及时处警，采取果断措施予以处置；要妥善保护事发现场，全面收集、提取证据，特别是注意收集行车记录仪、道路监控等视听资料。人民检察院应当对公安机关的立案、侦查活动进行监督；对于公安机关提请批准逮捕、移送审查起诉的案件，符合逮捕、起诉条件的，应当依法予以批捕、起诉。人民法院应当及时公开、公正审判。对于妨

害安全驾驶行为构成犯罪的，严格依法追究刑事责任；尚不构成犯罪但构成违反治安管理行为的，依法给予治安管理处罚。

在办理案件过程中，人民法院、人民检察院和公安机关要综合考虑公共交通工具行驶速度、通行路段情况、载客情况、妨害安全驾驶行为的严重程度及对公共交通安全的危害大小、行为人认罪悔罪表现等因素，全面准确评判，充分彰显强化保障公共交通安全的价值导向。

三、强化宣传警示教育，提升公众交通安全意识

人民法院、人民检察院、公安机关要积极回应人民群众关切，对于社会影响大、舆论关注度高的重大案件，在依法办案的同时要视情向社会公众发布案件进展情况。要广泛拓展传播渠道，尤其是充分运用微信公众号、微博等网络新媒体，及时通报案件信息、澄清事实真相，借助焦点案事件向全社会传递公安和司法机关坚决惩治妨害安全驾驶违法犯罪的坚定决心，提升公众的安全意识、规则意识和法治意识。

办案单位要切实贯彻"谁执法、谁普法"的普法责任制，以各种有效形式开展以案释法，选择妨害安全驾驶犯罪的典型案例进行庭审直播，或者邀请专家学者、办案人员进行解读，阐明妨害安全驾驶行为的违法性、危害性。要坚持弘扬社会正气，选择及时制止妨害安全驾驶行为的见义勇为事例进行褒扬，向全社会广泛宣传制止妨害安全驾驶行为的正当性、必要性。

各地各相关部门要认真贯彻执行。执行中遇有问题，请及时上报。

最高人民法院
最高人民检察院
公安部
2019 年 1 月 8 日

最高人民法院、最高人民检察院、公安部关于办理非法集资刑事案件若干问题的意见

（2019年1月30日公布并施行　高检会〔2019〕2号）

为依法惩治非法吸收公众存款、集资诈骗等非法集资犯罪活动，维护国家金融管理秩序，保护公民、法人和其他组织合法权益，根据刑法、刑事诉讼法等法律规定，结合司法实践，现就办理非法吸收公众存款、集资诈骗等非法集资刑事案件有关问题提出以下意见：

一、关于非法集资的"非法性"认定依据问题

人民法院、人民检察院、公安机关认定非法集资的"非法性"，应当以国家金融管理法律法规作为依据。对于国家金融管理法律法规仅作原则性规定的，可以根据法律规定的精神并参考中国人民银行、中国银行保险监督管理委员会、中国证券监督管理委员会等行政主管部门依照国家金融管理法律法规制定的部门规章或者国家有关金融管理的规定、办法、实施细则等规范性文件的规定予以认定。

二、关于单位犯罪的认定问题

单位实施非法集资犯罪活动，全部或者大部分违法所得归单位所有的，应当认定为单位犯罪。

个人为进行非法集资犯罪活动而设立的单位实施犯罪的，或者单位设立后，以实施非法集资犯罪活动为主要活动的，不以单位犯罪论处，对单位中组织、策划、实施非法集资犯罪活动的人员应当以自然人犯罪依法追究刑事责任。

判断单位是否以实施非法集资犯罪活动为主要活动，应当根据单位实施非法集资的次数、频度、持续时间、资金规模、资金流向、投入人力物力情况、单位进行正当经营的状况以及犯罪活动的影响、后果等因素综合考虑认定。

三、关于涉案下属单位的处理问题

办理非法集资刑事案件中，人民法院、人民检察院、公安机关应当全面查

清涉案单位,包括上级单位(总公司、母公司)和下属单位(分公司、子公司)的主体资格、层级、关系、地位、作用、资金流向等,区分情况依法作出处理。

上级单位已被认定为单位犯罪,下属单位实施非法集资犯罪活动,且全部或者大部分违法所得归下属单位所有的,对该下属单位也应当认定为单位犯罪。上级单位和下属单位构成共同犯罪的,应当根据犯罪单位的地位、作用,确定犯罪单位的刑事责任。

上级单位已被认定为单位犯罪,下属单位实施非法集资犯罪活动,但全部或者大部分违法所得归上级单位所有的,对下属单位不单独认定为单位犯罪。下属单位中涉嫌犯罪的人员,可以作为上级单位的其他直接责任人员依法追究刑事责任。

上级单位未被认定为单位犯罪,下属单位被认定为单位犯罪的,对上级单位中组织、策划、实施非法集资犯罪的人员,一般可以与下属单位按照自然人与单位共同犯罪处理。

上级单位与下属单位均未被认定为单位犯罪的,一般以上级单位与下属单位中承担组织、领导、管理、协调职责的主管人员和发挥主要作用的人员作为主犯,以其他积极参加非法集资犯罪的人员作为从犯,按照自然人共同犯罪处理。

四、关于主观故意的认定问题

认定犯罪嫌疑人、被告人是否具有非法吸收公众存款的犯罪故意,应当依据犯罪嫌疑人、被告人的任职情况、职业经历、专业背景、培训经历、本人因同类行为受到行政处罚或者刑事追究情况以及吸收资金方式、宣传推广、合同资料、业务流程等证据,结合其供述,进行综合分析判断。

犯罪嫌疑人、被告人使用诈骗方法非法集资,符合《最高人民法院关于审理非法集资刑事案件具体应用法律若干问题的解释》第四条规定的,可以认定为集资诈骗罪中"以非法占有为目的"。

办案机关在办理非法集资刑事案件中,应当根据案件具体情况注意收集运用涉及犯罪嫌疑人、被告人的以下证据:是否使用虚假身份信息对外开展业务;是否虚假订立合同、协议;是否虚假宣传,明显超出经营范围或者夸大经营、投资、服务项目及盈利能力;是否吸收资金后隐匿、销毁合同、协议、账目;是否传授或者接受规避法律、逃避监管的方法;等等。

五、关于犯罪数额的认定问题

非法吸收或者变相吸收公众存款构成犯罪,具有下列情形之一的,向亲友或者单位内部人员吸收的资金应当与向不特定对象吸收的资金一并计入犯罪数额：

（一）在向亲友或者单位内部人员吸收资金的过程中，明知亲友或者单位内部人员向不特定对象吸收资金而予以放任的；

（二）以吸收资金为目的，将社会人员吸收为单位内部人员，并向其吸收资金的；

（三）向社会公开宣传，同时向不特定对象、亲友或者单位内部人员吸收资金的。

非法吸收或者变相吸收公众存款的数额，以行为人所吸收的资金全额计算。集资参与人收回本金或者获得回报后又重复投资的数额不予扣除，但可以作为量刑情节酌情考虑。

六、关于宽严相济刑事政策把握问题

办理非法集资刑事案件，应当贯彻宽严相济刑事政策，依法合理把握追究刑事责任的范围，综合运用刑事手段和行政手段处置和化解风险，做到惩处少数、教育挽救大多数。要根据行为人的客观行为、主观恶性、犯罪情节及其地位、作用、层级、职务等情况，综合判断行为人的责任轻重和刑事追究的必要性，按照区别对待原则分类处理涉案人员，做到罚当其罪、罪责刑相适应。

重点惩处非法集资犯罪活动的组织者、领导者和管理人员，包括单位犯罪中上级单位（总公司、母公司）的核心层、管理层和骨干人员，下属单位（分公司、子公司）的管理层和骨干人员，以及其他发挥主要作用的人员。

对于涉案人员积极配合调查、主动退赃退赔、真诚认罪悔罪的，可以依法从轻处罚；其中情节轻微的，可以免除处罚；情节显著轻微、危害不大的，不作为犯罪处理。

七、关于管辖问题

跨区域非法集资刑事案件按照《国务院关于进一步做好防范和处置非法集资工作的意见》（国发〔2015〕59号）确定的工作原则办理。如果合并侦查、诉讼更为适宜的，可以合并办理。

办理跨区域非法集资刑事案件，如果多个公安机关都有权立案侦查的，一般由主要犯罪地公安机关作为案件主办地，对主要犯罪嫌疑人立案侦查和移送审查起诉；由其他犯罪地公安机关作为案件分办地根据案件具体情况，对本地区犯罪嫌疑人立案侦查和移送审查起诉。

管辖不明或者有争议的，按照有利于查清犯罪事实、有利于诉讼的原则，由其共同的上级公安机关协调确定或者指定有关公安机关作为案件主办地立案

侦查。需要提请批准逮捕、移送审查起诉、提起公诉的，由分别立案侦查的公安机关所在地的人民检察院、人民法院受理。

对于重大、疑难、复杂的跨区域非法集资刑事案件，公安机关应当在协调确定或者指定案件主办地立案侦查的同时，通报同级人民检察院、人民法院。人民检察院、人民法院参照前款规定，确定主要犯罪地作为案件主办地，其他犯罪地作为案件分办地，由所在地的人民检察院、人民法院负责起诉、审判。

本条规定的"主要犯罪地"，包括非法集资活动的主要组织、策划、实施地，集资行为人的注册地、主要营业地、主要办事机构所在地，集资参与人的主要所在地等。

八、关于办案工作机制问题

案件主办地和其他涉案地办案机关应当密切沟通协调，协同推进侦查、起诉、审判、资产处置工作，配合有关部门最大限度追赃挽损。

案件主办地办案机关应当统一负责主要犯罪嫌疑人、被告人涉嫌非法集资全部犯罪事实的立案侦查、起诉、审判，防止遗漏犯罪事实；并应就全案处理政策、追诉主要犯罪嫌疑人、被告人的证据要求及诉讼时限、追赃挽损、资产处置等工作要求，向其他涉案地办案机关进行通报。其他涉案地办案机关应当对本地区犯罪嫌疑人、被告人涉嫌非法集资的犯罪事实及时立案侦查、起诉、审判，积极协助主办地处置涉案资产。

案件主办地和其他涉案地办案机关应当建立和完善证据交换共享机制。对涉及主要犯罪嫌疑人、被告人的证据，一般由案件主办地办案机关负责收集，其他涉案地提供协助。案件主办地办案机关应当及时通报接收涉及主要犯罪嫌疑人、被告人的证据材料的程序及要求。其他涉案地办案机关需要案件主办地提供证据材料的，应当向案件主办地办案机关提出证据需求，由案件主办地收集并依法移送。无法移送证据原件的，应当在移送复制件的同时，按照相关规定作出说明。

九、关于涉案财物追缴处置问题

办理跨区域非法集资刑事案件，案件主办地办案机关应当及时归集涉案财物，为统一资产处置做好基础性工作。其他涉案地办案机关应当及时查明涉案财物，明确其来源、去向、用途、流转情况，依法办理查封、扣押、冻结手续，并制作详细清单，对扣押款项应当设立明细账，在扣押后立即存入办案机关唯一合规账户，并将有关情况提供案件主办地办案机关。

人民法院、人民检察院、公安机关应当严格依照刑事诉讼法和相关司法解释的规定，依法移送、审查、处理查封、扣押、冻结的涉案财物。对审判时尚未追缴到案或者尚未足额退赔的违法所得，人民法院应当判决继续追缴或者责令退赔，并由人民法院负责执行，处置非法集资职能部门、人民检察院、公安机关等应当予以配合。

人民法院对涉案财物依法作出判决后，有关地方和部门应当在处置非法集资职能部门统筹协调下，切实履行协作义务，综合运用多种手段，做好涉案财物清运、财产变现、资金归集、资金清退等工作，确保最大限度减少实际损失。

根据有关规定，查封、扣押、冻结的涉案财物，一般应在诉讼终结后返还集资参与人。涉案财物不足全部返还的，按照集资参与人的集资额比例返还。退赔集资参与人的损失一般优先于其他民事债务以及罚金、没收财产的执行。

十、关于集资参与人权利保障问题

集资参与人，是指向非法集资活动投入资金的单位和个人，为非法集资活动提供帮助并获取经济利益的单位和个人除外。

人民法院、人民检察院、公安机关应当通过及时公布案件进展、涉案资产处置情况等方式，依法保障集资参与人的合法权利。集资参与人可以推选代表人向人民法院提出相关意见和建议；推选不出代表人的，人民法院可以指定代表人。人民法院可以视案件情况决定集资参与人代表人参加或者旁听庭审，对集资参与人提起附带民事诉讼等请求不予受理。

十一、关于行政执法与刑事司法衔接问题

处置非法集资职能部门或者有关行政主管部门，在调查非法集资行为或者行政执法过程中，认为案情重大、疑难、复杂的，可以商请公安机关就追诉标准、证据固定等问题提出咨询或者参考意见；发现非法集资行为涉嫌犯罪的，应当按照《行政执法机关移送涉嫌犯罪案件的规定》等规定，履行相关手续，在规定的期限内将案件移送公安机关。

人民法院、人民检察院、公安机关在办理非法集资刑事案件过程中，可商请处置非法集资职能部门或者有关行政主管部门指派专业人员配合开展工作，协助查阅、复制有关专业资料，就案件涉及的专业问题出具认定意见。涉及需要行政处理的事项，应当及时移交处置非法集资职能部门或者有关行政主管部门依法处理。

十二、关于国家工作人员相关法律责任问题

国家工作人员具有下列行为之一，构成犯罪的，应当依法追究刑事责任：

（一）明知单位和个人所申请机构或者业务涉嫌非法集资，仍为其办理行政许可或者注册手续的；

（二）明知所主管、监管的单位有涉嫌非法集资行为，未依法及时处理或者移送处置非法集资职能部门的；

（三）查处非法集资过程中滥用职权、玩忽职守、徇私舞弊的；

（四）徇私舞弊不向司法机关移交非法集资刑事案件的；

（五）其他通过职务行为或者利用职务影响，支持、帮助、纵容非法集资的。

最高人民法院、最高人民检察院
关于办理非法从事资金支付结算业务、非法买卖外汇刑事案件适用法律若干问题的解释

（2018年9月17日最高人民法院审判委员会第1749次会议、2018年12月12日最高人民检察院第十三届检察委员会第十一次会议通过 2019年2月1日施行 法释〔2019〕1号）

为依法惩治非法从事资金支付结算业务、非法买卖外汇犯罪活动，维护金融市场秩序，根据《中华人民共和国刑法》《中华人民共和国刑事诉讼法》的规定，现就办理非法从事资金支付结算业务、非法买卖外汇刑事案件适用法律的若干问题解释如下：

第一条 违反国家规定，具有下列情形之一的，属于刑法第二百二十五条第三项规定的"非法从事资金支付结算业务"：

（一）使用受理终端或者网络支付接口等方法，以虚构交易、虚开价格、交易退款等非法方式向指定付款方支付货币资金的；

（二）非法为他人提供单位银行结算账户套现或者单位银行结算账户转个人账户服务的；

（三）非法为他人提供支票套现服务的；

（四）其他非法从事资金支付结算业务的情形。

第二条 违反国家规定，实施倒买倒卖外汇或者变相买卖外汇等非法买卖外汇行为，扰乱金融市场秩序，情节严重的，依照刑法第二百二十五条第四项的规定，以非法经营罪定罪处罚。

第三条 非法从事资金支付结算业务或者非法买卖外汇，具有下列情形之一的，应当认定为非法经营行为"情节严重"：

（一）非法经营数额在五百万元以上的；

（二）违法所得数额在十万元以上的。

非法经营数额在二百五十万元以上，或者违法所得数额在五万元以上，且具有下列情形之一的，可以认定为非法经营行为"情节严重"：

（一）曾因非法从事资金支付结算业务或者非法买卖外汇犯罪行为受过刑

事追究的；

（二）二年内因非法从事资金支付结算业务或者非法买卖外汇违法行为受过行政处罚的；

（三）拒不交代涉案资金去向或者拒不配合追缴工作，致使赃款无法追缴的；

（四）造成其他严重后果的。

第四条 非法从事资金支付结算业务或者非法买卖外汇，具有下列情形之一的，应当认定为非法经营行为"情节特别严重"：

（一）非法经营数额在二千五百万元以上的；

（二）违法所得数额在五十万元以上的。

非法经营数额在一千二百五十万元以上，或者违法所得数额在二十五万元以上，且具有本解释第三条第二款规定的四种情形之一的，可以认定为非法经营行为"情节特别严重"。

第五条 非法从事资金支付结算业务或者非法买卖外汇，构成非法经营罪，同时又构成刑法第一百二十条之一规定的帮助恐怖活动罪或者第一百九十一条规定的洗钱罪的，依照处罚较重的规定定罪处罚。

第六条 二次以上非法从事资金支付结算业务或者非法买卖外汇，依法应予行政处理或者刑事处理而未经处理的，非法经营数额或者违法所得数额累计计算。

同一案件中，非法经营数额、违法所得数额分别构成情节严重、情节特别严重的，按照处罚较重的数额定罪处罚。

第七条 非法从事资金支付结算业务或者非法买卖外汇违法所得数额难以确定的，按非法经营数额的千分之一认定违法所得数额，依法并处或者单处违法所得一倍以上五倍以下罚金。

第八条 符合本解释第三条规定的标准，行为人如实供述犯罪事实，认罪悔罪，并积极配合调查，退缴违法所得的，可以从轻处罚；其中犯罪情节轻微的，可以依法不起诉或者免予刑事处罚。

符合刑事诉讼法规定的认罪认罚从宽适用范围和条件的，依照刑事诉讼法的规定处理。

第九条 单位实施本解释第一条、第二条规定的非法从事资金支付结算业务、非法买卖外汇行为，依照本解释规定的定罪量刑标准，对单位判处罚金，并对其直接负责的主管人员和其他直接责任人员定罪处罚。

第十条 非法从事资金支付结算业务、非法买卖外汇刑事案件中的犯罪地，包括犯罪嫌疑人、被告人用于犯罪活动的账户开立地、资金接收地、资金过渡账户开立地、资金账户操作地,以及资金交易对手资金交付和汇出地等。

第十一条 涉及外汇的犯罪数额,按照案发当日中国外汇交易中心或者中国人民银行授权机构公布的人民币对该货币的中间价折合成人民币计算。中国外汇交易中心或者中国人民银行授权机构未公布汇率中间价的境外货币,按照案发当日境内银行人民币对该货币的中间价折算成人民币,或者该货币在境内银行、国际外汇市场对美元汇率,与人民币对美元汇率中间价进行套算。

第十二条 本解释自 2019 年 2 月 1 日起施行。《最高人民法院关于审理骗购外汇、非法买卖外汇刑事案件具体应用法律若干问题的解释》(法释〔1998〕20 号)与本解释不一致的,以本解释为准。

最高人民法院、最高人民检察院、公安部、司法部、生态环境部关于办理环境污染刑事案件有关问题座谈会纪要

（2019年2月20日公布并施行）

2018年6月16日，中共中央、国务院发布《关于全面加强生态环境保护坚决打好污染防治攻坚战的意见》。7月10日，全国人民代表大会常务委员会通过了《关于全面加强生态环境保护依法推动打好污染防治攻坚战的决议》。为深入学习贯彻习近平生态文明思想，认真落实党中央重大决策部署和全国人大常委会决议要求，全力参与和服务保障打好污染防治攻坚战，推进生态文明建设，形成各部门依法惩治环境污染犯罪的合力，2018年12月，最高人民法院、最高人民检察院、公安部、司法部、生态环境部在北京联合召开座谈会。会议交流了当前办理环境污染刑事案件的工作情况，分析了遇到的突出困难和问题，研究了解决措施。会议对办理环境污染刑事案件中的有关问题形成了统一认识。纪要如下：

一

会议指出，2018年5月18日至19日，全国生态环境保护大会在北京胜利召开，习近平总书记出席会议并发表重要讲话，着眼人民福祉和民族未来，从党和国家事业发展全局出发，全面总结党的十八大以来我国生态文明建设和生态环境保护工作取得的历史性成就、发生的历史性变革，深刻阐述加强生态文明建设的重大意义，明确提出加强生态文明建设必须坚持的重要原则，对加强生态环境保护、打好污染防治攻坚战作出了全面部署。这次大会最大的亮点，就是确立了习近平生态文明思想。习近平生态文明思想站在坚持和发展中国特色社会主义、实现中华民族伟大复兴中国梦的战略高度，把生态文明建设摆在治国理政的突出位置，作为统筹推进"五位一体"总体布局和协调推进"四个全面"战略布局的重要内容，深刻回答了为什么建设生态文明、建设什么

样的生态文明、怎样建设生态文明的重大理论和实践问题，是习近平新时代中国特色社会主义思想的重要组成部分。各部门要认真学习、深刻领会、全面贯彻习近平生态文明思想，将其作为生态环境行政执法和司法办案的行动指南和根本遵循，为守护绿水青山蓝天、建设美丽中国提供有力保障。

会议强调，打好防范化解重大风险、精准脱贫、污染防治的攻坚战，是以习近平同志为核心的党中央深刻分析国际国内形势，着眼党和国家事业发展全局作出的重大战略部署，对于夺取全面建成小康社会伟大胜利、开启全面建设社会主义现代化强国新征程具有重大的现实意义和深远的历史意义。服从服务党和国家工作大局，充分发挥职能作用，努力为打好打赢三大攻坚战提供优质法治环境和司法保障，是当前和今后一个时期人民法院、人民检察院、公安机关、司法行政机关、生态环境部门的重点任务。

会议指出，2018年12月19日至21日召开的中央经济工作会议要求，打好污染防治攻坚战，要坚守阵地、巩固成果，聚焦做好打赢蓝天保卫战等工作，加大工作和投入力度，同时要统筹兼顾，避免处置措施简单粗暴。各部门要认真领会会议精神，紧密结合实际，强化政治意识、大局意识和责任担当，以加大办理环境污染刑事案件工作力度作为切入点和着力点，主动调整工作思路，积极谋划工作举措，既要全面履职、积极作为，又要综合施策、精准发力，保障污染防治攻坚战顺利推进。

二

会议要求，各部门要正确理解和准确适用刑法和《最高人民法院、最高人民检察院关于办理环境污染刑事案件适用法律若干问题的解释》（法释〔2016〕29号，以下称《环境解释》）的规定，坚持最严格的环保司法制度、最严密的环保法治理念，统一执法司法尺度，加大对环境污染犯罪的惩治力度。

1. 关于单位犯罪的认定

会议针对一些地方存在追究自然人犯罪多，追究单位犯罪少，单位犯罪认定难的情况和问题进行了讨论。会议认为，办理环境污染犯罪案件，认定单位犯罪时，应当依法合理把握追究刑事责任的范围，贯彻宽严相济刑事政策，重点打击出资者、经营者和主要获利者，既要防止不当缩小追究刑事责任的人员范围，又要防止打击面过大。

为了单位利益，实施环境污染行为，并具有下列情形之一的，应当认定为单位犯罪：（1）经单位决策机构按照决策程序决定的；（2）经单位实际控制人、主要负责人或者授权的分管负责人决定、同意的；（3）单位实际控制人、主要负责人或者授权的分管负责人得知单位成员个人实施环境污染犯罪行为，并未加以制止或者及时采取措施，而是予以追认、纵容或者默许的；（4）使用单位营业执照、合同书、公章、印鉴等对外开展活动，并调用单位车辆、船舶、生产设备、原辅材料等实施环境污染犯罪行为的。

单位犯罪中的"直接负责的主管人员"，一般是指对单位犯罪起决定、批准、组织、策划、指挥、授意、纵容等作用的主管人员，包括单位实际控制人、主要负责人或者授权的分管负责人、高级管理人员等；"其他直接责任人员"，一般是指在直接负责的主管人员的指挥、授意下积极参与实施单位犯罪或者对具体实施单位犯罪起较大作用的人员。

对于应当认定为单位犯罪的环境污染犯罪案件，公安机关未作为单位犯罪移送审查起诉的，人民检察院应当退回公安机关补充侦查。对于应当认定为单位犯罪的环境污染犯罪案件，人民检察院只作为自然人犯罪起诉的，人民法院应当建议人民检察院对犯罪单位补充起诉。

2. 关于犯罪未遂的认定

会议针对当前办理环境污染犯罪案件中，能否认定污染环境罪（未遂）的问题进行了讨论。会议认为，当前环境执法工作形势比较严峻，一些行为人拒不配合执法检查、接受检查时弄虚作假、故意逃避法律追究的情形时有发生，因此对于行为人已经着手实施非法排放、倾倒、处置有毒有害污染物的行为，由于有关部门查处或者其他意志以外的原因未得逞的情形，可以污染环境罪（未遂）追究刑事责任。

3. 关于主观过错的认定

会议针对当前办理环境污染犯罪案件中，如何准确认定犯罪嫌疑人、被告人主观过错的问题进行了讨论。会议认为，判断犯罪嫌疑人、被告人是否具有环境污染犯罪的故意，应当依据犯罪嫌疑人、被告人的任职情况、职业经历、专业背景、培训经历、本人因同类行为受到行政处罚或者刑事追究情况以及污染物种类、污染方式、资金流向等证据，结合其供述，进行综合分析判断。

实践中，具有下列情形之一，犯罪嫌疑人、被告人不能作出合理解释的，可以认定其故意实施环境污染犯罪，但有证据证明确系不知情的除外：（1）企业没有依法通过环境影响评价，或者未依法取得排污许可证，排放污染物，或者已经通过环境影响评价并且防治污染设施验收合格后，擅自更改工艺流程、原辅材料，导致产生新的污染物质的；（2）不使用验收合格的防治污染设施或者不按规范要求使用的；（3）防治污染设施发生故障，发现后不及时排除，继续生产放任污染物排放的；（4）生态环境部门责令限制生产、停产整治或者予以行政处罚后，继续生产放任污染物排放的；（5）将危险废物委托第三方处置，没有尽到查验经营许可的义务，或者委托处置费用明显低于市场价格或者处置成本的；（6）通过暗管、渗井、渗坑、裂隙、溶洞、灌注等逃避监管的方式排放污染物的；（7）通过篡改、伪造监测数据的方式排放污染物的；（8）其他足以认定的情形。

4. 关于生态环境损害标准的认定

会议针对如何适用《环境解释》第一条、第三条规定的"造成生态环境严重损害的""造成生态环境特别严重损害的"定罪量刑标准进行了讨论。会议指出，生态环境损害赔偿制度是生态文明制度体系的重要组成部分。党中央、国务院高度重视生态环境损害赔偿工作，党的十八届三中全会明确提出对造成生态环境损害的责任者严格实行赔偿制度。2015年，中央办公厅、国务院办公厅印发《生态环境损害赔偿制度改革试点方案》（中办发〔2015〕57号），在吉林等7个省市部署开展改革试点，取得明显成效。2017年，中央办公厅、国务院办公厅印发《生态环境损害赔偿制度改革方案》（中办发〔2017〕68号），在全国范围内试行生态环境损害赔偿制度。

会议指出，《环境解释》将造成生态环境损害规定为污染环境罪的定罪量刑标准之一，是为了与生态环境损害赔偿制度实现衔接配套，考虑到该制度尚在试行过程中，《环境解释》作了较原则的规定。司法实践中，一些省市结合本地区工作实际制定了具体标准。会议认为，在生态环境损害赔偿制度试行阶段，全国各省（自治区、直辖市）可以结合本地实际情况，因地制宜，因时制宜，根据案件具体情况准确认定"造成生态环境严重损害"和"造成生态环境特别严重损害"。

5. 关于非法经营罪的适用

会议针对如何把握非法经营罪与污染环境罪的关系以及如何具体适用非法经营罪的问题进行了讨论。会议强调，要高度重视非法经营危险废物案件的办理，坚持全链条、全环节、全流程对非法排放、倾倒、处置、经营危险废物的产业链进行刑事打击，查清犯罪网络，深挖犯罪源头，斩断利益链条，不断挤压和铲除此类犯罪滋生蔓延的空间。

会议认为，准确理解和适用《环境解释》第六条的规定应当注意把握两个原则：一要坚持实质判断原则，对行为人非法经营危险废物行为的社会危害性作实质性判断。比如，一些单位或者个人虽未依法取得危险废物经营许可证，但其收集、贮存、利用、处置危险废物经营活动，没有超标排放污染物、非法倾倒污染物或者其他违法造成环境污染情形的，则不宜以非法经营罪论处。二要坚持综合判断原则，对行为人非法经营危险废物行为根据其在犯罪链条中的地位、作用综合判断其社会危害性。比如，有证据证明单位或者个人的无证经营危险废物行为属于危险废物非法经营产业链的一部分，并且已经形成了分工负责、利益均沾、相对固定的犯罪链条，如果行为人或者与其联系紧密的上游或者下游环节具有排放、倾倒、处置危险废物违法造成环境污染的情形，且交易价格明显异常的，对行为人可以根据案件具体情况在污染环境罪和非法经营罪中，择一重罪处断。

6. 关于投放危险物质罪的适用

会议强调，目前我国一些地方环境违法犯罪活动高发多发，刑事处罚威慑力不强的问题仍然突出，现阶段在办理环境污染犯罪案件时必须坚决贯彻落实中央领导同志关于重典治理污染的指示精神，把刑法和《环境解释》的规定用足用好，形成对环境污染违法犯罪的强大震慑。

会议认为，司法实践中对环境污染行为适用投放危险物质罪追究刑事责任时，应当重点审查判断行为人的主观恶性、污染行为恶劣程度、污染物的毒害性危险性、污染持续时间、污染结果是否可逆、是否对公共安全造成现实、具体、明确的危险或者危害等各方面因素。对于行为人明知其排放、倾倒、处置的污染物含有毒害性、放射性、传染病病原体等危险物质，仍实施环境污染行为放任其危害公共安全，造成重大人员伤亡、重大公私财产损失等严重后果，以污染环境罪论处明显不足以罚当其罪的，可以按投放危险物质罪定罪量刑。实践中，此类情形主要是向饮用水水源保护区，饮用水供水单位取水口和出水口，南水北调水库、干渠、涵洞等配套工程，重要渔业水体以及自然保护区核心区等特殊保护区域，排放、倾倒、处置毒害性极强的污染物，危害公共安全并造成严重后果的情形。

7. 关于涉大气污染环境犯罪的处理

会议针对涉大气污染环境犯罪的打击处理问题进行了讨论。会议强调，打赢蓝天保卫战是打好污染防治攻坚战的重中之重。各级人民法院、人民检察院、公安机关、生态环境部门要认真分析研究全国人大常委会大气污染防治法执法检查发现的问题和提出的建议，不断加大对涉大气污染环境犯罪的打击力度，毫不动摇地以法律武器治理污染，用法治力量保卫蓝天，推动解决人民群众关注的突出大气环境问题。

会议认为，司法实践中打击涉大气污染环境犯罪，要抓住关键问题，紧盯薄弱环节，突出打击重点。对重污染天气预警期间，违反国家规定，超标排放二氧化硫、氮氧化物，受过行政处罚后又实施上述行为或者具有其他严重情节的，可以适用《环境解释》第一条第十八项规定的"其他严重污染环境的情形"追究刑事责任。

8. 关于非法排放、倾倒、处置行为的认定

会议针对如何准确认定环境污染犯罪中非法排放、倾倒、处置行为进行了讨论。会议认为，司法实践中认定非法排放、倾倒、处置行为时，应当根据《固体废物污染环境防治法》和《环境解释》的有关规定精神，从其行为方式是否违反国家规定或者行业操作规范、污染物是否与外环境接触、是否造成环境污染的危险或者危害等方面进行综合分析判断。对名为运输、贮存、利用，实为排放、倾倒、处置的行为应当认定为非法排放、倾倒、处置行为，可以依法追究刑事责任。比如，未采取相应防范措施将没有利用价值的危险废物长期贮存、搁置，放任危险废物或者其有毒有害成分大量扬散、流失、泄漏、挥发，污染环境的。

9. 关于有害物质的认定

会议针对如何准确认定刑法第三百三十八条规定的"其他有害物质"的问题进行了讨论。会议认为，办理非法排放、倾倒、处置其他有害物质的案件，应当坚持主客观相一致原则，从行为人的主观恶性、污染行为恶劣程度、有害物质危险性毒害性等方面进行综合分析判断，准确认定其行为的社会危害性。实践中，常见的有害物质主要有：工业危险废物以外的其他工业固体废物；未经处理的生活垃圾；有害大气污染物、受控消耗臭氧层物质和有害水污染物；在利用和处置过程中必然产生有毒有害物质的其他物质；国务院生态环境保护主管部门会同国务院卫生主管部门公布的有毒有害污染物名录中的有关物质等。

10. 关于从重处罚情形的认定

会议强调，要坚决贯彻党中央推动长江经济带发展的重大决策，为长江经济带共抓大保护、不搞大开发提供有力的司法保障。实践中，对于发生在长江经济带十一省（直辖市）的下列环境污染犯罪行为，可以从重处罚：（1）跨省（直辖市）排放、倾倒、处置有放射性的废物、含传染病病原体的废物、有毒物质或者其他有害物质的；（2）向国家确定的重要江河、湖泊或者其他跨省（直辖市）江河、湖泊排放、倾倒、处置有放射性的废物、含传染病病原体的废物、有毒物质或者其他有害物质的。

11. 关于严格适用不起诉、缓刑、免予刑事处罚

会议针对当前办理环境污染犯罪案件中如何严格适用不起诉、缓刑、免予刑事处罚的问题进行了讨论。会议强调，环境污染犯罪案件的刑罚适用直接关系加强生态环境保护打好污染防治攻坚战的实际效果。各级人民法院、人民检察院要深刻认识环境污染犯罪的严重社会危害性，正确贯彻宽严相济刑事政策，充分发挥刑罚的惩治和预防功能。要在全面把握犯罪事实和量刑情节的基

础上严格依照刑法和刑事诉讼法规定的条件适用不起诉、缓刑、免予刑事处罚，既要考虑从宽情节，又要考虑从严情节；既要做到刑罚与犯罪相当，又要做到刑罚执行方式与犯罪相当，切实避免不起诉、缓刑、免予刑事处罚不当适用造成的消极影响。

会议认为，具有下列情形之一的，一般不适用不起诉、缓刑或者免予刑事处罚：（1）不如实供述罪行的；（2）属于共同犯罪中情节严重的主犯的；（3）犯有数个环境污染犯罪依法实行并罚或者以一罪处理的；（4）曾因环境污染违法犯罪行为受过行政处罚或者刑事处罚的；（5）其他不宜适用不起诉、缓刑、免予刑事处罚的情形。

会议要求，人民法院审理环境污染犯罪案件拟适用缓刑或者免予刑事处罚的，应当分析案发前后的社会影响和反映，注意听取控辩双方提出的意见。对于情节恶劣、社会反映强烈的环境污染犯罪，不得适用缓刑、免予刑事处罚。人民法院对判处缓刑的被告人，一般应当同时宣告禁止令，禁止其在缓刑考验期内从事与排污或者处置危险废物有关的经营活动。生态环境部门根据禁止令，对上述人员担任实际控制人、主要负责人或者高级管理人员的单位，依法不得发放排污许可证或者危险废物经营许可证。

三

会议要求，各部门要认真执行《环境解释》和原环境保护部、公安部、最高人民检察院《环境保护行政执法与刑事司法衔接工作办法》（环环监〔2017〕17号）的有关规定，进一步理顺部门职责，畅通衔接渠道，建立健全环境行政执法与刑事司法衔接的长效工作机制。

12. 关于管辖的问题

会议针对环境污染犯罪案件的管辖问题进行了讨论。会议认为，实践中一些环境污染犯罪案件属于典型的跨区域刑事案件，容易存在管辖不明或者有争议的情况，各级人民法院、人民检察院、公安机关要加强沟通协调，共同研究解决。

会议提出，跨区域环境污染犯罪案件由犯罪地的公安机关管辖。如果由犯罪嫌疑人居住地的公安机关管辖更为适宜的，可以由犯罪嫌疑人居住地的公安机关管辖。犯罪地包括环境污染行为发生地和结果发生地。"环境污染行为发生地"包括环境污染行为的实施地以及预备地、开始地、途经地、结束地以及排放、倾倒污染物的车船停靠地、始发地、途经地、到达地等地点；环境污染行为有连续、持续或者继续状态的，相关地方都属于环境污染行为发生地。

"环境污染结果发生地"包括污染物排放地、倾倒地、堆放地、污染发生地等。

多个公安机关都有权立案侦查的,由最初受理的或者主要犯罪地的公安机关立案侦查,管辖有争议的,按照有利于查清犯罪事实、有利于诉讼的原则,由共同的上级公安机关协调确定的公安机关立案侦查,需要提请批准逮捕、移送审查起诉、提起公诉的,由该公安机关所在地的人民检察院、人民法院受理。

13. 关于危险废物的认定

会议针对危险废物如何认定以及是否需要鉴定的问题进行了讨论。会议认为,根据《环境解释》的规定精神,对于列入《国家危险废物名录》的,如果来源和相应特征明确,司法人员根据自身专业技术知识和工作经验认定难度不大的,司法机关可以依据名录直接认定。对于来源和相应特征不明确的,由生态环境部门、公安机关等出具书面意见,司法机关可以依据涉案物质的来源、产生过程、被告人供述、证人证言以及经批准或者备案的环境影响评价文件等证据,结合上述书面意见作出是否属于危险废物的认定。对于需要生态环境部门、公安机关等出具书面认定意见的,区分下列情况分别处理:(1)对已确认固体废物产生单位,且产废单位环评文件中明确为危险废物的,根据产废单位建设项目环评文件和审批、验收意见、案件笔录等材料,可对照《国家危险废物名录》等出具认定意见。(2)对已确认固体废物产生单位,但产废单位环评文件中未明确为危险废物的,应进一步分析废物产生工艺,对照判断其是否列入《国家危险废物名录》。列入名录的可以直接出具认定意见;未列入名录的,应根据原辅材料、产生工艺等进一步分析其是否具有危险特性,不可能具有危险特性的,不属于危险废物;可能具有危险特性的,抽取典型样品进行检测,并根据典型样品检测指标浓度,对照《危险废物鉴别标准》(GB5085.1-7)出具认定意见。(3)对固体废物产生单位无法确定的,应抽取典型样品进行检测,根据典型样品检测指标浓度,对照《危险废物鉴别标准》(GB5085.1-7)出具认定意见。对确需进一步委托有相关资质的检测鉴定机构进行检测鉴定的,生态环境部门或者公安机关按照有关规定开展检测鉴定工作。

14. 关于鉴定的问题

会议指出,针对当前办理环境污染犯罪案件中存在的司法鉴定有关问题,司法部将会同生态环境部,加快准入一批诉讼急需、社会关注的环境损害司法鉴定机构,加快对环境损害司法鉴定相关技术规范和标准的制定、修改和认定工作,规范鉴定程序,指导各地司法行政机关会同价格主管部门制定出台环境损害司法鉴定收费标准,加强与办案机关的沟通衔接,更好地满足办案机关需求。

会议要求,司法部应当根据《关于严格准入严格监管提高司法鉴定质量和公信力的意见》(司发〔2017〕11号)的要求,会同生态环境部加强对环境损害司法鉴定机构的事中事后监管,加强司法鉴定社会信用体系建设,建立黑名单制度,完善退出机制,及时向社会公开违法违规的环境损害司法鉴定机构和鉴定人行政处罚、行业惩戒等监管信息,对弄虚作假造成环境损害鉴定评估结论严重失实或者违规收取高额费用、情节严重的,依法撤销登记。鼓励有关单位或者个人向司法部、生态环境部举报环境损害司法鉴定机构的违法违规行为。

会议认为,根据《环境解释》的规定精神,对涉及案件定罪量刑的核心或者关键专门性问题难以确定的,由司法鉴定机构出具鉴定意见。实践中,这类核心或者关键专门性问题主要是案件具体适用的定罪量刑标准涉及的专门性问题,比如公私财产损失数额、超过排放标准倍数、污染物性质判断等。对案件的其他非核心或者关键专门性问题,或者可鉴定也可不鉴定的专门性问题,一般不委托鉴定。比如,适用《环境解释》第一条第二项"非法排放、倾倒、处置危险废物三吨以上"的规定对当事人追究刑事责任的,除可能适用公私财产损失第二档定罪量刑标准的以外,则不应再对公私财产损失数额或者超过排放标准倍数进行鉴定。涉及案件定罪量刑的核心或者关键专门性问题难以鉴定或者鉴定费用明显过高的,司法机关可以结合案件其他证据,并参考生态环境部门意见、专家意见等作出认定。

15. 关于监测数据的证据资格问题

会议针对实践中地方生态环境部门及其所属监测机构委托第三方监测机构出具报告的证据资格问题进行了讨论。会议认为,地方生态环境部门及其所属监测机构委托第三方监测机构出具的监测报告,地方生态环境部门及其所属监测机构在行政执法过程中予以采用的,其实质属于《环境解释》第十二条规定的"环境保护主管部门及其所属监测机构在行政执法过程中收集的监测数据",在刑事诉讼中可以作为证据使用。

最高人民检察院、国务院扶贫开发领导小组办公室关于检察机关国家司法救助工作支持脱贫攻坚的实施意见

（2019年2月25日公布并施行 高检发〔2019〕3号）

第一条 为了深入贯彻党的十九大和十九届二中、三中全会精神，全面落实《中共中央、国务院关于打赢脱贫攻坚战三年行动的指导意见》，充分履行检察职能，加大司法过程中对贫困当事人的救助工作力度，助力打赢脱贫攻坚战，现根据中央政法委、财政部、最高人民法院、最高人民检察院、公安部、司法部《关于建立完善国家司法救助制度的意见（试行）》等有关规定，就检察机关国家司法救助工作支持脱贫攻坚，制定本意见。

第二条 本意见所称贫困当事人，是指人民检察院在办理案件过程中，发现的符合下列情形之一，且属于建档立卡贫困人口的当事人：

（一）刑事案件被害人受到犯罪侵害致重伤或者严重残疾，因加害人死亡或者没有赔偿能力，无法通过诉讼获得赔偿，造成生活困难的；

（二）刑事案件被害人受到犯罪侵害危及生命，急需救治，无力承担医疗救治费用的；

（三）刑事案件被害人受到犯罪侵害致死，依靠其收入为主要生活来源的近亲属或者其赡养、扶养、抚养的其他人，因加害人死亡或者没有赔偿能力，无法通过诉讼获得赔偿，造成生活困难的；

（四）刑事案件被害人受到犯罪侵害，致使财产遭受重大损失，因加害人死亡或者没有赔偿能力，无法通过诉讼获得赔偿，造成生活困难的；

（五）举报人、证人、鉴定人因向检察机关举报、作证或者接受检察机关委托进行司法鉴定而受到打击报复，致使人身受到伤害或者财产受到重大损失，无法通过诉讼获得赔偿，造成生活困难的；

（六）因道路交通事故等民事侵权行为造成人身伤害，无法通过诉讼获得赔偿，造成生活困难的；

（七）人民检察院根据实际情况，认为需要救助的其他情形。

第三条 人民检察院在办案过程中应当注重发挥司法人文关怀作用，依法

开展对贫困当事人的国家司法救助工作，主动帮助其解决生活面临的急迫困难，改善生活环境。

扶贫部门在脱贫攻坚工作中应当将贫困当事人列为重点对象，突出问题导向，优化政策供给，实施精准扶贫、精准脱贫。

第四条 人民检察院和扶贫部门坚持应救尽救、分类施策、精准发力、合力攻坚原则，依托国家司法救助工作帮助贫困当事人尽快摆脱生活困境，协同相关部门全面落实扶贫脱贫措施，提高救助效果和脱贫攻坚成果的可持续性。

第五条 人民检察院在办理案件过程中发现贫困当事人的，应当立即启动国家司法救助工作程序，指定检察人员优先办理，并在办结后五个工作日内将有关案件情况、给予救助情况、扶贫脱贫措施建议等书面材料移送扶贫部门。

人民检察院发现被救助人可能属于贫困人口但未建档立卡的，应当在办结后五个工作日内向扶贫部门提出进行贫困识别的书面建议，并同时移送有关材料。

第六条 对人民检察院移送的可能属于贫困人口线索，扶贫部门通过全国扶贫开发信息系统进行比对核实，属于建档立卡贫困人口的，应当进一步加大脱贫攻坚力度，细化实化帮扶措施，保障各项扶贫政策精确落实和相关工作精准到位，并及时向人民检察院反馈有关情况。

可能属于贫困人口但未建档立卡的，扶贫部门应当按照建档立卡标准和规定程序进行贫困识别，识别为建档立卡贫困人口的，依照前款规定落实脱贫攻坚责任，并及时向人民检察院反馈有关情况。

第七条 扶贫部门在脱贫攻坚工作中发现贫困当事人的，应当作为国家司法救助案件线索，在五个工作日内移送人民检察院。

对受到犯罪侵害危及生命，或者因道路交通事故等民事侵权行为造成严重人身伤害，急需救治，无力承担医疗救治费用的贫困当事人，扶贫部门应当立即告知人民检察院，人民检察院可以先行救助，救助后及时补办相关手续。

第八条 人民检察院对扶贫部门移送的国家司法救助案件线索，应当立即启动救助工作程序，指定检察人员优先办理，并在办结后五个工作日内向扶贫部门反馈案件办理情况。

第九条 人民检察院发现扶贫部门移送的国家司法救助案件线索不属于本院管辖的，应当在三个工作日内移送有管辖权的人民检察院，并告知扶贫部门；由本院负责救助对贫困当事人更为适宜的，可以由本院管辖。

人民检察院认为扶贫部门移送的国家司法救助案件线索，由其他政法单位负责救助对贫困当事人更为适宜的，可以移送其他政法单位，并告知扶贫部门。

第十条 人民检察院在党委政法委领导下,争取政府财政部门支持,用好中央财政通过政法转移支付的补助资金,进一步拓宽国家司法救助资金来源渠道,提高救助金发放效率,完善救助金发放方式,增强救助实效。

第十一条 人民检察院和扶贫部门应当加强国家司法救助工作与扶贫脱贫措施的衔接融合,主动对接定点扶贫单位和责任部门,引导鼓励社会各方面力量,帮助贫困当事人通过产业扶持、转移就业、易地搬迁、教育支持、医疗救助等措施实现脱贫。对无法依靠产业扶持等措施实现脱贫的贫困当事人,帮助实行政策性保障兜底脱贫。

第十二条 办理国家司法救助案件的人民检察院所在地与当事人户籍所在地不一致的,救助案件办结后,办理案件的人民检察院应当在五个工作日内将有关案件情况、给予救助情况等材料,移送当事人户籍所在地人民检察院。

当事人户籍所在地人民检察院和扶贫部门参照本意见第五条、第六条进行办理。

第十三条 对获得国家司法救助的贫困当事人,人民检察院应当联合扶贫部门进行回访,掌握其脱贫及相关政策措施惠及情况,强化脱贫光荣导向,培养贫困当事人依靠自力更生实现脱贫致富的意识,提高其自我发展能力。

第十四条 人民检察院和扶贫部门应当分别确定相关内设机构具体负责国家司法救助工作支持脱贫攻坚的日常事务,并建立联席会议制度,定期召开例会。根据工作需要,可以召开临时联席会议。

第十五条 联席会议的主要任务是:

(一)通报工作情况,交换、共享工作信息;

(二)总结工作经验,梳理、解决突出问题;

(三)讨论重点、特殊贫困当事人的救助帮扶措施;

(四)研究出台本地区相关工作规范性文件;

(五)会商其他相关工作事宜。

第十六条 联席会议议定的事项,人民检察院和扶贫部门应当积极落实,并及时向对方反馈落实情况。

第十七条 上级人民检察院和扶贫部门应当加强组织指导和业务督导,抓好统筹协调,健全工作机制,总结推广经验,营造良好氛围,推动国家司法救助工作更加有效助力脱贫攻坚。

第十八条 人民检察院会同扶贫部门建立对贫困当事人的观察台账,动态跟踪记录救助和扶贫脱贫情况,并健全国家司法救助工作支持脱贫攻坚档案制度。

第十九条 人民检察院和扶贫部门在每年一月份,经联席会议讨论通过,向上一级人民检察院及同级扶贫开发领导小组报送上年度国家司法救助工作支持脱贫攻坚情况报告。

第二十条 本意见由最高人民检察院和国务院扶贫开发领导小组办公室共同解释。执行中遇有具体应用问题，分别向最高人民检察院和国务院扶贫开发领导小组办公室报告。

第二十一条 本意见自发布之日起施行。

《关于检察机关国家司法救助工作支持脱贫攻坚的实施意见》理解与适用*

徐向春　马　滔　赵景川**

2019年2月25日,最高人民检察院会同国务院扶贫开发领导小组办公室印发了《关于检察机关国家司法救助工作支持脱贫攻坚的实施意见》(以下简称《实施意见》)。《实施意见》的出台是深入贯彻党的十九大和十九届二中、三中全会精神,全面落实《中共中央、国务院关于打赢脱贫攻坚战三年行动的指导意见》的重要举措,对于充分发挥检察职能作用,进一步加大司法过程中对贫困当事人的救助力度,助力打赢脱贫攻坚战,服务党和国家工作大局具有十分重要的意义。正确理解和适用《实施意见》,对检察机关国家司法救助工作融入精准扶贫、精准脱贫,有力服务和保障打赢脱贫攻坚战,具有重要意义。

一、关于制定《实施意见》的背景及重大意义

消除贫困、改善民生、逐步实现共同富裕,是社会主义的本质要求,是我们党的重要使命。党的十八大以来,以习近平同志为核心的党中央把脱贫攻坚工作纳入"五位一体"总体布局和"四个全面"战略布局,大力实施精准扶贫,作出一系列重大部署和安排,全面打响脱贫攻坚战。党的十九大把精准脱贫作为决胜全面建成小康社会必须打好的三大攻坚战之一,作出新的部署。主动贴近、自觉服务大局是检察机关深度参与国家治理体系和治理能力现代化建设的重要使命,也是检察机关实现自身价值的应有之义。2018年6月25日,最高人民检察院发布《关于充分发挥检察职能为打好"三大攻坚战"提供司法保障的意见》,对检察机关立足检察职能服务保障脱贫攻坚大局工作作出专门部署。国家司法救助是扶危济困的民生工作,检察机关主动融入脱贫攻坚,积极开展对贫困当事人的救助工作,构建了对生活困难群众的双重保护和二元救助,直接体现了以人民为中心,对于打赢脱贫攻坚战,全面实现小康社会,具有重要司法价值和不可替代的独特作用,是新时代检察工作讲政治、顾大局的必然要求和生动实践。

---

*　原文刊载于《人民检察》2019年第9期。
**　作者单位:最高人民检察院第十检察厅。

2018年4月，最高人民检察院在全国检察机关部署开展"深入推进国家司法救助工作"专项活动，将贫困户、军人军属、未成年人和残疾人等四类人群作为重点救助对象，要求各级检察机关将国家司法救助工作深度融入精准扶贫工程，为贫困当事人提供有效司法救助，切实将国家司法救助工作作为服务保障三大攻坚战的重要方式。当年9月，最高人民检察院又在四川省南充市召开了全国检察机关国家司法救助工作助力脱贫攻坚战推进会，进一步推动专项活动深入开展。山西、内蒙古、江西、四川等地检察机关还与扶贫部门会签工作文件，搭建了国家司法救助工作有效服务脱贫攻坚战的专门平台，成为检察机关助力脱贫攻坚战的重要结合点、有效着力点和特色亮点，得到社会各界的充分肯定和高度评价。

与此同时，这项工作在实践中仍存在一些亟待解决的问题，有必要吸收各地探索形成的有效经验，完善顶层设计，对加强和改进检察机关国家司法救助工作融入、服务、保障脱贫攻坚战，进行明确指导和规范。为此，最高人民检察院与国务院扶贫开发领导小组办公室座谈研讨，达成建立相关制度、健全相应机制等多项共识，后经深入研究并多方征求意见，形成《实施意见》并印发各地检察机关和扶贫部门执行。《实施意见》的出台，是近年来检察机关国家司法救助工作精细化发展和对救助对象精准化帮扶的重大成果，必将为检察机关国家司法救助工作更好服务打赢脱贫攻坚战发挥关键性理念引领、重要制度支撑和实践操作指引的作用。

二、贯彻《实施意见》应当坚持的基本理念

一是主动救助的理念。2014年1月17日，中央政法委、财政部、最高人民法院、最高人民检察院、公安部、司法部出台《关于建立完善国家司法救助制度的意见（试行）》（以下简称《中央六单位意见》）后，最高人民检察院在当年3月即制定下发贯彻实施意见，要求"人民检察院在办理案件过程中，应当主动了解当事人家庭生活状况，对符合救助条件的当事人，不论其户籍在本地或外地，均应主动开展救助工作"。司法实践中，当事人因案增贫、因案致贫、因案返贫，生活陷入急迫困境，急需检察机关、扶贫部门积极主动作为。《实施意见》强调，检察机关要主动发现符合救助条件的贫困当事人，主动依职权开展国家司法救助工作，保障贫困当事人依照有关规定及时获得救助。扶贫部门发现国家司法救助案件线索的，要主动移送检察机关。

二是优先救助的理念。目前，扶贫开发已进入"啃硬骨头、攻坚拔寨"的冲刺期，剩下的贫困人口贫困程度较深，减贫成本更高，脱贫难度更大。特别是，有些案件当事人因不法侵害等原因致贫、返贫，甚至成为新的贫困增长点，不仅当前生活面临困境，如果不及时予以有效帮扶，未来的生产生活也将十分艰难，必须作为脱贫攻坚的特殊群体，给予其特殊、优先救助，切实补齐全面建成小康社会中的这块突出短板。《实施意见》强调，检察机关要指定检察人员优先处理扶贫部门移送的国家司法救助案件线索，优先办理贫困当事人申请救助案件。

三是及时救助的理念。《中央六单位意见》明确提出，要坚持及时救助，对符合救助条件的当事人，办案机关应当根据当事人申请或者依据职权及时提供救助，确保尽早化解社会矛盾。最高人民检察院《人民检察院国家司法救助工作细则（试行）》第25条规定，检察机关应当自受理救助申请之日起10个工作日内作出是否予以救助和具体救助金额的决定，这对检察机关开展国家司法救助工作的及时性提出了明确要求。开展救助工作不能让群众久等、失望，及时救助是雪中送炭、事半功倍。救助不及时，错过群众最困难、最需要救助的时机，即便后来给予救助，效果也会大打折扣。《实施意见》在多个地方强调，检察机关要保障贫困当事人及时获得救助，对急需救治的贫困当事人，扶贫部门要立即告知检察机关，检察机关可以先行救助。

四是衔接融合的理念。打赢脱贫攻坚战是党中央、国务院作出的重大决策部署，也是实现全面建成小康社会目标的重要标志。各级检察机关都要以高度的政治自觉和责任担当投身脱贫攻坚伟大事业，积极推动检察机关国家司法救助工作深度融入、靠前服务、有效保障脱贫攻坚战，为打好打赢脱贫攻坚战贡献检察智慧和力量。因此，检察机关开展国家司法救助工作，必须具有大局意识，主动对接本地区扶贫工作，与扶贫工作进行有机融合。这就要求，对贫困当事人不但要帮助他们尽快摆脱生活困境，更要注重救助工作与扶贫脱贫措施的衔接融合，优化相关政策供给，帮助贫困当事人如期实现既定的脱贫攻坚目标。为此，《实施意见》要求检察机关和扶贫部门加强国家司法救助工作与扶贫脱贫措施的衔接融合，并建立联席会议，坚持应救尽救、分类施策、精准发力、合力攻坚，并建立对贫困当事人的观察台账。

五是有效帮扶的理念。国家司法救助工作支持脱贫攻坚，贵在精准，重在实效，必须要以群众困难为关切，以群众需求为依归，以持续效应为追求，力求救助帮扶措施有效管用，实现效果最大化、最优化。同时，还要处理好国家、社会帮扶和当事人自身努力的关系，发扬自力更生、艰苦奋斗、勤劳致富精神，充分调动贫困地区干部群众积极性和创造性，注重扶贫先扶智，增强贫困人口自我发展能力。《实施意见》为此强调，检察机关要注重发挥司法人文关怀作用，帮助贫困当事人尽快摆脱生活困境，改善生活环境。扶贫部门要将贫困当事人列为重点对象，加大脱贫攻坚力度，细化实化帮扶措施，保障各项扶贫政策精确落实和相关工作精准到位，提高救助效果和脱贫攻坚成果的可持续性，并联合开展救助后回访工作，掌握其脱贫及相关政策措施惠及情况，培养贫困当事人依靠自力更生实现脱贫致富的意识。

六是协同发力的理念。对贫困当事人进行救助帮扶，保障如期实现脱贫，是一项社会性很强的系统工程。其中，解决贫困当事人在司法过程中面临的急迫困境，检察机关责无旁贷，但要帮助贫困当事人实现脱贫，需要各有关方面积极参与。为完成这个重任，检察机关要积极给予国家司法救助，扶贫部门要全面落实扶贫脱贫政策，同时还要协调各有关方面建立联动机制，形成互相合作、互相衔接、各负其责的工作合力。《实施意见》规定，检察机关和扶贫部门要建立常态化沟通协调、信息共享及工作会商机制，同时主动对接定点扶贫单位和责任部门，引导鼓励社会各方面力量，多方位、多元化帮助贫困当事人。

三、关于《实施意见》的主要内容

《实施意见》共21条，主要明确了检察机关国家司法救助工作支持脱贫攻坚相关的职责分工、工作原则、贫困线索移送和处理、救助线索移送和办理、救助资金保障和使用、多元化帮扶、联席会议制度、救助后回访等。

（一）职责分工

检察机关和扶贫部门在国家司法救助工作支持脱贫攻坚中职责不同，各有侧重点和着力点。制定《实施意见》的基本依据是《中央六单位意见》，因此，检察机关重在积极主动开展救助工作，帮助贫困当事人解决临时急迫困难，尽快改善生活环境，同时还要积极做好贫困线索的发现和移送工作。扶贫部门重在将贫困当事人列为脱贫攻坚重点，加大政策倾斜和支持力度，实施精准扶贫、精准脱贫，确保在全面建成小康路上一个不能少，一个不掉队，如期完成全面脱贫任务，同时还要积极做好救助线索的发现和移送工作。《实施意见》第3条及其他相关条文据此作出规定。

（二）工作原则

《实施意见》第4条规定了检察机关国家司法救助工作支持脱贫攻坚的4项原则，即应救尽救、分类施策、精准发力、合力攻坚。应救尽救原则，是指对于符合救助条件的贫困当事人，检察机关均应当依职权主动予以救助，既不遗漏，又不拖延，帮助他们尽可能解决生活面临的急迫困难，努力让人民群众在每一个司法救助案件中感受到公平正义。分类施策原则，是指检察机关和扶贫部门要根据贫困当事人的实际困难情况和客观需求进行救助和帮扶，因户因人落实扶贫脱贫政策，造血输血协同，帮助贫困当事人通过产业扶持、转移就业、易地搬迁、教育支持、医疗救助等措施实现脱贫。对无法依靠产业扶持等措施实现脱贫的贫困当事人，也要帮助实行政策性保障兜底脱贫。精准发力原则，是指救助和帮扶对象要精准，救助措施要精准，落实政策要精准，资金使用要精准，努力实现针对性、差别化帮扶，做到务实管用，从而达到实际成效精准，最终实现精准救助和识真贫、真扶贫、扶真贫衔接融合。合力攻坚原则，是指既要充分发挥检察机关、扶贫部门职能作用，同时又要坚持政府主导，增强社会合力，主动对接定点扶贫单位和责任部门，引导鼓励社会各方面力量，推动构建专项扶贫、行业扶贫、社会扶贫互为补充的大扶贫格局及立体综合救助体系。

（三）贫困线索移送和处理

根据《中央六单位意见》规定，生活面临急迫困难是当事人获得救助的基本条件，而实践中生活面临急迫困难、申请救助的当事人多数属于或者应当属于建档立卡贫困人口。因此，《实施意见》第5条、第6条规定，检察机关发现贫困当事人的，应当在办结后5个工作日内移送扶贫部门，发现被救助人可能系贫困人口但未建档立卡的，应当在办结后5个工作日内向扶贫部门提出进行贫困识别的书面建议。扶贫部门确认被救助人系建档立卡贫困人口的，应当进一步加大脱贫攻坚力度，保障各项扶贫脱贫政策全面落实到位。第12条还规定了对异地当事人救助后的贫困线索移送和处理。

需要注意的是，虽然《实施意见》相关条文未明确规定级别管辖问题，但根据中共中央办公厅、国务院办公厅2016年发布的《脱贫攻坚责任制实施办法》第3条关于"脱贫攻坚按照中央统筹、省负总责、市县抓落实的工作机制，构建责任清晰、各负其责、合力攻坚的责任体系"的规定，《实施意见》中的扶贫部门一般是指具体负责抓落实的市县级政府所属扶贫部门。即市县级检察院在国家司法救助工作中，发现贫困线索需要移送的，直接移送给同级扶贫部门，由其落实脱贫攻坚责任，这也符合当前救助工作主战场在基层检察院的客观情况。省级以上检察院开展救助工作，需要移送贫困线索的，可以交市县级检察院，由其移送同级扶贫部门。

（四）救助线索移送和办理

在脱贫攻坚战中，市县级扶贫部门处在工作一线，特别是县级扶贫部门应当指导乡、村组织实施贫困村、贫困人口建档立卡等工作。按照中央决策部署，国务院扶贫开发领导小组办公室于2014年开始在全国组织开展贫困识别建档立卡工作，并根据中央要求，扶贫部门在每个贫困村都有驻村工作队（组），每个贫困户都有帮扶责任人，对于及时发现符合救助条件的贫困当事人，具有天然优势和便利条件，可以将相关救助案件线索在第一时间告知检察机关。因此,《实施意见》第7条至第9条规定,扶贫部门发现符合国家司法救助条件的贫困当事人的,要在5个工作日内移送检察机关,检察机关应当优先办理,发现不属于本院管辖的,移送有管辖权的检察机关;由本院负责救助对贫困当事人更为适宜的,可以由本院管辖;由其他政法单位负责救助对贫困当事人更为适宜的,可以移送其他政法单位。同时还特别规定,对受到犯罪侵害危及生命,或者因道路交通事故等民事侵权行为造成严重人身伤害,急需救治,无力承担医疗救治费用的贫困当事人,扶贫部门应当立即告知检察机关,检察机关可以依据救助标准,先行垫付救助资金,救助后及时补办审批等相关手续。

(五) 救助资金保障和使用

目前,各地开展国家司法救助工作,资金保障和使用的模式主要有两种:一是大多数地方由政法委统筹管理,根据检察机关申请进行核拨,由于审批间隔时间较长,导致救助效率偏低,影响了实际效果。二是广东、四川等部分省份,每年年初将救助资金预拨到检察机关账户,由检察机关自主审批救助金额,救助效率较高,实际效果也更好。鉴于此,为提高对贫困当事人的救助实效,《实施意见》第10条规定,检察机关在党委政法委领导下,加强与政府财政部门沟通协调,争取支持,用好中央转移支付的国家司法救助资金,提高救助金发放效率,完善救助金发放方式,增强救助实效。有条件的地方,可以参照广东、四川的模式,争取实现救助资金预先拨付,救助金额自主审批。同时,也要采取切实有效的政策措施,进一步拓宽救助资金来源渠道,鼓励个人、企业和社会组织捐助救助资金,对捐助的救助资金,应当告知捐助人实际救助的具体对象,确保救助资金使用的透明度、公正性和公信力。

(六) 多元化帮扶

国家司法救助注重解决贫困当事人生活面临的急迫困难,可以缓一时之急,但从实现脱贫的既定目标来看,救助工作单肩难扛重任,必须落实国家司法救助与扶贫脱贫政策的衔接融合,坚持政府主导,增强社会合力,主动对接定点扶贫单位和责任部门,引导鼓励社会各方面力量,推动构建专项扶贫、行业扶贫、社会扶贫互为补充的大扶贫格局,造血输血协同,帮助贫困当事人通过产业扶持、转移就业、易地搬迁、教育支持、医疗救助等措施实现脱贫。对无法依靠产业扶持等措施实现脱贫的贫困当事人,帮助实行政策性保障兜底脱贫。《实施意见》第11条对检察机关和扶贫部门衔接协作,充分动员社会各方面力量对贫困当事人进行多元化帮扶作出规定。

（七）联席会议制度

如期完成脱贫攻坚任务，时间十分紧迫，任务相当繁重，检察机关和扶贫部门必须以时不我待的紧迫感，不折不扣地扛起自身责任，即检察机关要积极给予国家司法救助，扶贫部门要全面落实扶贫脱贫政策，同时，还要按照《实施意见》的要求，凝聚合力，加强协作配合和相互支持，形成互相合作、互相衔接、各负其责的工作合力。为此，第14条规定，检察机关和扶贫部门应当分别确定相关内设机构具体负责国家司法救助工作支持脱贫攻坚的日常事务，并建立联席会议制度，定期开会。根据工作需要，可以召开临时联席会议。第15条、第16条进一步规定了联席会议的5项职责和议定事项的落实。根据工作实际需要，各地检察机关和扶贫部门可以探索共享全国扶贫开发信息系统的部分调查权限。

（八）救助后回访

当前，随着精准扶贫、精准脱贫的纵深推进，许多贫困村、贫困户摘掉了贫困"帽子"。但是脱贫攻坚任务仍然很重，难度在增加，还存在个别贫困户"不愿脱帽"，一味"等靠要"，过度依赖帮扶政策，甚至"躺在脱贫优惠政策上不劳而获"的尴尬现实，"精神贫困"正成为脱贫攻坚路上难过的坎、难爬的坡，如何激发脱贫攻坚的内生动力仍是急需补齐的短板。《实施意见》第13条因此规定了救助后的回访制度，主要目的就是要求检察机关联合扶贫部门开展扶贫扶志教育活动，加强对贫困当事人的思想、文化、道德、法律、感恩教育，弘扬自尊、自爱、自强精神，强化脱贫光荣导向，培养贫困当事人依靠自力更生实现脱贫致富的意识，提高其自我发展能力，着力解决"等靠要"思想和"你不帮、我不动"现象，切实保障救助长效和脱贫攻坚成果的可持续性。

四、统一思想，提高认识，推动检察机关国家司法救助工作更加有效助力脱贫攻坚

《实施意见》总结了近年来检察机关国家司法救助及各地扶贫工作的宝贵经验、正确理念和工作创新，是两方面经验深度融合的重要成果，对检察机关做好今后一个时期国家司法救助工作，积极有效助推脱贫攻坚战，具有重要指引意义。各级检察机关贯彻执行《实施意见》，要重点从以下几个方面入手：

第一，提高政治站位，把牢政治方向。打赢脱贫攻坚战，是全面建成小康社会的底线任务，是促进全体人民共享改革发展成果、实现共同富裕的重大举措，事关人民福祉，事关党的执政基础和国家长治久安。检察机关切实发挥服务保障作用，将服务和保障打赢脱贫攻坚战，作为检察机关国家司法救助工作

的重中之重，聚焦"打赢"，强调"精准"，搞好"专项"，多措并举，取得了显著成效。距离按时打赢脱贫攻坚战只有不到两年的时间，时间紧迫、任务繁重、责任重大，检察机关作为党领导下的人民司法机关，贯彻落实党中央脱贫攻坚重大决策部署，依托司法职能促进和保障民生，责无旁贷，使命光荣，必须切实增强责任感和自觉性，对照《实施意见》的规定和要求，认真总结既有经验，精心谋划和改进下一步工作，补齐短板，善做善成，为打赢脱贫攻坚战贡献检察力量。

第二，突出工作重点，加大推进力度。要抓重点地区，中西部22个省区市的检察机关要强化"脱贫攻坚有我"的大局意识，将国家司法救助工作全面融入当地脱贫攻坚战总体部署，充分发挥检察机关司法扶贫的特色作用和独特优势，"三区三州"检察机关要依托国家司法救助职能，合力攻克"坚中之坚"，力保脱贫无死角。要抓重点对象，重点救助严重暴力犯罪案件致伤致残被害人，特别是对家庭生活极为困难、未来需要大额支出医疗费或康复费的被害人，要大额救助、重点帮扶。要抓重点环节，在检察机关办理案件第一环节及时进行救助，坚决克服坐等当事人申请，甚至坐等法院判决裁定无法执行、当事人得不到赔偿时才救助，在检察机关办案环节实现"应救即救""应救尽救"，扭转信访化偏向。

第三，压实基层责任，全力消除空白。从近年情况看，地区发展不平衡、基层工作薄弱，是制约检察机关国家司法救助工作的两个突出问题。改进工作必须以问题为导向，下一步各级检察机关要瞄准突出问题，全力攻坚克难。司法救助工作主战场应当在基层，但基层检察院又普遍存在资金保障不到位、审批决定权未落实等问题，救助资源与救助需求匹配度不高，导致基层检察院救助工作空白点较多，严重影响了支持脱贫攻坚要求的落实。要想方设法改变部分基层检察院救助工作薄弱的局面，千方百计消除救助工作空白。上级检察院发现下级检察院应当救助而未救助的，要及时指令下级检察院予以救助，督促下级检察院充分履行司法责任。

第四，强化指导督导，上下合力攻坚。上级检察机关要切实履行好组织指导和业务督导职责，加强对下级检察机关国家司法救助工作支持脱贫攻坚的检查督导，深入基层、深入实际开展调查研究，全面掌握工作进展情况，及时解决问题，推进工作创新。要将国家司法救助工作纳入业务考核或者作为核心指标考核，明确任务导向，压紧压实责任，督促实现国家司法救助工作支持脱贫攻坚常态化、日常化。上级院要综合运用定期检查与不定期检查、专项督查与一般督查，跟进、督导相关工作开展。中西部22个省区市的市县两级检察机关要每个月将本地国家司法救助工作情况、救助贫困户情况、向扶贫部门移送贫困线索情况等报送上级检察机关，省级检察机关也要定期报告最高人民检察院。

第五，加强组织领导，抓好宣传引导。各级检察机关要以高度的政治责任感，将国家司法救助工作支持脱贫攻坚这项任务摆上重要位置，列入议事日程，尽快确定相关内设机构和专门人员具体负责国家司法救助工作支持脱贫攻坚的日常事务，强化专门性和专责性，尽快建立联席会议制度，尽快建立对贫困当事人的观察台账，动态跟踪记录救助和扶贫脱贫情况，努力形成与扶贫部门分工明确、衔接有序、紧密配合、协同推进的工作格局，着力推动国家司法救助工作更加扎实助力脱贫攻坚战。要更加重视宣传工作，努力构筑立体宣传网，拓宽宣传渠道，丰富宣传内容，创新宣传形式，突出宣传重点，展示典型案例和积极成效，形成舆论强势，充分展现示范引领形象，为检察机关国家司法救助工作支持脱贫攻坚营造良好氛围。

最高人民检察院
人民检察院检察建议工作规定

(2018年12月25日最高人民检察院第十三届检察委员会第十二次会议通过　2019年2月26日公布并施行　高检发释字〔2019〕1号)

第一章　总　　则

第一条　为了进一步加强和规范检察建议工作，确保检察建议的质量和效果，充分发挥检察建议的作用，根据《中华人民共和国人民检察院组织法》等法律规定，结合检察工作实际，制定本规定。

第二条　检察建议是人民检察院依法履行法律监督职责，参与社会治理，维护司法公正，促进依法行政，预防和减少违法犯罪，保护国家利益和社会公共利益，维护个人和组织合法权益，保障法律统一正确实施的重要方式。

第三条　人民检察院可以直接向本院所办理案件的涉案单位、本级有关主管机关以及其他有关单位提出检察建议。

需要向涉案单位以外的上级有关主管机关提出检察建议的，应当层报被建议单位的同级人民检察院决定并提出检察建议，或者由办理案件的人民检察院制作检察建议书后，报被建议单位的同级人民检察院审核并转送被建议单位。

需要向下级有关单位提出检察建议的，应当指令对应的下级人民检察院提出检察建议。

需要向异地有关单位提出检察建议的，应当征求被建议单位所在地同级人民检察院意见。被建议单位所在地同级人民检察院提出不同意见，办理案件的人民检察院坚持认为应当提出检察建议的，层报共同的上级人民检察院决定。

第四条　提出检察建议，应当立足检察职能，结合司法办案工作，坚持严格依法、准确及时、必要审慎、注重实效的原则。

第五条　检察建议主要包括以下类型：

（一）再审检察建议；

（二）纠正违法检察建议；

（三）公益诉讼检察建议；

（四）社会治理检察建议；

（五）其他检察建议。

第六条 检察建议应当由检察官办案组或者检察官办理。

第七条 制发检察建议应当在统一业务应用系统中进行，实行以院名义统一编号、统一签发、全程留痕、全程监督。

第二章　适用范围

第八条 人民检察院发现同级人民法院已经发生法律效力的判决、裁定具有法律规定的应当再审情形的，或者发现调解书损害国家利益、社会公共利益的，可以向同级人民法院提出再审检察建议。

第九条 人民检察院在履行对诉讼活动的法律监督职责中发现有关执法、司法机关具有下列情形之一的，可以向有关执法、司法机关提出纠正违法检察建议：

（一）人民法院审判人员在民事、行政审判活动中存在违法行为的；

（二）人民法院在执行生效民事、行政判决、裁定、决定或者调解书、支付令、仲裁裁决书、公证债权文书等法律文书过程中存在违法执行、不执行、怠于执行等行为，或者有其他重大隐患的；

（三）人民检察院办理行政诉讼监督案件或者执行监督案件，发现行政机关有违反法律规定、可能影响人民法院公正审理和执行的行为的；

（四）公安机关、人民法院、监狱、社区矫正机构、强制医疗执行机构等在刑事诉讼活动中或者执行人民法院生效刑事判决、裁定、决定等法律文书过程中存在普遍性、倾向性违法问题，或者有其他重大隐患，需要引起重视予以解决的；

（五）诉讼活动中其他需要以检察建议形式纠正违法的情形。

第十条 人民检察院在履行职责中发现生态环境和资源保护、食品药品安全、国有财产保护、国有土地使用权出让等领域负有监督管理职责的行政机关违法行使职权或者不作为，致使国家利益或者社会公共利益受到侵害，符合法律规定的公益诉讼条件的，应当按照公益诉讼案件办理程序向行政机关提出督促依法履职的检察建议。

第十一条 人民检察院在办理案件中发现社会治理工作存在下列情形之一的，可以向有关单位和部门提出改进工作、完善治理的检察建议：

（一）涉案单位在预防违法犯罪方面制度不健全、不落实，管理不完善，存在违法犯罪隐患，需要及时消除的；

（二）一定时期某类违法犯罪案件多发、频发，或者已发生的案件暴露出明显的管理监督漏洞，需要督促行业主管部门加强和改进管理监督工作的；

（三）涉及一定群体的民间纠纷问题突出，可能导致发生群体性事件或者恶性案件，需要督促相关部门完善风险预警防范措施，加强调解疏导工作的；

（四）相关单位或者部门不依法及时履行职责，致使个人或者组织合法权益受到损害或者存在损害危险，需要及时整改消除的；

（五）需要给予有关涉案人员、责任人员或者组织行政处罚、政务处分、行业惩戒，或者需要追究有关责任人员的司法责任的；

（六）其他需要提出检察建议的情形。

第十二条　对执法、司法机关在诉讼活动中的违法情形，以及需要对被不起诉人给予行政处罚、处分或者需要没收其违法所得，法律、司法解释和其他有关规范性文件明确规定应当发出纠正违法通知书、检察意见书的，依照相关规定执行。

第三章　调查办理和督促落实

第十三条　检察官在履行职责中发现有应当依照本规定提出检察建议情形的，应当报经检察长决定，对相关事项进行调查核实，做到事实清楚、准确。

第十四条　检察官可以采取以下措施进行调查核实：

（一）查询、调取、复制相关证据材料；

（二）向当事人、有关知情人员或者其他相关人员了解情况；

（三）听取被建议单位意见；

（四）咨询专业人员、相关部门或者行业协会等对专门问题的意见；

（五）委托鉴定、评估、审计；

（六）现场走访、查验；

（七）查明事实所需要采取的其他措施。

进行调查核实，不得采取限制人身自由和查封、扣押、冻结财产等强制性措施。

第十五条　检察官一般应当在检察长作出决定后两个月以内完成检察建议事项的调查核实。情况紧急的，应当及时办结。

检察官调查核实完毕，应当制作调查终结报告，写明调查过程和认定的事实与证据，提出处理意见。认为需要提出检察建议的，应当起草检察建议书，一并报送检察长，由检察长或者检察委员会讨论决定是否提出检察建议。

经调查核实，查明相关单位不存在需要纠正或者整改的违法事实或者重大隐患，决定不提出检察建议的，检察官应当将调查终结报告连同相关材料订卷存档。

第十六条 检察建议书要阐明相关的事实和依据，提出的建议应当符合法律、法规及其他有关规定，明确具体、说理充分、论证严谨、语言简洁、有操作性。

检察建议书一般包括以下内容：

（一）案件或者问题的来源；

（二）依法认定的案件事实或者经调查核实的事实及其证据；

（三）存在的违法情形或者应当消除的隐患；

（四）建议的具体内容及所依据的法律、法规和有关文件等的规定；

（五）被建议单位提出异议的期限；

（六）被建议单位书面回复落实情况的期限；

（七）其他需要说明的事项。

第十七条 检察官依据本规定第十一条的规定起草的检察建议书，报送检察长前，应当送本院负责法律政策研究的部门对检察建议的必要性、合法性、说理性等进行审核。

检察建议书正式发出前，可以征求被建议单位的意见。

第十八条 检察建议书应当以人民检察院的名义送达有关单位。送达检察建议书，可以书面送达，也可以现场宣告送达。

宣告送达检察建议书应当商被建议单位同意，可以在人民检察院、被建议单位或者其他适宜场所进行，由检察官向被建议单位负责人当面宣读检察建议书并进行示证、说理，听取被建议单位负责人意见。必要时，可以邀请人大代表、政协委员或者特约检察员、人民监督员等第三方人员参加。

第十九条 人民检察院提出检察建议，除另有规定外，应当要求被建议单位自收到检察建议书之日起两个月以内作出相应处理，并书面回复人民检察院。因情况紧急需要被建议单位尽快处理的，可以根据实际情况确定相应的回复期限。

第二十条 涉及事项社会影响大、群众关注度高、违法情形具有典型性、所涉问题应当引起有关部门重视的检察建议书，可以抄送同级党委、人大、政府、纪检监察机关或者被建议单位的上级机关、行政主管部门以及行业自律组织等。

第二十一条 发出的检察建议书，应当于五日内报上一级人民检察院对口业务部门和负责法律政策研究的部门备案。

第二十二条 检察长认为本院发出的检察建议书确有不当的，应当决定变更或者撤回，并及时通知有关单位，说明理由。

上级人民检察院认为下级人民检察院发出的检察建议书确有不当的，应当指令下级人民检察院变更或者撤回，并及时通知有关单位，说明理由。

第二十三条　被建议单位对检察建议提出异议的，检察官应当立即进行复核。经复核，异议成立的，应当报经检察长或者检察委员会讨论决定后，及时对检察建议书作出修改或者撤回检察建议书；异议不成立的，应当报经检察长同意后，向被建议单位说明理由。

第二十四条　人民检察院应当积极督促和支持配合被建议单位落实检察建议。督促落实工作由原承办检察官办理，可以采取询问、走访、不定期会商、召开联席会议等方式，并制作笔录或者工作记录。

第二十五条　被建议单位在规定期限内经督促无正当理由不予整改或者整改不到位的，经检察长决定，可以将相关情况报告上级人民检察院，通报被建议单位的上级机关、行政主管部门或者行业自律组织等，必要时可以报告同级党委、人大，通报同级政府、纪检监察机关。符合提起公益诉讼条件的，依法提起公益诉讼。

第四章　监督管理

第二十六条　各级人民检察院检察委员会应当定期对本院制发的检察建议的落实效果进行评估。

第二十七条　人民检察院案件管理部门负责检察建议的流程监控和分类统计，定期组织对检察建议进行质量评查，对检察建议工作情况进行综合分析。

第二十八条　人民检察院应当将制发检察建议的质量和效果纳入检察官履职绩效考核。

第二十九条　上级人民检察院应当加强对下级人民检察院开展检察建议工作的指导，及时通报情况，帮助解决检察建议工作中的问题。

第五章　附　　则

第三十条　法律、司法解释和其他有关规范性文件对再审检察建议、纠正违法检察建议和公益诉讼检察建议的办理有规定的，依照其规定办理；没有规定的，参照本规定办理。

第三十一条　本规定由最高人民检察院负责解释。

第三十二条　本规定自公布之日起施行，2009年印发的《人民检察院检察建议工作规定（试行）》同时废止。

《人民检察院检察建议工作规定》
理解与适用[*]

高景峰　吴孟栓　米　蓓[**]

最高人民检察院《人民检察院检察建议工作规定》（以下简称《规定》），经 2018 年 12 月 25 日最高人民检察院第十三届检察委员会第十二次会议通过，于 2019 年 2 月 26 日正式公布，自公布之日起施行。为便于正确理解和适用《规定》，现对《规定》解读如下。

一、《规定》修订的背景及过程

2009 年，最高人民检察院制定了《人民检察院检察建议工作规定（试行）》（以下简称《试行规定》），对检察机关充分发挥检察监督职能、规范开展检察建议工作发挥了积极作用。近年来，检察机关积极运用检察建议履行法律监督职责，在推动有关部门建章立制、堵塞漏洞、消除隐患，规范执法司法行为，促进依法行政，服务保障民生，参与社会治理等方面取得了良好效果，但是也存在适用范围不清、制发和管理不规范、重数量轻质量、监督实效不够理想等问题。新时期，党和国家对司法工作的更高标准、人民群众对公平正义的更高期待，对检察机关的法律监督工作提出了新的更高要求，以往检察建议的运行方式已越来越不能适应这些新要求。《试行规定》对检察建议的适用范围、内容、制发程序等规定较为粗疏，无法满足新时期检察建议工作实践的需要，亟须根据新情况和新问题作出全面修改，对检察建议工作进行更加严格的规范。

2018 年 10 月 26 日，第十三届全国人民代表大会常务委员会第六次会议通过了修订后的人民检察院组织法。此次修订的一项重要内容是明确规定检察建议是检察机关履行法律监督职责的重要方式，对检察机关依法提出的检察建议，有关单位应当予以配合，并及时将采纳检察建议的情况以书面形式回复检察机关。为适应人民检察院组织法赋予检察建议的新功能和新要求，进一步加强和规范检察建议工作，提升检察建议的质量和实效，充分发挥检察建议在维护司法公正、推动依法行政、保障公共利益、促进社会治理、预防违法犯罪等

---

[*] 原文刊载于《人民检察》2019 年第 8 期。
[**] 作者单位：最高人民检察院法律政策研究室。

方面的积极作用,最高人民检察院从 2018 年下半年开始,对检察建议工作进行了深入调研,针对实践中存在的问题,根据人民检察院组织法关于检察建议的规定,对《规定》进行了修订。修订过程中,三次征求省级检察机关的意见,两次征求最高人民检察院相关内设机构的意见,同时征求了中央政法委、全国人大常委会法工委、最高人民法院、公安部、司法部等单位以及专家学者的意见。在综合各方面意见的基础上,经反复研究修改,形成送审稿。经 2018 年 12 月 25 日最高人民检察院第十三届检察委员会第十二次会议通过后,于 2019 年 2 月 26 日正式公布实施。

二、《规定》的主要内容

《规定》共 5 章 32 条,主要规定了以下内容:检察建议的性质;检察建议的制发原则;检察建议的类型和适用范围;检察建议的制发程序;检察建议的刚性保证;被建议单位的异议权;检察建议的监督管理。

(一) 检察建议的性质

《规定》第 2 条从功能和作用的角度,对检察建议进行了重新界定,由过去立足检察职能、参与社会治安综合治理、预防和减少违法犯罪的延伸性工作方式,修改为一种法律监督措施,规定:"检察建议是人民检察院依法履行法律监督职责,参与社会治理,维护司法公正,促进依法行政,预防和减少违法犯罪,保护国家利益和社会公共利益,维护个人和组织合法权益,保障法律统一正确实施的重要方式。"这一定位,与《人民检察院组织法》第 21 条将检察建议规定为行使法律监督权方式的精神是一致的。

(二) 检察建议的制发原则

《规定》第 3 条确立了制发检察建议的层级对应原则,即:办案检察院认为需要向涉案单位以外的上级有关主管机关提出检察建议的,应当提出意见,层报被建议单位的同级检察院,由其决定是否提出检察建议;也可以由办案检察院制作检察建议书后,报被建议单位的同级检察院审核并转送被建议单位。需要向下级有关单位提出检察建议的,则应当指令对应的下级检察院提出检察建议。需要向异地有关单位提出检察建议的,应当征求被建议单位所在地同级检察院意见。如果被建议单位所在地同级检察院提出不同意见,而办理案件的检察院坚持认为应当提出检察建议的,应当层报共同的上级检察院决定是否提出检察建议。

如何理解层级对应,有 3 点需要注意:一是关于制发的主体。在办案检察院层报被建议单位的同级检察院决定提出检察建议的情况下,检察建议的制发主体为被建议单位的同级检察院;在办案检察院制作检察建议书后报被建议单位的同级检察院审核的情况下,检察建议的制作主体为办案检察院,被建议单位的同级检察院仅负责将检察建议书转送被建议单位。二是关于"异地"的理解。"异地"是指制发检察建议的检察院管辖范围以外的地方,不仅指外省,而且同一省内不同市、县之间也属于"异地"。对于跨行政区划检察院,其所在地与其管辖范围内的其他市、县之间不属于"异地"。需要向其管辖范围内的其他市、县有关单位制发检察建议,可以不征求被建议单位所在地同级检察院意见。三是异地制发检察建议也应当遵循层级对应,不能由下级检察院向异地上级单位制发检察建议。

《规定》第4条规定:"提出检察建议,应当立足检察职能,结合司法办案工作,坚持严格依法、准确及时、必要审慎、注重实效的原则。"针对部分地方存在随意制发检察建议的情况,为规范检察建议的制发,《规定》在《试行规定》"严格依法、准确及时、注重实效"原则的基础上,增加规定了"必要审慎"的原则,强调检察机关在履行法律监督职责中发现的、与检察业务紧密关联、确有监督必要的事项,应当按程序制发检察建议,坚决杜绝片面追求制发数量、随意制发检察建议等情况的出现。

(三)检察建议的类型和适用范围

《规定》第5条规定了检察建议的类型,主要包括再审检察建议、纠正违法检察建议、公益诉讼检察建议、社会治理检察建议和其他检察建议5种。第8条至第12条规定了各类检察建议的适用范围和适用条件。

再审检察建议是检察机关对同级法院已经发生法律效力的判决、裁定具有法律规定的应当再审情形,或者发现调解书损害国家利益、社会公共利益,向同级法院提出的启动再审的建议。

纠正违法检察建议主要适用于对法院民事、行政审判活动和执行活动中的违法问题,对公安司法机关、刑罚执行机关等在刑事诉讼和刑事执行中的普遍性、倾向性违法问题或者重大隐患,以及对行政机关在行政诉讼和行政执行中违法问题的监督。需要注意的是,纠正违法检察建议在刑事诉讼、民事诉讼和行政诉讼监督中的适用范围不同。按照刑事诉讼法和最高人民检察院《人民检察院刑事诉讼规则(试行)》[①]的规定,对刑事个案办理中具体的违法问题,应当以提出纠正违法意见的方式进行监督纠正;但是,根据实践经验,对于刑事诉讼中的一些具有普遍性、倾向性的违法问题,则可以通过提出检察建议的方式进行纠正。而根据民事诉讼法和行政诉讼法的规定,对民事、行政诉讼中

---

① 2019年12月30日起,《人民检察院刑事诉讼规则》施行,下同。——编者注

审判人员违法、执行人员违法的问题，都应以提出检察建议的方式进行纠正。

公益诉讼检察建议是依据行政诉讼法和最高人民法院、最高人民检察院《关于检察公益诉讼案件适用法律若干问题的解释》的规定，在行政公益诉讼诉前程序中督促行政机关依法履行职责的方式。

社会治理检察建议主要针对检察机关在履行检察职责过程中发现的违法犯罪隐患、管理监督漏洞、风险预警和防控问题，以及就相关部门作出的行政处罚、政务处分、行业惩戒等问题提出的改进工作、完善治理的建议。

其他检察建议，指上述四类检察建议之外的其他类型的检察建议，也为检察建议工作的创新发展预留了空间。

在《规定》修订过程中，有意见认为最高人民检察院《人民检察院民事诉讼监督规则（试行）》第112条规定的改进工作检察建议应作为单独一种类型予以规定。经研究认为，《规定》第9条第1项规定的"人民法院审判人员在民事、行政审判活动中存在违法行为的"这一情形，不限于审判人员在个案中的违法行为，多起案件中的违法情形属于多数审判人员的违法行为，《人民检察院民事诉讼监督规则（试行）》第112条第1项"人民法院对民事诉讼中同类问题适用法律不一致的"、第2项"人民法院在多起案件中适用法律存在同类错误的"和第3项"人民法院在多起案件中有相同违法行为的"3类情形，均可认定为《规定》第9条第1项规定的"人民法院审判人员在民事、行政审判活动中存在违法行为的"。《人民检察院民事诉讼监督规则（试行）》第112条第4项"有关单位的工作制度、管理方法、工作程序违法或者不当，需要改正、改进的"则属于《规定》第11条第1项规定的社会治理检察建议适用情形。

（四）检察建议的制发程序

由于检察建议类型不同，制发程序也不尽相同。其中，再审检察建议、纠正违法检察建议和作为公益诉讼前置程序的检察建议，应当依照相关诉讼法和最高人民检察院制定的相关诉讼监督规则规定的程序制发，法律、司法解释和其他有关规范性文件没有规定的，参照《规定》办理。社会治理类检察建议应当按照《规定》规定的程序制发。检察建议制发程序有4点需要特别注意：

一是无论哪一类检察建议，为保证建议事项的事实清楚准确，法律政策依据充分，均应当进行必要的调查核实。《人民检察院组织法》第21条规定："人民检察院行使本法第二十条规定的法律监督职权，可以进行调查核实……"这为检察机关在检察建议制发过程中进行调查核实提供了法律依据。检察官可以通过查询、调取、复制相关证据材料，询问当事人、有关单位工作人员或者其他相关人员，听取被建议单位意见，咨询专业人员、相关部门或者行业协会等对专门问题的意见,委托鉴定、评估、审计、现场走访、查验等方式查明事实情况,但不得采取限制人身自由和查封、扣押、冻结财产等强制性措施。

二是制发社会治理类检察建议,均应由法律政策研究部门对检察建议的必要性、合法性、说理性进行审核。通过负责法律政策研究的检察官对检察建议书进行法律政策依据和法理根据的审核把关,确保提出的检察建议符合法律政策、论证严谨、说理充分、切实可行。

三是为保证检察建议优质、严肃和权威,各类检察建议书均应由检察长或者检察委员会讨论决定后,以检察机关名义统一编号发出。如何理解"检察长决定"?检察建议制发中需由"检察长决定"的事项,原则上均应当由检察长决定。在司法责任制的背景下,经检察长明确授权,可以由副检察长决定。如何理解"以检察机关名义"?省级检察院和设区的市级检察院的派出检察院,可以自己的名义制发检察建议书;检察机关在监狱、看守所等场所设立的检察室不能以自己名义制发检察建议书。

四是所有检察建议书均应当于发出后5日内报上一级检察院对口业务部门和上一级检察院负责法律政策研究的部门备案。上一级检察院对口业务部门和负责法律政策研究的部门收到检察建议书后,要及时予以审核,发现下级检察院发出的检察建议书确有不当的,应当按照《规定》第22条第2款的规定,指令下级检察院变更或者撤回,并及时通知有关单位,说明理由。

(五)检察建议的刚性保证

为增强检察建议的刚性效果,促进被建议单位对检察建议的重视和采纳,《规定》从4个方面作出了规定:

一是规范送达程序。《规定》明确,检察建议书可书面送达,也可现场宣告送达。宣告送达检察建议书是近年来不少地方探索出的做法,通过在特定场所向被建议单位当面宣读检察建议书并进行示证、说理,同时引入人大代表、政协委员或者特约检察员、人民监督员等第三方的见证和监督,更容易引起被建议单位及其上级单位重视,有利于督促被建议单位对检察建议的接受和采纳,《规定》对此予以总结吸收。需要注意的是,宣告送达应当商被建议单位同意,拟邀请人大代表、政协委员或者特约检察员、人民监督员等第三方人员的,也应当事先告知被建议单位。

二是建立抄送制度。对一些社会影响大、群众关注度高、违法情形具有典型性的事项,在向有关单位制发检察建议的同时,抄送其上级主管部门;对办案中发现的涉及地区、行业管理制度上具有普遍性的问题,在向涉案单位制发检察建议的同时,抄送行政主管部门以及行业自律组织等;涉及违纪违法追责的,抄送纪检监察机关。

三是积极帮助和支持被建议单位落实检察建议。检察建议发出后,要通过询问、走访、不定期会商、召开联席会议等多种方式,及时了解被建议单位的整改落实情况。对于被建议单位在落实中存在的问题,要主动帮助其分析原因、商量对策,及时提出意见建议,不断完善整改措施;对于被建议单位在落实过程中遇到困难,需要检察机关予以支持配合的,检察机关要及时提供支持,积极配合被建议单位做好相关工作,共同推进检察建议的落实。

四是加强对检察建议的跟踪督促。对于被建议单位在规定期限内经督促无正当理由不予整改或者整改不到位的,经检察长决定,可以将相关情况报告上级检察院,通报被建议单位的上级机关、行政主管部门或者行业自律组织等,必要时可以报告同级党委、人大,通报同级政府、纪检监察机关。符合提起公益诉讼条件的,依法提起公益诉讼。同时,上一级检察院对口业务部门和法律政策研究部门要加强备案审查,及时了解掌握检察建议的情况,必要时可以由上级检察院进行跟进监督。在向异地有关单位制发检察建议后,被建议单位不予整改或者整改不到位,需要向被建议单位所在地党委、人大报告或者向其所在地政府、纪检监察机关通报的,应当遵循"谁制发谁督促"的原则,由制发检察建议的检察院向被建议单位所在地党委、人大报告或者向其所在地政府、纪检监察机关通报;必要时,可以与被建议单位所在地同级检察院协商,联合向党委、人大报告或者向政府、纪检监察机关通报。

(六)被建议单位的异议权

为了保证检察机关在提出检察建议时切实把问题搞准确、所提建议针对性和可操作性强,《规定》特别规定了异议程序:一是检察建议书正式发出前,可以征求被建议单位的意见;二是被建议单位在一定期限内可以提出异议;三是对被建议单位的异议应当立即进行复核,经复核,异议成立的,应当报经检察长或者检察委员会讨论决定后,及时对检察建议书作出修改或者撤回检察建议书;四是异议不成立的,应当报经检察长同意后,向被建议单位说明理由。

这里的"异议"应指被建议单位提出的明确的异议,被建议单位不予回复,或者回复不予采纳,或者回复内容实质否定检察建议的,应当按照《规定》第24条、第25条的规定对被建议单位进行督促落实。

(七)检察建议的监督管理

检察建议的监督管理应贯彻落实3项制度:一是贯彻落实检察建议的评估制度。各级检察院检察委员会应当结合实际,制定科学合理的评估制度,客观公正地对检察建议的落实效果进行评估。二是贯彻落实检察建议的质量评查制度。各级检察院案件管理部门应当定期对检察建议书进行质量评查,对检察建议工作进行综合分析，发现问题，改进工作。三是贯彻落实检察官绩效考核制度。各级检察院应当将检察建议的质量和效果纳入检察官履职绩效考核，不宜将检察建议的数量作为考核重点，避免片面追求制发数量的导向。

最高人民检察院
关于案例指导工作的规定

（2010年7月29日最高人民检察院第十一届检察委员会第四十次会议通过 2015年12月9日最高人民检察院第十二届检察委员会第四十四次会议第一次修订 2019年3月20日最高人民检察院第十三届检察委员会第十六次会议第二次修订 2019年4月4日公布并施行 高检发办字〔2019〕42号）

第一条 为了加强和规范检察机关案例指导工作，发挥指导性案例对检察办案工作的示范引领作用，促进检察机关严格公正司法，保障法律统一正确实施，根据《中华人民共和国人民检察院组织法》等法律规定，结合检察工作实际，制定本规定。

第二条 检察机关指导性案例由最高人民检察院发布。指导性案例应当符合以下条件：

（一）案件处理结果已经发生法律效力；

（二）办案程序符合法律规定；

（三）在事实认定、证据运用、法律适用、政策把握、办案方法等方面对办理类似案件具有指导意义；

（四）体现检察机关职能作用，取得良好政治效果、法律效果和社会效果。

第三条 指导性案例的体例，一般包括标题、关键词、要旨、基本案情、检察机关履职过程、指导意义和相关规定等部分。

第四条 发布指导性案例，应当注意保守国家秘密和商业秘密，保护涉案人员隐私。

第五条 省级人民检察院负责本地区备选指导性案例的收集、整理、审查和向最高人民检察院推荐工作。办理案件的人民检察院或者检察官可以向省级人民检察院推荐备选指导性案例。

省级人民检察院各检察部和法律政策研究室向最高人民检察院对口部门推荐备选指导性案例，应当提交以下材料：

（一）指导性案例推荐表；

（二）按照规定体例撰写的案例文本；

（三）有关法律文书和工作文书。

最高人民检察院经初步审查认为可以作为备选指导性案例的，应当通知推荐案例的省级人民检察院报送案件卷宗。

第六条 人大代表、政协委员、人民监督员、专家咨询委员以及社会各界人士，可以向办理案件的人民检察院或者其上级人民检察院推荐备选指导性案例。

接受推荐的人民检察院应当及时告知推荐人备选指导性案例的后续情况。

第七条 最高人民检察院法律政策研究室统筹协调指导性案例的立项、审核、发布、清理工作。

最高人民检察院各检察厅和法律政策研究室分工负责指导性案例的研究编制工作。各检察厅研究编制职责范围内的指导性案例，法律政策研究室研究编制涉及多个检察厅业务或者院领导指定专题的指导性案例。

第八条 最高人民检察院各检察厅和法律政策研究室研究编制指导性案例，可以征求本业务条线、相关内设机构、有关机关对口业务部门和人大代表、专家学者等的意见。

第九条 最高人民检察院设立案例指导工作委员会。案例指导工作委员会由最高人民检察院分管法律政策研究室的副检察长、检察委员会专职委员、部分检察厅负责人或者全国检察业务专家以及法学界专家组成。

提请检察委员会审议的备选指导性案例，应当经案例指导工作委员会讨论同意。

案例指导工作委员会应当定期研究案例指导工作，每年度专题向检察委员会作出报告。

案例指导工作委员会的日常工作由法律政策研究室承担。

第十条 最高人民检察院各检察厅和法律政策研究室认为征集的案例符合备选指导性案例条件的，应当按照指导性案例体例进行编写，报分管副检察长同意后，提交案例指导工作委员会讨论。

第十一条 案例指导工作委员会同意作为备选指导性案例提请检察委员会审议的，承办部门应当按照案例指导工作委员会讨论意见对备选指导性案例进行修改，送法律政策研究室审核，并根据审核意见进一步修改后，报检察长决定提交检察委员会审议。

第十二条 检察委员会审议备选指导性案例时，由承办部门汇报案例研究编制情况，并就案例发布后的宣传培训提出建议。

第十三条 检察委员会审议通过的指导性案例，承办部门应当根据审议意见进行修改完善，送法律政策研究室进行法律核稿、统一编号后，报分管副检察长审核，由检察长签发。

第十四条 最高人民检察院发布的指导性案例，应当在《最高人民检察院公报》和最高人民检察院官方网站公布。

第十五条 各级人民检察院应当参照指导性案例办理类似案件，可以引述相关指导性案例进行释法说理，但不得代替法律或者司法解释作为案件处理决定的直接依据。

各级人民检察院检察委员会审议案件时，承办检察官应当报告有无类似指导性案例，并说明参照适用情况。

第十六条 最高人民检察院建立指导性案例数据库，为各级人民检察院和社会公众检索、查询、参照适用指导性案例提供便利。

第十七条 各级人民检察院应当将指导性案例纳入业务培训，加强对指导性案例的学习应用。

第十八条 最高人民检察院在开展案例指导工作中，应当加强与有关机关的沟通。必要时，可以商有关机关就互涉法律适用问题共同发布指导性案例。

第十九条 指导性案例具有下列情形之一的，最高人民检察院应当及时宣告失效，并在《最高人民检察院公报》和最高人民检察院官方网站公布：

（一）案例援引的法律或者司法解释废止；

（二）与新颁布的法律或者司法解释冲突；

（三）被新发布的指导性案例取代；

（四）其他应当宣告失效的情形。

宣告指导性案例失效，由最高人民检察院检察委员会决定。

第二十条 本规定自印发之日起施行。

最高人民检察院《关于案例指导工作的规定》理解与适用[*]

李文峰　张　杰[**]

　　2019年4月，最高人民检察院印发修订后的《关于案例指导工作的规定》（以下简称《规定》）。《规定》是最高人民检察院开展案例指导工作的基本遵循，集中体现了新时期最高人民检察院创新开展案例指导工作的思路，对涉及指导性案例各方面的内容作出了新的规定。为推进各级检察院更好贯彻落实《规定》，笔者试作以下解读。

一、《规定》的修订背景

　　最高人民检察院一直重视案例研究工作。新中国成立初期，最高人民检察院即通过收集、整理和研究案例总结办案经验，发挥案例在检察工作中的规范指导作用。1989年5月创刊的《最高人民检察院公报》定期向社会发布各类典型案例，为各级检察机关司法办案提供参考借鉴。2003年6月，最高人民检察院发布《关于加强案件管理的规定》，提出要进一步加强案例研究工作，及时编纂和印发具有指导意义的案例。2010年7月，最高人民检察院发布《关于案例指导工作的规定》，正式建立案例指导工作制度。

　　党的十八大以来，党中央高度重视案例指导在推进法治建设、促进司法公正、加强法治宣传教育中的重要作用。2014年，党的十八届四中全会审议通过的《中共中央关于全面推进依法治国若干重大问题的决定》提出："加强和规范司法解释和案例指导，统一法律适用标准。"为贯彻落实中央精神，2015年12月，最高人民检察院修订了《关于案例指导工作的规定》（以下简称《2015年规定》），推进检察机关案例指导工作发展进入快车道。截至2018年12月，最高人民检察院共发布了13批51件指导性案例。

　　2018年10月，修订后的《人民检察院组织法》第23条第2款规定："最高人民检察院可以发布指导性案例。"这一规定以法律的形式确认了多年来最高人民检察院开展案例指导工作的实践成果。为贯彻体现立法精神，根据新时代检察工作发展新思路，最高人民检察院党组对案例指导工作提出一系列新的部署要求，提出指导性案例要反映检察工作特点，凸显检察办案特色，创新选

---

　　[*] 原文刊载于《人民检察》2019年第8期。
　　[**] 作者单位：最高人民检察院法律政策研究室。

编发布方式，提升指导应用实效。在此背景下，新时期案例指导工作作出了重要创新调整。例如，进一步围绕中心工作，选择检察工作特色明显的典型案例制发指导性案例；改版案例体例，优化案例内容构造，更好地呈现检察机关在刑事诉讼中的主导作用；注重通过指导性案例体现检察工作新理念，推进刑事检察、民事检察、行政检察、公益诉讼检察四大检察工作全面协调充分发展。最高人民检察院关于案例指导工作的新思路新做法，需要以规范性文件的形式巩固下来。

不仅如此，2018年开始，根据中央精神，最高人民检察院对内设机构进行了系统性、整体性、重构性改革，设置了第一检察厅至第十检察厅。各检察厅根据不同案件种类，对检察职能行使作出新的调整。在内设机构改革后，最高人民检察院党组要求各检察厅不仅要重视办案工作，而且要重视通过典型案例的总结、提炼，加强对下指导。指导性案例研究编制将日益成为各检察厅的重要业务工作内容，日益成为最高人民检察院加强法律监督和对下业务指导的重要抓手，其新的功能作用需要以规范性文件的形式予以确认。

二、《规定》的修订过程及体现的原则

按照最高人民检察院党组部署，法律政策研究室从2019年1月启动《2015年规定》的修订工作。在认真调研、反复修改、多方听取意见的基础上，形成了征求意见稿，分别征求了最高人民检察院各内设机构和最高人民检察院案例指导工作委员会各位委员的意见。2019年3月20日，《规定》经最高人民检察院第十三届检察委员会第十六次会议审议通过。

《规定》修订体现了以下几个原则：一是反映最高人民检察院党组关于案例指导工作的新思路和新精神，推进指导性案例更好发挥指导各级检察机关重视加强办案工作，不断提升业务素质能力的功能作用。二是总结了近年来开展案例指导工作的经验，对检察机关开展案例指导工作好的经验做法以规范性文件的形式予以巩固。三是本着删繁就简的原则，坚持实事求是易于操作，最大化激发各级检察机关重视指导性案例，加强案例素材报送，强化指导性案例应用于实践的积极性。

三、《规定》修订中涉及的主要问题

《规定》共20条，对《2015年规定》作了较大修改，主要涉及以下几个方面内容：

（一）关于《规定》制定的依据和目的

修订后的《人民检察院组织法》第23条第2款规定："最高人民检察院可以发布指导性案例。"这是最高人民检察院发布指导性案例最直接、最重要的立法依据。《规定》在第 1 条明确指出，根据人民检察院组织法等法律规定，结合检察工作实际制定《规定》。同时，近年来检察工作实践反映，指导性案例对检察工作有重要的示范引领作用，《规定》在制定目的中，指出了要发挥指导性案例对检察办案工作的示范引领作用。

（二）关于指导性案例的条件和体例

按照新一届最高人民检察院党组的工作思路，最高人民检察院发布的指导性案例，应当充分体现检察特色，凸显检察职能发挥。对此，《规定》第 2 条对指导性案例的条件作出了 4 个方面的界定：其一，案件处理结果已经发生法律效力。其二，办案程序符合法律规定。其三，在事实认定、证据运用、法律适用、政策把握、办案方法等方面对办理类似案件具有指导意义。其四，体现检察机关职能作用，取得良好政治效果、法律效果和社会效果。

关于指导性案例的体例，总结近年来特别是 2018 年以来最高人民检察院开展案例指导工作的情况，修订时将《2015 年规定》中有关指导性案例结构中的"诉讼过程"，修改为"检察机关履职过程"。因"要旨"是通过指导性案例提炼的规则，是指导性案例"指导性"的集中体现，有必要更加突出，修订时将"要旨"的位置调整到"基本案情"之前。这样，修订后指导性案例的结构，具体包括"标题""关键词""要旨""基本案情""检察机关履职过程""指导意义"和"相关规定"等几个部分。其中，"检察机关履职过程"，是新时期指导性案例着力体现检察特色的重要内容，也是研究编制指导性案例中需要重点归纳总结的部分。对此，笔者认为，"检察机关履职过程"部分，刑事指导性案例应当反映指控与证明犯罪过程或者检察机关对诉讼和执行的监督作用，检察机关自侦案件还应当反映案件的查办过程；民事、行政、公益诉讼指导性案例，应当反映检察机关在诉讼过程、对诉讼和执行活动监督或者诉前程序中的职能作用。

（三）关于指导性案例的素材报送

对于指导性案例素材报送，《规定》总体作了较为宽泛的规定，简化了推荐程序，鼓励各级检察机关特别是一线办案检察官不断总结精品案件，积极报送案例素材。《规定》第 5 条第 1 款指出："省级人民检察院负责本地区备选指导性案例的收集、整理、审查和向最高人民检察院推荐工作。办理案件的人民检察院或者检察官可以向省级人民检察院推荐备选指导性案例。"这一规定删除了《2015 年规定》中"报送案例需要经检察长批准或者检察委员会审议决定"的要求，增加了"检察官可以向省级人民检察院推荐备选指导性案例"的内容，有效调动一线办案检察官总结办案经验、推荐典型案例的积极性。

同时，为扩大检察工作社会影响力，积极构建良性检察公共关系，《规定》第6条提出，人大代表、政协委员、人民监督员、专家咨询委员以及社会各界人士，可以向办理案件的人民检察院或者其上级人民检察院推荐备选指导性案例。值得注意的是，与《2015年规定》相比，这里的推荐案例是直接推荐，不再是《2015年规定》要求的"建议办理案件的检察机关按照程序向最高人民检察院推荐"。而且，推荐主体包括各级人大代表、政协委员，各级检察机关人民监督员、专家咨询委员以及社会各界人士。质言之，一切关心支持检察工作的人士，都可以向办理案件的人民检察院或者其上级人民检察院推荐备选指导性案例。为鼓励推荐案例的积极性，体现检察机关认真负责的工作态度，《规定》还要求，"接受推荐的人民检察院应当及时告知推荐人备选指导性案例的后续情况"。

（四）关于研究编制指导性案例的职能分工

关于研究编制指导性案例的职能分工，是这次《规定》修订最为重要的内容。根据最高人民检察院新一届党组工作思路，最高人民检察院第一检察厅至第十检察厅根据业务需要，制发涉及本部门管辖案件的指导性案例，法律政策研究室做好统筹协调工作并制发综合性指导性案例。对此，《规定》第7条对法律政策研究室和各检察厅在制发指导性案例工作中的职责作出分工："最高人民检察院法律政策研究室统筹协调指导性案例的立项、审核、发布、清理工作。最高人民检察院各检察厅和法律政策研究室分工负责指导性案例的研究编制工作。各检察厅研究编制职责范围内的指导性案例，法律政策研究室研究编制涉及多个检察厅业务或者院领导指定专题的指导性案例。"法律政策研究室研究编制的指导性案例，应当是综合性的、涉及多个检察厅业务的指导性案例，这与法律政策研究室综合业务部门的职能定位是一致的。2019年，最高人民检察院法律政策研究室拟围绕涉农检察工作、刑事案件速裁程序制发指导性案例，就符合这一规定要求。

（五）关于案例指导工作委员会

2010年7月，最高人民检察院建立案例指导制度，同时成立了案例指导工作委员会。以往工作中，案例指导工作委员会一般由最高人民检察院分管法律政策研究室的副检察长担任主任委员，最高人民检察院检察委员会专职委员担任副主任委员，最高人民检察院各业务部门主要负责人担任委员，有关法学专家担任专家委员。从开展案例指导工作的实践来看，案例指导工作委员会对于指导性案例的遴选、审查、把关发挥了重要作用。这次《规定》修订，从节约司法资源的角度考虑，有观点提出：案例指导工作委员会的组成人员应当与检察委员会组成人员有所区分。修订时采纳了这一观点，对案例指导工作委员会组成人员作出调整。《规定》第9条第1款规定："最高人民检察院设立案例指导工作委员会。案例指导工作委员会由最高人民检察院分管法律政策研究室的副检察长、检察委员会专职委员、部分检察厅负责人或者全国检察业务专家以及法学界专家组成。"根据这一规定，最近，最高人民检察院对案例指导工作委员会组成人员作出了调整。

关于案例指导工作委员会的作用，《规定》第9条第2款规定："提请检察委员会审议的备选指导性案例，应当经案例指导工作委员会讨论同意。"根据这一要求，备选指导性案例在检察委员会审议之前，应由案例指导工作委员会进行讨论、把关，并提出修改意见。

此外，案例指导工作委员会在检察委员会领导下，专门负责指导性案例相关工作。《规定》第9条第3款要求："案例指导工作委员会应当定期研究案例指导工作，每年度专题向检察委员会作出报告。"案例指导工作委员会的日常工作由法律政策研究室承担，对此，《规定》第9条第4款予以明确。

（六）关于指导性案例的编研程序

关于指导性案例的编研程序，《规定》在第8条、第10条、第11条、第12条、第13条作出了规范。根据《规定》要求，最高人民检察院各检察厅和法律政策研究室收集指导性案例素材后，经初步筛选，认为可以作为备选指导性案例开展研究的，应当按照指导性案例体例要求开展编制工作。编制过程中，可以根据实际情况，征求本业务条线、相关内设机构、有关机关对口业务部门和人大代表、专家学者等的意见。在充分听取意见修改后，认为符合备选指导性案例条件的，报分管副检察长同意后，提交案例指导工作委员会讨论。

案例指导工作委员会讨论后，经委员研究同意作为备选指导性案例提请检察委员会审议的，承办部门应当按照案例指导工作委员会的讨论意见对备选指导性案例进行修改，送法律政策研究室进行审核。在根据审核意见作进一步修改后，报检察长决定，提交检察委员会审议。

检察委员会审议是指导性案例制发的必经程序。检察委员会审议备选指导性案例时，按照"谁承办、谁负责"的原则，由承办部门汇报案例研究编制情况。经检察委员会审议通过后，承办部门应当根据审议意见对案例进行修改完善，送法律政策研究室进行法律核稿、统一编号后，报分管副检察长审核，由检察长签发。

概括来说，指导性案例研究编制过程，要经过素材征集、研究编制、征求意见、案例指导工作委员会讨论、检察委员会审议、检察长签发等几个较为重要的阶段。

(七) 关于指导性案例的生效和失效

指导性案例是法律规定具有法定效力的特殊案例。指导性案例经检察委员会审议通过后，应当以正式形式予以公布生效。《规定》第 14 条对指导性案例的公布予以规范。最高人民检察院发布的指导性案例，应当在《最高人民检察院公报》和最高人民检察院官方网站公布。修订过程中，有意见提出，最高人民检察院确定的指导性案例，应当及时通过最高人民检察院"检答网"和最高人民检察院官方微博、微信、新闻客户端等新媒体刊发。经研究，最高人民检察院指导性案例在"检答网"和"两微一端"新媒体的刊发，都是对指导性案例的宣传工作，与正式发布有所区别。指导性案例正式发布，应当以《最高人民检察院公报》和最高人民检察院官方网站发布为准。

指导性案例制发后，根据情势变化，可能存在失效的问题。《规定》第 19 条对指导性案例的失效作出规定，指出指导性案例具有"案例援引的法律或者司法解释废止""与新颁布的法律或者司法解释冲突""被新发布的指导性案例取代"以及其他特殊情形的，应当宣告失效。宣告失效的指导性案例，由最高人民检察院检察委员会决定，并在《最高人民检察院公报》和最高人民检察院官方网站予以公布。

(八) 关于指导性案例的效力

最高人民检察院指导性案例的效力，即指导性案例在司法实践中应当发挥什么样的作用，以及作用如何发挥的问题，是涉及案例指导制度的重要问题。《2015 年规定》第 3 条对指导性案例效力的规定是："人民检察院参照指导性案例办理案件，可以引述相关指导性案例作为释法说理根据，但不得代替法律或者司法解释作为案件处理决定的直接法律依据。"为强化指导性案例效力，这次修订后，《规定》在第 15 条对指导性案例效力作出了"应当参照"的明确规定，即"各级人民检察院应当参照指导性案例办理类似案件，可以引述相关指导性案例进行释法说理，但不得代替法律或者司法解释作为案件处理决定的直接依据"。

(九) 关于指导性案例的应用

指导性案例的生命在于应用，价值在于指导。最高人民检察院案例指导工作能否获得不竭源泉和实践活力，关键在于一线检察官办案时能否切实重视发挥指导性案例在释法说理、明晰法律等方面的作用。对此，《规定》体现了鲜明的导向，确立了具体的措施强化指导性案例在实践中的应用。

一是《规定》第 15 条第 2 款要求，各级人民检察院检察委员会审议案件时，承办检察官应当报告有无类似指导性案例，并说明参照适用情况。对此，笔者认为，这里的"类似指导性案例"，是指最高人民检察院发布的指导性案例，当然最高人民法院发布的指导性案例也有参考价值。一般来说，在最高人民法院、最高人民检察院有指导性案例的情况下，类似案件就应当参照指导性案例办理。如果不参照适用，应当由承办检察官向检察委员会作出书面报告。

二是最高人民检察院应当为各级检察机关适用指导性案例提供便利条件。《规定》第16条要求："最高人民检察院建立指导性案例数据库，为各级人民检察院和社会公众检索、查询、参照适用指导性案例提供便利。"

三是要强化指导性案例的应用培训。《规定》第17条明确指出："各级人民检察院应当将指导性案例纳入业务培训，加强对指导性案例的学习应用。"

最高人民法院、最高人民检察院、公安部、司法部关于办理黑恶势力刑事案件中财产处置若干问题的意见

(2019年发布 2019年4月9日施行)

为认真贯彻中央关于开展扫黑除恶专项斗争的重大决策部署,彻底铲除黑恶势力犯罪的经济基础,根据刑法、刑事诉讼法及最高人民法院、最高人民检察院、公安部、司法部《关于办理黑恶势力犯罪案件若干问题的指导意见》(法发〔2018〕1号)等规定,现对办理黑恶势力刑事案件中财产处置若干问题提出如下意见:

一、总体工作要求

1. 公安机关、人民检察院、人民法院在办理黑恶势力犯罪案件时,在查明黑恶势力组织违法犯罪事实并对黑恶势力成员依法定罪量刑的同时,要全面调查黑恶势力组织及其成员的财产状况,依法对涉案财产采取查询、查封、扣押、冻结等措施,并根据查明的情况,依法作出处理。

前款所称处理既包括对涉案财产中犯罪分子违法所得、违禁品、供犯罪所用的本人财物以及其他等值财产等依法追缴、没收,也包括对被害人的合法财产等依法返还。

2. 对涉案财产采取措施,应当严格依照法定条件和程序进行。严禁在立案之前查封、扣押、冻结财物。凡查封、扣押、冻结的财物,都应当及时进行审查,防止因程序违法、工作瑕疵等影响案件审理以及涉案财产处置。

3. 对涉案财产采取措施,应当为犯罪嫌疑人、被告人及其所扶养的亲属保留必需的生活费用和物品。

根据案件具体情况,在保证诉讼活动正常进行的同时,可以允许有关人员继续合理使用有关涉案财产,并采取必要的保值保管措施,以减少案件办理对正常办公和合法生产经营的影响。

4. 要彻底摧毁黑社会性质组织的经济基础,防止其死灰复燃。对于组织者、领导者一般应当并处没收个人全部财产。对于确属骨干成员或者为该组织转移、隐匿资产的积极参加者,可以并处没收个人全部财产。对于其他组织成

员,应当根据所参与实施违法犯罪活动的次数、性质、地位、作用、违法所得数额以及造成损失的数额等情节,依法决定财产刑的适用。

5. 要深挖细查并依法打击黑恶势力组织进行的洗钱以及掩饰、隐瞒犯罪所得、犯罪所得收益等转变涉案财产性质的关联犯罪。

二、依法采取措施全面收集证据

6. 公安机关侦查期间,要根据《公安机关办理刑事案件适用查封、冻结措施相关规定》(公通字〔2013〕30号)等有关规定,会同有关部门全面调查黑恶势力及其成员的财产状况,并可以根据诉讼需要,先行依法对下列财产采取查询、查封、扣押、冻结等措施:

(1)黑恶势力组织的财产;

(2)犯罪嫌疑人个人所有的财产;

(3)犯罪嫌疑人实际控制的财产;

(4)犯罪嫌疑人出资购买的财产;

(5)犯罪嫌疑人转移至他人名下的财产;

(6)犯罪嫌疑人涉嫌洗钱以及掩饰、隐瞒犯罪所得、犯罪所得收益等犯罪涉及的财产;

(7)其他与黑恶势力组织及其违法犯罪活动有关的财产。

7. 查封、扣押、冻结已登记的不动产、特定动产及其他财产,应当通知有关登记机关,在查封、扣押、冻结期间禁止被查封、扣押、冻结的财产流转,不得办理被查封、扣押、冻结财产权属变更、抵押等手续。必要时可以提取有关产权证照。

8. 公安机关对于采取措施的涉案财产,应当全面收集证明其来源、性质、用途、权属及价值的有关证据,审查判断是否应当依法追缴、没收。

证明涉案财产来源、性质、用途、权属及价值的有关证据一般包括:

(1)犯罪嫌疑人、被告人关于财产来源、性质、用途、权属、价值的供述;

(2)被害人、证人关于财产来源、性质、用途、权属、价值的陈述、证言;

(3)财产购买凭证、银行往来凭据、资金注入凭据、权属证明等书证;

(4)财产价格鉴定、评估意见;

(5)可以证明财产来源、性质、用途、权属、价值的其他证据。

9. 公安机关对应当依法追缴、没收的财产中黑恶势力组织及其成员聚敛的财产及其孳息、收益的数额,可以委托专门机构评估;确实无法准确计算的,可以根据有关法律规定及查明的事实、证据合理估算。

人民检察院、人民法院对于公安机关委托评估、估算的数额有不同意见的,可以重新委托评估、估算。

10. 人民检察院、人民法院根据案件诉讼的需要,可以依法采取上述相关措施。

三、准确处置涉案财产

11. 公安机关、人民检察院应当加强对在案财产审查甄别。在移送审查起诉、提起公诉时,一般应当对采取措施的涉案财产提出处理意见建议,并将采取措施的涉案财产及其清单随案移送。

人民检察院经审查,除对随案移送的涉案财产提出处理意见外,还需要对继续追缴的尚未被足额查封、扣押的其他违法所得提出处理意见建议。

涉案财产不宜随案移送的,应当按照相关法律、司法解释的规定,提供相应的清单、照片、录像、封存手续、存放地点说明、鉴定、评估意见、变价处理凭证等材料。

12. 对于不宜查封、扣押、冻结的经营性财产,公安机关、人民检察院、人民法院可以申请当地政府指定有关部门或者委托有关机构代管或者托管。

对易损毁、灭失、变质等不宜长期保存的物品,易贬值的汽车、船艇等物品,或者市场价格波动大的债券、股票、基金等财产,有效期即将届满的汇票、本票、支票等,经权利人同意或者申请,并经县级以上公安机关、人民检察院或者人民法院主要负责人批准,可以依法出售、变现或者先行变卖、拍卖,所得价款由扣押、冻结机关保管,并及时告知当事人或者其近亲属。

13. 人民检察院在法庭审理时应当对证明黑恶势力犯罪涉案财产情况进行举证质证,对于既能证明具体个罪又能证明经济特征的涉案财产情况相关证据在具体个罪中出示后,在经济特征中可以简要说明,不再重复出示。

14. 人民法院作出的判决,除应当对随案移送的涉案财产作出处理外,还应当在判决书中写明需要继续追缴尚未被足额查封、扣押的其他违法所得;对随案移送财产进行处理时,应当列明相关财产的具体名称、数量、金额、处置情况等。涉案财产或者有关当事人人数较多,不宜在判决书正文中详细列明的,可以概括叙述并另附清单。

15. 涉案财产符合下列情形之一的,应当依法追缴、没收:

(1) 黑恶势力组织及其成员通过违法犯罪活动或者其他不正当手段聚敛的财产及其孳息、收益;

(2) 黑恶势力组织成员通过个人实施违法犯罪活动聚敛的财产及其孳息、收益;

(3) 其他单位、组织、个人为支持该黑恶势力组织活动资助或者主动提供的财产；

（4）黑恶势力组织及其成员通过合法的生产、经营活动获取的财产或者组织成员个人、家庭合法财产中，实际用于支持该组织活动的部分；

（5）黑恶势力组织成员非法持有的违禁品以及供犯罪所用的本人财物；

（6）其他单位、组织、个人利用黑恶势力组织及其成员违法犯罪活动获取的财产及其孳息、收益；

（7）其他应当追缴、没收的财产。

16. 应当追缴、没收的财产已用于清偿债务或者转让、或者设置其他权利负担，具有下列情形之一的，应当依法追缴：

（1）第三人明知是违法犯罪所得而接受的；

（2）第三人无偿或者以明显低于市场的价格取得涉案财物的；

（3）第三人通过非法债务清偿或者违法犯罪活动取得涉案财物的；

（4）第三人通过其他方式恶意取得涉案财物的。

17. 涉案财产符合下列情形之一的，应当依法返还：

（1）有证据证明确属被害人合法财产；

（2）有证据证明确与黑恶势力及其违法犯罪活动无关。

18. 有关违法犯罪事实查证属实后，对于有证据证明权属明确且无争议的被害人、善意第三人或者其他人员合法财产及其孳息，凡返还不损害其他利害关系人的利益，不影响案件正常办理的，应当在登记、拍照或者录像后，依法及时返还。

四、依法追缴、没收其他等值财产

19. 有证据证明依法应当追缴、没收的涉案财产无法找到、被他人善意取得、价值灭失或者与其他合法财产混合且不可分割的，可以追缴、没收其他等值财产。

对于证明前款各种情形的证据，公安机关或者人民检察院应当及时调取。

20. 本意见第19条所称"财产无法找到"，是指有证据证明存在依法应当追缴、没收的财产，但无法查证财产去向、下落的。被告人有不同意见的，应当出示相关证据。

21. 追缴、没收的其他等值财产的数额，应当与无法直接追缴、没收的具体财产的数额相对应。

五、其他

22. 本意见所称孳息，包括天然孳息和法定孳息。

本意见所称收益，包括但不限于以下情形：

（1）聚敛、获取的财产直接产生的收益，如使用聚敛、获取的财产购买彩票中奖所得收益等；

（2）聚敛、获取的财产用于违法犯罪活动产生的收益，如使用聚敛、获取的财产赌博赢利所得收益、非法放贷所得收益、购买并贩卖毒品所得收益等；

（3）聚敛、获取的财产投资、置业形成的财产及其收益；

（4）聚敛、获取的财产和其他合法财产共同投资或者置业形成的财产中，与聚敛、获取的财产对应的份额及其收益；

（5）应当认定为收益的其他情形。

23. 本意见未规定的黑恶势力刑事案件财产处置工作其他事宜，根据相关法律法规、司法解释等规定办理。

24. 本意见自 2019 年 4 月 9 日起施行。

《关于办理黑恶势力刑事案件中财产处置若干问题的意见》解读[*]

曹红虹[**]

为认真贯彻落实中央关于开展扫黑除恶专项斗争的部署要求，正确理解和适用最高人民法院、最高人民检察院、公安部、司法部（以下简称"两高两部"）2018年《关于办理黑恶势力犯罪案件若干问题的指导意见》（以下简称《指导意见》），2019年4月9日，"两高两部"印发《关于办理黑恶势力刑事案件中财产处置若干问题的意见》（以下简称《财产处置意见》），自公布之日起施行。《财产处置意见》认真按照中办、国办2015年1月印发的《关于进一步规范刑事诉讼涉案财物处置工作的意见》（以下简称《涉案财物处置意见》）的有关要求，针对扫黑除恶斗争实践中公检法机关在刑事诉讼涉案财产处置工作中存在的问题和困难，进一步明确黑恶势力财产的范围，完善了相关工作机制以及操作规程，对规范司法、严格执法必将发挥积极作用。为便于理解和适用，现对《财产处置意见》的起草背景、思路和主要内容作如下说明。

一、《财产处置意见》的起草背景和思路

涉案财物的查封、扣押、冻结、保管、处理一直是刑事诉讼中的一项重要工作，不仅关系诉讼活动的顺利进行和当事人合法权益的保障，更关系司法公正和司法机关的公信力。扫黑除恶专项斗争开展以来，如何准确打击黑恶势力，铲除黑恶势力经济基础，避免其死灰复燃，成为扫黑除恶工作的重点内容。2018年，打黑除恶专项斗争开展之初，为了依法打击黑恶势力，严惩黑恶势力犯罪，"两高两部"颁发了《指导意见》，对规范执法起到了积极作用，其中第七部分对涉黑恶势力财产依法处置进行了规定。当前，扫黑除恶专项斗争进入第二年，也是扫黑除恶工作的关键之年，实践中反映出涉黑恶财产如何认定，处置程序如何操作，《指导意见》的某些规定如何理解等问题，需要进一步明确。

长期以来，党中央对规范刑事诉讼涉案财物工作高度重视，《涉案财物处置意见》对公检法机关开展刑事诉讼处置涉案财物工作提出明确要求。在扫

---

[*] 原文刊载于《人民检察》2019年第11期。
[**] 作者单位：最高人民检察院第一检察厅。

黑除恶专项斗争中应当遵照执行。刑事诉讼法对涉案财物的处置在侦查环节、审查起诉环节、审判环节分别进行规定。各部门对于涉案财物的处置历来高度重视，联合或者单独在多个文件及司法解释中作出规范，以保证该项工作合法、有序进行。例如，2012年最高人民法院、最高人民检察院、公安部、国家安全部、司法部、全国人大常委会法制工作委员会联合发布的《关于实施刑事诉讼法若干问题的规定》对公安机关、检察机关在财产处置中的职能进行了限定，又明确了犯罪嫌疑人、被告人死亡后其涉案财产的处理方式，是对刑事诉讼法的细化规范。最高人民法院、最高人民检察院及公安部等在不同的文件和司法解释中对刑事案件涉案财物进行规定，规范处置。特别是检察机关根据实践需要先后制定下发了不同的文件提出要求，2010年修订出台《人民检察院扣押、冻结涉案款物工作规定》（已失效）、2012年修订出台《人民检察院刑事诉讼规则（试行）》①（以下简称《刑诉规则》）、2013年修订出台《检察机关执法工作基本规范（2013年版）》等，从不同角度对涉案财物的调查、查封、扣押、冻结、保管、处理等工作作出规范，在扫黑除恶专项斗争中应当继续援引适用。

这次专项斗争既要严惩黑恶势力犯罪，打击黑恶势力成员，又要准确认定涉黑恶财产，"打财断血"，铲除黑恶势力经济根基。为了进一步提升司法公信力，体现办理黑恶势力刑事案件的特殊性，最高人民检察院根据全国扫黑除恶专项斗争小组要求，及时启动对《关于办理黑恶势力犯罪案件中财产处置若干问题的意见》的起草工作，在多次赴地方调研、召开座谈会、书面征求公安机关、法院、司法行政部门及各省级检察院和最高人民检察院相关内设机构意见的基础上，经反复修改，形成《财产处置意见》。

《财产处置意见》贯彻落实《指导意见》要求，严格遵照《涉案财物处置意见》规定，结合最高人民法院《关于刑事裁判涉案财产部分执行的若干规定》、最高人民检察院《人民检察院刑事诉讼涉案财物管理规定》、公安部《公安机关涉案财物管理若干规定》等相关规定内容，同时充分考虑了黑恶势力刑事案件的特点。主要遵循以下思路：

一是《财产处置意见》从制度上重视并加大了对涉案财物的审查、处置力度，以保证从经济上遏制黑恶势力"死灰复燃"的可能性。例如，在《财产处置意见》第四部分对"追缴、没收其他等值财产"作出详细规定。第16条明确规定了关于第三人非善意取得涉案财物应当依法追缴的情形。在第22条对于"收益"的界定中，也将聚敛、获取的财产投资、置业形成的财产及

---

① 2019年12月30日起，《人民检察院刑事诉讼规则》施行，下同。——编者注

其收益列在其中，加大了对黑恶势力涉案财物的追缴力度。此外，黑恶势力犯罪往往会衍生、牵连、依托于其他犯罪行为，因此，在打击黑恶势力犯罪的策略上必须"以点带面"，深挖关联犯罪。对此，《财产处置意见》也深挖打击与黑恶势力犯罪相关的经济犯罪，如洗钱，以及掩饰、隐瞒犯罪所得、犯罪收益等作出了规定，目的是深挖彻查，真正从经济基础方面遏制黑恶势力"死灰复燃"。

二是对涉黑恶势力财产的处置突出一定特殊性及针对性。当前，黑恶势力刑事案件除传统暴力犯罪外，在经济犯罪领域亦呈高发态势，通常表现为以暴力追求或维护不正当商业竞争优势，常见的如强迫交易、非法经营等，所涉个罪通常都涉及财产刑或涉案财产的处置。攫取经济利益、扩充经济实力，不仅是黑恶势力实施违法犯罪活动的主要目标，也是其称霸一方，实现一定行业领域或地域区域非法控制并向黑社会性质组织发展过渡的物质基础。因此，从打击黑恶势力犯罪的角度来看，不仅要打击犯罪组织及其成员，还要对涉案财物作出及时处理。因此，在刑事诉讼过程中对涉黑恶势力财产的处置应有一定特殊性及针对性。在过去一年的扫黑除恶专项斗争活动中，公安机关、司法机关在推进相关工作中对涉案财物处置时，常常面临诸如何时冻结财产、冻结范围、涉黑恶案件涉案财物的界定等一系列问题。《财产处置意见》的出台，着重解决此类涉黑恶势力案件所特有的问题。

三是进一步明确处置涉黑恶财产相关部门的具体职责和工作流程。涉案财物工作涉及多个部门和多个环节，为防止权责不清、处理不到位，《财产处置意见》对公安机关、检察机关、法院的职责分工和工作衔接、操作规程等作出具体规定。强调了公检法在打击涉黑恶犯罪、处置涉黑恶犯罪财产时要形成合力。规定了公检法在办案时，要依法运用查询、查封、扣押、冻结、追缴、没收等手段摧毁黑恶势力犯罪经济基础，强调了不同诉讼阶段各自的任务。特别是公安机关、检察机关应当加强对在案财产审查甄别。在侦查和审查起诉阶段，就要逐步甄别组织及其成员的财产性质和有效剥离其黑化部分，明确权属关系，坚持抓捕涉案人员和查清涉案财产同步进行，在移送审查起诉、提起公诉时，要"提出处理意见建议"，对继续追缴的尚未被足额查封、扣押的其他违法所得同样予以处理，真正做到部门联动、整体发力，彻底摧毁黑恶势力犯罪经济基础。

二、《财产处置意见》的主要内容

《财产处置意见》共5个部分24条，第一部分规定了财产处置的总体要求，包括涉黑恶财产范围和处理方式。第二部分是公安机关对黑恶势力及其成员财产采取措施的方式，对于证明涉案财产属性的证据等进行列举式规定。第三部分规定在每一个诉讼环节中,公检法均应对涉黑恶势力财产处置担当责任,强调不同诉讼阶段司法机关的任务,督促各部门责任到位,对查处涉黑恶财产形成合力。第四部分是对"追缴、没收其他等值财产"程序的详细规定,对这种处理方式进行了严格限定。第五部分对"孳息"进行了规定,列举了"收益"的部分情形。主要包括以下几个方面的内容。

(一)对公安机关、检察机关、法院在办理黑恶势力刑事案件中财产处置提出了总体工作要求

黑恶势力犯罪相较一般犯罪而言,涉案财产往往来源广泛、形态多样、权属混同、收益多元、往来频繁、规模数额大、法律关系复杂,因此,对黑恶势力犯罪财产查处需要有针对性地提出工作要求。《财产处置意见》强调"全面调查,依法处理,严格程序",为实现彻底摧毁黑恶势力经济基础,对黑恶势力财产状况的调查取证提出了具体和明确的要求,并提供了工作方法与程序指南。《财产处置意见》要求公检法机关全面调查黑恶势力组织及其成员的财产状况,明确处置的范围和方式。处置的财产范围包括"黑恶势力组织及其成员的财产",关键词是"全面调查"。对涉案财产中犯罪分子违法所得、违禁品、供犯罪所用的本人财物要进行"全面调查",特别需要强调的是,以往的财产处置文件都是针对刑事案件中的"涉案财产",即对采取措施的在案财产进行处理,处理方式都是"追缴、没收、返还"等,而《财产处置意见》根据《指导意见》中"追缴、没收其他等值财产"的规定,考虑到黑恶势力犯罪持续时间一般较长,有的盘踞多年,财产成分、类型和流转情况相当复杂,财产权属混同,要彻底摧毁其财产基础,不仅要对"已采取措施的涉案财产"查"财产属性"并决定如何处理,还要对审查认定的犯罪所得财产查"财产去向",是否存在需要"继续追缴的尚未被足额查封、扣押的其他违法所得",并判断是否需要"追缴、没收其他等值财产"。只有将两种方法相结合,才能有效解决司法实践中存在的"涉案财产属性难以认定"等困难,才能依法有效地对已采取措施的财产作出处理,必要时没收等值财产,最大程度地保证依法摧毁黑恶势力的经济基础。要求在对"违法所得、违禁品、供犯罪所用的本人财物"查扣不能时,要对对应的其他等值财产等依法追缴、没收。当然,扫黑除恶专项斗争同时强调财产处置要严格依法。主要是针对以往司法实践中出现的违规违法处置财产的问题,再一次进行强调,确保不因程序违法、工作瑕疵等影响案件审理以及处置决定的作出。

在彻底摧毁黑社会性质组织的经济基础的同时,也应考量基于人道、秩序等的需要,兼顾合法性和合理性的要求,对涉案财产采取措施进行及时审查;为犯罪嫌疑人、被告人扶养的亲属保留必要的生活费用和物品;根据案件具体

情况，可以允许有关人员继续合理使用有关涉案财产，并采取必要的保值保管措施，以减少案件办理对正常办公和合法生产经营的影响。

（二）对黑恶势力及其成员财产采取措施的方式

实践中，查扣黑恶势力财产是一个工作难点，对哪些财产属于应该查扣的范围基层办案人员往往感到困惑，特别是在案件立案后，有的因对涉黑恶财产范围不清晰，导致涉案人员到案后，财产没有被及时查扣，财产被转移，使黑恶势力保存了势力，一旦有机会又会"死灰复燃"，所以防止财产隐匿和转移成为迫切需要解决的问题。公安机关在案件立案初期就要及时查扣涉案财物，2013年《公安机关办理刑事案件适用查封、冻结措施相关规定》等有关规定对此进行了规定，《财产处置意见》又进行了细化规定，包括的范围有：（1）黑恶势力组织的财产；（2）犯罪嫌疑人个人所有的财产；（3）犯罪嫌疑人实际控制的财产；（4）犯罪嫌疑人出资购买的财产；（5）犯罪嫌疑人转移至他人名下的财产；（6）犯罪嫌疑人涉嫌洗钱以及掩饰、隐瞒犯罪所得、犯罪所得收益等犯罪涉及的财产；（7）其他与黑恶势力组织及其违法犯罪活动有关的财产。这个阶段的规定属于暂扣性质，前提是"诉讼需要"，黑恶组织财产和黑恶势力违法犯罪活动有关的财产均需经查询其关联性后，先行查封、扣押、冻结，目的是避免财产转移，待事实证据查清后，再依法追缴犯罪财产或者判处财产刑。这部分内容对哪些属于证明涉案财产属性的证据等进行了规定。要求公安机关要全面收集证明财产来源、性质、用途、权属及价值的有关证据，列举式地规定了可以作为判断财产属性的证据，可以根据证据综合审查判断是否应当依法追缴、没收。当然，对这些证据要求，需要在具体案件中灵活掌握，可多可少，只要能够实现证明财产属性的目的即可。检察机关、法院必要的时候也需要采取措施查明涉案财物情况。

（三）公检法对黑恶势力财产处置要担负责任，《财产处置意见》明确了处置财产的几种方式

《财产处置意见》第三部分规定公检法均应当对黑恶势力财产处置担负责任，对追缴、没收、返还的情形进行了分类表述，以更方便在司法实践中操作。一方面，总结以往经验，着力解决基层急需，吸收了历次司法解释文件关于涉黑恶犯罪财产处置的内容并加以总结、提炼；另一方面，也是扫黑除恶法治保障的要求。

1. 在公安环节要及时查清涉案财产的数量、种类、性质，不能只关注对黑恶组织成员的抓捕打击，还要对支持组织进行犯罪活动的经济实力进行同步处置，侦查环节的工作是查清楚财产的数量、种类和属性，是否有该扣没扣、

不该扣的扣了的情形。检察机关受理移送审查起诉后,要核查、甄别,提出意见。目的是解决基层办案中对涉黑恶财产处置责任不到位的问题。特别需要说明的是,《财产处置意见》第11条规定,公安机关、检察机关在移送案件时,应当对涉案财产如何处理提出意见。这条规定是以往文件中没有的,之所以增加这条规定,是因为公安机关、检察机关作为办案部门,同样负有对财产处置提出意见的责任,有利于法院在审判时予以参考。《财产处置意见》起草过程中,第一次征求意见稿规定:"对公安机关移送审查起诉时,应当将采取措施的涉案财产及其清单随案移送人民检察院,并根据财产类别逐笔或者逐项提出处理意见;人民检察院提起公诉时,应当将采取措施的涉案财产及其清单一并移送受理案件的人民法院,并根据财产类别逐笔或者逐项提出处理意见。"有部门反映,这样规定在实践中不易操作,考虑到在案件侦查和审查起诉过程中证据有可能发生变化,特别是公安机关如果逐项提出意见有可能影响办案进度,延误打击处理黑恶犯罪的时机,多次征求意见后,修改成《财产处置意见》第11条,要求侦查机关和检察机关均要积极参与财产处置,提出处理意见作为法院审理参考。

2. 明确了对不宜移送的特殊涉案财物的处理办法。"涉案财产不宜随案移送的,应当按照相关法律、司法解释的规定,提供相应的清单、照片、录像、封存手续、存放地点说明、鉴定、评估意见、变价处理凭证等材料。"此项内容在刑事诉讼法和最高人民法院《关于刑事裁判涉案财产部分执行的若干规定》、最高人民检察院《人民检察院刑事诉讼涉案财物管理规定》、公安部《公安机关涉案财物管理若干规定》中都进行了规定,这次集中于《财产处置意见》中予以再次明确。实践中,办案部门扣押物品的种类很多,有些是违禁品,有些是危险品,还有些是不动产,这些物品全部移送并无必要,或者说有的物证也不便移送下一个诉讼环节。最高人民检察院《人民检察院刑事诉讼涉案财物管理规定》第12条列举了5类扣押物品可以不移交管理部门,由办案部门拍照或者录像后及时按照有关规定处理。这个规定在处置黑恶势力犯罪财产时仍然有效。同时,《刑诉规则》第237条的规定,在扫黑除恶中仍然应当遵照执行。

3. 明确了对于不宜查封、扣押、冻结的经营性财产如何处理,规定了"可以申请当地政府指定有关部门或者委托有关机构代管或者托管"。即追缴、没收黑社会性质组织犯罪涉案财产,既要保证充分剥夺犯罪利益,也要保障其合法财产权。合法处置黑社会性质组织涉案财产是保护产权的要求。在中央加强产权保护的政策背景下,扫黑除恶斗争中也要充分重视合法产权的司法保护,《财产处置意见》的及时出台,既实现办理黑恶势力案件财产处置工作有法可依，也为保护合法产权提供制度保障。

4. 对于不宜保管的财产或者财产性权利如何处理进行了重申。这次规定延续了《涉案财物处置意见》这方面内容，规定对易贬值的汽车、船艇等物品的先行变卖、拍卖内容，易损毁、灭失、变质等不宜长期保存的物品，易贬值的汽车、船艇等物品，经权利人同意或者申请，可以及时委托有关部门先行变卖、拍卖。前提是"经权利人同意或者申请"，由于涉及权利人的权益保障和救济问题，要慎重研究、审慎决定。须"经权利人申请"，强调严格依照法定程序进行。

5. 明确应当依法追缴、没收的黑恶势力组织或者个人的财产类型。明确了六种情形并设定兜底条款。六种情况包括：（1）黑恶势力组织及其成员通过违法犯罪活动或者其他不正当手段聚敛的财产及其孳息、收益；（2）黑恶势力组织成员通过个人实施违法犯罪活动聚敛的财产及其孳息、收益；（3）其他单位、组织、个人为支持该黑恶势力组织活动资助或者主动提供的财产；（4）黑恶势力组织及其成员通过合法的生产、经营活动获取的财产或者组织成员个人、家庭合法财产中，实际用于支持该组织活动的部分；（5）黑恶势力组织成员非法持有的违禁品以及供犯罪所用的本人财物；（6）其他单位、组织、个人利用黑恶势力组织及其成员违法犯罪活动获取的财产及其孳息、收益。

6. 明确了第三人非善意取得的涉案财产应当追缴，包括：（1）第三人明知是违法犯罪所得而接受的；（2）第三人无偿或者以明显低于市场的价格取得涉案财物的；（3）第三人通过非法债务清偿或者违法犯罪活动取得涉案财物的；（4）第三人通过其他方式恶意取得涉案财物的。尽管这些财产已经转移，不在黑恶势力组织或者个人名下，只要非善意取得，仍然要予以追缴。

7. 明确哪些物品财产应当返还。只要是有证据证明确属被害人合法财产或者有证据证明确与黑恶势力及其违法犯罪活动无关的财产均应当依法返还。《财产处置意见》第18条还规定，有关违法犯罪事实查证属实后，对于有证据证明权属明确且无争议的被害人、善意第三人或者其他人员合法财产及其孳息，凡返还不损害其他利害关系人的利益，不影响案件正常办理的，应当在登记、拍照或者录像后，依法及时返还，体现了充分剥夺黑恶势力犯罪所得与保护财产权并重的理念。

（四）对"追缴、没收其他等值财产"详细规定

扫黑除恶专项斗争开展以后，"两高两部"制定下发了《指导意见》，统一执法思想，明确执法尺度，其中第29条规定，依法应当追缴、没收的涉案财产无法找到、被他人善意取得、价值灭失或者与其他合法财产混合且不可分

割的,可以追缴、没收其他等值财产。该条规定的精神体现对黑恶犯罪财产充分剥夺、坚决判罚的国际惯例。我国批准参加的《联合国打击跨国有组织犯罪公约》(即"巴勒莫公约")第12条规定"没收与扣押制度",重点之一就是涉及有组织犯罪所得的没收问题。该公约规定,在不损害善意第三人权利的前提下,如果犯罪所得已与从合法来源获得的财产相混合,……没收价值可达混合于其中的犯罪所得的估计价值。对于来自犯罪所得、来自由犯罪所得转变或者转化而成的财产或已与犯罪所得相混合的财产所产生的收入或者其他利益,也应适用本条所述措施,其方式和程度与处置犯罪所得相同。《财产处置意见》第四部分对"追缴、没收其他等值财产"进行详细规定,对《指导意见》文件内容进一步明确,对哪些财产视为"无法找到"作出规定,并细化了操作程序。为了避免对"无法找到"产生理解歧义,《财产处置意见》对此进行了说明,即"无法找到"是指"有证据证明存在依法应当追缴、没收的财产,但无法查证财产去向、下落的"。被告人有不同意见的,应当出示相关证据。对"追缴、没收其他等值财产"处理方式作出严格限定,采取处置等值财产时必须有证据能证明财产无法找到、被他人善意取得、价值灭失或者与其他合法财产混合且不可分割,才能启动没收等值财产这种处理方式,这是一个兜底条款,不能将"追缴、没收其他等值财产"直接适用,必须确有"应当追缴、没收而不能追缴、没收的具体财产"情形才能对"黑恶势力的其他财产"等值对应作出处理。同时,也赋予被告人可以提出不同意见的权利,但需要被告人举证支持自己的主张。财产数额的对等性也是《财产处置意见》强调的,没收的财产数额必须是与依法应当追缴、没收的涉案财产对应的数额,也就是"不能多也不能少",必须是等值财产,不能损害被告人的合法权益。

最高人民法院、最高人民检察院、公安部、司法部关于办理实施"软暴力"的刑事案件若干问题的意见

(2019年发布 2019年4月9日施行)

为深入贯彻落实中央关于开展扫黑除恶专项斗争的决策部署，正确理解和适用最高人民法院、最高人民检察院、公安部、司法部《关于办理黑恶势力犯罪案件若干问题的指导意见》（法发〔2018〕1号，以下简称《指导意见》）关于对依法惩处采用"软暴力"实施犯罪的规定，依法办理相关犯罪案件，根据《刑法》《刑事诉讼法》及有关司法解释、规范性文件，提出如下意见：

一、"软暴力"是指行为人为谋取不法利益或形成非法影响，对他人或者在有关场所进行滋扰、纠缠、哄闹、聚众造势等，足以使他人产生恐惧、恐慌进而形成心理强制，或者足以影响、限制人身自由、危及人身财产安全，影响正常生活、工作、生产、经营的违法犯罪手段。

二、"软暴力"违法犯罪手段通常的表现形式有：

（一）侵犯人身权利、民主权利、财产权利的手段，包括但不限于跟踪贴靠、扬言传播疾病、揭发隐私、恶意举报、诬告陷害、破坏、霸占财物等；

（二）扰乱正常生活、工作、生产、经营秩序的手段，包括但不限于非法侵入他人住宅、破坏生活设施、设置生活障碍、贴报喷字、拉挂横幅、燃放鞭炮、播放哀乐、摆放花圈、泼洒污物、断水断电、堵门阻工，以及通过驱赶从业人员、派驻人员据守等方式直接或间接地控制厂房、办公区、经营场所等；

（三）扰乱社会秩序的手段，包括但不限于摆场架势示威、聚众哄闹滋扰、拦路闹事等；

（四）其他符合本意见第一条规定的"软暴力"手段。

通过信息网络或者通讯工具实施，符合本意见第一条规定的违法犯罪手段，应当认定为"软暴力"。

三、行为人实施"软暴力"，具有下列情形之一，可以认定为足以使他人产生恐惧、恐慌进而形成心理强制或者足以影响、限制人身自由、危及人身财产安全或者影响正常生活、工作、生产、经营：

(一) 黑恶势力实施的;

(二) 以黑恶势力名义实施的;

(三) 曾因组织、领导、参加黑社会性质组织、恶势力犯罪集团、恶势力以及因强迫交易、非法拘禁、敲诈勒索、聚众斗殴、寻衅滋事等犯罪受过刑事处罚后又实施的;

(四) 携带凶器实施的;

(五) 有组织地实施的或者足以使他人认为暴力、威胁具有现实可能性的;

(六) 其他足以使他人产生恐惧、恐慌进而形成心理强制或者足以影响、限制人身自由、危及人身财产安全或者影响正常生活、工作、生产、经营的情形。

由多人实施的,编造或明示暴力违法犯罪经历进行恐吓的,或者以自报组织、头目名号、统一着装、显露纹身、特殊标识以及其他明示、暗示方式,足以使他人感知相关行为的有组织性的,应当认定为"以黑恶势力名义实施"。

由多人实施的,只要有部分行为人符合本条第一款第(一)项至第(四)项所列情形的,该项即成立。

虽然具体实施"软暴力"的行为人不符合本条第一款第(一)项、第(三)项所列情形,但雇佣者、指使者或者纠集者符合的,该项成立。

四、"软暴力"手段属于《刑法》第二百九十四条第五款第(三)项"黑社会性质组织行为特征"以及《指导意见》第14条"恶势力"概念中的"其他手段"。

五、采用"软暴力"手段,使他人产生心理恐惧或者形成心理强制,分别属于《刑法》第二百二十六条规定的"威胁"、《刑法》第二百九十三条第一款第(二)项规定的"恐吓",同时符合其他犯罪构成要件的,应当分别以强迫交易罪、寻衅滋事罪定罪处罚。

《关于办理寻衅滋事刑事案件适用法律若干问题的解释》第二条至第四条中的"多次"一般应当理解为二年内实施寻衅滋事行为三次以上。三次以上寻衅滋事行为既包括同一类别的行为,也包括不同类别的行为;既包括未受行政处罚的行为,也包括已受行政处罚的行为。

六、有组织地多次短时间非法拘禁他人的,应当认定为《刑法》第二百三十八条规定的"以其他方法非法剥夺他人人身自由"。非法拘禁他人三次以上、每次持续时间在四小时以上,或者非法拘禁他人累计时间在十二小时以上的,应当以非法拘禁罪定罪处罚。

七、以"软暴力"手段非法进入或者滞留他人住宅的,应当认定为《刑法》第二百四十五条规定的"非法侵入他人住宅",同时符合其他犯罪构成要件的,应当以非法侵入住宅罪定罪处罚。

八、以非法占有为目的,采用"软暴力"手段强行索取公私财物,同时符合《刑法》第二百七十四条规定的其他犯罪构成要件的,应当以敲诈勒索罪定罪处罚。

《关于办理敲诈勒索刑事案件适用法律若干问题的解释》第三条中"二年内敲诈勒索三次以上",包括已受行政处罚的行为。

九、采用"软暴力"手段,同时构成两种以上犯罪的,依法按照处罚较重的犯罪定罪处罚,法律另有规定的除外。

十、根据本意见第五条、第八条规定,对已受行政处罚的行为追究刑事责任的,行为人先前所受的行政拘留处罚应当折抵刑期,罚款应当抵扣罚金。

十一、雇佣、指使他人采用"软暴力"手段强迫交易、敲诈勒索,构成强迫交易罪、敲诈勒索罪的,对雇佣者、指使者,一般应当以共同犯罪中的主犯论处。

为强索不受法律保护的债务或者因其他非法目的,雇佣、指使他人采用"软暴力"手段非法剥夺他人人身自由构成非法拘禁罪,或者非法侵入他人住宅、寻衅滋事,构成非法侵入住宅罪、寻衅滋事罪的,对雇佣者、指使者,一般应当以共同犯罪中的主犯论处;因本人及近亲属合法债务、婚恋、家庭、邻里纠纷等民间矛盾而雇佣、指使,没有造成严重后果的,一般不作为犯罪处理,但经有关部门批评制止或者处理处罚后仍继续实施的除外。

十二、本意见自 2019 年 4 月 9 日起施行。

《关于办理实施"软暴力"的刑事案件若干问题的意见》的阐释[*]

童碧山　刘宁宁　刘　晋[**]

2018年1月,党中央、国务院决定在全国开展为期3年的扫黑除恶专项斗争,是针对黑恶势力违法犯罪新动向,为保障人民安居乐业、社会安定有序、国家长治久安而作出的重大决策部署。为全面贯彻中央的决策部署,明确法律政策界限,最高人民法院、最高人民检察院、公安部、司法部(以下简称"两高两部")于当月联合印发了《关于办理黑恶势力犯罪案件若干问题的指导意见》(以下简称《指导意见》),对黑恶势力认定标准及相关法律问题作了全面规范。随着专项斗争的不断深入,法律适用难点问题进一步凸显,"两高两部"于2019年4月9日再次联合发布了《关于办理实施"软暴力"的刑事案件若干问题的意见》(以下简称《意见》)等四个文件,对恶势力、"套路贷""软暴力"的认定与处罚以及办理黑恶势力刑事案件中财产处置等问题作了进一步明确。为便于《意见》在司法实践中得到正确理解和适用,现就制定《意见》的背景、遵循的原则、主要内容以及适用中应注意的问题等作进一步说明。

一、制定《意见》的背景

在经济社会发展过程中,由于不同层面主客观因素的影响,黑恶势力违法犯罪手段日新月异,已逐渐摒弃打打杀杀的直接暴力和威胁,转而采取滋扰、纠缠、哄闹、聚众造势等"软暴力"手段实现违法犯罪目的,危害日益加剧。黑恶势力违法犯罪"软暴力"化不仅严重侵害公民的人身、财产和民主权利,破坏正常的经济、社会生活秩序,而且往往因无明确的法律适用依据,造成对此类违法犯罪行为打击不力,引发群众不满,损害政府公信力、法治权威和社会稳定。

《指导意见》对依法惩处黑恶势力利用"软暴力"实施的犯罪首次作了明确规定,列举了滋扰、纠缠、哄闹、聚众造势等"软暴力"的客观表现形式,对有组织地实施"软暴力"行为如何适用寻衅滋事、强迫交易、敲诈勒索、

---

[*] 原文刊载于《人民检察》2019年第11期。
[**] 作者单位:童碧山、刘宁宁,公安部刑事侦查局;刘晋,公安部法制局。

非法拘禁等罪名作了规定，一定程度上有利于解决采用"软暴力"手段实施上述犯罪的定罪处罚问题。但司法实践中仍面临"软暴力"性质和含义不清晰，表现形式难以甄别以及采用"软暴力"手段违法犯罪能否认定为黑恶势力行为特征等问题，亟须进一步予以明确。为正确理解和适用《指导意见》关于"软暴力"的相关规定，进一步厘清和统一认识，在广泛调研和征求意见的基础上，公安部起草了《意见》，并与最高人民法院、最高人民检察院、司法部联合印发施行。

二、制定《意见》遵循的原则

制定《意见》所遵循的原则，是对刑法基本原则和精神价值的沿袭，贯穿于《意见》制定全过程，体现在《意见》的具体内容中，也必将成为《意见》贯彻执行的基本理念。在《意见》制定过程中，主要遵循以下三个原则。

（一）于法有据，保持与刑法及有关司法解释、规范性文件规定的一致性

《意见》在效力等级上属于低于司法解释的规范性文件，不但要以刑法规范文本为依据，还应当与有关司法解释的规定保持一致，应当在刑法及司法解释现有内容范畴内作进一步细化规定。鉴于《指导意见》规定内容的系统性和全面性，对黑恶势力违法犯罪法律适用具有基础性指导地位，《意见》起草过程中注重与《指导意见》的规定保持一致。在遵循《指导意见》基本原则的基础上，根据司法实践需要，对其进行修改和补充，针对司法实践中黑恶势力违法犯罪"软暴力"化的倾向，根据刑法及有关司法解释、规范性文件的规定，对办理采用"软暴力"实施的犯罪案件中面临的法律规定模糊地带，作出了更加明确具体的规定。

（二）服务实践，适应黑恶势力违法犯罪手段多变性和多样性

从外在表现形式看，"软暴力"与暴力、威胁明显不同，甚至有些"软暴力"在形式上不具有明显的违法性，但其危害后果以及行为与结果之间的因果关系却与采用暴力、威胁手段的违法犯罪相同，甚至带来超过传统暴力、威胁犯罪的深远影响。"软暴力"是黑恶势力违法犯罪变化出的新手法，表现形式多样，司法实践中仍存在发现难、认定难、立案难、取证难等诸多困难，导致打击不力。《意见》制定过程中作了大量深入调研，充分征求了有关方面的意见。在《指导意见》对"软暴力"作出初步界定的基础上，推动办理实施"软暴力"的刑事案件更加科学规范，进一步明确"软暴力"的定义，对其通常表现形式作出概括。

（三）不枉不纵，推动扫黑除恶在法治轨道上更加科学规范运行

在《意见》制定过程中，本着对刑法、司法解释及《指导意见》等规范性文件具体用语含义作准确理解的前提下，对"软暴力"违法犯罪现象性质、表现形式作准确抽象概括和法律定位，破解司法实践对"软暴力"手段介于合法、非法之间的模糊认识，有效打击采用"软暴力"手段的违法犯罪，同时，认真贯彻宽严相济的刑事政策要求，做到宽严有据、罚当其罪。

三、《意见》的主要内容

《意见》共12条，包括"软暴力"的定义、"软暴力"的表现形式、"软暴力"的程度标准、采用"软暴力"手段实施犯罪的认定与处罚、采用"软暴力"手段实施违法犯罪的黑恶势力认定等五个方面的内容。

（一）明确了"软暴力"的定义

"软暴力"一词首次在法律文件中出现，是最高人民法院、最高人民检察院、公安部2013年发布的《关于依法惩处侵害公民个人信息犯罪活动的通知》，当时表述为"滋扰型'软暴力'新型犯罪"，并未对"软暴力"作出界定。《意见》将"软暴力"界定为一种与暴力、威胁手段相并列的违法犯罪手段。作为违法犯罪手段的"软暴力"，只是一种行为方法，不是刑法意义上的一个完整犯罪行为。

（二）列举了"软暴力"的表现形式

"软暴力"表现形式多种多样，不断翻新，且同一表现形式的"软暴力"可以侵犯不同的法益，成为不同罪名的客观行为手段，仅从客观外在形式上进行概括，难以准确描述，且不能体现"软暴力"本身是否具有违法性。所以，《意见》第2条结合"软暴力"所侵害的法益作了四个类别的划分，主要包括侵犯人身权利、民主权利、财产权利，扰乱正常生活、工作、生产、经营秩序，扰乱社会秩序等三类，第四类属于兜底性规定。这种分类方法避免了仅对"软暴力"客观表现形式进行概括而可能出现的交叉重复和遗漏问题。《意见》的此种分类方法与刑法分则关于具体犯罪的分类方法保持了一致，并尽可能作出较为全面的列举。

（三）明确了"软暴力"作为违法犯罪手段评价的程度标准

"软暴力"手段与暴力、威胁手段一样，具有程度轻重的区分。《意见》第1条对"软暴力"的定义中关于"两个足以"的规定，以及第3条对"两个足以"具体情形的进一步列举，是关于"软暴力"的程度的规定。值得注意的是，"两个足以"的标准仅是对"软暴力"作为违法犯罪手段评价的基础

或者标准,界定采用"软暴力"手段的行为是否构成犯罪,还应当根据具体罪名的犯罪构成作综合判断。

(四)明确了采用"软暴力"手段实施犯罪的认定与处罚

"软暴力"滋生于黑恶势力犯罪,《意见》是在这个范畴内界定采用"软暴力"手段可能构成的犯罪范围,是否能够适用黑恶势力犯罪之外的犯罪,应当通过总结司法实践经验作进一步研究。黑社会性质组织在行为特征上必须体现为实施一系列违法犯罪活动,相对于组织、领导、参加黑社会性质组织罪犯罪构成而言,这些违法犯罪行为中的犯罪行为多是单独犯或者任意共犯,亦即犯罪构成不要求具有组织性,只是反过来用这些违法犯罪证明黑社会性质组织行为特征成立时,总体判断这些违法犯罪行为是否具有组织性。《意见》从个罪犯罪构成的角度,对采用"软暴力"实施强迫交易、寻衅滋事、非法拘禁、非法侵入住宅、敲诈勒索等犯罪如何定罪处罚作了明确。

(五)明确了采用"软暴力"手段实施违法犯罪可以作为黑恶势力认定依据

黑恶势力违法犯罪日趋"软暴力"化,导致部分新出现的黑恶势力组织仅有极少数的违法犯罪通过暴力、威胁手段实施,大量违法犯罪表现为"软暴力"。对此种新型的违法犯罪组织,如果同时符合黑社会性质组织其他特征或者恶势力、恶势力犯罪集团的其他认定标准,是否能够认定为黑恶势力组织,司法实践中存在模糊认识。《意见》第4条规定,"'软暴力'手段属于《刑法》第二百九十四条第五款第(三)项'黑社会性质组织行为特征'以及《指导意见》第14条'恶势力'概念中的'其他手段'",为认定主要或者完全采用"软暴力"手段实施违法犯罪的犯罪组织构成黑恶势力组织提供了逻辑依据。

四、适用《意见》应当注意的事项

《意见》是专门针对"软暴力"手段作出的解释性规定,以现有关于黑恶势力违法犯罪及黑恶势力组织认定的相关规定为基础,适用时应当结合刑法及有关司法解释、规范性文件的其他具体规定,同时以刑法、刑事诉讼法的基本价值为依托,做到实体公正、程序正义,体现政治效果、法律效果和社会效果的统一。适用《意见》应当注意以下几个方面的问题。

(一)"软暴力"是否以黑恶势力为前置主体

《意见》第1条规定的"软暴力"定义,没有将黑恶势力作为前置主体。如前文所述,已经坐大成势的黑恶势力组织逐渐摒弃通过暴力、威胁等手段实施违法犯罪行为,而新出现的黑恶势力也越来越多以"软暴力"的形式面世,有的此类"黑恶势力"头目反而明确要求成员在有关违法犯罪过程中严禁使用暴力、威胁手段,甚至要求"不得出现违法犯罪行为"。如果将黑恶势力作为"软暴力"的前置主体,势必需要在证明"软暴力"之前证明黑恶势力成立,则对以"软暴力"为特征的黑恶势力将增加证明难度,对其利用"软暴力"实施的犯罪行为将无法认定。同时,黑恶势力并不是刑法规定的特殊犯罪主体,自然也不需要为"软暴力"设定黑恶势力主体。《指导意见》第17条之所以规定黑恶势力主体,意在强调"软暴力"由黑恶势力实施才具有严重的社会危害性和刑罚可罚性,并不是对"软暴力"概念的界定。

(二)"软暴力"本身是否需要"有组织性"

《意见》第1条没有将"有组织性"作为"软暴力"的特征规定在"软暴力"的定义中。主要考虑是,《刑法》第294条第5款第3项将"暴力、威胁或者其他手段"规定在"有组织地多次进行违法犯罪活动"之前,即作为犯罪手段的暴力、威胁本身不需要有组织性,同理,作为"其他手段"的"软暴力"也不需要有组织性,《刑法》第294条第5款第3项的规定只是要求"以暴力、威胁或者其他手段"实施的犯罪是有组织性的。从司法实践来看,要求"软暴力"手段具有"有组织性"亦不符合黑恶势力犯罪实际,黑恶势力组织实施的单个犯罪,组织性特征多不明显,多数情况下要综合黑恶势力实施的多个犯罪或者全部犯罪,才能体现出犯罪实施的有组织性,尤其对恶势力犯罪组织而言,其组织性本来就相对较弱,由其实施的单个犯罪的组织性则更为不明显。如果将"有组织性"作为"软暴力"特征之一,则相当于要求证明黑恶势力实施的单个犯罪要体现明显的组织性,是不符合黑恶势力犯罪特征的,不能满足扫黑除恶斗争的需要。

(三)"软暴力"是否应当以"暴力、威胁的现实可能性"为基础

《意见》规定"软暴力"只要足以使他人认为"暴力、威胁具有现实可能性"即可,即不需要暴力、威胁具有真实的现实可能性,这种现实可能性只要能让一般人认为真实存在即可。主要考虑是,被害人在多数情况下无法准确判断暴力、威胁是否具有客观真实的现实可能性,"软暴力"只要足以使他人认为暴力、威胁具有现实可能性,即可达到对他人形成心理强制或者影响、限制人身自由、危及人身财产安全,影响正常生活、工作、生产、经营的程度。为防止认定暴力、威胁现实可能性的随意性,《意见》第3条第1款同时对"足以使他人认为暴力、威胁具有现实可能性的"相关情形作了列举和严格限定,避免造成打击面的不当扩大。

（四）已受行政处罚的行为可以作为相关犯罪的入罪条件

《意见》第5条第2款、第8条第2款明确规定"多次"寻衅滋事、敲诈勒索行为包括已受行政处罚的行为。主要考虑是，我国行政处罚与刑罚的性质不同，根据受过行政处罚的行为认定相关犯罪，是对行为性质的重新界定，对已受行政处罚的行为追究刑事责任的，而且行为人先前所受的行政处罚可在刑期、罚金中作相应折抵或者抵扣，并不违反禁止重复评价原则，《意见》第10条对刑期折抵和罚金抵扣作出了相应规定。最高人民法院研究室在《〈关于办理敲诈勒索刑事案件适用法律若干问题的解释〉解读》中也支持这一观点。此外，如果行为人在2年内3次以上实施寻衅滋事、敲诈勒索行为，且受过行政处罚，与未受过行政处罚的行为人相比，具有更大的人身危险性，如果对未受过行政处罚的行为人可以定罪处罚，而对已受行政处罚的行为人不予定罪处罚，则明显罪刑不相当。

（五）利用信息网络或者通讯工具实施的网店刷分、恶意差评、侮辱诽谤等行为，能否认定为"软暴力"

《意见》第2条第1款列举的"软暴力"的通常表现形式，是对现实社会中"软暴力"表现形式的概括和分类。《意见》第2条第2款同时规定，"通过信息网络或者通讯工具实施"，符合"软暴力"定义的违法犯罪手段，"应当认定为'软暴力'"，是对第1款规定的"软暴力"表现形式的补充，"通过信息网络或者通讯工具实施"的"软暴力"应当同时符合第1条关于"软暴力"定义的规定，并与第2条第1款列举的通常表现形式相当，才能认定为"软暴力"手段。对单纯通过信息网络或者通讯工具实施的网店刷分、恶意差评、侮辱诽谤等行为，一般达不到上述规定条件，不应当认定为"软暴力"。对以线上线下相结合的方式实施上述行为的，则可以结合具体案情加以认定。

最高人民法院、最高人民检察院、公安部、司法部关于办理恶势力刑事案件若干问题的意见

(2019年2月28日公布　2019年4月9日施行　法发〔2019〕10号)

为认真贯彻落实中央开展扫黑除恶专项斗争的部署要求，正确理解和适用最高人民法院、最高人民检察院、公安部、司法部《关于办理黑恶势力犯罪案件若干问题的指导意见》（法发〔2018〕1号，以下简称《指导意见》），根据刑法、刑事诉讼法及有关司法解释、规范性文件的规定，现对办理恶势力刑事案件若干问题提出如下意见：

一、办理恶势力刑事案件的总体要求

1. 人民法院、人民检察院、公安机关和司法行政机关要深刻认识恶势力违法犯罪的严重社会危害，毫不动摇地坚持依法严惩方针，在侦查、起诉、审判、执行各阶段，运用多种法律手段全面体现依法从严惩处精神，有力震慑恶势力违法犯罪分子，有效打击和预防恶势力违法犯罪。

2. 人民法院、人民检察院、公安机关和司法行政机关要严格坚持依法办案，确保在案件事实清楚，证据确实、充分的基础上，准确认定恶势力和恶势力犯罪集团，坚决防止人为拔高或者降低认定标准。要坚持贯彻落实宽严相济刑事政策，根据犯罪嫌疑人、被告人的主观恶性、人身危险性、在恶势力、恶势力犯罪集团中的地位、作用以及在具体犯罪中的罪责，切实做到宽严有据，罚当其罪，实现政治效果、法律效果和社会效果的统一。

3. 人民法院、人民检察院、公安机关和司法行政机关要充分发挥各自职能，分工负责，互相配合，互相制约，坚持以审判为中心的刑事诉讼制度改革要求，严格执行"三项规程"，不断强化程序意识和证据意识，有效加强法律监督，确保严格执法、公正司法，充分保障当事人、诉讼参与人的各项诉讼权利。

二、恶势力、恶势力犯罪集团的认定标准

4. 恶势力，是指经常纠集在一起，以暴力、威胁或者其他手段，在一定区域或者行业内多次实施违法犯罪活动，为非作恶，欺压百姓，扰乱经济、社会生活秩序，造成较为恶劣的社会影响，但尚未形成黑社会性质组织的违法犯

罪组织。

5. 单纯为牟取不法经济利益而实施的"黄、赌、毒、盗、抢、骗"等违法犯罪活动，不具有为非作恶、欺压百姓特征的，或者因本人及近亲属的婚恋纠纷、家庭纠纷、邻里纠纷、劳动纠纷、合法债务纠纷而引发以及其他确属事出有因的违法犯罪活动，不应作为恶势力案件处理。

6. 恶势力一般为3人以上，纠集者相对固定。纠集者，是指在恶势力实施的违法犯罪活动中起组织、策划、指挥作用的违法犯罪分子。成员较为固定且符合恶势力其他认定条件，但多次实施违法犯罪活动是由不同的成员组织、策划、指挥，也可以认定为恶势力，有前述行为的成员均可以认定为纠集者。

恶势力的其他成员，是指知道或应当知道与他人经常纠集在一起是为了共同实施违法犯罪，仍按照纠集者的组织、策划、指挥参与违法犯罪活动的违法犯罪分子，包括已有充分证据证明但尚未归案的人员，以及因法定情形不予追究法律责任，或者因参与实施恶势力违法犯罪活动已受到行政或刑事处罚的人员。仅因临时雇佣或被雇佣、利用或被利用以及受蒙蔽参与少量恶势力违法犯罪活动的，一般不应认定为恶势力成员。

7. "经常纠集在一起，以暴力、威胁或者其他手段，在一定区域或者行业内多次实施违法犯罪活动"，是指犯罪嫌疑人、被告人于2年之内，以暴力、威胁或者其他手段，在一定区域或者行业内多次实施违法犯罪活动，且包括纠集者在内，至少应有2名相同的成员多次参与实施违法犯罪活动。对于"纠集在一起"时间明显较短，实施违法犯罪活动刚刚达到"多次"标准，且尚不足以造成较为恶劣影响的，一般不应认定为恶势力。

8. 恶势力实施的违法犯罪活动，主要为强迫交易、故意伤害、非法拘禁、敲诈勒索、故意毁坏财物、聚众斗殴、寻衅滋事，但也包括具有为非作恶、欺压百姓特征，主要以暴力、威胁为手段的其他违法犯罪活动。

恶势力还可能伴随实施开设赌场、组织卖淫、强迫卖淫、贩卖毒品、运输毒品、制造毒品、抢劫、抢夺、聚众扰乱社会秩序、聚众扰乱公共场所秩序、交通秩序以及聚众"打砸抢"等违法犯罪活动，但仅有前述伴随实施的违法犯罪活动，且不能认定具有为非作恶、欺压百姓特征的，一般不应认定为恶势力。

9. 办理恶势力刑事案件，"多次实施违法犯罪活动"至少应包括1次犯罪活动。对于反复实施强迫交易、非法拘禁、敲诈勒索、寻衅滋事等单一性质的违法行为，单次情节、数额尚不构成犯罪，但按照刑法或者有关司法解释、规范性文件的规定累加后应作为犯罪处理的，在认定是否属于"多次实施违法犯罪活动"时，可将已用于累加的违法行为计为1次犯罪活动，其他违法行为单独计算违法活动的次数。

已被处理或者已作为民间纠纷调处，后经查证确属恶势力违法犯罪活动的，均可以作为认定恶势力的事实依据，但不符合法定情形的，不得重新追究法律责任。

10. 认定"扰乱经济、社会生活秩序，造成较为恶劣的社会影响"，应当结合侵害对象及其数量、违法犯罪次数、手段、规模、人身损害后果、经济损失数额、违法所得数额、引起社会秩序混乱的程度以及对人民群众安全感的影响程度等因素综合把握。

11. 恶势力犯罪集团，是指符合恶势力全部认定条件，同时又符合犯罪集团法定条件的犯罪组织。

恶势力犯罪集团的首要分子，是指在恶势力犯罪集团中起组织、策划、指挥作用的犯罪分子。恶势力犯罪集团的其他成员，是指知道或者应当知道是为共同实施犯罪而组成的较为固定的犯罪组织，仍接受首要分子领导、管理、指挥，并参与该组织犯罪活动的犯罪分子。

恶势力犯罪集团应当有组织地实施多次犯罪活动，同时还可能伴随实施违法活动。恶势力犯罪集团所实施的违法犯罪活动，参照《指导意见》第十条第二款的规定认定。

12. 全部成员或者首要分子、纠集者以及其他重要成员均为未成年人、老年人、残疾人的，认定恶势力、恶势力犯罪集团时应当特别慎重。

三、正确运用宽严相济刑事政策的有关要求

13. 对于恶势力的纠集者、恶势力犯罪集团的首要分子、重要成员以及恶势力、恶势力犯罪集团共同犯罪中罪责严重的主犯，要正确运用法律规定加大惩处力度，对依法应当判处重刑或死刑的，坚决判处重刑或死刑。同时要严格掌握取保候审，严格掌握不起诉，严格掌握缓刑、减刑、假释，严格掌握保外就医适用条件，充分利用资格刑、财产刑等法律手段全方位从严惩处。对于符合刑法第三十七条之一规定的，可以依法禁止其从事相关职业。

对于恶势力、恶势力犯罪集团的其他成员，在共同犯罪中罪责相对较小、人身危险性、主观恶性相对不大的，具有自首、立功、坦白、初犯等法定或酌定从宽处罚情节，可以依法从轻、减轻或免除处罚。认罪认罚或者仅参与实施少量的犯罪活动且只起次要、辅助作用，符合缓刑条件的，可以适用缓刑。

14. 恶势力犯罪集团的首要分子检举揭发与该犯罪集团及其违法犯罪活动有关联的其他犯罪线索，如果在认定立功的问题上存在事实、证据或法律适用方面的争议，应当严格把握。依法应认定为立功或者重大立功的，在决定是否从宽处罚、如何从宽处罚时，应当根据罪责刑相一致原则从严掌握。可能导致

全案量刑明显失衡的，不予从宽处罚。

恶势力犯罪集团的其他成员如果能够配合司法机关查办案件，有提供线索、帮助收集证据或者其他协助行为，并在侦破恶势力犯罪集团案件、查处"保护伞"等方面起到较大作用的，即使依法不能认定立功，一般也应酌情对其从轻处罚。

15. 犯罪嫌疑人、被告人同时具有法定、酌定从严和法定、酌定从宽处罚情节的，量刑时要根据所犯具体罪行的严重程度，结合被告人在恶势力、恶势力犯罪集团中的地位、作用、主观恶性、人身危险性等因素整体把握。对于恶势力的纠集者、恶势力犯罪集团的首要分子、重要成员，量刑时要体现总体从严。对于在共同犯罪中罪责相对较小、人身危险性、主观恶性相对不大，且能够真诚认罪悔罪的其他成员，量刑时要体现总体从宽。

16. 恶势力刑事案件的犯罪嫌疑人、被告人自愿如实供述自己的罪行，承认指控的犯罪事实，愿意接受处罚的，可以依法从宽处理，并适用认罪认罚从宽制度。对于犯罪性质恶劣、犯罪手段残忍、社会危害严重的犯罪嫌疑人、被告人，虽然认罪认罚，但不足以从轻处罚的，不适用该制度。

四、办理恶势力刑事案件的其他问题

17. 人民法院、人民检察院、公安机关经审查认为案件符合恶势力认定标准的，应当在起诉意见书、起诉书、判决书、裁定书等法律文书中的案件事实部分明确表述，列明恶势力的纠集者、其他成员、违法犯罪事实以及据以认定的证据；符合恶势力犯罪集团认定标准的，应当在上述法律文书中明确定性，列明首要分子、其他成员、违法犯罪事实以及据以认定的证据，并引用刑法总则关于犯罪集团的相关规定。被告人及其辩护人对恶势力定性提出辩解和辩护意见，人民法院可以在裁判文书中予以评析回应。

恶势力刑事案件的起诉意见书、起诉书、判决书、裁定书等法律文书，可以在案件事实部分先概述恶势力、恶势力犯罪集团的概括事实，再分述具体的恶势力违法犯罪事实。

18. 对于公安机关未在起诉意见书中明确认定，人民检察院在审查起诉期间发现构成恶势力或者恶势力犯罪集团，且相关违法犯罪事实已经查清，证据确实、充分，依法应追究刑事责任的，应当作出起诉决定，根据查明的事实向人民法院提起公诉，并在起诉书中明确认定为恶势力或者恶势力犯罪集团。人民检察院认为恶势力相关违法犯罪事实不清、证据不足，或者存在遗漏恶势力违法犯罪事实、遗漏同案犯罪嫌疑人等情形需要补充侦查的，应当提出具体的书面意见，连同案卷材料一并退回公安机关补充侦查；人民检察院也可以自行侦查，必要时可以要求公安机关提供协助。

对于人民检察院未在起诉书中明确认定，人民法院在审判期间发现构成恶势力或恶势力犯罪集团的，可以建议人民检察院补充或者变更起诉；人民检察院不同意或者在七日内未回复意见的，人民法院不应主动认定，可仅就起诉指控的犯罪事实依照相关规定作出判决、裁定。

审理被告人或者被告人的法定代理人、辩护人、近亲属上诉的案件时，一审判决认定黑社会性质组织有误的，二审法院应当纠正，符合恶势力、恶势力犯罪集团认定标准，应当作出相应认定；一审判决认定恶势力或恶势力犯罪集团有误的，应当纠正，但不得升格认定；一审判决未认定恶势力或恶势力犯罪集团的，不得增加认定。

19. 公安机关、人民检察院、人民法院应当分别以起诉意见书、起诉书、裁判文书所明确的恶势力、恶势力犯罪集团，作为相关数据的统计依据。

20. 本意见自 2019 年 4 月 9 日起施行。

《关于办理恶势力刑事案件若干问题的意见》的理解与适用[*]

朱和庆　周　川　李梦龙[**]

为认真贯彻落实中央开展扫黑除恶专项斗争的部署要求，依法严惩恶势力违法犯罪，在全国扫黑办的统筹协调下，最高人民法院会同最高人民检察院、公安部、司法部联合制定印发了《关于办理恶势力刑事案件若干问题的意见》（以下简称《意见》），自2019年4月9日起施行。为便于司法实践中准确理解和正确适用，现对《意见》的制定背景、制定过程中的总体考虑和重点内容予以简要介绍和说明。

一、《意见》的制定背景

在全国开展扫黑除恶专项斗争，是以习近平同志为核心的党中央站在中国特色社会主义进入新时代、"两个一百年"奋斗目标进入历史交会期的战略高度作出的一项重大决策部署。为依法、准确、有力惩处黑恶势力犯罪，最高人民法院、最高人民检察院、公安部、司法部于2018年1月出台了《关于办理黑恶势力犯罪案件若干问题的指导意见》（以下简称《指导意见》），对于指导办理黑恶势力犯罪案件发挥了重要作用。随着专项斗争全面深入推进，新情况、新问题不断出现，在办理恶势力刑事案件方面，《指导意见》未作规定或者有关规定尚需进一步细化、完善的问题，越发困扰执法办案一线。

2018年10月，中央政法委召开全国扫黑除恶专项斗争推进会，对深入推进扫黑除恶专项斗争作出全面部署，明确提出要进一步统一执法办案思想，在提高法治化水平上实现新突破。根据全国扫黑办的部署安排，最高人民法院第一时间成立了专题调研小组，经过充分调研，在深入总结实践经验和突出问题的基础上研究起草了《意见》稿，并广泛征求和听取意见，经多次修改和完善后形成《意见》。《意见》经最高人民法院、最高人民检察院、公安部、司法部会签，于2019年4月9日向社会发布并施行。

二、制定《意见》的总体考虑

第一，满足实践需要，解决突出问题。由于恶势力不是一个法定概念，导

---

[*] 原文刊载于《人民检察》2019年第11期。

[**] 作者单位：朱和庆、周川，最高人民法院刑事审判三庭；李梦龙，江苏省南通市中级人民法院刑事审判一庭。

致有的地方公检法机关对于恶势力的认识分歧较大、执法尺度把握不一,一定程度上影响了打击效果。为此,《意见》研究起草牢固坚持问题导向,力求通过进一步明晰法律、政策适用,回应司法实践中依法严惩恶势力、恶势力犯罪集团的迫切需要。从前期调研情况来看,各地政法机关反映的问题基本都集中在恶势力违法犯罪认定、宽严相济刑事政策把握和恶势力刑事案件的办理程序三个方面。基于这一情况,《意见》在设计总体框架时,即明确将前述三个方面问题作为规制重点,在《意见》的第二、三、四部分分别作出详细规定,以期有效指导司法实践,解决办理恶势力刑事案件中的突出问题。

第二,坚持依法办案,体现从严惩处。在研究起草《意见》时,我们坚持充分运用法治思维和法治方式,确保将依法严惩的要求落到实处。首先,《意见》有关内容和办案要求均严格依照刑法、刑事诉讼法及有关司法解释、规范性文件的规定,强调要在案件事实清楚,证据确实、充分的基础上,准确认定恶势力和恶势力犯罪集团,坚决防止人为拔高或者降低认定标准,确保严守法律底线,保障政法机关依法办案。其次,《意见》明确要毫不动摇地坚持依法严惩方针,强调要在侦查、起诉、审判、执行各阶段体现全程从严,要运用多种法律手段体现全面从严。同时,还强调要坚持贯彻落实宽严相济刑事政策,切实做到宽严有据,罚当其罪,防止将依法从严理解为片面从严。最后,《意见》明确要坚持"分工负责,互相配合,互相制约"等刑事诉讼基本原则,坚持以审判为中心的刑事诉讼制度改革要求,不断强化程序意识和证据意识。其中,《意见》强调严格执行"三项规程",就是要突出"三项规程"在办理恶势力刑事案件中对于规范办案程序的重要意义,提示办案人员要"规行矩步""照章办事",推动侦查机关、检察机关按照证据裁判的要求和标准收集、固定、审查、运用证据,审判机关充分发挥庭前会议程序作用、规范有序组织庭审,确保将每一起恶势力刑事案件都办成经得起法律和历史检验的铁案。

第三,继承既有成果,指导长远实践。《指导意见》对恶势力作出的相关规定,是对以往司法经验的深刻总结,对于依法办理恶势力刑事案件具有重要影响。《意见》的定位不是对《指导意见》作出变更、修改,而是在继受、吸收《指导意见》既有规定的基础上进一步细化、补充、完善,力争在满足当前扫黑除恶专项斗争需要的同时,能够在今后较长一个时期内指导司法实践,并逐步建立起办理恶势力刑事案件的规范体系。

三、对于《意见》重点内容的解读

(一)关于恶势力、恶势力犯罪集团的认定标准

1. 关于"为非作恶,欺压百姓"特征,以及恶势力与普通违法犯罪团伙

的区别。《意见》第 4 条沿用了《指导意见》对恶势力的定义,其中"尚未形成黑社会性质组织的违法犯罪组织"这一表述,既明确了恶势力与黑社会性质组织间的内在联系,也厘清了恶势力与普通违法犯罪团伙的关系。作为一种共同违法犯罪的特殊形式,恶势力在组织形式、行为方式、危害后果等方面与黑社会性质组织均有一定的相似之处,虽尚未达到黑社会性质组织的严重程度,但已经初具雏形,如果不加以限制和打击,就有可能发展成为黑社会性质组织。扫黑除恶专项斗争之所以明确提出"扫黑"与"除恶"并重,正是因为准确洞察"黑"与"恶"的内在联系,故而要以"打早打小"的惩治策略来实现"斩草除根"的惩治效果。基于同样的理由,恶势力的定义与黑社会性质组织的认定标准也具有明显的相似性和对应性。比如,二者都要求"以暴力、威胁或者其他手段,多次实施违法犯罪活动";又如,恶势力定义中的"为非作恶,欺压百姓",与黑社会性质组织行为特征中的"为非作恶,欺压、残害群众"相对应,"造成较为恶劣的社会影响"与黑社会性质组织危害性特征中的"形成非法控制或者重大影响"相对应。因此,在认定恶势力时,要深刻理解和准确把握"黑"与"恶"的关系以及恶势力与普通违法犯罪团伙的区别,避免认定扩大化、随意化,确保"打准打实"的原则落到实处。

(1) 办案时要认真审查违法犯罪活动是否带有"为非作恶,欺压百姓"特征。黑社会性质组织的危害性特征中有"称霸一方"的要求,这实际上不仅勾勒出黑社会性质组织形成的不法状态,同时也反映了黑社会性质组织的总体违法犯罪意图,从而可以清晰地划定黑社会性质组织与恐怖组织、邪教组织等其他犯罪组织的界线。恶势力的定义中未包含类似的主观方面要求,主要是考虑恶势力尚处于相对松散的低端形态,不宜完全参照黑社会性质组织的认定标准。但是,"恶"与"黑"的演进关系和内在联系,决定了恶势力实施违法犯罪活动一般都会不同程度地带有"形成非法影响、谋求强势地位"的意图,并会通过不断累积的非法影响、日益巩固的强势地位攫取不法利益,壮大自身实力,最终形成对一定区域或者行业的非法控制,完成恶势力向黑社会性质组织的蜕变。在司法实践中,违法犯罪意图往往较为抽象和复杂,不易判断和把握,这就需要根据犯罪嫌疑人、被告人的客观行为,特别是违法犯罪活动的动机、起因、手段等情节来认定。就恶势力"形成非法影响、谋求强势地位"的意图而言,其表征于外的便是实施违法犯罪活动必然带有"为非作恶,欺压百姓"的特征。因此,"为非作恶,欺压百姓"这一特征便成为区分恶势力和普通共同犯罪团伙的关键标志。所谓"为非作恶,欺压百姓",从字面上来理解,是指做坏事、施恶行、欺负、压迫群众,办案时要注意全面、准确地把握其含义。首先,"为非作恶",不仅指行为性质具有不法性,同时也要求行为的动机、目的、起因带有不法性，因婚恋纠纷、家庭纠纷、邻里纠纷、劳动纠纷、合法债务纠纷而引发以及其他确属事出有因的违法犯罪活动，就不宜归入"为非作恶"之列。其次，"欺压百姓"，要求"为非作恶"的方式、手段带有欺凌、强制、压迫的性质，也就是要利用物理强制或心理强制手段侵害群众权益。因此，暴力、威胁应是恶势力较常采用的违法犯罪活动手段。此处需要说明的是，实践中经常会有这样的案件：恶势力之间互相争斗，违法犯罪活动未伤及无辜群众，是否属于"欺压百姓"？我们认为，"欺压百姓"既包括直接以普通群众为对象实施违法犯罪活动的情形，也包括因逞强争霸、好勇斗狠、树立恶名、抢夺地盘等不法动机实施违法犯罪活动，直接或间接破坏人民群众安全感的情形。这是因为，恶势力处于不断发展过程中，违法犯罪活动对象并不特定，即便在个案中未直接侵害普通群众权益，但其发展壮大后必然会对人民群众的人身权利、财产权利、民主权利形成威胁或造成损害，故对"欺压百姓"不应作狭义理解。

（2）办案时要准确区分恶势力与普通违法犯罪团伙。恶势力与普通违法犯罪团伙都具有一定的组织性、稳定性，但二者在有无"为非作恶，欺压百姓"特征、有无"造成较为恶劣的社会影响"等方面存在区别。在具体案件中，可以从以下方面分解细化：

一是违法犯罪手段具有特定性。如前所述，"欺压百姓"的特定含义，决定了恶势力实施违法犯罪活动应当以暴力、威胁为主要手段。而普通违法犯罪团伙则没有这方面要求，犯罪手段要根据其具体实施的犯罪行为而定。

二是行为方式具有公开性。恶势力实施违法犯罪活动一般都会不同程度地带有"形成非法影响、谋求强势地位"的意图，而且客观上要求"在一定区域或者行业内，造成较为恶劣的社会影响"，因此，其实施违法犯罪活动必然具有一定的公开性，也就是通常所说的"横行乡里，肆无忌惮"。而普通共同违法犯罪通常采用较为隐蔽的方式实施，在实现犯罪目的后就设法隐匿踪迹、毁灭痕迹，不会有意制造或者放任形成不法影响。

三是危害后果具有多重性。恶势力因为意图"形成非法影响、谋求强势地位"，其违法犯罪活动带来的危害往往具有复合性，在侵犯公民人身、财产权利的同时，还会破坏市场经济秩序或者社会治理秩序。而普通违法犯罪团伙一般是出于某种特定的违法犯罪目的而聚集，造成的危害后果通常具有单一性。因此，《意见》第5条作出排除性规定，将"单纯为牟取不法经济利益而实施的'黄、赌、毒、盗、抢、骗'等违法犯罪活动，不具有为非作恶、欺压百姓特征的"排除在恶势力案件之外。同时，在《意见》其他条款中也有类似提示，认定恶势力、恶势力犯罪集团时，应杜绝只看"人数""行为次数"和"罪名"的错误倾向。

2. 关于恶势力的成员人数及各类成员的认定、区分。《意见》第 6 条吸收了《指导意见》中"恶势力一般为 3 人以上,纠集者相对固定"的规定,并明确了恶势力纠集者、其他成员的认定和区分。关于恶势力的成员人数,有一种观点认为,由于《指导意见》规定恶势力是"一般"而非"应当"为 3 人以上,因此,对于 2 人共同实施,甚至 1 人单独实施多次违法犯罪活动,造成较为恶劣社会影响的,也完全可以认定为"2 人恶势力"甚至"1 人恶势力"。我们认为,这种观点并不准确,在绝大多数案件中应当将恶势力的成员人数把握在 3 人以上。主要理由是,恶势力是一类违法犯罪组织,作为共同违法犯罪的特殊形式,不论是从刑法相关规定还是从文义解释来看,其人数下限原则上都应高于一般的共同违法犯罪,只有在"为非作恶,欺压百姓"特征十分明显、危害后果特别严重的极个别情况下,才可以考虑认定"2 人恶势力"。至于"1 人恶势力",则明显不符合违法犯罪组织的基本构成条件,应当坚决排除在外。

关于恶势力的纠集者,《指导意见》规定"纠集者相对固定"却没有明确纠集者的概念,使实践中各地、政法各单位对恶势力的纠集者理解、把握有不同程度差异。为此,《意见》明确"纠集者,是指在恶势力实施的违法犯罪活动中起组织、策划、指挥作用的违法犯罪分子"。需要说明的是,由于恶势力属于相对松散的违法犯罪组织,故其纠集者所起的组织、策划、指挥作用主要体现在恶势力实施的具体违法犯罪活动中,不必然及于整个违法犯罪组织的运行、活动。此外,有意见提出,实践中常有多名较为固定的违法犯罪分子相互纠集,除多次实施违法犯罪活动是由不同的人员组织、策划、指挥外,均符合恶势力其他认定条件,建议将此类情况也认定为恶势力。我们经研究认为,在前述情况下,多名违法犯罪分子通常关系较为紧密、地位基本相当,在多次违法犯罪活动中起组织、策划、指挥作用的具体人员虽有不同,但也是视情况在特定几人中产生,因而符合"恶势力纠集者相对固定"这一规定的本质要求。故《意见》采纳了这一观点,并且明确有组织、策划、指挥具体违法犯罪活动行为的成员均可以认定为纠集者。

关于恶势力的其他成员,《意见》坚持了主客观相一致的认定原则,要求行为人需要在主观认识上"知道或者应当知道与他人经常纠集在一起是为了共同实施违法犯罪",在主观意志上要有加入恶势力的意愿,即"仍按照纠集者的组织、策划、指挥",在客观行为上"参与违法犯罪活动",方可认定为恶势力成员。对于那些主观上并无加入恶势力意愿,仅因临时雇佣或被雇佣、利用或被利用以及受蒙蔽参与少量恶势力违法犯罪活动的人员,一般不应认定为恶势力成员。从实践情况来看，行为人有无参与恶势力实施的违法犯罪活动一般能够通过充分的证据直观反映，而行为人的主观认知与态度则要结合其参与违法犯罪活动时的具体行为、所起作用、与其他恶势力成员间的关系等事实予以认定。在办理案件时，应当结合《意见》规定注意把握以下两点：一是行为人在知晓与他人经常纠集在一起是为了共同实施违法犯罪的情况下，依然按照纠集者组织、策划、指挥行事，通常会具体表现为与其他成员平时联系较紧密，对所参与实施的违法犯罪活动的动机、起因、对象比较了解且行为积极、作用明显等；二是在适用恶势力成员的排除性规定时，要注意把握参与违法犯罪活动的"临时""少量"。对于表面虽有雇佣或被雇佣、利用或被利用关系，但是长时间或者多次参与恶势力违法犯罪活动的，应当视为行为人已具有加入恶势力的意愿，避免违法犯罪分子利用规定逃避打击。

3. 关于"经常纠集在一起"的把握。根据《指导意见》规定，认定恶势力要求犯罪嫌疑人、被告人经常纠集在一起，并且多次实施违法犯罪活动。但对于"经常纠集在一起"应当如何理解、把握，《指导意见》并未明确。我们认为，认定"经常纠集在一起"，要审查犯罪嫌疑人、被告人日常联系是否紧密，但更主要的是看有无在一定时期内共同"多次实施违法犯罪活动"，前者很大程度上需要通过后者的时间跨度和参与人员稳定性来反映和证明。

（1）关于多次实施违法犯罪活动的时间跨度。"经常纠集在一起"，实际上反映了对违法犯罪组织持续性的要求，而这种持续性主要是靠一定时期内违法犯罪活动的反复实施来体现。一方面"多次实施违法犯罪活动"需要达到一定的频密度，不能相隔过久，另一方面也要求违法犯罪活动不能过于集中，换言之，就是"纠集在一起"的时间不能过于短暂。因此，有必要对"多次实施违法犯罪活动"的时间跨度加以适当限定。例如，甲、乙、丙三人曾经共同实施过两起寻衅滋事违法活动，之后很长一段时间里没有惹是生非，直至六七年后又共同实施了一起故意伤害犯罪，在形式上虽然符合"多人""多次"标准，但由于违法活动和犯罪活动的时间间隔过长，实际上已经难以认定甲、乙、丙三人"经常纠集在一起"，不应以恶势力来评价。又如，甲、乙、丙三人在短短数天内连续共同实施三起违法犯罪活动，但除此之外再无其他违法犯罪事实，尽管在形式上同样也符合"多人""多次"标准，但由于"纠集在一起"的时间明显较短，故不足以作为违法犯罪组织来评价。当然这种情形并不绝对，如果时间虽短，但违法犯罪活动远超"多次"标准，且已造成较为恶劣的社会影响，同时符合其他认定条件的，也可以认定为恶势力。

（2）关于成员的稳定性。恶势力作为一类违法犯罪组织，其成员需要有一定的稳定性，如果每次参与实施违法犯罪活动的人员都变化不定，那么也很难认定其已形成"组织"。因此,《意见》规定"包括纠集者在内,至少应有 2 名相同的成员多次参与实施违法犯罪活动",办案时要特别注意这一点,不能不区分情况,简单地将若干不同人员实施违法犯罪活动叠加,打包后作为恶势力刑事案件来处理。

4. 关于恶势力主要实施和伴随实施的违法犯罪活动。恶势力主要实施的违法犯罪活动,是指恶势力惯常实施且能够较明显地反映恶势力"为非作恶,欺压百姓"特征的违法犯罪活动。《指导意见》提示性地列举了强迫交易、故意伤害、非法拘禁、敲诈勒索、故意毁坏财物、聚众斗殴、寻衅滋事,并在之后加了一个"等"字。实践中有观点认为,犯罪嫌疑人、被告人只要多次共同实施上述七类中的一种或数种违法犯罪活动,就可以认定为恶势力。对此,前文已作分析,不能简单地以罪名来认定恶势力,办案时还要根据案件的动机、起因、对象、危害后果等综合判断。此外,实践中对于"等"字也有不同理解,《意见》第 8 条第 1 款针对该问题作出回应。

与"主要实施"相对应,开设赌场、组织卖淫、强迫卖淫、贩卖毒品、运输毒品、制造毒品、抢劫、抢夺、聚众扰乱社会秩序、聚众扰乱公共场所秩序、交通秩序以及聚众"打砸抢"等,是恶势力案件中伴随实施的违法犯罪活动。之所以称之为"伴随实施",是因为这些违法犯罪活动在恶势力案件中虽然也很常见,但有的缺少公开性,有的没有具体被害人,有的危害后果仅限于侵害财产权,还有的往往事出有因,故在通常情况下,仅有这些违法犯罪活动还不足以体现恶势力"为非作恶,欺压百姓"的特征。因此,如果犯罪嫌疑人、被告人仅是共同实施了以上一种或数种违法犯罪活动,一般不应认定为恶势力。但这也并不绝对,诸如聚众"打砸抢"等违法犯罪活动,在不少案件中也可以明显地反映出犯罪嫌疑人、被告人"为非作恶,欺压百姓"的特征,如果同时符合其他认定条件,也可认定为恶势力。基于以上理解,《意见》第 8 条第 2 款对《指导意见》中恶势力伴随实施的违法犯罪活动有关规定进行了进一步完善。

5. 关于反复实施单一性质违法行为的评价。《意见》第 9 条第 1 款规定:"对于反复实施强迫交易、非法拘禁、敲诈勒索、寻衅滋事等单一性质的违法行为,单次情节、数额尚不构成犯罪,但按照刑法或者有关司法解释、规范性文件的规定累加后应作为犯罪处理的,在认定是否属于'多次实施违法犯罪活动'时,可将已用于累加的违法行为计为 1 次犯罪活动,其他违法行为单独计算违法活动的次数。"以上规定,主要考虑违法行为是恶势力违法犯罪活动的重要组成部分,对于认定恶势力意义重大。特别是对那些"大罪不犯,小恶不断"的团伙,如果其行为符合"为非作恶,欺压百姓"特征,且已造成较为恶劣的社会影响的,完全有必要作为恶势力打击处理。以寻衅滋事为例,假如犯罪嫌疑人、被告人共同实施了 5 次随意殴打他人的寻衅滋事违法行为,虽然只能按照一罪处理,但超出"多次随意殴打他人"入罪标准的那部分违法行为,可以单独计算违法活动的次数,也就是视为 1 次犯罪活动和 2 次违法活动,这样就符合了恶势力"多次实施违法犯罪活动"的要求,如果同时符合其他认定条件的,应当作为恶势力案件处理。如此认定,可以更加全面、准确评价相关违法犯罪活动所造成的社会危害。

6. 关于恶势力危害后果的认定。《指导意见》规定,恶势力"扰乱经济、社会生活秩序,造成较为恶劣的社会影响",但没有明确前述后果应当如何认定。我们认为,恶势力"造成较为恶劣的社会影响"并不是仅指案件的社会知晓度或者产生的轰动效应,而是与黑社会性质组织形成的非法控制或者重大影响相类似,表现为对经济、社会生活秩序干扰、破坏和影响程度。故《意见》第 10 条借鉴黑社会性质组织犯罪危害性特征的规定,从侵害对象及其数量、违法犯罪次数、手段、规模、人身损害后果、经济损失数额、违法所得数额、引起社会秩序混乱的程度以及对人民群众安全感的影响程度等方面提出了认定恶势力危害后果的方向性指引,供办案机关结合案情和本地区实际情况综合把握。

7. 恶势力犯罪集团的有关问题。《意见》第 11 条在《指导意见》有关规定的基础上对恶势力犯罪集团的定义作出了进一步明确,即符合恶势力全部认定条件,同时又符合犯罪集团法定条件的犯罪组织。可以说,恶势力是形成恶势力犯罪集团的基础,恶势力犯罪集团是恶势力的下一发展形态。与恶势力的纠集者不同,由于犯罪集团是一个法定概念,刑法中对犯罪集团的首要分子已有明确界定,因而《意见》对于恶势力犯罪集团首要分子的定义也宜与之保持一致。

对恶势力犯罪集团的首要分子,按照恶势力集团所犯全部罪行处罚,是用足用好刑法总则关于犯罪集团的规定,实现依法从严惩处的重要途径。为此,只有准确认定恶势力犯罪集团实施的违法犯罪活动,将集团与成员个人的违法犯罪区分开来,才能确保精准打击、不枉不纵。由于黑社会性质组织属于特殊的犯罪集团,因而在违法犯罪活动区分问题上与恶势力犯罪集团具有一致性,故《意见》明确直接参照《指导意见》第 10 条第 2 款的规定认定恶势力犯罪集团所实施的违法犯罪活动。

8. 关于特定群体认定恶势力、恶势力犯罪集团的问题。考虑到未成年人、老年人、残疾人由于心智、身体等方面的特点,在实施违法犯罪的方式和行为表现上往往与典型的恶势力、恶势力犯罪集团有所区别。故《意见》第 12 条明确,全部成员或者首要分子、纠集者以及其他重要成员均为未成年人、老年人、残疾人的,认定恶势力、恶势力犯罪集团时应当特别慎重。

(二) 关于正确运用宽严相济刑事政策的有关要求

1. 关于运用宽严相济刑事政策的总体把握。宽严相济刑事政策是我国的基本刑事政策,贯穿于刑事立法、刑事司法和刑罚执行的全过程,在办理恶势力刑事案件过程中同样需要一以贯之。宽严相济的核心就是要根据犯罪的具体情况,实行区别对待,做到该宽则宽,当严则严,宽严相济,罚当其罪。首先,对于恶势力犯罪整体来说,由于其严重的社会危害性,与办理其他刑事案件相比,在总体上应当体现依法从严惩处方针,这是宽严相济刑事政策的内在要求。其次,对具体的恶势力刑事案件而言,要深刻认识"没有区别就没有政策",不能将依法严惩简单理解为一律从严,而是要充分体现区分情况、区别对待的原则,根据犯罪嫌疑人、被告人的主观恶性,人身危险性,在恶势力、恶势力犯罪集团中的地位、作用以及在具体犯罪中的罪责来确定不同的刑罚,切实全面发挥刑罚功能,做到坚持宽严并举、突出惩治重点,实现政治效果、法律效果和社会效果的统一。最后,要注重综合运用多种法律手段充分体现依法从"严"、从"宽"的政策要求,这也是《意见》第13条着重解决的问题。

2. 对恶势力犯罪集团不同类型成员立功情节的把握。根据《意见》第14条的规定,对恶势力犯罪集团首要分子的立功情节应当从严把握、区别对待。这一规定是宽严相济刑事政策的具体体现,是对既往严格把握黑社会性质组织的组织者、领导者立功情节相关规定的借鉴和发展,进一步体现了不让犯罪分子利用优势地位得利的从严惩处精神。在《意见》研究起草过程中,有观点认为,对恶势力纠集者的立功情节也应从严把握、区别对待。我们认为,恶势力犯罪集团属于为共同实施犯罪而组成的较为固定的犯罪组织,已经达到了相当高的组织化程度,离黑社会性质组织更近一步,但恶势力还处在"纠集"层面,组织较为松散,纠集者的作用一般只体现在具体违法犯罪活动中,平时与其他成员大多没有领导、管理关系,故其没有明显的优势地位,难以与恶势力犯罪集团的首要分子相提并论,故《意见》未采纳这种观点。此外,《意见》还昭示了对于恶势力犯罪集团的其他成员通过提供线索、帮助收集证据或者其他协助行为,配合司法机关查办案件的应予积极评价,并且明确提出,在侦破恶势力犯罪集团案件、查处"保护伞"等方面起到较大作用的,即使依法不能认定立功,一般也应酌情对其从轻处罚,可以起到分化、瓦解犯罪分子,提高案件查办效率的效果。

3. 对同时具有从严、从宽处罚情节的把握。实践中,常有恶势力刑事案件的犯罪嫌疑人、被告人同时具有法定、酌定从严和法定、酌定从宽处罚情节，需要在量刑时作出总体把握。对此，《意见》在吸收2010年最高人民法院《关于贯彻宽严相济刑事政策的若干意见》有关规定的基础上，进一步强调对于恶势力的纠集者、恶势力犯罪集团的首要分子、重要成员，量刑时要体现总体从严；对于在共同犯罪中罪责相对较小、人身危险性、主观恶性相对不大，且能够真诚认罪悔罪的其他成员，量刑时要体现总体从宽。通过这一规定，《意见》力求实现对宽和严两种手段的综合运用，对不同的犯罪和犯罪分子作出区别对待，切实做到严中有宽、宽以济严；宽中有严、严以济宽。

4. 关于认罪认罚从宽制度的适用。2018年10月26日，十三届全国人大常委会第六次会议通过《关于修改〈中华人民共和国刑事诉讼法〉的决定》，将认罪认罚从宽制度改革成果以法律形式固定下来。认罪认罚从宽制度对于更好落实坦白从宽、全面贯彻宽严相济，推进繁简分流，实现公正与效率相统一都有着重要意义。但是，在办理恶势力刑事案件过程中能否适用该制度存在争议，实践中也确实存在"不敢用"的问题。我们认为，认罪认罚从宽制度是宽严相济、坦白从宽刑事政策的具体化和制度化，其制度定位决定了认罪认罚从宽制度没有特别的案件范围限制。故《意见》规定，恶势力刑事案件的犯罪嫌疑人、被告人自愿如实供述自己的罪行，承认指控的犯罪事实，愿意接受处罚的，可以依法从宽处理，并适用认罪认罚从宽制度。但是，需要注意，根据刑事诉讼法第十五条的规定，认罪认罚从宽绝不是"一律从宽"，而是"依法"从宽、"可以"从宽，在适用时必须坚持宽严相济刑事政策。因此，对那些犯罪性质恶劣、犯罪手段残忍、社会危害严重的犯罪嫌疑人、被告人，其认罪认罚不足以从轻处罚的，《意见》也明确对其排除适用认罪认罚从宽制度。

（三）办理恶势力刑事案件的其他问题

1. 关于恶势力刑事案件的文书表述问题。《指导意见》第14条第2款规定："在相关法律文书的犯罪事实认定部分，可使用'恶势力'等表述加以描述。"这是相比以往规范性文件的一大创新之处，首次提出了恶势力的法律文书表述问题，对于办理恶势力刑事案件的制度化、规范化具有重要意义。《意见》基于一年多来扫黑除恶专项斗争的司法实践，对恶势力刑事案件法律文书的制作规范作了进一步完善，主要体现在以下方面：

一是《意见》第17条将"可使用'恶势力'等表述加以描述"的要求上升为"应当"明确表述或者定性。主要考虑，认定恶势力、恶势力犯罪集团是对犯罪嫌疑人、被告人的否定性评价，一旦认定就要在刑事诉讼各阶段对其体现整体从严，对犯罪嫌疑人、被告人的实体和程序利益影响重大。《意见》要求在法律文书中一律明确表述恶势力或者明确恶势力犯罪集团的定性，不仅体现了司法公开的基本精神，也是对当事人知情权和辩解、辩护权的进一步保障。此外，在相关法律文书中明确表述恶势力或者明确恶势力犯罪集团的定性，还有利于侦查、审查起诉、审判、执行各阶段工作的顺畅衔接，进一步提高恶势力刑事案件办理的法治化、规范化水平。

二是《意见》提出了恶势力刑事案件法律文书的制作要求和指引。《意见》明确要求认定恶势力的案件，要同时在法律文书事实部分列明恶势力的纠集者、其他成员、违法犯罪事实以及据以认定的证据；符合恶势力犯罪集团认定标准的，同时应当列明首要分子、其他成员、违法犯罪事实以及据以认定的证据，并引用刑法总则关于犯罪集团的相关规定。同时，《意见》还明确"被告人及其辩护人对恶势力定性提出辩解和辩护意见，人民法院可以在裁判文书中予以评析回应"，既统一了实践中的不同做法，也符合裁判说理的工作要求。

2. 关于不诉不理原则和上诉不加刑原则的适用问题。根据不诉不理原则，《意见》规定，检察机关如果没有指控恶势力或恶势力犯罪集团的，法院不应主动认定，可仅就起诉指控的犯罪事实依照相关规定作出判决、裁定；根据上诉不加刑原则规定，审理上诉案件时，一审认定黑恶势力有误，二审可以纠正，但不能增加或者升格认定，充分保障被告人的上诉权，防止上诉可能给被告人带来的不利后果。对此，在《意见》研究起草过程中曾有不同观点，认为恶势力不是独立的罪名，仅属于司法认定的事实和酌定的量刑情节，所以即便检察机关未在起诉书中指控，法院在审判期间发现构成恶势力，可以主动认定；同理，一审判决在认定恶势力存在错误，该定未定的，二审法院可以通过增加认定来予以纠正。我们认为，产生这一分歧的关键在于对认定恶势力的法律意义应如何定位。根据《指导意见》和《意见》规定，认定恶势力不仅会导致量刑从重，还会产生其他不利于被告人的法律后果，一是在执行刑罚时，减刑、假释、保外就医等均会被从严掌握，二是认定恶势力后，在适用部分罪名（如敲诈勒索罪）时入罪标准会有相应降低。因此，是否认定恶势力，事实上对被告人实体、程序利益均有重大影响，应当受到不诉不理原则和上诉不加刑原则的限制，故《意见》未采纳前述观点。

最高人民法院、最高人民检察院、公安部、司法部关于办理"套路贷"刑事案件若干问题的意见

(2019年2月28日公布 2019年4月9日施行 法发〔2019〕11号)

为持续深入开展扫黑除恶专项斗争,准确甄别和依法严厉惩处"套路贷"违法犯罪分子,根据刑法、刑事诉讼法、有关司法解释以及最高人民法院、最高人民检察院、公安部、司法部《关于办理黑恶势力犯罪案件若干问题的指导意见》等规范性文件的规定,现对办理"套路贷"刑事案件若干问题提出如下意见:

一、准确把握"套路贷"与民间借贷的区别

1. "套路贷",是对以非法占有为目的,假借民间借贷之名,诱使或迫使被害人签订"借贷"或变相"借贷""抵押""担保"等相关协议,通过虚增借贷金额、恶意制造违约、肆意认定违约、毁匿还款证据等方式形成虚假债权债务,并借助诉讼、仲裁、公证或者采用暴力、威胁以及其他手段非法占有被害人财物的相关违法犯罪活动的概括性称谓。

2. "套路贷"与平等主体之间基于意思自治而形成的民事借贷关系存在本质区别,民间借贷的出借人是为了到期按照协议约定的内容收回本金并获取利息,不具有非法占有他人财物的目的,也不会在签订、履行借贷协议过程中实施虚增借贷金额、制造虚假给付痕迹、恶意制造违约、肆意认定违约、毁匿还款证据等行为。

司法实践中,应当注意非法讨债引发的案件与"套路贷"案件的区别,犯罪嫌疑人、被告人不具有非法占有目的,也未使用"套路"与借款人形成虚假债权债务,不应视为"套路贷"。因使用暴力、威胁以及其他手段强行索债构成犯罪的,应当根据具体案件事实定罪处罚。

3. 实践中,"套路贷"的常见犯罪手法和步骤包括但不限于以下情形:

(1) 制造民间借贷假象。犯罪嫌疑人、被告人往往以"小额贷款公司""投资公司""咨询公司""担保公司""网络借贷平台"等名义对外宣传,以低息、无抵押、无担保、快速放款等为诱饵吸引被害人借款,继而以"保证

金""行规"等虚假理由诱使被害人基于错误认识签订金额虚高的"借贷"协议或相关协议。有的犯罪嫌疑人、被告人还会以被害人先前借贷违约等理由,迫使对方签订金额虚高的"借贷"协议或相关协议。

(2)制造资金走账流水等虚假给付事实。犯罪嫌疑人、被告人按照虚高的"借贷"协议金额将资金转入被害人账户,制造已将全部借款交付被害人的银行流水痕迹,随后便采取各种手段将其中全部或者部分资金收回,被害人实际上并未取得或者完全取得"借贷"协议、银行流水上显示的钱款。

(3)故意制造违约或者肆意认定违约。犯罪嫌疑人、被告人往往会以设置违约陷阱、制造还款障碍等方式,故意造成被害人违约,或者通过肆意认定违约,强行要求被害人偿还虚假债务。

(4)恶意垒高借款金额。当被害人无力偿还时,有的犯罪嫌疑人、被告人会安排其所属公司或者指定的关联公司、关联人员为被害人偿还"借款",继而与被害人签订金额更大的虚高"借贷"协议或相关协议,通过这种"转单平账""以贷还贷"的方式不断垒高"债务"。

(5)软硬兼施"索债"。在被害人未偿还虚高"借款"的情况下,犯罪嫌疑人、被告人借助诉讼、仲裁、公证或者采用暴力、威胁以及其他手段向被害人或者被害人的特定关系人索取"债务"。

二、依法严惩"套路贷"犯罪

4. 实施"套路贷"过程中,未采用明显的暴力或者威胁手段,其行为特征从整体上表现为以非法占有为目的,通过虚构事实、隐瞒真相骗取被害人财物,一般以诈骗罪定罪处罚;对于在实施"套路贷"过程中多种手段并用,构成诈骗、敲诈勒索、非法拘禁、虚假诉讼、寻衅滋事、强迫交易、抢劫、绑架等多种犯罪的,应当根据具体案件事实,区分不同情况,依照刑法及有关司法解释的规定数罪并罚或者择一重处。

5. 多人共同实施"套路贷"犯罪,犯罪嫌疑人、被告人在所参与的犯罪中起主要作用的,应当认定为主犯,对其参与或组织、指挥的全部犯罪承担刑事责任;起次要或辅助作用的,应当认定为从犯。

明知他人实施"套路贷"犯罪,具有以下情形之一的,以相关犯罪的共犯论处,但刑法和司法解释等另有规定的除外:

(1)组织发送"贷款"信息、广告,吸引、介绍被害人"借款"的;

(2)提供资金、场所、银行卡、账号、交通工具等帮助的;

(3)出售、提供、帮助获取公民个人信息的;

(4)协助制造走账记录等虚假给付事实的;

(5)协助办理公证的;

（6）协助以虚假事实提起诉讼或者仲裁的；

（7）协助套现、取现、办理动产或不动产过户等，转移犯罪所得及其产生的收益的；

（8）其他符合共同犯罪规定的情形。

上述规定中的"明知他人实施'套路贷'犯罪"，应当结合行为人的认知能力、既往经历、行为次数和手段、与同案人、被害人的关系、获利情况、是否曾因"套路贷"受过处罚、是否故意规避查处等主客观因素综合分析认定。

6. 在认定"套路贷"犯罪数额时，应当与民间借贷相区别，从整体上予以否定性评价，"虚高债务"和以"利息""保证金""中介费""服务费""违约金"等名目被犯罪嫌疑人、被告人非法占有的财物，均应计入犯罪数额。

犯罪嫌疑人、被告人实际给付被害人的本金数额，不计入犯罪数额。

已经着手实施"套路贷"，但因意志以外原因未得逞的，可以根据相关罪名所涉及的刑法、司法解释规定，按照已着手非法占有的财物数额认定犯罪未遂。既有既遂，又有未遂，犯罪既遂部分与未遂部分分别对应不同法定刑幅度的，应当先决定对未遂部分是否减轻处罚，确定未遂部分对应的法定刑幅度，再与既遂部分对应的法定刑幅度进行比较，选择处罚较重的法定刑幅度，并酌情从重处罚；二者在同一量刑幅度的，以犯罪既遂酌情从重处罚。

7. 犯罪嫌疑人、被告人实施"套路贷"违法所得的一切财物，应当予以追缴或者责令退赔；对被害人的合法财产，应当及时返还。有证据证明是犯罪嫌疑人、被告人为实施"套路贷"而交付给被害人的本金，赔偿被害人损失后如有剩余，应依法予以没收。

犯罪嫌疑人、被告人已将违法所得的财物用于清偿债务、转让或者设置其他权利负担，具有下列情形之一的，应当依法追缴：

（1）第三人明知是违法所得财物而接受的；

（2）第三人无偿取得或者以明显低于市场的价格取得违法所得财物的；

（3）第三人通过非法债务清偿或者违法犯罪活动取得违法所得财物的；

（4）其他应当依法追缴的情形。

8. 以老年人、未成年人、在校学生、丧失劳动能力的人为对象实施"套路贷"，或者因实施"套路贷"造成被害人或其特定关系人自杀、死亡、精神失常、为偿还"债务"而实施犯罪活动的，除刑法、司法解释另有规定的外，应当酌情从重处罚。

在坚持依法从严惩处的同时，对于认罪认罚、积极退赃、真诚悔罪或者具有其他法定、酌定从轻处罚情节的被告人，可以依法从宽处罚。

9. 对于"套路贷"犯罪分子,应当根据其所触犯的具体罪名,依法加大财产刑适用力度。符合刑法第三十七条之一规定的,可以依法禁止从事相关职业。

10. 三人以上为实施"套路贷"而组成的较为固定的犯罪组织,应当认定为犯罪集团。对首要分子应按照集团所犯全部罪行处罚。

符合黑恶势力认定标准的,应当按照黑社会性质组织、恶势力或者恶势力犯罪集团侦查、起诉、审判。

三、依法确定"套路贷"刑事案件管辖

11. "套路贷"犯罪案件一般由犯罪地公安机关侦查,如果由犯罪嫌疑人居住地公安机关立案侦查更为适宜的,可以由犯罪嫌疑人居住地公安机关立案侦查。犯罪地包括犯罪行为发生地和犯罪结果发生地。

"犯罪行为发生地"包括为实施"套路贷"所设立的公司所在地、"借贷"协议或相关协议签订地、非法讨债行为实施地、为实施"套路贷"而进行诉讼、仲裁、公证的受案法院、仲裁委员会、公证机构所在地,以及"套路贷"行为的预备地、开始地、途经地、结束地等。

"犯罪结果发生地"包括违法所得财物的支付地、实际取得地、藏匿地、转移地、使用地、销售地等。

除犯罪地、犯罪嫌疑人居住地外,其他地方公安机关对于公民扭送、报案、控告、举报或者犯罪嫌疑人自首的"套路贷"犯罪案件,都应当立即受理,经审查认为有犯罪事实的,移送有管辖权的公安机关处理。

黑恶势力实施的"套路贷"犯罪案件,由侦办黑社会性质组织、恶势力或者恶势力犯罪集团案件的公安机关进行侦查。

12. 具有下列情形之一的,有关公安机关可以在其职责范围内并案侦查:

(1) 一人犯数罪的;

(2) 共同犯罪的;

(3) 共同犯罪的犯罪嫌疑人还实施其他犯罪的;

(4) 多个犯罪嫌疑人实施的犯罪存在直接关联,并案处理有利于查明案件事实的。

13. 本意见自2019年4月9日起施行。

《关于办理"套路贷"刑事案件若干问题的意见》的内容与解析*

朱和庆　周　川　李梦龙**

为持续深入开展扫黑除恶专项斗争，准确甄别和依法严厉惩处"套路贷"违法犯罪分子，在全国扫黑办的统筹协调下，最高人民法院会同最高人民检察院、公安部、司法部联合制定印发了《关于办理"套路贷"刑事案件若干问题的意见》（以下简称《意见》），自2019年4月9日起施行。为便于司法实践中准确理解和正确适用，现对《意见》的制定背景、主要内容予以简要介绍和说明。

一、《意见》的制定背景和过程

近年来，假借民间借贷之名实施的侵犯财产类违法犯罪活动开始出现并日益猖獗，政法机关在司法实践中对此类违法犯罪逐渐形成了"套路贷"这一称谓。在一些地区，"套路贷"已逐步发展成为黑恶势力较常实施的违法犯罪活动，严重侵害人民群众的人身权利、财产权利，严重破坏经济秩序、社会秩序，人民群众反映强烈。针对"套路贷"犯罪，最高人民法院、最高人民检察院、公安部、司法部于2018年1月出台的《关于办理黑恶势力犯罪案件若干问题的指导意见》（以下简称《指导意见》）虽然没有明确使用"套路贷"这一称谓，但已在《指导意见》第20条对"套路贷"犯罪的认定和处理作出了初步规定；多个地方也就办理"套路贷"刑事案件研究出台了地方性指导意见。但由于"套路贷"在全国各地的发案分布极不均衡，表现形式千差万别，一些地方对此类案件的理解、认识存在偏差，在办理"套路贷"刑事案件时不同程度出现了"不会打"或"打不准"的问题。为贯彻落实2018年10月全国扫黑除恶专项斗争推进会的有关部署要求，进一步统一执法办案思想，提高专项斗争的法治化水平，最高人民法院第一时间成立了专题调研小组，经过充分调研，广泛听取意见，几经修改和完善后形成《意见》。

---

* 原文刊载于《人民检察》2019年第11期。
** 作者单位：朱和庆、周川，最高人民法院刑事审判三庭；李梦龙，江苏省南通市中级人民法院刑事审判一庭。

二、准确把握"套路贷"与民间借贷的区别

(一) 关于"套路贷"的概念

《意见》第 1 条对于什么是"套路贷"作出了定义。"套路贷"既不是一个法律概念也不是一个政策概念,而是在办案实践中对假借民间借贷之名非法占有他人财物的类型化违法犯罪的概括性称谓。因此,"套路贷"在之前并没有统一的定义,各地出台的有关文件对其界定也存在不同程度差异。经认真总结各地经验,充分研究"套路贷"的不同行为方式,《意见》在《指导意见》第 20 条规定的基础上明确了"套路贷"的概念,其概念主要包括以下三个方面:

一是行为目的非法性,即犯罪分子是以非法占有被害人财物为目的实施"套路贷"。明确非法占有目的,既是为了从主观方面将"套路贷"与民间借贷区分开来,也是为了在具体犯罪中区分此罪与彼罪。

二是债权债务虚假性,即犯罪分子假借民间借贷之名,通过使用"套路",诱使或迫使被害人签订"借贷"或变相"借贷""抵押""担保"等相关协议,进而通过虚增借贷金额、恶意制造违约、肆意认定违约等方式形成虚假债权债务。对于犯罪分子来说,"借贷"是假,侵犯被害人的财产权利是真,"借贷"仅是一个虚假表象。

三是"讨债"手段多样性,即在被害人未按照要求交付财物时,"套路贷"犯罪分子会借助诉讼、仲裁、公证或者采用暴力、威胁以及其他手段向被害人强行"讨债"。其中,"套路贷"犯罪分子借助公证,既有可能是为之后以虚假事实提起诉讼或者仲裁准备证据,也有可能是利用民事诉讼法中公证债权文书执行的相关规定,直接申请强制执行"公证债权文书",非法占有被害人财物。

(二) 关于"套路贷"与民间借贷的区别

《意见》第 2 条专门从主客观两个方面明确了"套路贷"与民间借贷的区别。在主观上,要注意把握行为人有无非法占有他人财物的目的,这是"套路贷"与民间借贷的本质区别。民间借贷的目的是获取利息收益,借贷双方都对实际借得的本金和将产生的利息有清醒认识,出借人通常希望借款人能按时还本付息。而"套路贷"是以借款为幌子,通过设计套路,引诱、逼迫借款人垒高债务,最终达到非法占有借款人财产的目的。在客观上,要注意把握行为人是否处心积虑设计各种套路,制造债权债务假象,非法强占他人财产的行为。例如,犯罪分子往往会以低息、无抵押等为诱饵吸引被害人"上钩",以行业规矩为由诱使被害人签订虚高借款合同,谎称只要按时还款,虚高的借

款金额就不用还,然后制造虚假给付痕迹,采用拒绝接受还款等方式刻意制造违约,通过一系列"套路"形成高额债务,达到非法占有他人财物的目的。而在民间借贷中,虽然常会出现出借人从借款本金中预扣利息、收"砍头费"的现象,但在这种情况下,预扣的利息、收取的费用是基于借贷双方的约定,借款人对于扣除利息、收取费用的金额也心知肚明,出借人后续亦不会实施故意制造违约、恶意垒高借款等行为。因此,区分"套路贷"和民间借贷,要根据案件事实和证据综合评判,不能只关注某个因素、某个情节。

此外,因为"套路贷"违背被害人的意志,或制造虚高的借款金额,或恶意垒高债务,被害人一般不可能自愿还债,所以犯罪嫌疑人、被告人往往软硬兼施"索债",在外在行为表现上与非法讨债引发的案件有相似之处。在司法实践中,要牢牢把握有无非法占有他人财物目的这一本质区别特征,对于犯罪嫌疑人、被告人不具有非法占有目的,也未使用"套路"与借款人形成虚假债权债务,因使用暴力、威胁以及其他手段强行索债构成犯罪的,不视为"套路贷",应当根据具体案件事实定罪处罚。

(三)关于"套路贷"常见的犯罪手法和步骤

《意见》第3条共列举了制造民间借贷假象、制造资金走账流水等虚假给付事实、故意制造违约或者肆意认定违约、恶意垒高借款金额、软硬兼施"索债"这5类"套路贷"常见犯罪手法和步骤,在实践中应当注意把握以下几个方面:

一是列举5类常见犯罪手法和步骤的目的是回应实践需要。蔓延发展迅速和地区间发案不均衡,是当前"套路贷"犯罪呈现的两个特征。在"套路贷"犯罪出现较早的地区,当地政法机关已经接触了不少"套路贷"刑事案件,对"套路贷"犯罪已经有了一定认识,积累了一定办案经验。而有些地方的政法机关由于尚未接触或刚刚开始接触"套路贷"刑事案件,对"套路贷"犯罪尚缺乏足够的认识,但却同样面临严防严惩"套路贷"犯罪的紧要任务。列举5类常见的犯罪手法和步骤,就是为了帮助办案一线直观认识"套路贷"犯罪,进而有效甄别、打击。

二是在具体的"套路贷"犯罪中,5类犯罪手法和步骤并不必然全部出现。实践中,"套路贷"犯罪在犯罪手法的具体选择上多种多样,可能多种犯罪手法并用,通过多个犯罪步骤实现对被害人财产的非法占有,也可能仅采用少量犯罪手法就达成了犯罪目的。因此,不能认为全部具备所列举的5类犯罪手法和步骤才是"套路贷"犯罪。

三是"套路贷"犯罪的犯罪手法和步骤不局限于所列举的范围。实践中,"套路贷"犯罪的表现形式千差万别,且为了逃避打击、继续攫取不法利益,不断转型变化、花样翻新，在认定"套路贷"犯罪时还是应当着重根据其假借民间借贷之名行非法占有之实的主要特征来甄别判断。

三、依法严惩"套路贷"犯罪

（一）关于"套路贷"的定罪问题

《意见》第 4 条对于"套路贷"犯罪案件的罪名确定问题作了提示性规定。"套路贷"犯罪在主观上以非法占有为目的，在客观上行侵财之实，但由于犯罪手段、行为表现各有不同。在办理"套路贷"刑事案件时，司法机关需要根据"套路贷"行为人非法取得他人财产的具体手段、方式，依照有关犯罪的构成要件确定具体罪名。对于未采用明显的暴力或者威胁手段，主要靠"骗"取得被害人财物的"套路贷"，一般以诈骗罪论处。例如，有的案件中，被告人谎称其公司需要"冲业绩"，帮公司签订借贷协议不仅不用还款，还可以获取"好处费"，待被害人落入圈套后，便利用对方法律知识欠缺的弱点以及害怕"惹事"的心理索取所谓"债务"。由于该案中被告人主要是靠虚构事实、隐瞒真相实现非法占有目的，故应以诈骗罪定罪处罚。

但在实践中，犯罪分子实施"套路贷"的手段经常变换，还有可能构成敲诈勒索、非法拘禁、虚假诉讼、寻衅滋事、强迫交易、抢劫、绑架等多种犯罪。例如，在实施"套路贷"过程中，主要通过威胁或者要挟的方法非法占有被害人财物的，构成敲诈勒索罪。在常见的"车贷"型"套路贷"中，有的被告人在诱骗被害人签订虚高"借款"合同时，要求给被害人车辆安装 GPS 定位器，并编造各种借口拿走汽车备用钥匙。嗣后，通过损毁 GPS 定位器等方式故意造成被害人违约，再采用滋扰、恐吓等手段进行威胁，或者利用备用钥匙将车辆开走，逼迫被害人付款赎车。在该类案件中，被告人主要是利用威胁或者要挟对被害人形成心理强制，实现非法占有财物目的，因此应以敲诈勒索罪追究刑事责任。

在具体个案中，"套路贷"的表现形式不胜枚举，不同犯罪手段的组合、不同的犯罪情境等都可能导致案件定性或者罪数处断截然不同。以前述构成抢劫罪的案例作进一步分析，假如被告人不是当场劫取被害人本人的财物，而是在使用暴力手段挟持被害人后要求其亲友交钱赎人，那么就应以绑架罪定罪处罚。此外，犯罪分子多种手段并用，导致办案时往往需要对"一行为"或"数行为"以及是否存在竞合、牵连关系进行判断，所以，对于不同案件，应当根据具体案件事实，区分不同情况，依照刑法及有关司法解释的规定确定罪名和罪数。

(二) 关于"套路贷"的共犯认定

《意见》第5条对于"套路贷"犯罪案件中的共犯问题作出了规定。实践中,"套路贷"犯罪多为共同犯罪,分工日趋细化,环节众多,其中"拉客户"、协助制造走账记录等配合、支持、帮助行为对于"套路贷"犯罪顺利实施并最终达成非法占有目的发挥了重要作用。由于"套路贷"犯罪的暴利性,围绕"套路贷"俨然已经形成了一个犯罪链条,不仅产生了所谓"贷款中介"等专门为"套路贷"犯罪分子提供"服务"的职业化群体,而且还有一些具有专业知识背景或者在相关行业从业的人员参与其中,在加剧"套路贷"犯罪社会危害的同时,也增加了发现、惩治犯罪的难度。为实现对"套路贷"犯罪的全链条打击,《意见》明确了"套路贷"共同犯罪人的处理,规定明知他人实施"套路贷"犯罪,仍具有组织发送"贷款"信息、广告,吸引、介绍被害人"借款"等情形的,除刑法和司法解释等另有规定外,以相关犯罪的共犯论处。

根据《刑法》第25条的规定,共同犯罪离不开共同犯意,而共同犯意历来又是司法实践中的认定难点。在《意见》起草过程中,一度采用"与'套路贷'犯罪分子事先通谋"才能以共犯论处的观点。在后续修改中将"通谋"改为"明知",主要考虑"通谋"一般会被理解为二名以上行为人通过交流沟通形成共同犯罪故意的过程,而反映这一过程的证据往往难以获取,大多数情况下严重依赖口供,容易出现只要一方否认就难以形成闭合证据链的情况。尤其在当前"套路贷"犯罪链条化的背景下,"套路贷"共同犯罪人之间分工明确、配合默契,往往通过心照不宣的方式形成犯意联络,不再依赖明示沟通,如果以"通谋"作为入罪条件,可能会在实践中抬高认定标准,从而放纵犯罪。但是,将"通谋"改为"明知"并不意味着可以无视共同犯罪基本原理,摒弃共同犯意这一共同犯罪成立的主观要件,办案时,对于行为人之间有无意思联络应当作出准确的审查判断。

对于如何审查判断行为人是否"明知他人实施'套路贷'犯罪",《意见》第5条第3款规定:"应当结合行为人的认知能力、既往经历、行为次数和手段、与同案人、被害人的关系、获利情况、是否曾因'套路贷'受过处罚、是否故意规避查处等主客观因素综合分析认定。"在实践中,对"明知"作出判断需要基于一定的事实基础,指向行为人主观"明知"的因素越多、指向性越强,司法工作人员也就越能作出准确判断。因此,对于前述认定"明知"的考量因素,应当准确理解、通盘考虑、综合评定,不能"只看一点、不及其余",要切实防止认定范围不当扩大。

(三) 关于"套路贷"犯罪数额的认定

《意见》第 6 条对"套路贷"犯罪数额认定进行了说明。由于"套路贷"假借民间借贷之名行非法占有之实,且多以"利息""保证金"等名目混淆视听。在办理"套路贷"刑事案件时,要牢牢把握"套路贷"的本质是以非法占有为目的而实施的违法犯罪,不能适用民间借贷法律关系,也不可能产生合法收入。因此,除犯罪嫌疑人、被告人实际给付被害人的本金数额之外,"虚高债务"和以"利息""保证金""中介费""服务费""违约金"等名目被非法占有的财物,均应计入犯罪数额。《意见》基于以上分析,在吸收《指导意见》有关规定的基础上,进一步提出了"从整体上予以否定性评价"的"套路贷"犯罪数额认定原则,并分别明确了计入"套路贷"犯罪数额的对象范围。此外,《意见》第 6 条第 3 款还根据 2011 年最高人民法院《关于办理诈骗刑事案件具体应用法律若干问题的解释》等有关司法解释、规范性文件规定的数额犯犯罪未遂认定及处罚方法,明确了"套路贷"犯罪未遂的认定以及既未遂情形并存时应如何处罚的问题。

(四) 关于"套路贷"刑事案件中的涉案财产处置

根据《刑法》第 64 条以及有关司法解释、规范性文件的规定,《意见》第 7 条中明确了"套路贷"犯罪违法所得财物的追缴或者责令退赔、被害人合法财产的返还以及为实施"套路贷"而交付给被害人本金的处置等问题。其中,根据刑法规定,"为实施'套路贷'而交付给被害人的本金"属于犯罪所用之物,应予没收。但从司法实践来看,在被害人自身损失没有得到补偿的情况下,直接让被害人退出犯罪嫌疑人、被告人先前为实施"套路贷"而交付的本金,显然有悖常理常情,相关裁判也难以得到有效执行。为便于办案一线操作,《意见》规定,有证据证明是犯罪嫌疑人、被告人为实施"套路贷"而交付给被害人的本金,赔偿被害人损失后如有剩余,应依法予以没收。

(五) 关于"套路贷"犯罪的量刑情节

《意见》第 8 条秉持有关司法解释、规范性文件的一贯精神,明确对以社会弱势群体为对象实施,以及造成后果的"套路贷"犯罪酌情从重处罚。在强调依法从严惩处"套路贷"犯罪的同时,《意见》还坚持贯彻宽严相济的刑事政策,明确对于认罪认罚、积极退赃、真诚悔罪或者具有其他法定、酌定从轻处罚情节的被告人,可以依法从宽处罚,鼓励被告人认罪服法、退赔退赃,确保案件的裁判效果。

(六) 关于"套路贷"犯罪集团和涉"套路贷"黑恶势力的认定

实践中,经常会出现"套路贷"犯罪与黑恶势力犯罪之间相互交织的情形。一方面,"套路贷"犯罪获利快、收益高,所采用的"套路"易于复制,容易被黑恶势力利用,用以聚敛财富。另一方面,一些"套路贷"犯罪分子正在逐渐采用公司化模式有组织地实施犯罪,加上常常借助暴力、威胁的方式"讨债",如果任其肆意发展,很容易蜕变为黑恶势力。正因为"套路贷"犯罪与黑恶势力犯罪之间客观上存在关联,所以《意见》才作为扫黑除恶专项斗争系列规范性文件出台,目的就是准确甄别、依法严惩"套路贷"犯罪,及时铲除黑恶势力犯罪滋生蔓延的土壤。但是,我们要认识到"套路贷"犯罪并不必然就是黑恶势力犯罪,不能因为二者存在关联就简单地在"套路贷"犯罪与黑恶势力犯罪之间画等号。首先,从犯罪主体上看,"套路贷"犯罪可以是黑恶势力实施,也可以是普通的个人、团伙或者犯罪集团实施。只有实施"套路贷"犯罪的行为人同时具备黑恶势力特征的,才能认定为黑恶势力。反之,即使有的团伙、人员实施了"套路贷"犯罪,只要黑恶势力特征不齐备,不完全符合黑恶势力认定标准,就不能认定为黑恶势力。其次,从犯罪目的上看,黑恶势力犯罪意图多元化,既包括聚敛财富,也包括形成非法秩序、非法影响力。而一般"套路贷"犯罪的目的就是侵财,虽然在实现该犯罪目的的过程中,时常会伴随发生其他违法犯罪活动,但是这些活动都是围绕侵财目的实施的,具有附属性。为准确界分"套路贷"犯罪与涉"套路贷"黑恶势力犯罪,《意见》在第 10 条第 1 款规定"套路贷"犯罪集团认定条件、处罚原则的基础上,在第 2 款明确要求对符合黑恶势力认定标准的"套路贷"犯罪,应当按照黑社会性质组织、恶势力或者恶势力犯罪集团侦查、起诉、审判。

四、关于"套路贷"刑事案件的管辖问题

目前,"套路贷"犯罪往往具有被害人多、涉及范围广、各犯罪环节实施地点分散等特点。为解决实践出现的新问题,《意见》第 11 条、第 12 条严格依照刑事诉讼法有关规定,对"套路贷"刑事案件管辖和并案侦查作出针对性规定,较为全面地列举了"套路贷"犯罪的"犯罪行为发生地"和"犯罪结果发生地",并明确在一人犯数罪、共同犯罪等 4 类情形下,有关公安机关可以在其职责范围内并案侦查,为公正、高效执法办案提供了保障。对于涉"套路贷"黑恶势力犯罪,考虑到"套路贷"通常只是黑恶势力犯罪事实中的一个部分,为确保黑恶势力犯罪案件办理的完整性、全面性,《意见》规定此类案件由侦办黑社会性质组织、恶势力或者恶势力犯罪集团案件的公安机关进行侦查。此外,《意见》还明确公民扭送、报案、控告、举报"套路贷"犯罪的,公安机关都应当立即受理,经审查认为有犯罪事实的,依照管辖的规定处理或移送,确保人民群众利益能够在第一时间得到司法保障。

应急管理部、公安部、最高人民法院、最高人民检察院安全生产行政执法与刑事司法衔接工作办法

(2019年4月16日公布并施行　应急〔2019〕54号)

第一章　总　则

第一条　为了建立健全安全生产行政执法与刑事司法衔接工作机制，依法惩治安全生产违法犯罪行为，保障人民群众生命财产安全和社会稳定，依据《中华人民共和国刑法》《中华人民共和国刑事诉讼法》《中华人民共和国安全生产法》《中华人民共和国消防法》和《行政执法机关移送涉嫌犯罪案件的规定》《生产安全事故报告和调查处理条例》《最高人民法院、最高人民检察院关于办理危害生产安全刑事案件适用法律若干问题的解释》等法律、行政法规、司法解释及有关规定，制定本办法。

第二条　本办法适用于应急管理部门、公安机关、人民法院、人民检察院办理的涉嫌安全生产犯罪案件。

应急管理部门查处违法行为时发现的涉嫌其他犯罪案件，参照本办法办理。

本办法所称应急管理部门，包括煤矿安全监察机构、消防机构。

属于《中华人民共和国监察法》规定的公职人员在行使公权力过程中发生的依法由监察机关负责调查的涉嫌安全生产犯罪案件，不适用本办法，应当依法及时移送监察机关处理。

第三条　涉嫌安全生产犯罪案件主要包括下列案件：

（一）重大责任事故案件；

（二）强令违章冒险作业案件；

（三）重大劳动安全事故案件；

（四）危险物品肇事案件；

（五）消防责任事故、失火案件；

（六）不报、谎报安全事故案件；

（七）非法采矿，非法制造、买卖、储存爆炸物，非法经营，伪造、变造、买卖国家机关公文、证件、印章等涉嫌安全生产的其他犯罪案件。

第四条　人民检察院对应急管理部门移送涉嫌安全生产犯罪案件和公安机关有关立案活动，依法实施法律监督。

第五条　各级应急管理部门、公安机关、人民检察院、人民法院应当加强协作，统一法律适用，不断完善案件移送、案情通报、信息共享等工作机制。

第六条　应急管理部门在行政执法过程中发现行使公权力的公职人员涉嫌安全生产犯罪的问题线索，或者应急管理部门、公安机关、人民检察院在查处有关违法犯罪行为过程中发现行使公权力的公职人员涉嫌贪污贿赂、失职渎职等职务违法或者职务犯罪的问题线索，应当依法及时移送监察机关处理。

第二章　日常执法中的案件移送与法律监督

第七条　应急管理部门在查处违法行为过程中发现涉嫌安全生产犯罪案件的，应当立即指定2名以上行政执法人员组成专案组专门负责，核实情况后提出移送涉嫌犯罪案件的书面报告。应急管理部门正职负责人或者主持工作的负责人应当自接到报告之日起3日内作出批准移送或者不批准移送的决定。批准移送的，应当在24小时内向同级公安机关移送；不批准移送的，应当将不予批准的理由记录在案。

第八条　应急管理部门向公安机关移送涉嫌安全生产犯罪案件，应当附下列材料，并将案件移送书抄送同级人民检察院。

（一）案件移送书，载明移送案件的应急管理部门名称、违法行为涉嫌犯罪罪名、案件主办人及联系电话等。案件移送书应当附移送材料清单，并加盖应急管理部门公章；

（二）案件调查报告，载明案件来源、查获情况、嫌疑人基本情况、涉嫌犯罪的事实、证据和法律依据、处理建议等；

（三）涉案物品清单，载明涉案物品的名称、数量、特征、存放地等事项，并附采取行政强制措施、现场笔录等表明涉案物品来源的相关材料；

（四）附有鉴定机构和鉴定人资质证明或者其他证明文件的检验报告或者鉴定意见；

（五）现场照片、询问笔录、电子数据、视听资料、认定意见、责令整改通知书等其他与案件有关的证据材料。

对有关违法行为已经作出行政处罚决定的，还应当附行政处罚决定书。

第九条　公安机关对应急管理部门移送的涉嫌安全生产犯罪案件，应当出具接受案件的回执或者在案件移送书的回执上签字。

第十条　公安机关审查发现移送的涉嫌安全生产犯罪案件材料不全的，应当在接受案件的24小时内书面告知应急管理部门在3日内补正。

公安机关审查发现涉嫌安全生产犯罪案件移送材料不全、证据不充分的，可以就证明有犯罪事实的相关证据要求等提出补充调查意见，由移送案件的应急管理部门补充调查。根据实际情况，公安机关可以依法自行调查。

第十一条　公安机关对移送的涉嫌安全生产犯罪案件，应当自接受案件之日起3日内作出立案或者不予立案的决定；涉嫌犯罪线索需要查证的，应当自接受案件之日起7日内作出决定；重大疑难复杂案件，经县级以上公安机关负责人批准，可以自受案之日起30日内作出决定。依法不予立案的，应当说明理由，相应退回案件材料。

对属于公安机关管辖但不属于本公安机关管辖的案件，应当在接受案件后24小时内移送有管辖权的公安机关，并书面通知移送案件的应急管理部门，抄送同级人民检察院。对不属于公安机关管辖的案件，应当在24小时内退回移送案件的应急管理部门。

第十二条　公安机关作出立案、不予立案决定的，应当自作出决定之日起3日内书面通知应急管理部门，并抄送同级人民检察院。

对移送的涉嫌安全生产犯罪案件，公安机关立案后决定撤销案件的，应当将撤销案件决定书送达移送案件的应急管理部门，并退回案卷材料。对依法应当追究行政法律责任的，可以同时提出书面建议。有关撤销案件决定书应当抄送同级人民检察院。

第十三条　应急管理部门应当自接到公安机关立案通知书之日起3日内将涉案物品以及与案件有关的其他材料移交公安机关，并办理交接手续。

对保管条件、保管场所有特殊要求的涉案物品，可以在公安机关采取必要措施固定留取证据后，由应急管理部门代为保管。应急管理部门应当妥善保管涉案物品，并配合公安机关、人民检察院、人民法院在办案过程中对涉案物品的调取、使用及鉴定等工作。

第十四条　应急管理部门接到公安机关不予立案的通知书后，认为依法应当由公安机关决定立案的，可以自接到不予立案通知书之日起3日内提请作出不予立案决定的公安机关复议，也可以建议人民检察院进行立案监督。

公安机关应当自收到提请复议的文件之日起3日内作出复议决定，并书面通知应急管理部门。应急管理部门对公安机关的复议决定仍有异议的，应当自收到复议决定之日起3日内建议人民检察院进行立案监督。

应急管理部门对公安机关逾期未作出是否立案决定以及立案后撤销案件决

定有异议的，可以建议人民检察院进行立案监督。

第十五条　应急管理部门建议人民检察院进行立案监督的，应当提供立案监督建议书、相关案件材料，并附公安机关不予立案通知、复议维持不予立案通知或者立案后撤销案件决定及有关说明理由材料。

第十六条　人民检察院应当对应急管理部门立案监督建议进行审查，认为需要公安机关说明不予立案、立案后撤销案件的理由的，应当要求公安机关在7日内说明理由。公安机关应当书面说明理由，回复人民检察院。

人民检察院经审查认为公安机关不予立案或者立案后撤销案件理由充分，符合法律规定情形的，应当作出支持不予立案、撤销案件的检察意见。认为有关理由不能成立的，应当通知公安机关立案。

公安机关收到立案通知书后，应当在15日内立案，并将立案决定书送达人民检察院。

第十七条　人民检察院发现应急管理部门不移送涉嫌安全生产犯罪案件的，可以派员查询、调阅有关案件材料，认为应当移送的，应当提出检察意见。应急管理部门应当自收到检察意见后3日内将案件移送公安机关，并将案件移送书抄送人民检察院。

第十八条　人民检察院对符合逮捕、起诉条件的犯罪嫌疑人，应当依法批准逮捕、提起公诉。

人民检察院对决定不起诉的案件，应当自作出决定之日起3日内，将不起诉决定书送达公安机关和应急管理部门。对依法应当追究行政法律责任的，可以同时提出检察意见，并要求应急管理部门及时通报处理情况。

第三章　事故调查中的案件移送与法律监督

第十九条　事故发生地有管辖权的公安机关根据事故的情况，对涉嫌安全生产犯罪的，应当依法立案侦查。

第二十条　事故调查中发现涉嫌安全生产犯罪的，事故调查组或者负责火灾调查的消防机构应当及时将有关材料或者其复印件移交有管辖权的公安机关依法处理。

事故调查过程中，事故调查组或者负责火灾调查的消防机构可以召开专题会议，向有管辖权的公安机关通报事故调查进展情况。

有管辖权的公安机关对涉嫌安全生产犯罪案件立案侦查的，应当在3日内将立案决定书抄送同级应急管理部门、人民检察院和组织事故调查的应急管理部门。

第二十一条 对有重大社会影响的涉嫌安全生产犯罪案件,上级公安机关采取挂牌督办、派员参与等方法加强指导和督促,必要时,可以按照有关规定直接组织办理。

第二十二条 组织事故调查的应急管理部门及同级公安机关、人民检察院对涉嫌安全生产犯罪案件的事实、性质认定、证据采信、法律适用以及责任追究有意见分歧的,应当加强协调沟通。必要时,可以就法律适用等方面问题听取人民法院意见。

第二十三条 对发生一人以上死亡的情形,经依法组织调查,作出不属于生产安全事故或者生产安全责任事故的书面调查结论的,应急管理部门应当将该调查结论及时抄送同级监察机关、公安机关、人民检察院。

第四章 证据的收集与使用

第二十四条 在查处违法行为的过程中,有关应急管理部门应当全面收集、妥善保存证据材料。对容易灭失的痕迹、物证,应当采取措施提取、固定;对查获的涉案物品,如实填写涉案物品清单,并按照国家有关规定予以处理;对需要进行检验、鉴定的涉案物品,由法定检验、鉴定机构进行检验、鉴定,并出具检验报告或者鉴定意见。

在事故调查的过程中,有关部门根据有关法律法规的规定或者事故调查组的安排,按照前款规定收集、保存相关的证据材料。

第二十五条 在查处违法行为或者事故调查的过程中依法收集制作的物证、书证、视听资料、电子数据、检验报告、鉴定意见、勘验笔录、检查笔录等证据材料以及经依法批复的事故调查报告,在刑事诉讼中可以作为证据使用。

事故调查组依照有关规定提交的事故调查报告应当由其成员签名。没有签名的,应当予以补正或者作出合理解释。

第二十六条 当事人及其辩护人、诉讼代理人对检验报告、鉴定意见、勘验笔录、检查笔录等提出异议,申请重新检验、鉴定、勘验或者检查的,应当说明理由。人民法院经审理认为有必要的,应当同意。人民法院同意重新鉴定申请的,应当及时委托鉴定,并将鉴定意见告知人民检察院、当事人及其辩护人、诉讼代理人;也可以由公安机关自行或者委托相关机构重新进行检验、鉴定、勘验、检查等。

第五章 协作机制

第二十七条 各级应急管理部门、公安机关、人民检察院、人民法院应当建立安全生产行政执法与刑事司法衔接长效工作机制。明确本单位的牵头机构和联系人,加强日常工作沟通与协作。定期召开联席会议,协调解决重要问题,并以会议纪要等方式明确议定事项。

各省、自治区、直辖市应急管理部门、公安机关、人民检察院、人民法院应当每年定期联合通报辖区内有关涉嫌安全生产犯罪案件移送、立案、批捕、起诉、裁判结果等方面信息。

第二十八条 应急管理部门对重大疑难复杂案件,可以就刑事案件立案追诉标准、证据的固定和保全等问题咨询公安机关、人民检察院;公安机关、人民检察院可以就案件办理中的专业性问题咨询应急管理部门。受咨询的机关应当及时答复;书面咨询的,应当在7日内书面答复。

第二十九条 人民法院应当在有关案件的判决、裁定生效后,按照规定及时将判决书、裁定书在互联网公布。适用职业禁止措施的,应当在判决、裁定生效后10日内将判决书、裁定书送达罪犯居住地的县级应急管理部门和公安机关,同时抄送罪犯居住地的县级人民检察院。具有国家工作人员身份的,应当将判决书、裁定书送达罪犯原所在单位。

第三十条 人民检察院、人民法院发现有关生产经营单位在安全生产保障方面存在问题或者有关部门在履行安全生产监督管理职责方面存在违法、不当情形的,可以发出检察建议、司法建议。有关生产经营单位或者有关部门应当按规定及时处理,并将处理情况书面反馈提出建议的人民检察院、人民法院。

第三十一条 各级应急管理部门、公安机关、人民检察院应当运用信息化手段,逐步实现涉嫌安全生产犯罪案件的网上移送、网上受理和网上监督。

第六章 附 则

第三十二条 各省、自治区、直辖市的应急管理部门、公安机关、人民检察院、人民法院可以根据本地区实际情况制定实施办法。

第三十三条 本办法自印发之日起施行。

最高人民检察院
关于《非药用类麻醉药品和精神药品管制品种增补目录》能否作为认定毒品依据的批复

（2018年12月12日最高人民检察院第十三届检察委员会第十一次会议通过　2019年4月29日公布　2019年4月30日施行　高检发释字〔2019〕2号）

河南省人民检察院：

你院《关于〈非药用类麻醉药品和精神药品管制品种增补目录〉能否作为认定毒品的依据的请示》收悉。经研究，批复如下：

根据《中华人民共和国刑法》第三百五十七条和《中华人民共和国禁毒法》第二条的规定，毒品是指鸦片、海洛因、甲基苯丙胺（冰毒）、吗啡、大麻、可卡因以及国家规定管制的其他能够使人形成瘾癖的麻醉药品和精神药品。

2015年10月1日起施行的公安部、国家食品药品监督管理总局、国家卫生和计划生育委员会、国家禁毒委员会办公室《非药用类麻醉药品和精神药品列管办法》及其附表《非药用类麻醉药品和精神药品管制品种增补目录》，是根据国务院《麻醉药品和精神药品管理条例》第三条第二款授权制定的，《非药用类麻醉药品和精神药品管制品种增补目录》可以作为认定毒品的依据。

此复。

最高人民检察院
2019年4月29日

最高人民检察院
司法解释工作规定

（2006年4月18日最高人民检察院第十届检察委员会第五十三次会议通过 2015年12月16日最高人民检察院第十二届检察委员会第四十五次会议第一次修订 2019年3月20日最高人民检察院第十三届检察委员会第十六次会议第二次修订 2019年5月13日公布并施行 高检发办〔2019〕55号）

第一章 一般规定

第一条 为加强和规范司法解释工作，统一法律适用标准，维护司法公正，根据《中华人民共和国人民检察院组织法》《全国人民代表大会常务委员会关于加强法律解释工作的决议》等法律规定，结合检察工作实际，制定本规定。

第二条 人民检察院在检察工作中具体应用法律的问题，由最高人民检察院作出司法解释。

地方人民检察院、专门人民检察院不得制定司法解释和司法解释性质文件。

第三条 司法解释应当主要针对具体的法律条文，并符合立法的目的、原则和原意。

第四条 司法解释工作应当依法接受全国人民代表大会及其常务委员会的监督。

全国人民代表大会及其常务委员会认为司法解释违反法律规定的，最高人民检察院应当及时予以修改或者废止。

研究制定司法解释过程中，对于法律规定需要进一步明确具体含义，或者法律制定后出现新情况，需要明确适用法律依据的，最高人民检察院应当向全国人民代表大会常务委员会提出法律解释的要求或者提出制定、修改有关法律的议案。

第五条 最高人民检察院制定并发布的司法解释具有法律效力。人民检察院在起诉书、抗诉书、检察建议书等法律文书中，需要引用法律和司法解释的，应当先援引法律，后援引司法解释。

第六条 司法解释采用"解释""规则""规定""批复""决定"等形式，统一编排最高人民检察院司法解释文号。

对检察工作中如何具体应用某一法律或者对某一类案件、某一类问题如何应用法律制定的司法解释，采用"解释""规则"的形式。

对检察工作中需要制定的办案规范、意见等司法解释，采用"规定"的形式。

对省级人民检察院（包括解放军军事检察院、新疆生产建设兵团人民检察院）就检察工作中具体应用法律问题的请示制定的司法解释，采用"批复"的形式。

修改或者废止司法解释，采用"决定"的形式。

第七条 对于同时涉及检察工作和审判工作中具体应用法律的问题，最高人民检察院应当商请最高人民法院联合制定司法解释。对于最高人民法院商请最高人民检察院联合制定司法解释的，最高人民检察院应当及时研究，提出意见。

最高人民检察院与最高人民法院联合制定的司法解释需要修改、补充或者废止的，应当与最高人民法院协商。

第八条 司法解释的研究起草工作由最高人民检察院法律政策研究室和各检察厅分别负责。法律政策研究室主要负责涉及多部门业务的综合性司法解释的研究起草工作，各检察厅主要负责本部门业务范围的司法解释的研究起草工作。

司法解释的立项、审核、编号、备案、清理等工作由法律政策研究室负责。

地方人民检察院、专门人民检察院应当配合最高人民检察院法律政策研究室和各检察厅做好司法解释有关工作。

第二章 司法解释的立项

第九条 制定司法解释，应当立项。

最高人民检察院制定司法解释的立项来源包括：

（一）最高人民检察院检察委员会关于制定司法解释的决定；

（二）最高人民检察院检察长关于制定司法解释的批示；

（三）最高人民检察院法律政策研究室、各检察厅提出制定司法解释的建议；

（四）省级人民检察院向最高人民检察院提出制定司法解释的请示；

（五）全国人大代表、全国政协委员提出制定司法解释的建议或者提案；

（六）有关机关、社会团体或者其他组织以及公民提出制定司法解释的建议；

（七）最高人民检察院认为需要制定司法解释的其他情形。

省级以下人民检察院认为需要制定司法解释的，应当层报省级人民检察院，由省级人民检察院审查决定是否向最高人民检察院提出请示。

第十条　最高人民检察院检察委员会决定制定司法解释或者最高人民检察院检察长批示制定司法解释的，由最高人民检察院法律政策研究室直接立项。

其他制定司法解释的立项建议，由最高人民检察院法律政策研究室提出审查意见，报检察长决定。

第十一条　各检察厅需要制定司法解释的，应当于每年年底前提出下一年度的立项建议。

根据工作需要，临时制定司法解释的，应当及时提出立项建议。

第十二条　法律政策研究室根据立项情况，于每年年初起草本年度司法解释工作计划，报检察长决定提交检察委员会审议。

根据工作需要，经检察长或者检察委员会决定，可以对司法解释工作计划进行补充或者调整。

第十三条　司法解释应当按照年度工作计划完成。不能按照年度工作计划完成的，司法解释起草部门应当及时作出书面说明，由法律政策研究室提出是否继续立项的意见，报检察长决定。

第三章　司法解释的起草、审核

第十四条　已经立项的司法解释，起草部门应当及时开展调研起草工作，形成司法解释意见稿。

第十五条　司法解释意见稿应当报送全国人民代表大会相关专门委员会或者全国人民代表大会常务委员会相关工作机构征求意见。

司法解释意见稿应当征求有关机关以及地方人民检察院、专门人民检察院的意见；根据情况，可以征求人大代表、政协委员以及专家学者等的意见。

涉及广大人民群众切身利益的司法解释，经检察长决定，可以在报纸、互联网等媒体上公开征求意见。

第十六条　司法解释起草部门在征求意见和对司法解释意见稿进行修改完善后，认为可以提交检察委员会审议的，应当形成司法解释送审稿，撰写起草说明，附典型案例等相关材料，经分管副检察长同意，送法律政策研究室审核。

第十七条 司法解释送审稿的起草说明包括以下内容：

（一）立项来源和背景；

（二）研究起草和修改过程；

（三）司法解释送审稿的逐条说明，包括各方面意见、争议焦点、起草部门研究意见和理由；

（四）司法解释通过后进行发布和培训的工作方案。

第十八条 法律政策研究室应当对司法解释送审稿及其起草说明进行审核。认为需要进一步修改、补充、论证的，提出书面意见，退回起草部门。

认为需要征求有关机关意见的，报分管副检察长批准，以最高人民检察院或者最高人民检察院办公厅名义征求意见。

认为可以提交检察委员会审议的，形成司法解释审议稿，报检察长决定提交检察委员会审议。

第四章 检察委员会审议

第十九条 最高人民检察院发布的司法解释应当经最高人民检察院检察委员会审议通过。

检察委员会审议司法解释，由法律政策研究室汇报，起草部门说明相关问题，回答委员询问。

第二十条 对检察委员会审议通过的司法解释，法律政策研究室根据审议意见对司法解释审议稿进行修改后，报检察长签发。

第二十一条 检察委员会经审议，认为制定司法解释的条件尚不成熟的，可以决定进一步研究论证或者撤销立项。

第五章 司法解释的发布、备案

第二十二条 最高人民检察院的司法解释以最高人民检察院公告的形式，在《最高人民检察院公报》和最高人民检察院官方网站公布。

第二十三条 司法解释以最高人民检察院发布公告的日期为生效时间。司法解释另有规定的除外。

第二十四条 司法解释应当自公布之日起三十日以内报送全国人民代表大会常务委员会备案。

第六章 其他相关工作

第二十五条 最高人民检察院法律政策研究室应当对地方人民检察院和专门人民检察院执行司法解释的情况和效果进行检查评估，检查评估情况向检察长或者检察委员会报告。

第二十六条 法律制定、修改、废止后，相关司法解释与现行法律规定相矛盾的内容自动失效；最高人民检察院对相关司法解释应当及时予以修改或者废止。

第二十七条 最高人民检察院定期对司法解释进行清理，并对现行有效的司法解释进行汇编。司法解释清理参照司法解释制定程序的相关规定办理。

司法解释清理情况应当及时报送全国人民代表大会常务委员会。

第二十八条 本规定自印发之日起施行。

最高人民检察院
关于废止部分司法解释性质文件和规范性文件的决定

(2019年5月8日最高人民检察院第十三届检察委员会第十八次会议通过 2019年6月14日公布并施行 高检发释字〔2019〕3号)

为了贯彻落实《中华人民共和国监察法》《中华人民共和国刑事诉讼法》,保证国家法律统一正确实施,最高人民检察院对单独或者联合其他单位制发的司法解释性质文件和规范性文件进行了清理。现决定:

一、对最高人民检察院单独制发的22件司法解释性质文件和规范性文件予以废止(见附件1)。

二、经征得有关单位同意,对最高人民检察院与有关单位联合制发的22件司法解释性质文件和规范性文件予以废止(见附件2)。

三、为了便于工作和查询,对最高人民检察院与有关单位联合制发的文件中已经被废止的2件司法解释性质文件和规范性文件,一并予以公布(见附件3)。

附件1

决定废止的单独制发的司法解释性质文件和规范性文件目录(22件)

序号	文件名称	发文日期及文号	废止理由
1	最高人民检察院关于对"公捕"问题的意见	1983年7月12日 (83)高检一函第26号	现行《中华人民共和国刑事诉讼法》和《人民检察院刑事诉讼规则(试行)》对执行逮捕的方式已有明确规定。
2	最高人民检察院关于印发《最高人民检察院关于贪污受贿案件免予起诉工作的规定》的通知	1992年1月7日 高检发〔1992〕2号	免予起诉制度已被1996年《中华人民共和国刑事诉讼法》废止。
3	最高人民检察院关于对携款潜逃的贪污、贿赂等案犯及时立案、报告的通知	1992年6月18日 高检发贪检字〔1992〕39号	根据《中华人民共和国监察法》和2018年修改的《中华人民共和国刑事诉讼法》第十九条第二款,该文件不再适用。

续表

序号	文件名称	发文日期及文号	废止理由
4	最高人民检察院关于加强查处偷税、抗税、骗取国家出口退税犯罪案件工作的通知	1993年7月20日 高检发贪检字〔1993〕35号	全文涉及税务领域职务犯罪查处，根据现行《中华人民共和国刑事诉讼法》，人民检察院不再承担这项职能。
5	最高人民检察院关于进一步加强大案要案查处工作的通知	1993年11月4日 高检发贪检字〔1993〕57号	根据《中华人民共和国监察法》、2018年修改的《中华人民共和国刑事诉讼法》第十九条第二款以及最高人民检察院关于印发《关于人民检察院立案侦查司法工作人员相关职务犯罪案件若干问题的规定》的通知（高检发研字〔2018〕28号），该文件不再适用。
6	最高人民检察院关于印发《关于人民检察院直接受理立案侦查案件范围的规定》的通知	1998年5月11日 高检发释字〔1998〕1号	根据《中华人民共和国监察法》、2018年修改的《中华人民共和国刑事诉讼法》第十九条第二款以及最高人民检察院关于印发《关于人民检察院立案侦查司法工作人员相关职务犯罪案件若干问题的规定》的通知（高检发研字〔2018〕28号），该文件不再适用。
7	最高人民检察院关于加强预防职务犯罪工作的意见	1999年1月29日 高检发〔1999〕7号	根据《中华人民共和国监察法》和2018年修改的《中华人民共和国刑事诉讼法》第十九条第二款，该文件不再适用。
8	最高人民检察院关于印发《最高人民检察院关于检察机关反贪污贿赂工作若干问题的决定》的通知	1999年11月8日 高检发〔1999〕27号	根据《中华人民共和国监察法》和2018年修改的《中华人民共和国刑事诉讼法》第十九条第二款，该文件不再适用。

续表

序号	文件名称	发文日期及文号	废止理由
9	最高人民检察院关于印发《最高人民检察院关于进一步加强预防职务犯罪工作的决定》的通知	2000年12月13日 高检发〔2000〕24号	根据《中华人民共和国监察法》和2018年修改的《中华人民共和国刑事诉讼法》第十九条第二款,该文件不再适用。
10	最高人民检察院关于进一步加大对严重行贿犯罪打击力度的通知	2000年12月21日 高检发反贪字〔2000〕34号	根据《中华人民共和国监察法》和2018年修改的《中华人民共和国刑事诉讼法》第十九条第二款,该文件不再适用。
11	最高人民检察院关于印发《最高人民检察院关于检察机关有关内设机构预防职务犯罪工作职责分工的规定》的通知	2002年4月12日 高检发预字〔2002〕1号	根据《中华人民共和国监察法》和2018年修改的《中华人民共和国刑事诉讼法》第十九条第二款,该文件不再适用。
12	最高人民检察院关于印发《最高人民检察院考评各省、自治区、直辖市检察机关查办职务犯罪案件工作办法(试行)》的通知	2004年2月13日 高检发反贪字〔2004〕5号	根据《中华人民共和国监察法》和2018年修改的《中华人民共和国刑事诉讼法》第十九条第二款,该文件不再适用。
13	最高人民检察院关于印发《人民检察院〈关于加强行政机关与检察机关在重大责任事故调查处理中的联系和配合的暂行规定〉的实施办法》的通知	2007年11月5日 高检发渎检字〔2007〕8号	根据《中华人民共和国监察法》和2018年修改的《中华人民共和国刑事诉讼法》第十九条第二款,该文件不再适用。

一、司法解释及相关规范性文件　　127

续表

序号	文件名称	发文日期及文号	废止理由
14	最高人民检察院关于印发《关于加强查办危害土地资源渎职犯罪工作的指导意见》的通知	2008年11月6日 高检发渎检字〔2008〕12号	根据《中华人民共和国监察法》和2018年修改的《中华人民共和国刑事诉讼法》第十九条第二款，该文件不再适用。
15	最高人民检察院关于印发《关于省级以下人民检察院立案侦查的案件由上一级人民检察院审查决定逮捕的规定（试行）》的通知	2009年9月2日 高检发〔2009〕17号	根据最高人民检察院关于印发《关于人民检察院立案侦查司法工作人员相关职务犯罪案件若干问题的规定》的通知（高检发研字〔2018〕28号），该文件不再适用。
16	最高人民检察院关于印发省级以下人民检察院立案侦查的案件由上一级人民检察院审查决定逮捕法律文书工作文书的通知	2009年9月3日 高检发侦监字〔2009〕22号	根据最高人民检察院关于印发《关于人民检察院立案侦查司法工作人员相关职务犯罪案件若干问题的规定》的通知（高检发研字〔2018〕28号），该文件所依据的《关于省级以下人民检察院立案侦查的案件由上一级人民检察院审查决定逮捕的规定（试行）》不再适用。
17	最高人民检察院关于印发《人民检察院文明接待室评比标准》的通知	2010年9月9日 高检发控字〔2010〕5号	该文件已被最高人民检察院关于印发《人民检察院文明接待室评比标准》《人民检察院文明接待室评比办法》的通知（高检发控字〔2015〕3号）替代。
18	最高人民检察院关于印发《最高人民检察院关于加强和改进新形势下惩治和预防渎职侵权犯罪工作若干问题的决定》的通知	2010年9月10日 高检发〔2010〕17号	根据《中华人民共和国监察法》和2018年修改的《中华人民共和国刑事诉讼法》第十九条第二款，该文件不再适用。

序号	文件名称	发文日期及文号	废止理由
19	最高人民检察院关于印发《〈关于省级以下人民检察院立案侦查的案件由上一级人民检察院审查决定逮捕的规定（试行）〉的补充规定》的通知	2011年6月2日 高检发办字〔2011〕24号	根据最高人民检察院关于印发《关于人民检察院立案侦查司法工作人员相关职务犯罪案件若干问题的规定》的通知（高检发研字〔2018〕28号），该文件不再适用。
20	最高人民检察院关于印发《最高人民检察院关于实行惩治和预防职务犯罪年度报告制度的意见》的通知	2011年12月1日 高检发预字〔2011〕3号	根据《中华人民共和国监察法》和2018年修改的《中华人民共和国刑事诉讼法》第十九条第二款，该文件不再适用。
21	最高人民检察院关于印发《最高人民检察院关于行贿犯罪档案查询工作的规定》的通知	2013年2月6日 高检发预字〔2013〕2号	根据《中华人民共和国监察法》和2018年修改的《中华人民共和国刑事诉讼法》第十九条第二款，该文件不再适用。
22	最高人民检察院关于印发《最高人民检察院关于加强职务犯罪侦查预防能力建设的意见》的通知	2016年7月29日 高检发反贪字〔2016〕289号	根据《中华人民共和国监察法》和2018年修改的《中华人民共和国刑事诉讼法》第十九条第二款，该文件不再适用。

附件 2

决定废止的与有关单位联合制发的司法解释性质文件和规范性文件目录（22 件）

序号	文件名称	发文日期及文号	废止理由
1	最高人民检察院、国家工商行政管理总局关于加强联系与配合，在工商行政管理系统共同开展预防职务犯罪工作的通知	2001 年 4 月 11 日 高检会〔2001〕2 号	根据《中华人民共和国监察法》和 2018 年修改的《中华人民共和国刑事诉讼法》第十九条第二款，该文件不再适用。
2	最高人民检察院、海关总署关于在海关系统共同开展预防职务犯罪工作中加强联系配合的通知	2001 年 4 月 26 日 高检会〔2001〕4 号	根据《中华人民共和国监察法》和 2018 年修改的《中华人民共和国刑事诉讼法》第十九条第二款，该文件不再适用。
3	最高人民检察院、国家税务总局关于在税务系统中共同做好预防职务犯罪工作的通知	2001 年 4 月 30 日 高检会〔2001〕5 号	根据《中华人民共和国监察法》和 2018 年修改的《中华人民共和国刑事诉讼法》第十九条第二款，该文件不再适用。
4	最高人民检察院、中共中央企业工作委员会、国家经济贸易委员会关于共同做好国有企业中贪污贿赂犯罪预防工作的通知	2001 年 7 月 18 日 高检会〔2001〕7 号	根据《中华人民共和国监察法》和 2018 年修改的《中华人民共和国刑事诉讼法》第十九条第二款，该文件不再适用。
5	最高人民检察院、中央金融工委、中国人民银行、中国证券监督管理委员会、中国保险监督管理委员会关于在金融系统共同开展预防职务犯罪工作的通知	2001 年 8 月 1 日 高检会〔2001〕6 号	根据《中华人民共和国监察法》和 2018 年修改的《中华人民共和国刑事诉讼法》第十九条第二款，该文件不再适用。

续表

序号	文件名称	发文日期及文号	废止理由
6	最高人民检察院、卫生部、国家药品监督管理局、国家中医药管理局关于在医药卫生领域职务犯罪系统预防工作中加强联系配合的通知	2001年8月2日 高检会〔2001〕9号	根据《中华人民共和国监察法》和2018年修改的《中华人民共和国刑事诉讼法》第十九条第二款，该文件不再适用。
7	最高人民检察院、国家发展计划委员会、建设部、交通部、水利部关于在工程建设领域共同开展预防职务犯罪工作中加强联系配合的通知	2001年10月18日 高检会〔2001〕8号	根据《中华人民共和国监察法》和2018年修改的《中华人民共和国刑事诉讼法》第十九条第二款，该文件不再适用。
8	最高人民检察院、审计署关于进一步加强检察机关与审计机关在反腐败工作中协作配合的通知	2004年11月19日 高检会〔2004〕5号	根据《中华人民共和国监察法》和2018年修改的《中华人民共和国刑事诉讼法》第十九条第二款，该文件不再适用。
9	最高人民检察院、国家税务总局关于印发《关于加强检察机关税务机关在开展集中查办破坏社会主义市场经济秩序渎职犯罪专项工作中协作配合的联席会议纪要》的通知	2005年12月30日 高检会〔2005〕5号	根据《中华人民共和国监察法》和2018年修改的《中华人民共和国刑事诉讼法》第十九条第二款，该文件不再适用。

续表

序号	文件名称	发文日期及文号	废止理由
10	最高人民检察院、中国银行业监督管理委员会关于在查处贪污贿赂等职务犯罪案件中加强协调配合的通知	2006年11月2日 高检会〔2006〕14号	根据《中华人民共和国监察法》和2018年修改的《中华人民共和国刑事诉讼法》第十九条第二款,该文件不再适用。
11	最高人民检察院、建设部关于在查处贪污贿赂等职务犯罪案件中加强协作配合的通知	2006年12月21日 高检会〔2006〕15号	根据《中华人民共和国监察法》和2018年修改的《中华人民共和国刑事诉讼法》第十九条第二款,该文件不再适用。
12	最高人民检察院、审计署关于加强铁路检察机关与审计机关工作协作配合、健全案件移送制度的通知	2007年8月31日 高检会〔2007〕2号	根据《中华人民共和国监察法》和2018年修改的《中华人民共和国刑事诉讼法》第十九条第二款,该文件不再适用。
13	最高人民检察院、国家质量监督检验检疫总局关于印发《最高人民检察院、国家质量监督检验检疫总局关于在查处和预防渎职等职务犯罪工作中加强联系协作的若干意见(暂行)》的通知	2007年10月12日 高检会〔2007〕6号	根据《中华人民共和国监察法》和2018年修改的《中华人民共和国刑事诉讼法》第十九条第二款,该文件不再适用。
14	最高人民检察院、国土资源部关于印发《关于人民检察院与国土资源行政主管部门在查处和预防渎职等职务犯罪工作中协作配合的若干规定(暂行)》的通知	2007年10月10日 高检会〔2007〕7号	根据《中华人民共和国监察法》和2018年修改的《中华人民共和国刑事诉讼法》第十九条第二款,该文件不再适用。

续表

序号	文件名称	发文日期及文号	废止理由
15	最高人民检察院、国家林业局关于印发《关于人民检察院与林业主管部门在查处和预防渎职等职务犯罪工作中加强联系和协作的意见》的通知	2007年12月29日 高检会〔2007〕11号	根据《中华人民共和国监察法》和2018年修改的《中华人民共和国刑事诉讼法》第十九条第二款,该文件不再适用。
16	最高人民检察院、住房和城乡建设部关于建立案件线索移送和加强协作配合制度的通知	2008年12月16日 高检会〔2008〕6号	根据《中华人民共和国监察法》和2018年修改的《中华人民共和国刑事诉讼法》第十九条第二款,该文件不再适用。
17	最高人民检察院、中央农村工作领导小组办公室、国家发展和改革委员会、教育部、民政部、财政部、人力资源和社会保障部、国土资源部、水利部、农业部、卫生部、审计署、国家林业局、国务院扶贫开发领导小组办公室关于在查办和预防涉农惠民领域职务犯罪工作中加强协作配合的通知	2012年6月1日 高检会〔2012〕4号	根据《中华人民共和国监察法》和2018年修改的《中华人民共和国刑事诉讼法》第十九条第二款,该文件不再适用。
18	最高人民检察院、民政部关于印发《关于在民政系统预防职务犯罪工作中加强联系配合的意见》的通知	2012年12月12日 高检会〔2012〕5号	根据《中华人民共和国监察法》和2018年修改的《中华人民共和国刑事诉讼法》第十九条第二款,该文件不再适用。

续表

序号	文件名称	发文日期及文号	废止理由
19	最高人民检察院、国家发展和改革委员会关于在招标投标活动中全面开展行贿犯罪档案查询的通知	2015年5月8日 高检会〔2015〕3号	根据《中华人民共和国监察法》和2018年修改的《中华人民共和国刑事诉讼法》第十九条第二款，该文件不再适用。
20	最高人民检察院、住房和城乡建设部、交通运输部、水利部关于在工程建设领域开展行贿犯罪档案查询工作的通知	2015年5月22日 高检会〔2015〕5号	根据《中华人民共和国监察法》和2018年修改的《中华人民共和国刑事诉讼法》第十九条第二款，该文件不再适用。
21	最高人民检察院、国务院扶贫办关于在扶贫开发领域预防职务犯罪工作中加强联系配合的意见	2015年9月20日 高检会〔2015〕8号	根据《中华人民共和国监察法》和2018年修改的《中华人民共和国刑事诉讼法》第十九条第二款，该文件不再适用。
22	最高人民检察院、国务院扶贫办关于印发《全国检察机关、扶贫部门集中整治和加强预防扶贫领域职务犯罪专项工作方案》的通知	2016年2月19日 高检会〔2016〕2号	该文件系阶段性工作部署，根据《中华人民共和国监察法》和2018年修改的《中华人民共和国刑事诉讼法》第十九条第二款，该文件不再适用。

附件3

已被废止的与有关单位联合制发的司法解释性质文件和规范性文件目录（2件）

序号	文件名称	发文日期及文号	废止理由
1	最高人民检察院、审计署关于进一步加强检察机关和审计机关工作联系的通知	1990年8月7日 审法发〔1990〕228号	该文件已被《审计署办公厅关于废止审计机关与检察机关协作配合联系制度文件的通知》（审办审理发〔2019〕6号）废止。
2	最高人民检察院、审计署关于建立案件移送和加强工作协作配合制度的通知	2000年3月23日 审法发〔2000〕30号	该文件已被《审计署办公厅关于废止审计机关与检察机关协作配合联系制度文件的通知》（审办审理发〔2019〕6号）废止

民政部、最高人民法院、最高人民检察院、发展改革委、教育部、公安部、司法部、财政部、医疗保障局、共青团中央、全国妇联、中国残联关于进一步加强事实无人抚养儿童保障工作的意见

(2019年6月18日公布并施行 民发〔2019〕62号)

各省、自治区、直辖市民政厅(局)、高级人民法院、人民检察院、发展改革委、教育厅(教委)、公安厅(局)、司法厅(局)、财政厅(局)、医保局、团委、妇联、残联,新疆生产建设兵团民政局、新疆维吾尔自治区高级人民法院生产建设兵团分院、新疆生产建设兵团人民检察院、发展改革委、教育局、公安局、司法局、财政局、医疗保障局、团委、妇联、残联:

为深入学习贯彻习近平新时代中国特色社会主义思想,全面贯彻党的十九大和十九届二中、三中全会精神,认真落实习近平总书记关于民政工作的重要指示精神,坚持以人民为中心的发展思想,聚焦脱贫攻坚,聚焦特殊群体,聚焦群众关切,推动落实《国务院关于加强困境儿童保障工作的意见》(国发〔2016〕36号)要求,进一步加强事实无人抚养儿童保障工作,提出如下意见:

一、明确保障对象

事实无人抚养儿童是指父母双方均符合重残、重病、服刑在押、强制隔离戒毒、被执行其他限制人身自由的措施、失联情形之一的儿童;或者父母一方死亡或失踪,另一方符合重残、重病、服刑在押、强制隔离戒毒、被执行其他限制人身自由的措施、失联情形之一的儿童。

以上重残是指一级二级残疾或三级四级精神、智力残疾;重病由各地根据当地大病、地方病等实际情况确定;失联是指失去联系且未履行监护抚养责任6个月以上;服刑在押、强制隔离戒毒或被执行其他限制人身自由的措施是指期限在6个月以上;死亡是指自然死亡或人民法院宣告死亡,失踪是指人民法院宣告失踪。

二、规范认定流程

(一)申请。事实无人抚养儿童监护人或受监护人委托的近亲属填写《事

实无人抚养儿童基本生活补贴申请表》（见附件），向儿童户籍所在地乡镇人民政府（街道办事处）提出申请。情况特殊的，可由儿童所在村（居）民委员会提出申请。

（二）查验。乡镇人民政府（街道办事处）受理申请后，应当对事实无人抚养儿童父母重残、重病、服刑在押、强制隔离戒毒、被执行其他限制人身自由的措施、失联以及死亡、失踪等情况进行查验。查验一般采取部门信息比对的方式进行。因档案管理、数据缺失等原因不能通过部门信息比对核实的，可以请事实无人抚养儿童本人或其监护人、亲属协助提供必要补充材料。乡镇人民政府（街道办事处）应当在自收到申请之日起15个工作日内作出查验结论。对符合条件的，连同申报材料一并报县级民政部门。对有异议的，可根据工作需要采取入户调查、邻里访问、信函索证、群众评议等方式再次进行核实。为保护儿童隐私，不宜设置公示环节。

（三）确认。县级民政部门应当在自收到申报材料及查验结论之日起15个工作日内作出确认。符合条件的，从确认的次月起纳入保障范围，同时将有关信息录入"全国儿童福利信息管理系统"。不符合保障条件的，应当书面说明理由。

（四）终止。规定保障情形发生变化的，事实无人抚养儿童监护人或受委托的亲属、村（居）民委员会应当及时告知乡镇人民政府（街道办事处）。乡镇人民政府（街道办事处）、县级民政部门要加强动态管理，对不再符合规定保障情形的，应当及时终止其保障资格。

三、突出保障重点

（一）强化基本生活保障。各地对事实无人抚养儿童发放基本生活补贴，应当根据本地区经济社会发展水平以及儿童关爱保护工作需要，按照与当地孤儿保障标准相衔接的原则确定补贴标准，参照孤儿基本生活费发放办法确定发放方式。中央财政比照孤儿基本生活保障资金测算方法，通过困难群众救助补助经费渠道对生活困难家庭中的和纳入特困人员救助供养范围的事实无人抚养儿童给予适当补助。生活困难家庭是指建档立卡贫困户家庭、城乡最低生活保障家庭。已获得最低生活保障金、特困人员救助供养金或者困难残疾人生活补贴且未达到事实无人抚养儿童基本生活保障补贴标准的进行补差发放，其他事实无人抚养儿童按照补贴标准全额发放。已全额领取事实无人抚养儿童补贴的儿童家庭申请最低生活保障或特困救助供养的，事实无人抚养儿童基本生活补贴不计入家庭收入，在享受低保或特困救助供养待遇之后根据人均救助水平进行重新计算，补差发放。已全额领取事实无人抚养儿童补贴的残疾儿童不享受困难残疾人生活补贴。

（二）加强医疗康复保障。对符合条件的事实无人抚养儿童按规定实施医疗救助，分类落实资助参保政策。重点加大对生活困难家庭的重病、重残儿童救助力度。加强城乡居民基本医疗保险、大病保险、医疗救助有效衔接，实施综合保障，梯次减轻费用负担。符合条件的事实无人抚养儿童可同时享受重度残疾人护理补贴及康复救助等相关政策。

（三）完善教育资助救助。将事实无人抚养儿童参照孤儿纳入教育资助范围，享受相应的政策待遇。优先纳入国家资助政策体系和教育帮扶体系，落实助学金、减免学费政策。对于残疾事实无人抚养儿童，通过特殊教育学校就读、普通学校就读、儿童福利机构特教班就读、送教上门等多种方式，做好教育安置。将义务教育阶段的事实无人抚养儿童列为享受免住宿费的优先对象，对就读高中阶段（含普通高中及中职学校）的事实无人抚养儿童，根据家庭困难情况开展结对帮扶和慈善救助。完善义务教育控辍保学工作机制，依法完成义务教育。事实无人抚养儿童成年后仍在校就读的，按国家有关规定享受相应政策。

（四）督促落实监护责任。人民法院、人民检察院和公安机关等部门应当依法打击故意或者恶意不履行监护职责等各类侵害儿童权益的违法犯罪行为，根据情节轻重依法追究其法律责任。对符合《最高人民法院、最高人民检察院、公安部、民政部关于依法处理监护人侵害未成年人权益行为若干问题的意见》（法发〔2014〕24号）规定情形的，应当依法撤销监护人监护资格。对有能力履行抚养义务而拒不抚养的父母，民政部门可依法追索抚养费，因此起诉到人民法院的，人民法院应当支持。民政部门应当加强送养工作指导，创建信息对接渠道，在充分尊重被送养儿童和送养人意愿的前提下，鼓励支持有收养意愿的国内家庭依法收养。加大流浪儿童救助保护力度，及时帮助儿童寻亲返家，教育、督促其父母及其他监护人履行抚养义务，并将其纳入重点关爱对象，当地未成年人救助保护机构每季度应当至少组织一次回访，防止其再次外出流浪。

（五）优化关爱服务机制。完善法律援助机制，加强对权益受到侵害的事实无人抚养儿童的法律援助工作。维护残疾儿童权益，大力推进残疾事实无人抚养儿童康复、教育服务，提高保障水平和服务能力。充分发挥儿童福利机构、未成年人救助保护机构、康复和特教服务机构等服务平台作用，提供政策咨询、康复、特教、养护和临时照料等关爱服务支持。加强家庭探访，协助提供监护指导、返校复学、落实户籍等关爱服务。加强精神关爱，通过政府购买服务等方式，发挥共青团、妇联等群团组织的社会动员优势，引入专业社会组织和青少年事务社工，提供心理咨询、心理疏导、情感抚慰等专业服务，培养健康心理和健全人格。

四、强化保障措施

（一）加强组织领导。各地要充分认识推进事实无人抚养儿童保障工作的重大意义，将其作为保障和改善民生的重要任务，及时研究解决事实无人抚养儿童保障工作中存在的实际困难和问题。抓紧制定政策措施，切实贯彻与当地孤儿保障标准相衔接的原则要求，加强与相关社会福利、社会救助、社会保险等制度有效衔接，做到应保尽保、不漏一人。落实工作责任，明确职责分工，细化业务流程，健全跟踪调研和督促落实机制，确保事实无人抚养儿童保障工作顺利推进。

（二）加强部门协作。民政部门应当履行主管部门职责，做好资格确认、生活补贴发放、综合协调和监督管理等工作。对认定过程中处境危急的儿童，应当实施临时救助和监护照料。人民法院应当对申请宣告儿童父母失踪、死亡及撤销父母监护权等案件设立绿色通道，及时将法律文书抄送儿童户籍地县级民政部门、乡镇人民政府（街道办事处），实现信息实时共享。人民检察院应当对涉及儿童权益的民事诉讼活动进行监督，必要时可以支持起诉维护合法权益，对有关部门不履行相关职责的应当提出依法履职的检察建议。公安部门应当加大对失联父母的查寻力度，对登记受理超过 6 个月仍下落不明的，通过信息共享、书面函复等途径，向民政部门或相关当事人提供信息查询服务。财政部门应当加强资金保障，支持做好事实无人抚养儿童保障等相关工作。共青团应当充分动员青年社会组织和青少年事务社工，指导少先队组织，依托基层青少年服务阵地，配合提供各类关爱和志愿服务。妇联组织应当发挥村（居）妇联主席和妇联执委作用，提供家庭教育指导、关爱帮扶及权益维护等服务。公安、司法、刑罚执行机关在办案中发现涉案人员子女或者涉案儿童属于或者可能属于事实无人抚养儿童的，应当及时通报其所在地民政部门或乡镇人民政府（街道办事处）。民政、公安、司法、医疗保障、残联等部门和组织应当加强工作衔接和信息共享，为开展查验工作提供支持，切实让数据多跑路、让群众少跑腿。

（三）加强监督管理。健全信用评价和失信行为联合惩戒机制，将存在恶意弃养情形或者采取虚报、隐瞒、伪造等手段骗取保障资金、物资或服务的父母及其他监护人失信行为记入信用记录，纳入全国信用信息共享平台，实施失信联合惩戒。对于监护人有能力支配保障金的，补贴发放至其监护人，并由监护人管理和使用；监护人没有能力支配的，补贴发放至儿童实际抚养人或抚养机构，并明确其对儿童的抚养义务。财政、民政部门要加强资金使用管理，提高财政资金绩效，防止发生挤占、挪用、冒领、套取等违法违规现象，对存在违法违规行为的,要按照相关规定进行处理。

(四)加强政策宣传。充分利用报纸、电台、电视、网络等新闻媒体,大力开展事实无人抚养儿童保障政策宣传,使社会各界广泛了解党和政府的爱民之心、惠民之举,帮助事实无人抚养儿童及其监护人准确知晓保障对象范围、补助标准和申请程序。动员引导社会力量关心、支持事实无人抚养儿童帮扶救助工作,为儿童及其家庭提供多样化、个性化服务,营造良好氛围。

各省、自治区、直辖市可根据本意见精神,在2019年10月底之前制定完善本地事实无人抚养儿童保障政策,民政部将会同财政部等相关部门督促各地做好贯彻落实工作。

民政部

最高人民法院

最高人民检察院

发展改革委

教育部

公安部

司法部

财政部

医疗保障局

共青团中央

全国妇联

中国残联

2019年6月18日

事实无人抚养儿童基本生活补贴申请表

编号：

姓　名		性　别		近期免冠照片
出生日期		民　族		
户籍状况		户籍所在地		
申请日期		身份证号		
儿童现住址				

	关系	姓名	身份证号码	现状况	联系电话
儿童父母情况	父亲			□死亡□失踪□重病□重残□失联□服刑在押□强制隔离戒毒□被执行其他限制人身自由的措施□其他。	
	母亲			□死亡□失踪□重病□重残□失联□服刑在押□强制隔离戒毒□被执行其他限制人身自由的措施□其他。	

儿童身体状况	□健康　　□视力残疾 □听力残疾　□言语残疾 □智力残疾 □肢体残疾 □精神残疾 □多重残疾 □重病　　□其他：
儿童工学情况	□学龄前 □小学 □初中 □高中或职业高中 □技校 □中专 □大专　 □失学　□特教 □无就学能力　 □待业 □就业　 □其他：

履行监护责任人员情况	姓名	性别	关系	身份证号码	工作单位或家庭住址	联系电话

其他主要社会关系	姓名	性别	关系	身份证号码	工作单位或家庭住址	联系电话

续表

基本生活补贴发放情况					
领取方式	□现金领取 □银行转账		起领年月	保障金额	
开户人		领取人		领取人与儿童关系	
开户银行			银行账号		
其他救助情况	
诚信承诺情况	（我保证以上所有信息真实、准确、有效，如有不实，自愿退还已领取的所有生活费并承担失信后果）　　　　　　　　　（签名）
乡镇人民政府（街道办事处）查验意见	经查验，　　　　符合事实无人抚养儿童保障条件，建议予以确认。 经办人：　　查验人：　　负责人：　　　（单位盖章） 查验日期：　　　年　　月　　日
县级民政部门确认意见	经复核，　　　　符合事实无人抚养儿童保障条件，予以确认， 从　　　年　　　月起发放基本生活费补贴。 经办人：　　复核人：　　确认人：　　　（单位盖章） 确认日期：　　　年　　月　　日

备注：此表一式三份，分别由儿童监护人、乡镇人民政府、县级民政部门各存一份。

教育部、最高人民法院、最高人民检察院、公安部、司法部关于完善安全事故处理机制维护学校教育教学秩序的意见

(2019年6月25日公布并施行　教政法〔2019〕11号)

各省、自治区、直辖市教育厅(教委)、高级人民法院、人民检察院、公安厅(局)、司法厅(局),新疆生产建设兵团教育局、新疆维吾尔自治区高级人民法院生产建设兵团分院、新疆生产建设兵团人民检察院、公安局、司法局:

　　为贯彻落实全国教育大会精神,完善学校安全事故预防与处理机制,形成依法依规、客观公正、多元参与、部门协作的工作格局,为学校(含幼儿园)办学安全托底,解决学校后顾之忧,维护老师和学校应有的尊严,保护学生生命安全,根据教育法、治安管理处罚法、刑法等法律法规和《国务院办公厅关于加强中小学幼儿园安全风险防控体系建设的意见》等有关规定,现提出如下意见。

一、健全学校安全事故预防与处置机制

　　1. 着重加强学校安全事故预防。各级教育部门要依法加强对学校安全工作的督导、检查,会同、配合有关部门加强对学校校舍、场地、消防、食品安全和传染病防控等事项的监管,指导学校完善安全风险防控体系,完善学校安全管理组织机构和责任体系,健全问责机制。各级各类学校要树立预防为先的理念,落实安全标准,健全安全管理制度,完善安全风险排查和防范机制,压实安全责任,加强学生的安全教育、法治教育、生命教育和心理健康教育,建立并严格执行学校教职工聘用资质检查制度,从源头上预防和消除安全风险,杜绝责任事故。健全学校安全隐患投诉机制,对学生、家长和相关方面就学校安全存在问题的投诉、提出的意见建议,及时办理回复。

　　2. 规范学校安全事故处置程序。各级教育部门要指导、监督学校健全安全事故处置机制,制定处置预案、明确牵头部门、规范处置程序,完善报告制度,提高工作规范化、科学化、专业化水平。安全事故发生后,学校应当立即启动预案,及时开展救助。发生重大事故,要建立由学校主要负责人牵头的处置机制,必要时由当地人民政府或者学校主管部门、其他相关部门牵头处理。

学校应当建立便捷的沟通渠道，及时通知受伤害者监护人或者近亲属，告知事故纠纷处理的途径、程序和相关规定，主动协调，积极引导以法治方式处置纠纷。学校要关心受伤害者，保障受伤害者及其监护人、近亲属的知情权和依法合理表达诉求的权利。

3. 健全学校安全事故处理的法律服务机制。司法行政机关应当组织法律援助机构依法为符合条件的学校安全事故受伤害者提供法律援助，指导律师事务所、公证机构等为当事人提供法律服务，指导律师做好代理服务工作，引导当事人依法、理性表达意见，合理提出诉求。有条件的地方可以设立学生权益法律保护中心，以政府购买服务等方式，聘请法律专业服务机构或人员，为学生提供法律服务。纠纷处理过程中，需要鉴定以明确责任的，由双方共同委托或者经当事人申请，由主持调解的机构、组织委托司法鉴定机构进行鉴定。

4. 形成多元化的学校安全事故损害赔偿机制。学校或者学校举办者应按规定投保校方责任险，有条件的可以购买校方无过失责任险和食品安全、校外实习、体育运动伤害等领域的责任保险。要通过财政补贴、家长分担等多种渠道筹措经费，推动设立学校安全综合险，加大保障力度。要增强师生和家长的保险意识，引导家长为学生购买人身保险，有条件的地方可以予以补贴。学校可以引导、利用社会捐赠资金等设置安全风险基金或者学生救助基金，健全救助机制。鼓励有条件的地方建立学校安全赔偿准备基金，或者开展互助计划，健全学校安全事故赔偿机制。

二、依法处理学校安全事故纠纷

5. 健全学校安全事故纠纷协商机制。学校安全事故责任明确、各方无重大分歧或异议的，可以协商解决。协商解决纠纷应当坚持自愿、合法、平等的原则，尊重客观事实、注重人文关怀，文明、理性表达意见和诉求。学校应当指定、委托协商代表，或者由法治副校长、学校法律顾问等专业人员主持或参与协商。协商一般应在配置录音、录像、安保等条件的场所进行。受伤害者亲属人数较多的，应当推举代表进行协商，代表人数一般不超过5人并相对固定。双方经协商达成一致的，应当签署书面协议。推动学校建立专业化的安全事故处理委员会，统筹学校安全事故预防与处置。

6. 建立学校安全事故纠纷调解制度。教育部门应当会同司法行政机关推进学校安全事故纠纷调解组织建设，聘任人大代表、政协委员、法治副校长、教育和法律工作者等具备相应专业知识或能力的人员参与调解。建立由教育、法律、医疗、保险、心理、社会工作等方面专业人员组成的专家咨询库，为调解工作提供支持和服务。市县两级行政区域内可根据需要设立学校安全事故人民调解委员会，对学校难于自行协商或者协商不成的安全事故纠纷实现能调尽调。司法行政机关应当会同教育部门、人民法院加强对学校安全事故人民调解委员会的指导,帮助完善受理、调解、回访、反馈等各项工作制度,加强人民调解员队伍建设和业务培训,确保调解依法、规范、公正、有效进行。地方教育部门根据需要可以直接组织行政调解。区域内的高等学校可以加强合作,联合建立事故纠纷调处机制。

7. 依法裁判学校安全事故侵权责任。人民法院对起诉的学校安全事故侵权赔偿案件应当及时立案受理,积极开展诉讼调解,对调解不成的,要按照《中华人民共和国侵权责任法》和相关法律法规,参照《学生伤害事故处理办法》等规章,明确划分责任,及时依法判决;对学校已经依法履行教育、管理职责,行为无过错的,应当依法裁判学校不承担责任。诉讼调解、裁判过程中,要切实保护双方权利,杜绝片面加重学校赔偿责任的情形。最高人民法院通过发布指导性案例等方式,加强审判指导。人民法院在诉讼过程中应当加强法律宣传教育,并做好判后释疑工作。

8. 杜绝不顾法律原则的"花钱买平安"。学校安全事故纠纷处理过程中,要坚守法律底线,根据事故客观事实和法律法规规定,明确各方责任。责任认定前,学校不得赔钱息事。经认定,学校确有责任的,要积极主动、按标准依法确定赔偿金额,给予损害赔偿,不得推诿塞责、拖延不办。学校负责人或者直接管理者有责任的,学校主管部门应当依法依规及时处理、严肃问责。学校无责任的,要澄清事实、及时说明。任何组织和个人不得非法干涉纠纷处理。坚决避免超越法定责任边界,片面加重学校负担、"花钱买平安",坚决杜绝"大闹大赔""小闹小赔"。原则上,公办中小学、幼儿园人身伤害事故纠纷涉及赔偿金额请求较大的,应当积极引导当事人通过人民调解等方式解决。各地可以根据实际,规定公办中小学校、幼儿园协商赔偿的限额。

三、及时处置、依法打击"校闹"行为

9. 及时制止"校闹"行为。学校安全事故处置过程中,如发生家属及其他校外人员实施围堵学校、在校园内非法聚集、聚众闹事等扰乱学校教育教学和管理秩序,侵犯学校和师生合法权益等"校闹"行为的,学校应当立即向所在地公安机关报案,提供当事方人数、具体行为、有无人员受伤等现场情况,并保护好现场,配合公安机关做好调查取证等工作。公安机关到达前,学校保卫部门可依法采取必要的措施,阻止相关人员进入教育教学区域,防止其干扰教育教学活动。公安机关接到报案后应当立即组织警力赶赴现场,维持现场秩序,控制事态,协助有关部门进行疏导劝阻,防止事态扩大。对现场发生的违法犯罪行为,要坚决果断制止,对涉嫌违法犯罪人员依法查处。

10. 依法惩处"校闹"人员。实施下列"校闹"行为,构成违反治安管

理行为的，公安机关应当依照治安管理处罚法相关规定予以处罚：（1）殴打他人、故意伤害他人或者故意损毁公私财物的；（2）侵占、毁损学校房屋、设施设备的；（3）在学校设置障碍、贴报喷字、拉挂横幅、燃放鞭炮、播放哀乐、摆放花圈、泼洒污物、断水断电、堵塞大门、围堵办公场所和道路的；（4）在学校等公共场所停放尸体的；（5）以不准离开工作场所等方式非法限制学校教职工、学生人身自由的；（6）跟踪、纠缠学校相关负责人，侮辱、恐吓教职工、学生的；（7）携带易燃易爆危险物品和管制器具进入学校的；（8）其他扰乱学校教育教学秩序或侵害他人人身财产权益的行为。"校闹"行为造成学校、教职工、学生财产损失或人身伤害，被侵权人依法追究"校闹"人员侵权责任的，应当予以支持。同时，可以通过联合惩戒机制，对实施"校闹"、聚众扰乱社会秩序的人员实施惩戒。

11. 严厉打击涉及"校闹"的犯罪行为。实施"校闹"行为涉嫌构成寻衅滋事罪、聚众扰乱社会秩序罪、故意毁坏财物罪、非法拘禁罪、故意伤害罪和聚众扰乱公共场所秩序、交通秩序罪等，需要追究刑事责任的，公安机关要依法及时立案侦查，全面客观地收集、调取证据，确保侦查质量。人民检察院应当及时依法批捕、起诉。人民法院应当加快审理进度，在全面查明案件事实的基础上依法准确定罪量刑。对故意扩大事态，教唆他人实施针对学校和教职工、学生的违法犯罪行为，或者以受他人委托处理纠纷为名实施敲诈勒索、寻衅滋事等行为的，依法从严惩处。

师生、家长或者校外人员因其他原因在校内非法聚集、游行或者实施其他影响学校正常教育教学秩序行为的，参照上述规定予以处置。

四、建立多部门协调配合工作机制

12. 加强学校及周边安全风险防控。各地要加强校园周边综合治理，在城镇幼儿园、中小学周边全面实行学生安全区域制度。教育部门应当会同公安机关指导学校建立健全突发事件预警应对机制和警校联动联防联控机制，提高应对突发事件的现场处置能力。公安机关要加强校园及周边警务室建设，加强校园周边巡逻防控，及时受理报警求助。

13. 有效应对涉及学校安全事故纠纷的舆情。学校要做好安全事故的信息发布工作，按照规定主动、适时公布或者通报事故信息；在处置预案中明确接待媒体、应对舆情的部门和人员，增强舆情应对的意识和能力。对恶意炒作、报道严重失实的，学校要及时发声、澄清事实。对有较大影响的安全事故事件，属地教育部门应在党委、政府统一领导下，会同相关部门做好舆情引导工作。对于虚假报道引起社会不良影响的，学校应当向有关部门反映或提起诉讼，追究其侵权责任。

14. 营造依法解决学校安全事故纠纷的社会氛围。推动学校安全法律制度建设，鼓励各地制定或修改、完善学校安全方面的地方性法规。司法行政机关要协调指导有关部门加强法治宣传教育，增强社会公众的法治意识，培养尊法学法守法用法的社会氛围，推动形成依法理性解决学校安全事故纠纷的共识。要通过家长学校、家长委员会等多种方式拓宽学生父母或其他监护人参与学校管理和监督的渠道，加强对学生父母或其他监护人的法治宣传，形成和谐家校关系。学校要切实树立依法治校、依法办学理念，通过法治思维和法治方式化解矛盾纠纷，不得为防止发生安全事故而限制或取消正常的课间活动、体育活动和其他社会实践活动。

15. 建立学校安全工作部门协调机制。各地、各有关部门要深刻认识保障学校安全的重要意义，加强组织领导与协调配合，形成工作合力。地方教育部门应当积极协调相关部门建立联席会议等工作制度，定期互通信息，及时研究解决问题，共同维护学校安全，切实为学校办学安全托底，解除学校后顾之忧，保障学校安心办学、静心育人。

各地可以结合实际，制定贯彻实施本意见的具体办法。

教育部
最高人民法院
最高人民检察院
公安部
司法部
2019 年 6 月 25 日

最高人民法院、最高人民检察院关于办理利用未公开信息交易刑事案件适用法律若干问题的解释

(2018年9月10日最高人民法院审判委员会第1748次会议、2018年11月30日最高人民检察院第十三届检察委员会第十次会议通过 2019年6月27日公布 2019年7月1日施行 法释〔2019〕10号)

为依法惩治证券、期货犯罪,维护证券、期货市场管理秩序,促进证券、期货市场稳定健康发展,保护投资者合法权益,根据《中华人民共和国刑法》《中华人民共和国刑事诉讼法》的规定,现就办理利用未公开信息交易刑事案件适用法律的若干问题解释如下:

第一条 刑法第一百八十条第四款规定的"内幕信息以外的其他未公开的信息",包括下列信息:

(一)证券、期货的投资决策、交易执行信息;

(二)证券持仓数量及变化、资金数量及变化、交易动向信息;

(三)其他可能影响证券、期货交易活动的信息。

第二条 内幕信息以外的其他未公开的信息难以认定的,司法机关可以在有关行政主(监)管部门的认定意见的基础上,根据案件事实和法律规定作出认定。

第三条 刑法第一百八十条第四款规定的"违反规定",是指违反法律、行政法规、部门规章、全国性行业规范有关证券、期货未公开信息保护的规定,以及行为人所在的金融机构有关信息保密、禁止交易、禁止利益输送等规定。

第四条 刑法第一百八十条第四款规定的行为人"明示、暗示他人从事相关交易活动",应当综合以下方面进行认定:

(一)行为人具有获取未公开信息的职务便利;

(二)行为人获取未公开信息的初始时间与他人从事相关交易活动的初始时间具有关联性;

(三)行为人与他人之间具有亲友关系、利益关联、交易终端关联等关联

关系；

（四）他人从事相关交易的证券、期货品种、交易时间与未公开信息所涉证券、期货品种、交易时间等方面基本一致；

（五）他人从事的相关交易活动明显不具有符合交易习惯、专业判断等正当理由；

（六）行为人对明示、暗示他人从事相关交易活动没有合理解释。

第五条 利用未公开信息交易，具有下列情形之一的，应当认定为刑法第一百八十条第四款规定的"情节严重"：

（一）违法所得数额在一百万元以上的；

（二）二年内三次以上利用未公开信息交易的；

（三）明示、暗示三人以上从事相关交易活动的。

第六条 利用未公开信息交易，违法所得数额在五十万元以上，或者证券交易成交额在五百万元以上，或者期货交易占用保证金数额在一百万元以上，具有下列情形之一的，应当认定为刑法第一百八十条第四款规定的"情节严重"：

（一）以出售或者变相出售未公开信息等方式，明示、暗示他人从事相关交易活动的；

（二）因证券、期货犯罪行为受过刑事追究的；

（三）二年内因证券、期货违法行为受过行政处罚的；

（四）造成恶劣社会影响或者其他严重后果的。

第七条 刑法第一百八十条第四款规定的"依照第一款的规定处罚"，包括该条第一款关于"情节特别严重"的规定。

利用未公开信息交易，违法所得数额在一千万元以上的，应当认定为"情节特别严重"。

违法所得数额在五百万元以上，或者证券交易成交额在五千万元以上，或者期货交易占用保证金数额在一千万元以上，具有本解释第六条规定的四种情形之一的，应当认定为"情节特别严重"。

第八条 二次以上利用未公开信息交易，依法应予行政处理或者刑事处理而未经处理的，相关交易数额或者违法所得数额累计计算。

第九条 本解释所称"违法所得"，是指行为人利用未公开信息从事与该信息相关的证券、期货交易活动所获利益或者避免的损失。

行为人明示、暗示他人利用未公开信息从事相关交易活动，被明示、暗示人员从事相关交易活动所获利益或者避免的损失，应当认定为"违法所得"。

第十条 行为人未实际从事与未公开信息相关的证券、期货交易活动的，其罚金数额按照被明示、暗示人员从事相关交易活动的违法所得计算。

第十一条 符合本解释第五条、第六条规定的标准,行为人如实供述犯罪事实,认罪悔罪,并积极配合调查,退缴违法所得的,可以从轻处罚;其中犯罪情节轻微的,可以依法不起诉或者免予刑事处罚。

符合刑事诉讼法规定的认罪认罚从宽适用范围和条件的,依照刑事诉讼法的规定处理。

第十二条 本解释自2019年7月1日起施行。

最高人民法院、最高人民检察院
关于办理操纵证券、期货市场刑事案件适用法律若干问题的解释

(2018年9月3日最高人民法院审判委员会第1747次会议、2018年12月12日最高人民检察院第十三届检察委员会第十一次会议通过 2019年6月27日最高人民法院、最高人民检察院公告公布 2019年7月1日施行 法释〔2019〕9号)

为依法惩治证券、期货犯罪，维护证券、期货市场管理秩序，促进证券、期货市场稳定健康发展，保护投资者合法权益，根据《中华人民共和国刑法》《中华人民共和国刑事诉讼法》的规定，现就办理操纵证券、期货市场刑事案件适用法律的若干问题解释如下：

第一条 行为人具有下列情形之一的，可以认定为刑法第一百八十二条第一款第四项规定的"以其他方法操纵证券、期货市场"：

（一）利用虚假或者不确定的重大信息，诱导投资者作出投资决策，影响证券、期货交易价格或者证券、期货交易量，并进行相关交易或者谋取相关利益的；

（二）通过对证券及其发行人、上市公司、期货交易标的公开作出评价、预测或者投资建议，误导投资者作出投资决策，影响证券、期货交易价格或者证券、期货交易量，并进行与其评价、预测、投资建议方向相反的证券交易或者相关期货交易的；

（三）通过策划、实施资产收购或者重组、投资新业务、股权转让、上市公司收购等虚假重大事项，误导投资者作出投资决策，影响证券交易价格或者证券交易量，并进行相关交易或者谋取相关利益的；

（四）通过控制发行人、上市公司信息的生成或者控制信息披露的内容、时点、节奏，误导投资者作出投资决策，影响证券交易价格或者证券交易量，并进行相关交易或者谋取相关利益的；

（五）不以成交为目的，频繁申报、撤单或者大额申报、撤单，误导投资者作出投资决策，影响证券、期货交易价格或者证券、期货交易量，并进行与

申报相反的交易或者谋取相关利益的;

(六) 通过囤积现货,影响特定期货品种市场行情,并进行相关期货交易的;

(七) 以其他方法操纵证券、期货市场的。

第二条 操纵证券、期货市场,具有下列情形之一的,应当认定为刑法第一百八十二条第一款规定的"情节严重":

(一) 持有或者实际控制证券的流通股份数量达到该证券的实际流通股份总量百分之十以上,实施刑法第一百八十二条第一款第一项操纵证券市场行为,连续十个交易日的累计成交量达到同期该证券总成交量百分之二十以上的;

(二) 实施刑法第一百八十二条第一款第二项、第三项操纵证券市场行为,连续十个交易日的累计成交量达到同期该证券总成交量百分之二十以上的;

(三) 实施本解释第一条第一项至第四项操纵证券市场行为,证券交易成交额在一千万元以上的;

(四) 实施刑法第一百八十二条第一款第一项及本解释第一条第六项操纵期货市场行为,实际控制的账户合并持仓连续十个交易日的最高值超过期货交易所限仓标准的二倍,累计成交量达到同期该期货合约总成交量百分之二十以上,且期货交易占用保证金数额在五百万元以上的;

(五) 实施刑法第一百八十二条第一款第二项、第三项及本解释第一条第一项、第二项操纵期货市场行为,实际控制的账户连续十个交易日的累计成交量达到同期该期货合约总成交量百分之二十以上,且期货交易占用保证金数额在五百万元以上的;

(六) 实施本解释第一条第五项操纵证券、期货市场行为,当日累计撤回申报量达到同期该证券、期货合约总申报量百分之五十以上,且证券撤回申报额在一千万元以上、撤回申报的期货合约占用保证金数额在五百万元以上的;

(七) 实施操纵证券、期货市场行为,违法所得数额在一百万元以上的。

第三条 操纵证券、期货市场,违法所得数额在五十万元以上,具有下列情形之一的,应当认定为刑法第一百八十二条第一款规定的"情节严重":

(一) 发行人、上市公司及其董事、监事、高级管理人员、控股股东或者实际控制人实施操纵证券、期货市场行为的;

(二) 收购人、重大资产重组的交易对方及其董事、监事、高级管理人员、控股股东或者实际控制人实施操纵证券、期货市场行为的;

(三) 行为人明知操纵证券、期货市场行为被有关部门调查,仍继续实施的；

（四）因操纵证券、期货市场行为受过刑事追究的；

（五）二年内因操纵证券、期货市场行为受过行政处罚的；

（六）在市场出现重大异常波动等特定时段操纵证券、期货市场的；

（七）造成恶劣社会影响或者其他严重后果的。

第四条 具有下列情形之一的，应当认定为刑法第一百八十二条第一款规定的"情节特别严重"：

（一）持有或者实际控制证券的流通股份数量达到该证券的实际流通股份总量百分之十以上，实施刑法第一百八十二条第一款第一项操纵证券市场行为，连续十个交易日的累计成交量达到同期该证券总成交量百分之五十以上的；

（二）实施刑法第一百八十二条第一款第二项、第三项操纵证券市场行为，连续十个交易日的累计成交量达到同期该证券总成交量百分之五十以上的；

（三）实施本解释第一条第一项至第四项操纵证券市场行为，证券交易成交额在五千万元以上的；

（四）实施刑法第一百八十二条第一款第一项及本解释第一条第六项操纵期货市场行为，实际控制的账户合并持仓连续十个交易日的最高值超过期货交易所限仓标准的五倍，累计成交量达到同期该期货合约总成交量百分之五十以上，且期货交易占用保证金数额在二千五百万元以上的；

（五）实施刑法第一百八十二条第一款第二项、第三项及本解释第一条第一项、第二项操纵期货市场行为，实际控制的账户连续十个交易日的累计成交量达到同期该期货合约总成交量百分之五十以上，且期货交易占用保证金数额在二千五百万元以上的；

（六）实施操纵证券、期货市场行为，违法所得数额在一千万元以上的。

实施操纵证券、期货市场行为，违法所得数额在五百万元以上，并具有本解释第三条规定的七种情形之一的，应当认定为"情节特别严重"。

第五条 下列账户应当认定为刑法第一百八十二条中规定的"自己实际控制的账户"：

（一）行为人以自己名义开户并使用的实名账户；

（二）行为人向账户转入或者从账户转出资金，并承担实际损益的他人账户；

（三）行为人通过第一项、第二项以外的方式管理、支配或者使用的他人账户；

（四）行为人通过投资关系、协议等方式对账户内资产行使交易决策权的他人账户；

（五）其他有证据证明行为人具有交易决策权的账户。

有证据证明行为人对前款第一项至第三项账户内资产没有交易决策权的除外。

第六条 二次以上实施操纵证券、期货市场行为，依法应予行政处理或者刑事处理而未经处理的，相关交易数额或者违法所得数额累计计算。

第七条 符合本解释第二条、第三条规定的标准，行为人如实供述犯罪事实，认罪悔罪，并积极配合调查，退缴违法所得的，可以从轻处罚；其中犯罪情节轻微的，可以依法不起诉或者免予刑事处罚。

符合刑事诉讼法规定的认罪认罚从宽适用范围和条件的，依照刑事诉讼法的规定处理。

第八条 单位实施刑法第一百八十二条第一款行为的，依照本解释规定的定罪量刑标准，对其直接负责的主管人员和其他直接责任人员定罪处罚，并对单位判处罚金。

第九条 本解释所称"违法所得"，是指通过操纵证券、期货市场所获利益或者避免的损失。

本解释所称"连续十个交易日"，是指证券、期货市场开市交易的连续十个交易日，并非指行为人连续交易的十个交易日。

第十条 对于在全国中小企业股份转让系统中实施操纵证券市场行为，社会危害性大，严重破坏公平公正的市场秩序的，比照本解释的规定执行，但本解释第二条第一项、第二项和第四条第一项、第二项除外。

第十一条 本解释自 2019 年 7 月 1 日起施行。

最高人民检察院
人民检察院办案活动接受人民监督员监督的规定

(2019年6月28日最高人民检察院第十三届检察委员会第二十次会议通过 2019年8月27日公布并施行)

第一条 为了健全检察权运行的外部监督制约机制，保障人民监督员依法履行职责，促进司法公正，提升司法公信，根据《中华人民共和国人民检察院组织法》等规定，制定本规定。

第二条 人民检察院的办案活动依照法律和本规定接受人民监督员的监督。

第三条 人民监督员依法、独立、公正履行监督职责。

人民监督员行使监督权受法律保护。

人民监督员履行监督职责，应当遵守国家法律、法规和保密规定。

第四条 人民检察院应当保障人民监督员履行监督职责，自觉接受人民监督员的监督。

第五条 人民监督员的选任和培训、考核等管理工作，依照相关规定由司法行政机关负责，人民检察院予以配合协助。

第六条 各级人民检察院应当明确负责人民监督员工作的机构。人民监督员工作机构的主要职责是：

（一）组织人民监督员监督办案活动；

（二）通报检察工作情况；

（三）受理、审查、办理人民监督员提出的监督要求和相关材料；

（四）协调、督促相关部门办理监督事项；

（五）反馈监督案件处理结果；

（六）有关人民监督员履职的其他工作。

第七条 人民监督员对检察办案活动实行监督，应当遵守有关人民监督员回避的规定。

第八条 人民检察院下列工作可以安排人民监督员依法进行监督：

（一）案件公开审查、公开听证；

（二）检察官出庭支持公诉；

（三）巡回检察；

（四）检察建议的研究提出、督促落实等相关工作；

（五）法律文书宣告送达；

（六）案件质量评查；

（七）司法规范化检查；

（八）检察工作情况通报；

（九）其他相关司法办案工作。

第九条 人民检察院对不服检察机关处理决定的刑事申诉案件、拟决定不起诉的案件、羁押必要性审查案件等进行公开审查，或者对有重大影响的审查逮捕案件、行政诉讼监督案件等进行公开听证的，应当邀请人民监督员参加，听取人民监督员对案件事实、证据的认定和案件处理的意见。

第十条 人民检察院对检察官出席法庭的公开审理案件，可以协调人民法院安排人民监督员旁听，对检察官的出庭活动进行监督，庭审结束后应当听取人民监督员对检察官出庭行为规范、文书质量、讯问询问、举证答辩等指控证明犯罪情况的意见建议。

第十一条 人民检察院对监狱、看守所等进行巡回检察的，可以邀请人民监督员参加，听取人民监督员对巡回检察工作的意见建议。

第十二条 人民检察院研究提出检察建议、督促落实检察建议等相关工作的，可以邀请人民监督员参加，听取人民监督员对检察建议必要性、可行性、说理性等方面的意见建议，或者对检察建议督促落实方案、效果等方面的意见建议。

第十三条 人民检察院组织开展法律文书宣告送达活动的，可以邀请人民监督员参加，听取人民监督员对法律文书说理工作的意见建议。

第十四条 人民检察院组织开展案件质量评查活动的，可以邀请人民监督员担任评查员，听取人民监督员对评查工作的意见建议，或者对检察办案活动的意见建议。

第十五条 人民检察院组织开展司法规范化检查活动的，可以邀请人民监督员参加，听取人民监督员对检查方式、内容、效果等方面的意见建议，或者对检察办案活动的意见建议。

第十六条 人民检察院应当建立健全检察工作通报机制，向人民监督员通报重大工作部署、司法办案总体情况以及开展检察建议、案件质量评查、巡回检察等工作情况，听取人民监督员的意见建议。

第十七条 人民监督员通过其他方式对检察办案活动提出意见建议的,人民检察院人民监督员工作机构应当受理审查,及时转交办理案件的检察官办案组或者独任检察官审查处理。

第十八条 人民监督员监督检察办案活动,依法独立发表监督意见,人民检察院应当如实记录在案,列入检察案卷。

第十九条 人民检察院应当认真研究人民监督员的监督意见,依法作出处理。监督意见的采纳情况应当及时告知人民监督员。

人民检察院经研究未采纳监督意见的,应当向人民监督员作出解释说明。人民监督员对于解释说明仍有异议的,相关部门或者检察官办案组、独任检察官应当报请检察长决定。

第二十条 人民检察院邀请人民监督员监督办案活动的,应当根据具体情况确定人民监督员的人数。

第二十一条 省、自治区、直辖市人民检察院和设区的市级人民检察院接受人民监督员监督办案活动的,由本院协调联络同级司法行政机关抽选人民监督员并组织开展监督;基层人民检察院或者直辖市人民检察院分院接受人民监督员监督办案活动的,由设区的市级人民检察院或者直辖市人民检察院协调同级司法行政机关抽选人民监督员,具体联络、组织开展监督等工作由基层人民检察院或者直辖市人民检察院分院负责。

第二十二条 人民检察院人民监督员工作机构根据本规定第八条规定拟安排人民监督员开展监督活动的,应当组织、协调相关部门或者检察官办案组、独任检察官在工作中予以配合。相关部门或者检察官办案组、独任检察官也可以视具体工作,主动邀请人民监督员依照本规定进行监督,并提前告知人民监督员工作机构做好联络安排工作。

人民监督员工作机构应当通知相关部门或者检察官办案组、独任检察官提供与监督有关的材料并及时送交人民监督员。

第二十三条 人民检察院应当提前将邀请参加监督活动的人民监督员人数、监督时间、地点以及其他有关事项通知同级司法行政机关,由司法行政机关依照相关规定,从人民监督员信息库中随机抽选和联络确定参加监督工作的人民监督员。

第二十四条 人民检察院应当严格依照本规定接受人民监督员的监督,不得限制、规避人民监督员对办案活动的监督,不得干扰人民监督员依法独立发表监督意见,不得违反规定泄露人民监督员监督办案活动情况。

第二十五条 人民检察院应当为人民监督员提供履行监督职责所必需的工作场所以及其他必要条件。

第二十六条 人民检察院应当加强人民监督员监督工作信息化建设,为人民监督员实时了解相关司法办案信息提供技术支持。

第二十七条 人民监督员监督检察办案活动的经费,除依照相关规定由司法行政机关予以补助外,列入人民检察院检察业务经费保障范围。

第二十八条 人民检察院应当定期将人民监督员监督检察办案活动情况通报司法行政机关。

第二十九条 本规定由最高人民检察院负责解释。

第三十条 本规定自公布之日起施行,2016年印发的《最高人民检察院关于人民监督员监督工作的规定》同时废止。

《人民检察院办案活动接受人民监督员监督的规定》理解与适用[*]

董桂文[**]

2019年8月,最高人民检察院印发《人民检察院办案活动接受人民监督员监督的规定》(以下简称《规定》),自公布之日起施行。《规定》贯彻落实2018年修订后的人民检察院组织法的要求,对最高人民检察院2016年施行的《关于人民监督员监督工作的规定》(以下简称《2016年规定》,自《规定》施行之日废止)进行修订,明确了检察机关办案活动接受人民监督员监督的方式要求,进一步完善人民监督员制度的各项内容,对保障人民群众有序参与司法发挥积极作用。为便于理解和适用,现对《规定》的制定背景、思路和主要内容作如下说明。

一、《规定》出台的背景和过程

人民监督员制度是检察机关自觉接受人民群众监督、保障人民群众有序参与司法的重要制度设计,是检察机关主动接受社会监督的一项创新举措。这项制度创设于2003年,是最高人民检察院按照党的十六大关于推进司法体制和工作机制改革的要求,为加强对检察机关办理直接受理立案侦查案件的监督在全国检察机关试行的一项重大改革。党的十八大以来,党中央高度重视深化人民监督员制度改革,党的十八届三中全会提出"广泛实行人民监督员制度,拓宽人民群众有序参与司法渠道",党的十八届四中全会指出"完善人民监督员制度,重点监督检察机关查办职务犯罪的立案、羁押、扣押冻结财物、起诉等环节的执法活动"。2015年2月,习近平总书记主持召开中央深改组第十次会议,在听取审议《深化人民监督员制度改革方案》时强调指出,实行人民监督员制度,引入外部监督力量,健全了对犯罪嫌疑人、被告人的权利保护机制,是对司法权力制约机制的重大改革和完善,对保障人民群众对检察工作的知情权、参与权、表达权、监督权具有重要意义。党的十九大报告强调,要"扩大人民有序政治参与,保证人民依法实行民主选举、民主协商、民主决策、民主管理、民主监督"。2018年5月3日召开的政法领导干部学习贯彻

---

[*] 原文刊载于《人民检察》2019年第21期。
[**] 作者单位:最高人民检察院案件管理办公室。

习近平新时代中国特色社会主义思想专题研讨班上,中央政法委书记郭声琨同志在讲话中强调指出,要正确处理专门工作和群众路线的关系,积极回应人民群众参与诉求,完善人民陪审员、人民监督员、人民调解员等制度,拓宽公民参与政法工作的渠道,更好地广纳民意、广聚民智。

党中央的明确要求,为人民监督员制度科学发展指明方向。为认真贯彻落实党中央决策部署,最高人民检察院扎实推进人民监督员制度改革,历经了先期试点、扩大试点、全面实施、深化改革等发展阶段,先后于2004年、2010年、2016年出台了《关于实行人民监督员制度的规定(试行)》《关于实行人民监督员制度的规定》《关于人民监督员监督工作的规定》,并会同司法部于2016年联合印发了《人民监督员选任管理办法》,人民监督员制度逐步确立并不断完善。2003年以来,检察机关、司法行政部门先后共选任人民监督员7万余人次,目前在任2万余人,监督案件6万余件。人民监督员制度作为中国特色社会主义检察制度的重要组成部分,在规范检察权行使、扩大公民有序参与司法、提升司法民主方面,发挥了不可替代的重要作用。

国家监察体制改革以来,检察机关职务犯罪侦查职能发生重大调整,人民监督员制度创设之初的前提条件发生重大变化。检察机关内设机构系统性、整体性、重塑性改革已经落地,"捕诉一体"的刑事检察工作机制全面确立,"四大检察"法律监督总体布局初步形成,传统检察理论、检察职能配置发生重大变化,相应催生了新的接受外部监督需求,《2016年规定》已不适应司法实践需要。2018年修订的《人民检察院组织法》第27条明确规定:"人民监督员依照规定对人民检察院的办案活动实行监督。"至此,人民监督员制度正式成为一项国家法律确立的制度,步入正规化、法治化的发展轨道。为落实党中央关于深化人民监督员制度改革的部署要求,适应国家监察体制改革、检察改革新形势新任务,贯彻2018年修订的人民检察院组织法有关规定,进一步加强对检察机关办案活动的监督,最高人民检察院及时组织力量,在总结以往经验的基础上,经深入调研,广泛征求意见,起草制定了《规定》。

二、《规定》的制定思路和主要变化

《规定》的制定工作以党中央关于深化人民监督员制度改革精神为指导,以2018年修订的人民检察院组织法为依据,主要遵循以下思路:

(一)落实以人民为中心的发展思路

坚持以人民为中心的发展思想是习近平新时代中国特色社会主义思想的重要内容。我国检察机关由人大产生、对人大负责、受人大监督,广泛的人民性是最根本的政治属性,必须在各项工作中坚持以人民为中心的思想,努力让人民群众在每一起司法案件中都能感受到公平正义。人民监督员制度是检察工作体现人民性的重要制度设计，《规定》将以人民为中心的发展思想贯穿始终，在接受人民监督员监督的范围、方式、程序、反馈答复等方面作了全面修改，最大程度地实现检察机关直接听取民意、广聚民智，直接建立起与民众的良好互动关系。

（二）拓宽人民监督员监督渠道

《规定》将刑事、民事、行政、公益诉讼等"四大检察""十大业务"纳入监督范畴，进一步调整丰富人民监督员监督的途径，确定了人民监督员可以参与监督的10种具体方式，极大地拓宽了人民监督员监督检察办案活动的渠道。

（三）注重程序设计简便易行

《规定》从便利人民监督员开展监督活动考虑，强调程序的简便性和可操作性，规定人民监督员对检察机关办案活动进行监督主要是参加检察机关的相关司法办案活动，提出意见建议，检察机关对监督意见应当认真研究并及时作出答复。

（四）充分体现原则性与灵活性相结合

《规定》紧紧围绕人民监督员监督办案活动这一定位，既明确了人民监督员的监督方式、程序等，同时又对不宜作细化规定的内容，只作原则性规定，以便为各地开展工作留有创新发展的空间。比如，将参加案件公开听证、案件公开审查等已有规定的做法予以明确，将来根据实践发展，可以再进一步补充、完善。

《规定》与以往历次规范人民监督员制度的文件相比，无论是规定的角度、文件名称，还是体例、内容等，都与过去有了根本性不同，本质上是一个全新的文件。主要有以下几方面的转变：

一是制定角度由规范人民监督员监督向规范检察机关接受监督转变。《规定》落实2018年修订的人民检察院组织法关于检察机关办案活动接受人民监督员监督这一定位要求，从规范检察机关接受监督的角度对各项内容作出规定，而不是从对人民监督员提出要求、规定人民监督员如何开展监督工作的角度进行规定。与此相适应，文件标题确定为"人民检察院办案活动接受人民监督员监督的规定"，也是从检察机关如何接受监督的角度来进行表述。二是监督范围由单一的职务犯罪向更广泛的检察办案活动转变。《规定》明确人民监督员监督范围不再仅限于检察机关查办的职务犯罪案件，而是拓展为检察机关的办案活动，涵盖了刑事、民事、行政、公益诉讼等各类案件。三是监督方式由个案监督评议向丰富多样的监督活动转变。《规定》扩大了人民监督员监督案件的途径和渠道。比如，参加案件公开听证、公开审查，监督检察官出庭公诉活动，参与巡回检察以及检察建议的研究提出、督促落实等相关工作，参加法律文书宣告送达、案件质量评查、司法规范化检查，听取检察工作情况通报，以及监督其他相关司法办案工作等。

三、《规定》的主要内容

与《2016年规定》5章39条相比，《规定》调整了体例，不再分章，并将条文精简为30条，主要内容包括人民监督员制度的基本定位与职责、履职要求、工作机构配备、监督方式、监督范围、监督程序、履职保障、文件的解释及时间效力等。

（一）进一步明确人民监督员的职能定位

《规定》第2条提出，"人民检察院的办案活动依照法律和本规定接受人民监督员的监督"。这是落实2018年修订的人民检察院组织法的基本条文，明确了人民监督员监督检察办案活动这一职能定位。

（二）进一步明确人民监督员工作机构的设置和主要职责

《规定》第6条要求，各级检察院应当明确负责人民监督员工作的机构。人民监督员工作机构的主要职责是：组织人民监督员监督办案活动；通报检察工作情况；受理、审查、办理人民监督员提出的监督要求和相关材料；协调、督促相关部门办理监督事项；反馈监督案件处理结果；有关人民监督员履职的其他工作。这里需要注意的是，各级检察院应当明确负责人民监督员工作的机构，用的是明确而不是设置，主要考虑是检察机关内设机构的设立有相应的文件规范，在《规定》中不宜对设置人民监督员机构提出要求。目前，绝大部分检察院将负责人民监督员工作的机构设在案件管理部门，如最高人民检察院即设在案件管理办公室，但也有少部分检察院还设在办公室等其他部门；不管设在哪个部门，只要有负责人民监督员工作的专门机构或人员，能够认真、全面地承担起这方面的工作职责即可。

（三）进一步明确检察机关接受人民监督员监督的方式

人民监督员监督检察办案活动的方式是《规定》的核心内容，也是新形势下检察机关自觉接受人民监督员监督的重要体现。《规定》主要在第8条至第17条对此作了规定。

1. 关于几个条文之间的逻辑关系。在规定监督方式的这10个条文中，第8条是总括性条款，从整体上规定了检察机关哪些工作可以安排人民监督员依法进行监督；而第9条至第16条是具体条款，与第8条之间属于总分的关系，第17条则属于补充条款，规定了人民监督员通过其他方式对检察办案活动提出意见建议的，检察机关如何处理的内容。起草过程中，有意见建议删除第8条，理由是与第9条至第16条有重合之处。我们经研究认为，在国家监察体制改革、检察机关职务犯罪侦查和预防职能整体转隶的背景下，人民监督员的工作内容与过去相比发生了重大变化，为了便于各级检察机关完整准确地理解好运用好新的监督方式，对这些新的监督方式集中规定在一条很有必要，因此作了保留。

2. 关于具体监督方式。起草过程中，各方面对于监督方式的意见非常集中，有的认为要增强监督的刚性，建议增加应当监督的类型。《规定》吸收了这一意见，规定了检察机关的某些活动应当邀请人民监督员参加接受监督。同时，考虑到新时期检察工作的新特点，增加了一些新的监督方式，在履行法律监督职能的各方面全方位接受人民监督员的监督。《规定》结合检察机关已有的和拟制定的相关规定，在总结以往实践经验基础上，确定了人民监督员可以参与监督的10种具体方式。

第一种方式：参加案件公开审查、公开听证。案件公开审查、公开听证是检察机关公开办理案件的方式，由于现有的一些规范性文件对公开审查、公开听证的使用并不统一，我们在《规定》中也引用了不同文件的表述，各地在使用时只需要依照相关具体文件的表述即可。《规定》第9条明确3类公开审查类案件、2类公开听证类案件应当邀请人民监督员参加。其中3类公开审查类案件，都有相应的规范性文件予以明确规定。如最高人民检察院2012年出台的《人民检察院刑事申诉案件公开审查程序规定》规定，检察机关在办理不服检察机关处理决定的刑事申诉案件过程中，根据办案工作需要，可以采取公开审查的形式依法公正处理案件的活动。进行公开审查活动应当根据案件具体情况，邀请与案件没有利害关系的人民监督员参加。人民监督员作为听证员参加时，依照《规定》可以向案件承办人、申诉人、原案其他当事人提问，就案件的事实和证据发表意见；休会时对案件进行评议，发表对案件的处理意见并进行表决形成听证评议意见。又如，最高人民检察院2016年出台的《人民检察院办理羁押必要性审查案件规定（试行）》规定，检察机关可以对羁押必要性审查案件进行公开审查。公开审查可以邀请与案件没有利害关系的人民监督员参加。另外，2001年最高人民检察院公诉厅制定的《人民检察院办理不起诉案件公开审查规则（试行）》也规定对不起诉案件可以公开审查，以充分听取侦查机关（部门）和犯罪嫌疑人、被害人以及犯罪嫌疑人、被害人委托的人等对案件处理的意见，为检察机关对案件是否作不起诉处理提供参考。不起诉案件公开审查时，允许公民旁听；可以邀请人大代表、政协委员、特约检察员参加。虽然《规定》中没有明确可以邀请人民监督员参加，但考虑到《规定》出台时间早于人民监督员制度试点时间，按照条文原意，普通公民都可以旁听，人民监督员也可以被邀请参加。除上述已有的规范性文件外，最高人民检察院《2018—2022年检察改革工作规划》明确将"建立有重大影响案件审查逮捕听证制度""完善不起诉公开审查机制"这两项制度机制列入改革规划，在进行制度设计时，我们将与相关部门共同研究对邀请人民监督员参加作出规定。

行政诉讼监督案件是《规定》起草过程中业务部门主动提出增加的公开听证案件类型。将行政诉讼监督案件首次纳入人民监督员监督范畴，主要考虑到行政诉讼监督案件绝大部分都是作出不支持监督申请的决定，息诉难度较大，邀请人民监督员参加公开听证，可以借助他们的经验和智慧，运用朴素的价值观提出他们的意见建议，帮助检察机关正确履行职责，促进行政争议化解，助力检察工作，增强司法公信力。

第二种方式：监督检察官出庭公诉活动。《规定》第10条提出，检察机关对检察官出席法庭的公开审理案件，可以协调法院安排人民监督员旁听，对检察官的出庭活动进行监督，庭审结束后应当听取人民监督员对检察官出庭行为规范、文书质量、讯问询问、举证答辩等指控证明犯罪情况的意见建议。需要说明的是，邀请人民监督员旁听庭审活动，应当在庭审结束后听取人民监督员的意见建议。

第三种方式：参加巡回检察。《规定》第11条明确，检察机关对监狱、看守所等进行巡回检察的，可以邀请人民监督员参加，听取人民监督员对巡回检察工作的意见建议。实行巡回检察是检察方式的重大变革。2018年修订的《人民检察院组织法》第17条明确规定，检察机关可以对监狱、看守所等场所实行巡回检察。这项改革试点工作于2018年6月在8个省区市检察机关启动，2019年7月在全国全面推行。最高人民检察院要求，要坚持双赢多赢共赢，加强协作配合，深化巡回检察工作，要把"巡"的优势和"驻"的便利结合起来，把监管场所检察责任做实，同时也规定要探索引进社会力量参与罪犯改造。2018年11月，最高人民检察院出台的《人民检察院监狱巡回检察规定》规定：监狱巡回检察工作开展情况，应当以适当方式向社会公开，接受人民群众监督。《规定》不仅将对监狱的巡回检察纳入进来，还将看守所等场所也纳入进来，实践中各地可以探索适当方式接受人民监督员监督。

第四种方式：参与检察建议的研究提出、督促落实等相关工作。《规定》第12条提出，检察机关研究提出检察建议、督促落实检察建议等相关工作的，可以邀请人民监督员参加，听取人民监督员对检察建议必要性、可行性、说理性等方面的意见建议,或者对检察建议督促落实方案、效果等方面的意见建议。过去,检察建议只是作为检察机关参与社会治安综合治理的一项措施。2019年2月,最高人民检察院新修订的《人民检察院检察建议工作规定》明确规定,检察建议是检察机关依法履行法律监督职责,参与社会治理,维护司法公正,促进依法行政,预防和减少违法犯罪,保护国家利益和社会公共利益,维护个人和组织合法权益,保障法律统一正确实施的重要方式。检察建议已经成为新时期检察机关依法履行法律监督职责的重要方式,主要包括再审检察建议、纠正违法检察建议、公益诉讼检察建议、社会治理检察建议、其他检察建议等。适用范围涵盖刑事、民事、行政、公益诉讼四大检察领域,实践中对检察机关履行法律监督职责发挥了不可替代的重要作用。由于检察建议工作涉及各行各业、各个领域,涉及面广,影响范围大,遇到的问题也会多种多样。因此,邀请人民监督员参加,对检察建议的研究提出、督促落实等工作进行监督非常必要,有利于检察建议工作的顺利开展。

第五种方式:参加法律文书宣告送达。《规定》第13条提出,人民检察院组织开展法律文书宣告送达活动的,可以邀请人民监督员参加,听取人民监督员对法律文书说理工作的意见建议。比如,《人民检察院检察建议工作规定》第18条第2款明确规定,宣告送达检察建议书应当商被建议单位同意,可以在检察机关,被建议单位或者其他适宜场所进行,由检察官向被建议单位负责人当面宣读检察建议书并进行示证、说理,听取被建议单位负责人意见。必要时,可以邀请人大代表、政协委员或者特约检察员、人民监督员等第三方人员参加。除检察建议书外,一些地方也探索了不起诉决定书的公开宣告送达等,取得了很好的效果。各地可以结合本地实际情况,在公开送达检察建议书、不起诉决定书等文书时,邀请人民监督员参加,对检察办案活动进行监督。

第六种方式:参加案件质量评查。《规定》第14条提出,人民检察院开展案件质量评查活动的,可以邀请人民监督员担任评查员,听取人民监督员对评查工作的意见建议,或者对检察办案活动的意见建议。本条源于2017年底最高人民检察院出台的《人民检察院案件质量评查工作规定(试行)》,其中规定案件质量评查可以邀请人大代表、政协委员、特约检察员、人民监督员对评查工作提出意见建议,向他们通报相关情况。《规定》对此作了进一步延伸,明确检察机关可以邀请人民监督员担任评查员,履行评查员的职责,也就是说人民监督员受邀参加案件质量评查活动,既可以对评查工作提出意见建议,也可以根据评查中发现的问题,对检察办案活动提出意见建议。邀请人民监督员参与评查工作,既是落实拓展人民监督员有序参与司法工作渠道的要求，也有利于加强案件监督管理工作与人民监督员工作的有机融合，发挥内部监督与外部监督的合力。

第七种方式：参加司法规范化检查。《规定》第15条明确，人民检察院组织开展司法规范化检查活动的，可以邀请人民监督员参加，听取人民监督员对检查方式、内容、效果等方面的意见建议，或者对检察办案活动的意见建议。此条内容在《2016年规定》已有规定，但是作为履职保障的工作机制，属于人民监督员熟悉了解检察工作的一种途径，在《规定》中正式作为一种监督方式，人民监督员既可以对司法规范化检查工作本身提出意见建议，也可以对检察办案活动提出意见建议。

第八种方式：听取检察工作情况通报。《规定》第16条要求，人民检察院应当建立健全检察工作通报机制，向人民监督员通报重大工作部署、司法办案总体情况以及开展检察建议、案件质量评查、巡回检察等工作情况，听取人民监督员的意见建议。根据本条要求，向人民监督员通报检察工作情况是检察机关的义务，必须要做。向人民监督员定期通报检察工作情况，既包括总体工作情况通报，也包括专项工作情况通报，人民监督员可以通过这一方式全方位了解检察工作，便于其更好地开展监督。

第九种方式：监督其他相关司法办案工作。依照原则性和灵活性相结合的修订思路，《规定》第8条第9项规定了兜底条款，明确人民检察院也可以邀请人民监督员对其他相关司法办案工作进行监督，为各地检察机关开展工作留有创新发展的空间，避免前8种具体方式不一定能够涵盖实践中各种需要的情况。

第十种方式：人民监督员通过其他方式提出监督意见。前述9种方式，主要是检察机关主动邀请人民监督员参加检察机关的相关活动，实践中，可能出现人民监督员通过上述方式之外的形式，向检察机关提出意见建议。为此，《规定》第17条明确，人民监督员通过其他方式对检察办案活动提出意见建议的，检察机关人民监督员工作机构应当受理审查，及时转交办理案件的检察官办案组或者独任检察官审查处理。实践中，人民监督员通过其他方式提出意见建议的，人民监督员工作机构应当及时接受并转交相关办案组织，相关人员应当认真研究人民监督员的监督意见，及时作出处理。

对于人民监督员开展监督的方式，需要说明的是：

一方面，《规定》明确人民检察院应当邀请人民监督员监督的情形有两种：一种是《规定》第9条，人民检察院组织的特定类型案件的公开审查、公开听证活动，即3类公开审查类案件、2类公开听证类案件，应当邀请人民监督员参加。其他类型案件的公开审查、听证等属于可以监督的情形，随着实践的深入发展,将来可以在条文中补充和完善。另一种是《规定》第 16 条,人民检察院应当建立健全检察工作通报机制,向人民监督员通报重大工作部署等检察工作情况。这两条规定增强了人民监督员监督的刚性,其他 6 种具体方式都是可以邀请人民监督员参加。另一方面,监督程序融于具体办案活动中。如人民监督员如何参加案件公开听证、公开审查,如何参加检察建议的研究提出、督促落实等相关工作,这些在《规定》中都未作规定也无需作出规定,各地在执行过程中只需要依据相应的公开审查、公开听证、检察建议的规范性文件开展活动即可。

(四)进一步明确对人民监督员监督意见的处理方式和程序

人民监督员的监督意见如何处理,直接关系人民监督员监督作用能否实现,是人民监督员制度存在价值的保障。《规定》第 18 条、第 19 条明确规定人民监督员监督检察办案活动,依法独立发表监督意见,检察机关应当记录在案,并列入检察案卷,全程留痕。检察机关应当认真研究人民监督员的监督意见,依法作出处理。检察机关经研究未采纳监督意见的,应当向人民监督员作出解释说明。人民监督员对于解释说明仍有异议的,相关部门或者检察官办案组、独任检察官应当报请检察长决定。

(五)对参加监督的人民监督员层级、人数作了灵活规定

人民监督员的监督方式扩充后,人民监督员参加监督的情形会更多、频率会更高,为了适应新的监督方式需要,便于各级检察机关组织开展相关活动,《规定》不再对参加监督办案活动的人民监督员数量作出具体规定(有些监督活动不一定需要形成多数意见),各地根据监督活动情况确定人数。同时,对市级检察院办案活动的监督,也不再要求必须抽选省级检察院人民监督员进行,而是规定由同级人民监督员进行。对基层检察院办案活动的监督,一方面考虑到基层没有人民监督员的客观情况,抽选人民监督员仍需由市级检察院协助联络,另一方面又考虑到便利性、可行性原则,规定市级检察院协助抽选人民监督员后,具体工作仍由基层检察院负责。为此,《规定》第 21 条明确,"省、自治区、直辖市人民检察院和设区的市级人民检察院接受人民监督员监督办案活动的,由本院协调联络同级司法行政机关抽选人民监督员并组织开展监督;基层人民检察院或者直辖市人民检察院分院接受人民监督员监督办案活动的,由设区的市级人民检察院或者直辖市人民检察院协调同级司法行政机关抽选人民监督员,具体联络、组织开展监督等工作由基层人民检察院或者直辖市人民检察院分院负责。"

（六）明确规定人民监督员工作机构与其他内设部门以及与司法行政机关的工作衔接机制

为保证人民监督员工作顺利开展，增强可操作性，《规定》对人民监督员工作机构与检察机关内设机构及司法行政机关的工作对接作出了详细规定。一方面明确了检察机关人民监督员工作机构与其他检察机关内设机构的工作对接。《规定》第22条指出："人民检察院人民监督员工作机构根据本规定第八条规定拟安排人民监督员开展监督活动，应当组织、协调相关部门或者检察官办案组、独任检察官在工作中予以配合。相关部门或者检察官办案组、独任检察官也可以视具体工作，主动邀请人民监督员依照本规定进行监督，并提前告知人民监督员工作机构做好联络安排工作。"人民监督员工作机构应当通知相关部门或者检察官办案组、独任检察官提供与监督有关的材料并及时送交人民监督员。实践中，人民监督员工作机构应当与各业务部门保持日常工作联系，建立常态化工作机制，业务部门主动邀请人民监督员参加监督活动的计划需要提前告知人民监督员工作机构，共同做好人民监督员工作。另一方面明确了检察机关人民监督员工作机构与司法行政机关的工作对接。《规定》第23条要求，人民检察院应当提前将邀请参加监督活动的人民监督员人数、监督时间、地点以及其他有关事项通知同级司法行政机关，由司法行政机关依照相关规定，从人民监督员信息库中随机抽选和联络确定参加监督工作的人民监督员。第28条规定，人民检察院应当定期将人民监督员监督检察办案活动情况通报司法行政机关。相关内容在《人民监督员选任管理办法》中都有体现，《规定》作了进一步强调。

（七）规定了人民监督员的履职保障机制

《规定》明确规定检察机关对人民监督员的履职保障责任。第4条要求，检察机关应当保障人民监督员履行监督职责，自觉接受人民监督员的监督。第24条强调，人民检察院应当严格依照《规定》接受人民监督员的监督，不得限制、规避人民监督员对办案活动的监督，不得干扰人民监督员独立发表监督意见，不得违反规定泄露人民监督员监督办案活动情况。第25条至第27条分别明确检察机关对人民监督员开展监督工作应当做好场所保障、信息化保障、经费保障等。上述规定大部分沿用《2016年规定》，只在个别文字上作了修改。信息化保障属于新增内容，信息化建设是推动检察工作科学发展和提高检察公信力的重要引擎。检察机关近年来非常重视利用大数据等手段，搭建检察机关信息化平台，相继研发并部署使用全国检察机关统一业务应用系统、电子卷宗系统、案件信息公开系统、12309中国检察网等，助推检察工作快速发展。司法行政部门也研发了人民监督员系统,如何实现系统对接和信息共享,提高人民监督员工作智能化信息化水平?起草过程中很多地方提出了这方面建议。为此,第26条规定,人民检察院应当加强人民监督员监督工作信息化建设,为人民监督员实时了解相关司法办案信息提供技术支持。关于经费保障,《规定》也作了适当调整,为进一步完善相关内容预留了空间。

四、落实《规定》要求,推进人民监督员工作创新发展

各地检察机关要积极行动起来,以贯彻落实《规定》要求为契机,创新开展人民监督员工作,努力为新时代检察工作创新发展提供强大支持。

(一)大力加强学习培训

各级检察机关要充分认识人民监督员制度以及《规定》的重要意义,积极适应新形势新变化,采取有效措施,认真组织好对《规定》的学习培训。要做好培训规划,将人民监督员制度纳入各业务部门的培训内容。《规定》明确了人民监督员监督的范围涵盖"四大检察""十大业务",因此,要充分认识到人民监督员工作不仅是人民监督员工作机构的事,各个业务条线的办案人员都应当了解、熟悉人民监督员制度并根据规定积极适用于办案当中。各级检察机关承担人民监督员工作的机构要切实承担起组织责任,协调培训部门将《规定》纳入培训课程。要抓好分类培训、按需培训。各级检察机关在前期参加最高人民检察院案件管理办公室组织的网络视频培训的基础上,要进一步加强对不同业务条线人员的培训,注重结合各业务条线工作实际,使不同部门的办案人员都能够全面了解检察机关办案活动接受人民监督员监督的制度定位、主要内容和工作要求,切实把握人民监督员制度对本业务条线司法办案的规定要求,统一思想认识,更新司法理念,做到融会贯通,在具体办案中善于适用、积极适用、依规适用人民监督员制度。要创新培训方式方法。除个人自学外,要采取集中培训、网络授课、专题讲座、研讨交流、参与实践等多种形式加强培训,也可以与司法行政机关共同开展培训,使检察人员、司法行政人员、人民监督员同上一个班、同听一堂课,共同讨论,相互启发,争取达到最佳的培训效果。

(二)全面落实《规定》各项要求

各级检察机关承担人民监督员工作职能的机构要学懂吃透《规定》的内容,结合本地实际,研究细化推进人民监督员工作的计划、措施,全面贯彻《规定》的各项要求。要积极探索,开创性地推进工作,用创新举措将《规定》的各项要求落到实处,切实让人民监督员更加深入地参与检察工作、更加有效地监督检察工作。对于工作推进过程中遇到的各种问题,要及时归纳梳

理、分类解决，必要时向上级检察机关报告。对于推出的各项工作举措，要及时回顾总结，好的举措要及时固化为制度，不合适的举措要及时调整纠偏。要加强与宣传部门和新闻媒体的沟通协调，全方位宣传人民监督员制度改革的新变化、新进展、新举措、新成效，发挥引领示范作用，实现办好一案，带动一片，推动《规定》得到有效贯彻执行，同时为开展人民监督员工作营造良好的舆论氛围。

（三）健全完善内部工作机制和外部协作机制

在检察机关内部，人民监督员工作涉及部门多、监督范围广、与检察机关各类办案程序的衔接要求高，单靠一个部门无法完成。人民监督员工作机构要加强与刑事、民事、行政、公益诉讼等业务部门的沟通衔接，制定完善人民监督员监督工作程序与相关业务部门办案程序的衔接机制；业务部门也要及时制定邀请人民监督员监督的工作计划或安排，提前告知人民监督员工作机构做好沟通联络工作，并依法依规向人民监督员提供与监督有关的材料，进一步保障人民监督员的知情权、参与权、监督权。

同时，人民监督员工作不是检察机关一家的事情，还需要与司法行政部门协作配合共同完成。各级检察机关人民监督员工作机构要建立与司法行政部门协作配合的常态化工作机制，加强与司法行政部门的沟通协调，互相配合互相支持，共同研究解决工作中的困难和问题，形成推动工作的合力。与司法行政部门探索建立联席会议制度，及时解决人民监督员监督工作中存在的问题，加强信息数据共享，实现检察机关与司法行政机关、法院以及相关部门之间的系统对接和信息共享，不断提高人民监督员工作的信息化智能化水平。

最高人民法院、最高人民检察院
关于办理组织考试作弊等刑事案件适用法律若干问题的解释

（2019年4月8日最高人民法院审判委员会第1765次会议、2019年6月28日最高人民检察院第十三届检察委员会第二十次会议通过 2019年9月2日公布 2019年9月4日施行 法释〔2019〕13号）

为依法惩治组织考试作弊、非法出售、提供试题、答案、代替考试等犯罪，维护考试公平与秩序，根据《中华人民共和国刑法》《中华人民共和国刑事诉讼法》的规定，现就办理此类刑事案件适用法律的若干问题解释如下：

第一条 刑法第二百八十四条之一规定的"法律规定的国家考试"，仅限于全国人民代表大会及其常务委员会制定的法律所规定的考试。

根据有关法律规定，下列考试属于"法律规定的国家考试"：

（一）普通高等学校招生考试、研究生招生考试、高等教育自学考试、成人高等学校招生考试等国家教育考试；

（二）中央和地方公务员录用考试；

（三）国家统一法律职业资格考试、国家教师资格考试、注册会计师全国统一考试、会计专业技术资格考试、资产评估师资格考试、医师资格考试、执业药师职业资格考试、注册建筑师考试、建造师执业资格考试等专业技术资格考试；

（四）其他依照法律由中央或者地方主管部门以及行业组织的国家考试。

前款规定的考试涉及的特殊类型招生、特殊技能测试、面试等考试，属于"法律规定的国家考试"。

第二条 在法律规定的国家考试中，组织作弊，具有下列情形之一的，应当认定为刑法第二百八十四条之一第一款规定的"情节严重"：

（一）在普通高等学校招生考试、研究生招生考试、公务员录用考试中组织考试作弊的；

（二）导致考试推迟、取消或者启用备用试题的；

（三）考试工作人员组织考试作弊的；

（四）组织考生跨省、自治区、直辖市作弊的；
（五）多次组织考试作弊的；
（六）组织三十人次以上作弊的；
（七）提供作弊器材五十件以上的；
（八）违法所得三十万元以上的；
（九）其他情节严重的情形。

第三条 具有避开或者突破考场防范作弊的安全管理措施，获取、记录、传递、接收、存储考试试题、答案等功能的程序、工具，以及专门设计用于作弊的程序、工具，应当认定为刑法第二百八十四条之一第二款规定的"作弊器材"。

对于是否属于刑法第二百八十四条之一第二款规定的"作弊器材"难以确定的，依据省级以上公安机关或者考试主管部门出具的报告，结合其他证据作出认定；涉及专用间谍器材、窃听、窃照专用器材、"伪基站"等器材的，依照相关规定作出认定。

第四条 组织考试作弊，在考试开始之前被查获，但已经非法获取考试试题、答案或者具有其他严重扰乱考试秩序情形的，应当认定为组织考试作弊罪既遂。

第五条 为实施考试作弊行为，非法出售或者提供法律规定的国家考试的试题、答案，具有下列情形之一的，应当认定为刑法第二百八十四条之一第三款规定的"情节严重"：

（一）非法出售或者提供普通高等学校招生考试、研究生招生考试、公务员录用考试的试题、答案的；
（二）导致考试推迟、取消或者启用备用试题的；
（三）考试工作人员非法出售或者提供试题、答案的；
（四）多次非法出售或者提供试题、答案的；
（五）向三十人次以上非法出售或者提供试题、答案的；
（六）违法所得三十万元以上的；
（七）其他情节严重的情形。

第六条 为实施考试作弊行为，向他人非法出售或者提供法律规定的国家考试的试题、答案，试题不完整或者答案与标准答案不完全一致的，不影响非法出售、提供试题、答案罪的认定。

第七条 代替他人或者让他人代替自己参加法律规定的国家考试的，应当依照刑法第二百八十四条之一第四款的规定，以代替考试罪定罪处罚。

对于行为人犯罪情节较轻，确有悔罪表现，综合考虑行为人替考情况以及考试类型等因素，认为符合缓刑适用条件的，可以宣告缓刑；犯罪情节轻微的，可以不起诉或者免予刑事处罚；情节显著轻微危害不大的，不以犯罪论处。

第八条 单位实施组织考试作弊、非法出售、提供试题、答案等行为的，依照本解释规定的相应定罪量刑标准，追究组织者、策划者、实施者的刑事责任。

第九条 以窃取、刺探、收买方法非法获取法律规定的国家考试的试题、答案，又组织考试作弊或者非法出售、提供试题、答案，分别符合刑法第二百八十二条和刑法第二百八十四条之一规定的，以非法获取国家秘密罪和组织考试作弊罪或者非法出售、提供试题、答案罪数罪并罚。

第十条 在法律规定的国家考试以外的其他考试中，组织作弊，为他人组织作弊提供作弊器材或者其他帮助，或者非法出售、提供试题、答案，符合非法获取国家秘密罪、非法生产、销售窃听、窃照专用器材罪、非法使用窃听、窃照专用器材罪、非法利用信息网络罪、扰乱无线电通讯管理秩序罪等犯罪构成要件的，依法追究刑事责任。

第十一条 设立用于实施考试作弊的网站、通讯群组或者发布有关考试作弊的信息，情节严重的，应当依照刑法第二百八十七条之一的规定，以非法利用信息网络罪定罪处罚；同时构成组织考试作弊罪、非法出售、提供试题、答案罪、非法获取国家秘密罪等其他犯罪的，依照处罚较重的规定定罪处罚。

第十二条 对于实施本解释规定的犯罪被判处刑罚的，可以根据犯罪情况和预防再犯罪的需要，依法宣告职业禁止；被判处管制、宣告缓刑的，可以根据犯罪情况，依法宣告禁止令。

第十三条 对于实施本解释规定的行为构成犯罪的，应当综合考虑犯罪的危害程度、违法所得数额以及被告人的前科情况、认罪悔罪态度等，依法判处罚金。

第十四条 本解释自2019年9月4日起施行。

《关于办理组织考试作弊等刑事案件适用法律若干问题的解释》理解与适用*

缐 杰 宋 丹**

最高人民法院、最高人民检察院《关于办理组织考试作弊等刑事案件适用法律若干问题的解释》（以下简称《解释》），分别经2019年4月8日最高人民法院审判委员会第1765次会议、2019年6月28日最高人民检察院第十三届检察委员会第二十次会议通过，于2019年9月2日公布，自2019年9月4日起施行。为便于司法工作人员正确理解和适用《解释》的相关规定，现对《解释》解读如下。

一、《解释》的制定背景及过程

考试作弊不仅破坏考试制度和人才选拔制度，而且妨碍社会公平正义，破坏社会诚信，违背社会主义核心价值观，具有较大的社会危害性。2015年11月1日起施行的《刑法修正案（九）》增设《刑法》第284条之一，规定了组织考试作弊罪，非法出售、提供试题、答案罪和代替考试罪。《刑法修正案（九）》施行以来，各级执法司法机关依据相关刑法规定，严肃惩处考试作弊犯罪。2016年至2018年，全国检察机关审查逮捕考试作弊类案件802件1740人，审查起诉考试作弊类案件1448件4159人，为有效维护考试公平与秩序，保障社会诚信体系建设，促进社会公平正义发挥了积极作用。但是，司法实践中考试作弊形式复杂多变，从简单的夹带小纸条、替考等逐渐发展成各种违法犯罪活动相互依赖、分工明确、环环相扣的产业、链条化、组织化程度越来越高。为依法严惩考试作弊犯罪，有必要制定司法解释，规定组织考试作弊罪，非法出售、提供试题、答案罪和代替考试罪的定罪量刑标准，明确"法律规定的国家考试"的范围、组织考试作弊犯罪既遂的认定标准、考试作弊犯罪罪数处断等存在争议的法律适用问题。

2016年，最高人民检察院会同最高人民法院，在教育部、公安部、人力资源和社会保障部等单位的大力支持下，联合开展调研，起草了《解释》初稿。2017年、2018年，最高人民检察院法律政策研究室与最高人民法院研究

---

* 原文刊载于《人民检察》2019年第23期。
** 作者单位：最高人民检察法律政策研究室。

室多次召开专题会议，邀请教育部、公安部、人力资源和社会保障部有关部门研究论证，并听取考试作弊案件多发地区公检法一线办案人员意见，2019年2月，征求了全国人民代表大会常务委员会法制工作委员会意见。经深入调查研究，广泛征求意见，形成《解释》，并经最高人民法院审判委员会、最高人民检察院检察委员会分别审议通过。

二、《解释》的主要内容

《解释》共14条。针对办理考试作弊犯罪案件起诉、审判过程中存在的突出法律适用问题，主要规定了以下几个方面的内容：（1）"法律规定的国家考试"的范围；（2）组织考试作弊罪，非法出售、提供试题、答案罪和代替考试罪的定罪量刑标准；（3）考试作弊犯罪宽严相济刑事政策的把握；（4）单位犯罪，罪数处断，职业禁止、禁止令和罚金刑适用等问题。

（一）"法律规定的国家考试"的范围

根据《刑法》第284条之一的规定，组织考试作弊罪及非法出售、提供试题、答案罪和代替考试罪的适用范围是"法律规定的国家考试"。

《解释》第1条第1款对"法律规定的国家考试"内涵作出规定，"法律规定的国家考试"仅限于全国人民代表大会及其常务委员会制定的法律所规定的考试。《刑法修正案（九）》施行以来，有地方反映在适用"法律规定的国家考试"规定时不好把握，甘肃省等地检察机关曾就此问题请示最高人民检察院法律政策研究室。实践中，一些考试是由条例、实施办法、规定等行政法规、部门规章规定的，有意见认为，"法律规定的国家考试"可以作广义的理解，包括法律、行政法规、部门规章规定的考试。经研究认为，刑法设置考试作弊类犯罪主要是从维护社会诚信、惩治失信背信的角度出发，着重打击组织考试作弊犯罪，并对其他让他人替考或者为他人替考行为也规定了刑罚。为避免刑事犯罪圈的扩大，有必要对纳入刑事处罚范围的考试有所限制。因此，"法律规定的国家考试"仅限于全国人民代表大会及其常务委员会制定的法律所规定的考试。

第2款对"法律规定的国家考试"的外延予以列举。目前，国家考试分属不同部门主管，大致可分为教育类考试、录用任用考试、资格类考试等类型，共计200多种。经梳理，目前20余部法律对"法律规定的国家考试"作出规定，包括高等教育法、公务员法、法官法、检察官法、教师法等。其他考试，如护士执业资格考试，只有国务院2008年1月31日发布的《护士条例》对此有规定，缺乏法律依据，不属于"法律规定的国家考试"。具体而言，下列考试属于"法律规定的国家考试"：（1）普通高等学校招生考试、研究生招生考试、高等教育自学考试、成人高等学校招生考试等国家教育考试；（2）中央和地方公务员录用考试；（3）国家统一法律职业资格考试、国家教师资格考试、注册会计师全国统一考试、会计专业技术资格考试、资产评估师资格考试、医师资格考试、执业药师职业资格考试、注册建筑师考试、建造师执业资格考试等专业技术资格考试；（4）其他依照法律由中央或者地方主管部门以及行业组织的国家考试。

需要注意的，一是"法律规定的国家考试"不限于由中央有关主管部门依照法律统一组织的全国性考试，也包括地方主管部门依照法律规定组织的考试。例如，《公务员法》第24条规定："中央机关及其直属机构公务员的录用，由中央公务员主管部门负责组织。地方各级机关公务员的录用，由省级公务员主管部门负责组织，必要时省级公务员主管部门可以授权设区的市级公务员主管部门组织。"又如，高考既有全国统一考试，也有各省依照法律规定组织的考试。二是常见的英语四、六级考试虽然由教育部组织实施，但相关法律未作明确规定，不能认定为"法律规定的国家考试"。《国家教育考试违规处理办法》第2条明确规定："本办法所称国家教育考试是指普通和成人高等学校招生考试、全国硕士研究生招生考试、高等教育自学考试等，由国务院教育行政部门确定实施，由经批准的实施教育考试的机构承办，面向社会公开、统一举行，其结果作为招收学历教育学生或者取得国家承认学历、学位证书依据的测试活动。"据此，国家教育考试主要是指普通和成人高等学校招生考试、全国硕士研究生招生考试、高等教育自学考试等4种考试。

第3款进一步明确第2款规定的考试涉及的特殊类型招生、特殊技能测试、面试等考试，属于"法律规定的国家考试"。随着考试制度的改革与不断完善，高等学校招生考试中的自主招生、特长生招生、保送生招生、艺术体育类专业招生等考试，以及公务员录用、专业技术资格等考试涉及的特殊技能测试、面试、综合测试等考试形式越来越多，打破了社会大众对考试的传统认知。《解释》起草过程中，曾对特殊类型招生、特殊技能测试、面试等考试是否属于"法律规定的国家考试"存在不同理解。为此，最高人民检察院法律政策研究室专门听取了教育部、人力资源和社会保障部等单位的意见。经了解，对教育考试中的自主招生、特长生招生、保送生招生等特殊类型考试，教育部已经明确属于"普通高等学校招生考试"。随着教育制度的改革，以后考试可能会逐步采取以统一高考为基础，加上自主招生、特长生招生等特殊考试的形式。经研究认为，从目前查获的相关案件看，在特殊类型招生中组织作弊的情况严重，社会影响恶劣，人民群众反映强烈，应当予以严厉打击。明确特殊类型招生等属于"法律规定的国家考试"，并不是一味地要加大打击这类招生中的作弊者，而是主要处罚组织作弊行为，刑事打击面也不会无限扩大。在各部门意见一致的基础上，本款明确了特殊类型招生、特殊技能测试、面试等考试，属于"法律规定的国家考试"。

（二）组织考试作弊罪的定罪量刑标准

根据《刑法》第284条之一第1款、第2款的规定，在法律规定的国家考试中，组织作弊或者为他人实施组织作弊犯罪提供作弊器材或其他帮助的，构成组织考试作弊罪，处3年以下有期徒刑或者拘役，并处或者单处罚金；情节严重的，处3年以上7年以下有期徒刑，并处罚金。根据法律规定，结合司法实践，《解释》第2条设置9项对组织考试作弊罪"情节严重"的认定标准作出明确规定。一是考量考试类型。普通高等学校招生考试、研究生招生考试、公务员录用考试社会关注度高、影响大、涉及面广，第1项将在此类考试中组织作弊的直接规定为"情节严重"。二是考量行为后果。第2项将导致考试推迟、取消或者启用备用试题的明确规定为"情节严重"。三是考量行为主体。考试工作人员违背所承担的职责组织考试作弊，主观恶性更大，第3项将考试工作人员组织考试作弊的规定为"情节严重"。需要注意的是，"考试工作人员"的范围可以理解为参与考试管理和服务工作的人员，包括命（审）题（卷）、监考、主考、巡考、考试系统操作、评卷等人员。四是考量地域范围。组织考生跨省、自治区、直辖市作弊的，涉及多个地域，危害严重，第4项将其规定为"情节严重"。五是考量数量标准。第5项、第6项、第7项将多次组织考试作弊，组织30人次以上作弊，以及提供作弊器材50件以上的规定为"情节严重"。六是考量违法所得。从司法实践来看，根据所涉考试的不同，组织考试作弊或者提供作弊器材等帮助的违法所得数额相差较大。为严厉惩治组织考试作弊犯罪，第8项将违法所得30万元以上的规定为"情节严重"。第九项"其他情节严重的情形"是兜底条款。

需要说明的是，《解释》没有对"组织作弊"进行解释。我们认为，组织作弊是指直接组织、指挥、策划、指使他人实施作弊的行为，例如，组织、指挥、策划、指使他人提供试题、答案、携带与考试内容相关的资料、作弊器材等。此外，还包括为他人实施作弊创造条件、提供便利的行为，如违反考场纪律、干扰考场秩序，为考生获得答案提供便利等情形。对于为一人作弊实施组织作弊行为的，能否认定组织作弊？或者指使、策划一人为多人作弊提供帮助的，能否认定组织作弊？我们认为，对于为一人作弊实施组织行为，以及指使、策划一人为多人作弊提供帮助的，均可认定为"组织作弊"。

（三）作弊器材的认定标准和方法

根据《刑法》第284条之一第2款的规定，组织考试作弊罪还包括为他人实施组织考试作弊犯罪提供作弊器材的情形。《解释》第 3 条对"作弊器材"的认定标准和方法作出规定。第 1 款规定,具有避开或者突破考场防范作弊的安全管理措施,获取、记录、传递、接收、存储考试试题、答案等功能的程序、工具,以及专门设计用于作弊的程序、工具,应当认定为《刑法》第 284 条之一第 2 款规定的"作弊器材"。例如,通过伪装以规避考场检查并可以发送、接收考试试题、答案的纽扣式数码相机、眼镜式密拍设备等工具,可以认定为"作弊器材";而普通的手机、相机,不宜认定为"作弊器材"。研究起草过程中,有意见提出,将来可能出现新的作弊工具,例如,在机动车驾驶员考试中,可能存在专门用于修改电子计分的程序和工具,是否可以认定为"作弊器材"?经进一步研究认为,从当前查处的案件情况来看,目前的规定可以涵括所有涉案作弊器材。但是,未来有可能出现新型作弊器材,如在机动车驾驶员考试中,目前有的地方实行电子路考,摒弃原先的考试员监考评分,取而代之电脑监控评判,扣分等工作也全部由电脑控制。如果研制相关作弊程序,控制电子路考设备,使其失去相应功能,无法进行扣分的,也应当认定为"作弊器材"。因此,本款将"专门设计用于作弊的程序、工具"增加规定为"作弊器材"。

为统一作弊器材的认定程序,《解释》第 3 条第 2 款进一步规定:"对于是否属于刑法第二百八十四条之一第二款规定的'作弊器材'难以确定的,依据省级以上公安机关或者考试主管部门出具的报告,结合其他证据作出认定;涉及专用间谍器材、窃听、窃照专用器材、'伪基站'等器材的,依照相关规定作出认定。"本款为了避免基层公安机关对自己侦办的案件出具认定意见,将出具报告的主体限定为省级以上公安机关或者考试主管部门。考虑到 2014 年原国家工商行政管理总局、公安部、国家质量监督检验检疫总局《禁止非法生产销售使用窃听窃照专用器材和"伪基站"设备的规定》第 7 条规定,公安机关负责对窃听窃照器材、"伪基站"设备的认定工作。2017 年国务院《反间谍法实施细则》第 18 条第 2 款规定,专用间谍器材的确认,由国务院国家安全主管部门负责。故第 2 款还明确规定"涉及专用间谍器材、窃听窃照专用器材、'伪基站'等器材的,依照相关规定作出认定"。

(四)组织考试作弊罪既遂的认定标准

从实践来看,组织考试作弊的案件不少在考试开始之前即被查处,此种情形下组织考试作弊的目的未能实现,究竟应当认定为犯罪既遂还是未遂,实践中存在不同认识。经研究认为,组织考试作弊罪的客观行为表现方式是组织作弊以及为他人实施组织考试作弊犯罪提供作弊器材或者其他帮助,而作弊目的是否实现不影响犯罪既遂的成立,只要组织考试作弊的行为已经实际严重危害到考试秩序，就应当认定为犯罪既遂。为统一法律适用，依法严惩组织考试作弊犯罪，《解释》第4条规定："组织考试作弊，在考试开始之前被查获，但已经非法获取考试试题、答案或者具有其他严重扰乱考试秩序情形的，应当认定为组织考试作弊罪既遂。"

需要说明的是，组织考试作弊过程中提供假试题、假答案的，如何处理？经研究认为，提供假试题、假答案的应当区分不同情况：对于认识错误的，不影响组织行为既遂的认定；对于故意提供假试题、假答案的，可以考虑以诈骗罪等犯罪论处。

（五）非法出售、提供试题、答案罪"情节严重"的认定标准

根据《刑法》第284条之一第3款的规定，为实施考试作弊行为，向他人非法出售或者提供法律规定的国家考试的试题、答案的，即构成非法出售、提供试题、答案罪，处3年以下有期徒刑或者拘役，并处或者单处罚金；情节严重的，处3年以上7年以下有期徒刑，并处罚金。根据法律规定，结合司法实践，《解释》第5条设置7项对非法出售、提供试题、答案罪"情节严重"的认定标准作出明确规定。一是考量考试类型。第1项将非法出售或者提供普通高等学校招生考试、研究生招生考试、公务员录用考试的试题、答案的直接规定为"情节严重"。二是考量行为后果。第2项将导致考试推迟、取消或者启用备用试题的明确规定为"情节严重"。三是考量行为主体。第3项将考试工作人员非法出售或者提供试题、答案的规定为"情节严重"。四是考量数量标准。第4项、第5项将多次非法出售或者提供试题、答案，向30人次以上非法出售或者提供试题、答案的规定为"情节严重"。五是考量违法所得。第6项将违法所得30万元以上的规定为"情节严重"。第7项"其他情节严重的情形"是兜底条款。

（六）非法出售、提供的试题不完整或者答案与标准答案不完全一致的处理

从实践来看，由于各种原因，不少非法出售、提供试题、答案的案件，存在涉案试题不完整，答案不标准，或者答案不完全一致的情况，甚至可能出现行为人由于认识错误出售、提供完全错误的答案、试题的情况。经研究认为，刑法规定的非法出售、提供试题、答案罪，只要在法律规定的国家考试中，实施了非法出售或者提供试题、答案行为，即构成犯罪。试题不完整或者答案与标准答案不完全一致的，不影响犯罪的认定。《解释》第6条规定："为实施考试作弊行为，向他人非法出售或者提供法律规定的国家考试的试题、答案，试题不完整或者答案与标准答案不完全一致的，不影响非法出售、提供试题、答案罪的认定。"需要说明的是，如果试题本身错误或者答案与标准答案完全或者较大程度不一致，同时构成诈骗罪的，可以从一重罪处理。

（七）代替考试犯罪的处理

根据《刑法》第284条之一第4款的规定，代替他人或者让他人代替自己参加法律规定的国家考试的，构成代替考试罪，处拘役或者管制，并处或者单处罚金，没有情节的限制。考虑到实践中代替考试的情形较为复杂，不区分情况一律定罪处罚过严，为充分发挥刑法的威慑和教育功能，《解释》第7条第1款重申了在法律规定的国家考试中代替考试构成犯罪的规定，即"代替他人或者让他人代替自己参加法律规定的国家考试的，应当依照刑法第二百八十四条之一第四款的规定，以代替考试罪定罪处罚"；同时，为促使代替考试的行为人积极认罪悔罪，实现案件宽严相济、繁简分流，第2款专门规定："对于行为人犯罪情节较轻，确有悔罪表现，综合考虑行为人替考情况以及考试类型等因素，认为符合缓刑适用条件的，可以宣告缓刑；犯罪情节轻微的，可以不起诉或者免予刑事处罚；情节显著轻微危害不大的，不以犯罪论处。"

（八）单位实施考试作弊犯罪的定罪量刑标准

根据《刑法》第284条之一的规定，组织考试作弊罪、非法出售、提供试题、答案罪和代替考试罪均不是单位犯罪。考虑到司法实践中存在单位实施考试作弊犯罪，特别是组织考试作弊犯罪的情形，根据2014年4月全国人民代表大会常务委员会《关于〈中华人民共和国刑法〉第三十条的解释》的规定，《解释》第8条明确单位实施考试作弊犯罪的，追究组织者、策划者、实施者的刑事责任，即"单位实施组织考试作弊、非法出售、提供试题、答案等行为的，依照本解释规定的相应定罪量刑标准，追究组织者、策划者、实施者的刑事责任"。

（九）考试作弊犯罪的罪数处断

司法实践中，往往存在行为人非法获取试题、答案，而后组织考试作弊或者向他人非法出售、提供试题、答案的情形，是否应当数罪并罚，存在不同认识。经研究认为，此种情形实际上是数个行为触犯数个罪名，应当予以数罪并罚。《解释》第9条规定："以窃取、刺探、收买方法非法获取法律规定的国家考试的试题、答案，又组织考试作弊或者非法出售、提供试题、答案，分别符合刑法第二百八十二条和刑法第二百八十四条之一规定的，以非法获取国家秘密罪和组织考试作弊罪或者非法出售、提供试题、答案罪数罪并罚。"

（十）在法律规定的国家考试以外的其他考试中实施考试作弊犯罪的处理

根据《刑法》第284条之一的规定，组织考试作弊罪，非法出售、提供试题、答案罪和代替考试罪将适用范围限于"法律规定的国家考试"，但实践中大量存在在法律规定的国家考试以外的其他考试中实施考试作弊的情形。《解释》第10条明确："在法律规定的国家考试以外的其他考试中，组织作弊，为他人组织作弊提供作弊器材或者其他帮助，或者非法出售、提供试题、答案，符合非法获取国家秘密罪、非法生产、销售窃听、窃照专用器材罪、非法使用窃听、窃照专用器材罪、非法利用信息网络罪、扰乱无线电通讯管理秩序罪等犯罪构成要件的，依法追究刑事责任。"具体而言，可以根据案件情况，以其他相应的罪名追究刑事责任。例如，在法律规定的国家考试以外的其他考试中，非法出售、提供试题、答案的，可以构成非法获取国家秘密罪；为在法律规定的国家考试以外的其他考试中实施组织作弊等行为，而非法生产、销售、使用作弊器材、销售窃听、窃照专用器材的，可以构成非法生产、销售窃听、窃照专用器材罪，非法使用窃听、窃照专用器材罪；为在法律规定的国家考试以外的其他考试中实施组织作弊等行为，设立组织考试作弊的网站、通讯群组的、发布实施考试作弊犯罪的违法犯罪信息的，可以构成非法利用信息网络罪；在法律规定的国家考试以外的其他考试中利用伪基站等作弊的，可以构成扰乱无线电通讯管理秩序罪。

（十一）设立用于实施考试作弊的网站、通讯群组或者发布考试作弊信息行为的定性

根据《刑法》第287条之一第1款的规定，设立用于实施违法犯罪活动的网站、通讯群组或者发布有关违法犯罪信息，情节严重的，构成非法利用信息网络罪。根据考试作弊犯罪的具体情况，《解释》第11条规定："设立用于实施考试作弊的网站、通讯群组或者发布有关考试作弊的信息，情节严重的，应当依照刑法第二百八十七条之一的规定，以非法利用信息网络罪定罪处罚；同时构成组织考试作弊罪、非法出售、提供试题，答案罪，非法获取国家秘密罪等其他犯罪的，依照处罚较重的规定定罪处罚。"

（十二）考试作弊犯罪的职业禁止、禁止令的适用

从实践来看，考试作弊犯罪相当程度上存在再犯现象，不少罪犯"重操旧业"，《解释》第12条规定可以依法宣告职业禁止和禁止令，即"对于实施本解释规定的犯罪被判处刑罚的，可以根据犯罪情况和预防再犯罪的需要，依法宣告职业禁止；被判处管制、宣告缓刑的，可以根据犯罪情况，依法宣告禁

止令",以达到约束考试作弊罪犯,防止再次犯罪的目的。

(十三) 考试作弊犯罪罚金刑的适用

司法实践中,考试作弊犯罪主要是为了牟取非法利益。因此,有必要加大财产刑的适用力度,让行为人在经济上得不偿失,进而剥夺其再次实施此类犯罪的经济能力。《解释》第13条规定:"对于实施本解释规定的行为构成犯罪的,应当综合考虑犯罪的危害程度、违法所得数额以及被告人的前科情况、认罪悔罪态度等,依法判处罚金。"实践中,具体罚金刑的数额确定标准,可以按照最高人民法院《关于适用财产刑若干问题的规定》等规定执行。

(十四) 解释的效力

《解释》第14条规定了施行日期,自2019年9月4日起施行。

科技部、中央宣传部、最高人民法院、最高人民检察院等科研诚信案件调查处理规则（试行）

（2019年9月25日公布并施行　国科发监〔2019〕323号）

第一章　总　则

第一条　为规范科研诚信案件调查处理工作，根据《中华人民共和国科学技术进步法》《中华人民共和国高等教育法》《关于进一步加强科研诚信建设的若干意见》等规定，制定本规则。

第二条　本规则所称的科研诚信案件，是指根据举报或其他相关线索，对涉嫌违背科研诚信要求的行为开展调查并作出处理的案件。

前款所称违背科研诚信要求的行为（以下简称科研失信行为），是指在科学研究及相关活动中发生的违反科学研究行为准则与规范的行为，包括：

（一）抄袭、剽窃、侵占他人研究成果或项目申请书；

（二）编造研究过程，伪造、篡改研究数据、图表、结论、检测报告或用户使用报告；

（三）买卖、代写论文或项目申请书，虚构同行评议专家及评议意见；

（四）以故意提供虚假信息等弄虚作假的方式或采取贿赂、利益交换等不正当手段获得科研活动审批，获取科技计划项目（专项、基金等）、科研经费、奖励、荣誉、职务职称等；

（五）违反科研伦理规范；

（六）违反奖励、专利等研究成果署名及论文发表规范；

（七）其他科研失信行为。

第三条　任何单位和个人不得阻挠、干扰科研诚信案件的调查处理，不得推诿包庇。

第四条　科研诚信案件被调查人和证人等应积极配合调查，如实说明问题，提供相关证据，不得隐匿、销毁证据材料。

第二章 职责分工

第五条 科技部和社科院分别负责统筹自然科学和哲学社会科学领域科研诚信案件的调查处理工作。应加强对科研诚信案件调查处理工作的指导和监督，对引起社会普遍关注，或涉及多个部门（单位）的重大科研诚信案件，可组织开展联合调查，或协调不同部门（单位）分别开展调查。

主管部门负责指导和监督本系统科研诚信案件调查处理工作，建立健全重大科研诚信案件信息报送机制，并可对本系统重大科研诚信案件独立组织开展调查。

第六条 科研诚信案件被调查人是自然人的，由其被调查时所在单位负责调查。调查涉及被调查人在其他曾任职或求学单位实施的科研失信行为的，所涉单位应积极配合开展调查处理并将调查处理情况及时送被调查人所在单位。

被调查人担任单位主要负责人或被调查人是法人单位的，由其上级主管部门负责调查。没有上级主管部门的，由其所在地的省级科技行政管理部门或哲学社会科学科研诚信建设责任单位负责组织调查。

第七条 财政资金资助的科研项目、基金等的申请、评审、实施、结题等活动中的科研失信行为，由项目、基金管理部门（单位）负责组织调查处理。项目申报推荐单位、项目承担单位、项目参与单位等应按照项目、基金管理部门（单位）的要求，主动开展并积极配合调查，依据职责权限对违规责任人作出处理。

第八条 科技奖励、科技人才申报中的科研失信行为，由科技奖励、科技人才管理部门（单位）负责组织调查，并分别依据管理职责权限作出相应处理。科技奖励、科技人才推荐（提名）单位和申报单位应积极配合并主动开展调查处理。

第九条 论文发表中的科研失信行为，由第一通讯作者或第一作者的第一署名单位负责牵头调查处理，论文其他作者所在单位应积极配合做好对本单位作者的调查处理并及时将调查处理情况报送牵头单位。学位论文涉嫌科研失信行为的，学位授予单位负责调查处理。

发表论文的期刊编辑部或出版社有义务配合开展调查，应当主动对论文内容是否违背科研诚信要求开展调查，并应及时将相关线索和调查结论、处理决定等告知作者所在单位。

第十条 负有科研诚信案件调查处理职责的相关单位，应明确本单位承担调查处理职责的机构，负责科研诚信案件的登记、受理、调查、处理、复查等。

第三章 调 查

第一节 举报和受理

第十一条 科研诚信案件举报可通过下列途径进行：

（一）向被举报人所在单位举报；

（二）向被举报人单位的上级主管部门或相关管理部门举报；

（三）向科研项目、科技奖励、科技人才计划等的管理部门（单位）、监督主管部门举报；

（四）向发表论文的期刊编辑部或出版机构举报；

（五）其他方式。

第十二条 科研诚信案件的举报应同时满足下列条件：

（一）有明确的举报对象；

（二）有明确的违规事实；

（三）有客观、明确的证据材料或查证线索。

鼓励实名举报，不得恶意举报、诬陷举报。

第十三条 下列举报，不予受理：

（一）举报内容不属于科研失信行为的；

（二）没有明确的证据和可查线索的；

（三）对同一对象重复举报且无新的证据、线索的；

（四）已经做出生效处理决定且无新的证据、线索的。

第十四条 接到举报的单位应在 15 个工作日内进行初核。初核应由 2 名工作人员进行。

初核符合受理条件的，应予以受理。其中，属于本单位职责范围的，由本单位调查；不属于本单位职责范围的，可转送相关责任单位或告知举报人向相关责任单位举报。

举报受理情况应在完成初核后 5 个工作日内通知实名举报人，不予受理的应说明情况。举报人可以对不予受理提出异议并说明理由，符合受理条件的，应当受理；异议不成立的，不予受理。

第十五条 下列科研诚信案件线索，符合受理条件的，有关单位应主动受理，主管部门应加强督查。

（一）上级机关或有关部门移送的线索；

（二）在日常科研管理活动中或科技计划、科技奖励、科技人才管理等工作中发现的问题和线索；

（三）媒体披露的科研失信行为线索。

第二节 调 查

第十六条 调查应制订调查方案，明确调查内容、人员、方式、进度安排、保障措施等，经单位相关负责人批准后实施。

第十七条 调查应包括行政调查和学术评议。行政调查由单位组织对案件的事实情况进行调查，包括对相关原始数据、协议、发票等证明材料和研究过程、获利情况等进行核对验证。学术评议由单位委托本单位学术（学位、职称）委员会或根据需要组成专家组，对案件涉及的学术问题进行评议。专家组应不少于 5 人，根据需要由案件涉及领域的同行科技专家、管理专家、科研伦理专家等组成。

第十八条 调查需要与被调查人、证人等谈话的，参与谈话的调查人员不得少于 2 人，谈话内容应书面记录，并经谈话人和谈话对象签字确认，在履行告知程序后可录音、录像。

第十九条 调查人员可按规定和程序调阅、摘抄、复印、封存相关资料、设备。调阅、封存的相关资料、设备应书面记录，并由调查人员和资料、设备管理人签字确认。

第二十条 调查中应当听取被调查人的陈述和申辩，对有关事实、理由和证据进行核实。可根据需要要求举报人补充提供材料，必要时经举报人同意可组织举报人与被调查人当面质证。严禁以威胁、引诱、欺骗以及其他非法手段收集证据。

第二十一条 调查中发现被调查人的行为可能影响公众健康与安全或导致其他严重后果的，调查人员应立即报告，或按程序移送有关部门处理。

第二十二条 调查中发现关键信息不充分，或暂不具备调查条件的，或被调查人在调查期间死亡的，可经单位负责人批准中止或终止调查。条件具备时，应及时启动已中止的调查，中止的时间不计入调查时限。对死亡的被调查人中止或终止调查不影响对案件涉及的其他被调查人的调查。

第二十三条 调查结束应形成调查报告。调查报告应包括举报内容的说明、调查过程、查实的基本情况、违规事实认定与依据、调查结论、有关人员的责任、被调查人的确认情况以及处理意见或建议等。调查报告须由全体调查人员签字。

如需补充调查，应确定调查方向和主要问题，由原调查人员进行，并根据补充调查情况重新形成调查报告。

第二十四条 科研诚信案件应自决定受理之日起 6 个月内完成调查。

特别重大复杂的案件，在前款规定期限内仍不能完成调查的，经单位主要负责人批准后可延长调查期限，延长时间最长不得超过一年。上级机关和有关部门移交的案件，调查延期情况应向移交机关或部门报备。

第四章 处　　理

第二十五条 被调查人科研失信行为的事实、性质、情节等最终认定后，由调查单位按职责对被调查人作出处理决定，或向有关单位或部门提出处理建议，并制作处理决定书或处理建议书。

第二十六条 处理决定书或处理建议书应载明以下内容：

（一）责任人的基本情况（包括身份证件号码、社会信用代码等）；

（二）违规事实情况；

（三）处理决定和依据；

（四）救济途径和期限；

（五）其他应载明的内容。

做出处理决定的单位负责向被调查人送达书面处理决定书，并告知实名举报人。

第二十七条 作出处理决定前，应书面告知被处理人拟作出处理决定的事实、理由及依据，并告知其依法享有陈述与申辩的权利。被调查人没有进行陈述或申辩的，视为放弃陈述与申辩的权利。被调查人作出陈述或申辩的，应充分听取其意见。

第二十八条 处理包括以下措施：

（一）科研诚信诫勉谈话；

（二）一定范围内或公开通报批评；

（三）暂停财政资助科研项目和科研活动，限期整改；

（四）终止或撤销财政资助的相关科研项目，按原渠道收回已拨付的资助经费、结余经费，撤销利用科研失信行为获得的相关学术奖励、荣誉称号、职务职称等，并收回奖金；

（五）一定期限直至永久取消申请或申报科技计划项目（专项、基金等）、科技奖励、科技人才称号和专业技术职务晋升等资格；

（六）取消已获得的院士等高层次专家称号，学会、协会、研究会等学术团体以及学术、学位委员会等学术工作机构的委员或成员资格；

（七）一定期限直至永久取消作为提名或推荐人、被提名或推荐人、评审专家等资格；

（八）一定期限减招、暂停招收研究生直至取消研究生导师资格；

（九）暂缓授予学位、不授予学位或撤销学位；
（十）其它处理。

上述处理措施可合并使用。科研失信行为责任人是党员或公职人员的，还应根据《中国共产党纪律处分条例》等规定，给予责任人党纪和政务处分。责任人是事业单位工作人员的，应按照干部人事管理权限，根据《事业单位工作人员处分暂行规定》给予处分。涉嫌违法犯罪的，应移送有关国家机关依法处理。

第二十九条 有关机构或单位有组织实施科研失信行为的，或在调查处理中推诿塞责、隐瞒包庇、打击报复举报人的，主管部门应撤销该机构或单位因此获得的相关利益、荣誉，给予单位警告、重点监管、通报批评、暂停拨付或追回资助经费、核减间接费用、取消一定期限内申请和承担项目资格等处理，并按照有关规定追究其主要负责人、直接负责人的责任。

第三十条 被调查人有下列情形之一的，认定为情节较轻，可从轻或减轻处理：
（一）有证据显示属于过失行为且未造成重大影响的；
（二）过错程度较轻且能积极配合调查的；
（三）在调查处理前主动纠正错误，挽回损失或有效阻止危害结果发生的；
（四）在调查中主动承认错误，并公开承诺严格遵守科研诚信要求、不再实施科研失信行为的。

第三十一条 被调查人有下列情形之一的，认定为情节较重或严重，应从重或加重处理：
（一）伪造、销毁、藏匿证据的；
（二）阻止他人提供证据，或干扰、妨碍调查核实的；
（三）打击、报复举报人的；
（四）存在利益输送或利益交换的；
（五）有组织地实施科研失信行为的；
（六）多次实施科研失信行为或同时存在多种科研失信行为的；
（七）态度恶劣，证据确凿、事实清楚而拒不承认错误的；
（八）其他情形。

有前款情形且造成严重后果或恶劣影响的属情节特别严重，应加重处理。

第三十二条 对科研失信行为情节轻重的判定应考虑以下因素：
（一）行为偏离科学界公认行为准则的程度；
（二）是否有故意造假、欺骗或销毁、藏匿证据行为，或者存在阻止他人提供证据，干扰、妨碍调查，或打击、报复举报人的行为；

（三）行为造成社会不良影响的程度；

（四）行为是首次发生还是屡次发生；

（五）行为人对调查处理的态度；

（六）其他需要考虑的因素。

第三十三条 经调查认定存在科研失信行为的，应视情节轻重给予以下处理：

（一）情节较轻的，警告、科研诚信诫勉谈话或暂停财政资助科研项目和科研活动，限期整改，暂缓授予学位；

（二）情节较重的，取消3年以内承担财政资金支持项目资格及本规则规定的其他资格，减招、暂停招收研究生，不授予学位或撤销学位；

（三）情节严重的，所在单位依法依规给予降低岗位等级或者撤职处理，取消3~5年承担财政资金支持项目资格及本规则规定的其他资格；

（四）情节特别严重的，所在单位依法依规给予取消5年以上直至永久取消其晋升职务职称、申报财政资金支持项目等资格及本规则规定的其他资格，并向社会公布。

存在本规则第二条（一）（二）（三）（四）情形之一的，处理不应低于前款（二）规定的尺度。

第三十四条 被给予本规则第三十三条（二）（三）（四）规定处理的责任人正在申报财政资金资助项目或被推荐为相关候选人、被提名人、被推荐人等的，终止其申报资格或被提名、推荐资格。

利用科研失信行为获得的资助项目、科研经费以及科技人才称号、科技奖励、荣誉、职务职称、学历学位等的，撤销获得的资助项目和人才、奖励、荣誉等称号及职务职称、学历学位，追回项目经费、奖金。

第三十五条 根据本规则规定给予被调查人一定期限取消相关资格处理和取消已获得的相关称号、资格处理的，均应对责任人在单位内部或系统通报批评，并记入科研诚信严重失信行为数据库，按照国家有关规定纳入信用信息系统，并提供相关部门和地方依法依规对有关责任主体实施失信联合惩戒。

根据前款规定记入科研诚信严重失信行为数据库的，应在处理决定书中载明。

第三十六条 根据本规则给予被调查人一定期限取消相关资格处理和取消已获得的相关称号、资格处理的，处理决定由省级及以下地方相关单位作出的，决定作出单位应在决定生效后1个月内将处理决定书和调查报告报送所在地省级科技行政管理部门或哲学社会科学科研诚信建设责任单位和上级主管部门。省级科技行政管理部门应在收到后 10 个工作日内通过科研诚信信息系统提交至科技部。

处理决定由国务院部门及其所属单位作出的，由该部门在处理决定生效后 1 个月内将处理决定书和调查报告提交至科技部。

第三十七条 被调查人科研失信行为涉及科技计划（专项、基金等）、科技奖励、科技人才等的，调查处理单位应将调查处理决定或处理建议书同时报送科技计划（专项、基金等）、科技奖励和科技人才管理部门（单位）。科技计划（专项、基金等）、科技奖励、科技人才管理部门（单位）在接到调查报告和处理决定书或处理建议书后，应依据经查实的科研失信行为，在职责范围内对被调查人同步做出处理，并制作处理决定书，送达被处理人及其所在单位。

第三十八条 对经调查未发现存在科研失信行为的，调查单位应及时以公开等适当方式澄清。

对举报人捏造事实，恶意举报的，举报人所在单位应依据相关规定对举报人严肃处理。

第三十九条 处理决定生效后，被处理人如果通过全国性媒体公开作出严格遵守科研诚信要求、不再实施科研失信行为承诺，或对国家和社会做出重大贡献的，做出处理决定的单位可根据被处理人申请对其减轻处理。

第五章　申诉复查

第四十条 当事人对处理决定不服的，可在收到处理决定书之日起 15 日内，按照处理决定书载明的救济途径向做出调查处理决定的单位或部门书面提出复查申请，写明理由并提供相关证据或线索。

调查处理单位（部门）应在收到复查申请之日起 15 个工作日内作出是否受理决定。决定受理的，另行组织调查组或委托第三方机构，按照本规则的调查程序开展调查，作出复查报告，向被举报人反馈复查决定。

第四十一条 当事人对复查结果不服的，可向调查处理单位的上级主管部门或科研诚信管理部门提出书面申诉，申诉必须明确理由并提供充分证据。

相关单位或部门应在收到申诉之日起 15 个工作日内作出是否受理决定。仅以对调查处理结果和复查结果不服为由，不能说明其他理由并提供充分证据，或以同一事实和理由提出申诉的，不予受理。决定受理的，应再次组织复查，复查结果为最终结果。

第四十二条 复查应制作复查决定书，复查决定书应针对当事人提出的理由一一给予明确回复。复查原则上应自受理之日起 90 个工作日内完成。

第六章　保障与监督

第四十三条　参与调查处理工作的人员应遵守工作纪律，签署保密协议，不得私自留存、隐匿、摘抄、复制或泄露问题线索和涉案资料，未经允许不得透露或公开调查处理工作情况。

委托第三方机构开展调查、测试、评估或评价时，应履行保密程序。

第四十四条　调查处理应严格执行回避制度。参与科研诚信案件调查处理工作的专家和调查人员应签署回避声明。被调查人或举报人近亲属、本案证人、利害关系人、有研究合作或师生关系或其他可能影响公正调查处理情形的，不得参与调查处理工作，应当主动申请回避。

被调查人、举报人以及其他有关人员有权要求其回避。

第四十五条　调查处理应保护举报人、被举报人、证人等的合法权益，不得泄露相关信息，不得将举报材料转给被举报人或被举报单位等利益涉及方。对于调查处理过程中索贿受贿、违反保密和回避原则、泄露信息的，依法依规严肃处理。

第四十六条　高等学校、科研机构、医疗卫生机构、企业、社会组织等单位应建立健全调查处理工作相关的配套制度，细化受理举报、科研失信行为认定标准、调查处理程序和操作规程等，明确单位科研诚信负责人和内部机构职责分工，加强工作经费保障和对相关人员的培训指导，抓早抓小，并发挥聘用合同（劳动合同）、科研诚信承诺书和研究数据管理政策等在保障调查程序正当性方面的作用。

第四十七条　主管部门应加强对本系统科研诚信案件调查处理的指导和监督。

第四十八条　科技部和社科院对自然科学和哲学社会科学领域重大科研诚信案件应加强信息通报与公开。

科研诚信建设联席会议各成员单位和各地方应加强科研诚信案件调查处理的协调配合、结果互认和信息共享等工作。

第七章　附　则

第四十九条　从轻处理，是指在本规则规定的科研失信行为应受到的处理幅度以内，给予较轻的处理。

从重处理,是指在本规则规定的科研失信行为应受到的处理幅度以内,给予较重的处理。

减轻处理,是指在本规则规定的科研失信行为应受到的处理幅度以外,减轻一档给予处理。

加重处理,是指在本规则规定的科研失信行为应受到的处理幅度以外,加重一档给予处理。

第五十条 各有关部门和单位应依据本规则结合实际情况制定具体细则。

第五十一条 科研诚信案件涉事人员或单位属于军队管理的,由军队按照其有关规定进行调查处理。

相关主管部门已制定本行业、本领域、本系统科研诚信案件调查处理规则且处理尺度不低于本规则的,可按照已有规则开展调查处理。

第五十二条 本规则自发布之日起实施,由科技部和社科院负责解释。

最高人民法院、最高人民检察院、公安部、国家安全部、司法部关于适用认罪认罚从宽制度的指导意见

(2019 年 10 月 11 日公布并施行　高检发〔2019〕13 号)

适用认罪认罚从宽制度,对准确及时惩罚犯罪、强化人权司法保障、推动刑事案件繁简分流、节约司法资源、化解社会矛盾、推动国家治理体系和治理能力现代化,具有重要意义。为贯彻落实修改后刑事诉讼法,确保认罪认罚从宽制度正确有效实施,根据法律和有关规定,结合司法工作实际,制定本意见。

一、基本原则

1. 贯彻宽严相济刑事政策。落实认罪认罚从宽制度,应当根据犯罪的具体情况,区分案件性质、情节和对社会的危害程度,实行区别对待,做到该宽则宽,当严则严,宽严相济,罚当其罪。对可能判处三年有期徒刑以下刑罚的认罪认罚案件,要尽量依法从简从快从宽办理,探索相适应的处理原则和办案方式;对因民间矛盾引发的犯罪,犯罪嫌疑人、被告人自愿认罪、真诚悔罪并取得谅解、达成和解、尚未严重影响人民群众安全感的,要积极适用认罪认罚从宽制度,特别是对其中社会危害不大的初犯、偶犯、过失犯、未成年犯,一般应当体现从宽;对严重危害国家安全、公共安全犯罪,严重暴力犯罪,以及社会普遍关注的重大敏感案件,应当慎重把握从宽,避免案件处理明显违背人民群众的公平正义观念。

2. 坚持罪责刑相适应原则。办理认罪认罚案件,既要考虑体现认罪认罚从宽,又要考虑其所犯罪行的轻重、应负刑事责任和人身危险性的大小,依照法律规定提出量刑建议,准确裁量刑罚,确保罚当其罪,避免罪刑失衡。特别是对于共同犯罪案件,主犯认罪认罚,从犯不认罪认罚的,人民法院、人民检察院应当注意两者之间的量刑平衡,防止因量刑失当严重偏离一般的司法认知。

3. 坚持证据裁判原则。办理认罪认罚案件,应当以事实为根据,以法律为准绳,严格按照证据裁判要求,全面收集、固定、审查和认定证据。坚持法

定证明标准，侦查终结、提起公诉、作出有罪裁判应当做到犯罪事实清楚，证据确实、充分，防止因犯罪嫌疑人、被告人认罪而降低证据要求和证明标准。对犯罪嫌疑人、被告人认罪认罚，但证据不足，不能认定其有罪的，依法作出撤销案件、不起诉决定或者宣告无罪。

4. 坚持公检法三机关配合制约原则。办理认罪认罚案件，公、检、法三机关应当分工负责、互相配合、互相制约，保证犯罪嫌疑人、被告人自愿认罪认罚，依法推进从宽落实。要严格执法、公正司法，强化对自身执法司法办案活动的监督，防止产生"权权交易""权钱交易"等司法腐败问题。

二、适用范围和适用条件

5. 适用阶段和适用案件范围。认罪认罚从宽制度贯穿刑事诉讼全过程，适用于侦查、起诉、审判各个阶段。

认罪认罚从宽制度没有适用罪名和可能判处刑罚的限定，所有刑事案件都可以适用，不能因罪轻、罪重或者罪名特殊等原因而剥夺犯罪嫌疑人、被告人自愿认罪认罚获得从宽处理的机会。但"可以"适用不是一律适用，犯罪嫌疑人、被告人认罪认罚后是否从宽，由司法机关根据案件具体情况决定。

6. "认罪"的把握。认罪认罚从宽制度中的"认罪"，是指犯罪嫌疑人、被告人自愿如实供述自己的罪行，对指控的犯罪事实没有异议。承认指控的主要犯罪事实，仅对个别事实情节提出异议，或者虽然对行为性质提出辩解但表示接受司法机关认定意见的，不影响"认罪"的认定。犯罪嫌疑人、被告人犯数罪，仅如实供述其中一罪或部分罪名事实的，全案不作"认罪"的认定，不适用认罪认罚从宽制度，但对如实供述的部分，人民检察院可以提出从宽处罚的建议，人民法院可以从宽处罚。

7. "认罚"的把握。认罪认罚从宽制度中的"认罚"，是指犯罪嫌疑人、被告人真诚悔罪，愿意接受处罚。"认罚"，在侦查阶段表现为表示愿意接受处罚；在审查起诉阶段表现为接受人民检察院拟作出的起诉或不起诉决定，认可人民检察院的量刑建议，签署认罪认罚具结书；在审判阶段表现为当庭确认自愿签署具结书，愿意接受刑罚处罚。

"认罚"考察的重点是犯罪嫌疑人、被告人的悔罪态度和悔罪表现，应当结合退赃退赔、赔偿损失、赔礼道歉等因素来考量。犯罪嫌疑人、被告人虽然表示"认罚"，却暗中串供、干扰证人作证、毁灭、伪造证据或者隐匿、转移财产，有赔偿能力而不赔偿损失，则不能适用认罪认罚从宽制度。犯罪嫌疑人、被告人享有程序选择权，不同意适用速裁程序、简易程序的，不影响"认罚"的认定。

三、认罪认罚后"从宽"的把握

8. "从宽"的理解。从宽处理既包括实体上从宽处罚,也包括程序上从简处理。"可以从宽",是指一般应当体现法律规定和政策精神,予以从宽处理。但可以从宽不是一律从宽,对犯罪性质和危害后果特别严重、犯罪手段特别残忍、社会影响特别恶劣的犯罪犯罪嫌疑人、被告人,认罪认罚不足以从轻处罚的,依法不予从宽处罚。

办理认罪认罚案件,应当依照刑法、刑事诉讼法的基本原则,根据犯罪的事实、性质、情节和对社会的危害程度,结合法定、酌定的量刑情节,综合考虑认罪认罚的具体情况,依法决定是否从宽、如何从宽。对于减轻、免除处罚,应当于法有据;不具备减轻处罚情节的,应当在法定幅度以内提出从轻处罚的量刑建议和量刑;对其中犯罪情节轻微不需要判处刑罚的,可以依法作出不起诉决定或者判决免予刑事处罚。

9. 从宽幅度的把握。办理认罪认罚案件,应当区别认罪认罚的不同诉讼阶段,对查明案件事实的价值和意义、是否确有悔罪表现,以及罪行严重程度等,综合考量确定从宽的限度和幅度。在刑罚评价上,主动认罪优于被动认罪,早认罪优于晚认罪,彻底认罪优于不彻底认罪,稳定认罪优于不稳定认罪。

认罪认罚的从宽幅度一般应当大于仅有坦白,或者虽认罪但不认罚的从宽幅度。对犯罪嫌疑人、被告人具有自首、坦白情节,同时认罪认罚的,应当在法定刑幅度内给予相对更大的从宽幅度。认罪认罚与自首、坦白不作重复评价。

对罪行较轻、人身危险性较小的,特别是初犯、偶犯,从宽幅度可以大一些;罪行较重、人身危险性较大的,以及累犯、再犯,从宽幅度应当从严把握。

四、犯罪嫌疑人、被告人辩护权保障

10. 获得法律帮助权。人民法院、人民检察院、公安机关办理认罪认罚案件,应当保障犯罪嫌疑人、被告人获得有效法律帮助,确保其了解认罪认罚的性质和法律后果,自愿认罪认罚。

犯罪嫌疑人、被告人自愿认罪认罚,没有辩护人的,人民法院、人民检察院、公安机关(看守所)应当通知值班律师为其提供法律咨询、程序选择建议、申请变更强制措施等法律帮助。符合通知辩护条件的,应当依法通知法律援助机构指派律师为其提供辩护。

人民法院、人民检察院、公安机关(看守所)应当告知犯罪嫌疑人、被

告人有权约见值班律师，获得法律帮助，并为其约见值班律师提供便利。犯罪嫌疑人、被告人及其近亲属提出法律帮助请求的，人民法院、人民检察院、公安机关（看守所）应当通知值班律师为其提供法律帮助。

11. 派驻值班律师。法律援助机构可以在人民法院、人民检察院、看守所派驻值班律师。人民法院、人民检察院、看守所应当为派驻值班律师提供必要办公场所和设施。

法律援助机构应当根据人民法院、人民检察院、看守所的法律帮助需求和当地法律服务资源，合理安排值班律师。值班律师可以定期值班或轮流值班，律师资源短缺的地区可以通过探索现场值班和电话、网络值班相结合，在人民法院、人民检察院毗邻设置联合工作站，省内和市内统筹调配律师资源，以及建立政府购买值班律师服务机制等方式，保障法律援助值班律师工作有序开展。

12. 值班律师的职责。值班律师应当维护犯罪嫌疑人、被告人的合法权益，确保犯罪嫌疑人、被告人在充分了解认罪认罚性质和法律后果的情况下，自愿认罪认罚。值班律师应当为认罪认罚的犯罪嫌疑人、被告人提供下列法律帮助：

（一）提供法律咨询，包括告知涉嫌或指控的罪名、相关法律规定，认罪认罚的性质和法律后果等；

（二）提出程序适用的建议；

（三）帮助申请变更强制措施；

（四）对人民检察院认定罪名、量刑建议提出意见；

（五）就案件处理，向人民法院、人民检察院、公安机关提出意见；

（六）引导、帮助犯罪嫌疑人、被告人及其近亲属申请法律援助；

（七）法律法规规定的其他事项。

值班律师可以会见犯罪嫌疑人、被告人，看守所应当为值班律师会见提供便利。危害国家安全犯罪、恐怖活动犯罪案件，侦查期间值班律师会见在押犯罪嫌疑人的，应当经侦查机关许可。自人民检察院对案件审查起诉之日起，值班律师可以查阅案卷材料、了解案情。人民法院、人民检察院应当为值班律师查阅案卷材料提供便利。

值班律师提供法律咨询、查阅案卷材料、会见犯罪嫌疑人或者被告人、提出书面意见等法律帮助活动的相关情况应当记录在案，并随案移送。

13. 法律帮助的衔接。对于被羁押的犯罪嫌疑人、被告人，在不同诉讼阶段，可以由派驻看守所的同一值班律师提供法律帮助。对于未被羁押的犯罪嫌疑人、被告人，前一诉讼阶段的值班律师可以在后续诉讼阶段继续为犯罪嫌疑人、被告人提供法律帮助。

14. 拒绝法律帮助的处理。犯罪嫌疑人、被告人自愿认罪认罚，没有委托辩护人，拒绝值班律师帮助的，人民法院、人民检察院、公安机关应当允许，记录在案并随案移送。但是审查起诉阶段签署认罪认罚具结书时，人民检察院应当通知值班律师到场。

15. 辩护人职责。认罪认罚案件犯罪嫌疑人、被告人委托辩护人或者法律援助机构指派律师为其辩护的，辩护律师在侦查、审查起诉和审判阶段，应当与犯罪嫌疑人、被告人就是否认罪认罚进行沟通，提供法律咨询和帮助，并就定罪量刑、诉讼程序适用等向办案机关提出意见。

五、被害方权益保障

16. 听取意见。办理认罪认罚案件，应当听取被害人及其诉讼代理人的意见，并将犯罪嫌疑人、被告人是否与被害方达成和解协议、调解协议或者赔偿被害方损失，取得被害方谅解，作为从宽处罚的重要考虑因素。人民检察院、公安机关听取意见情况应当记录在案并随案移送。

17. 促进和解谅解。对符合当事人和解程序适用条件的公诉案件，犯罪嫌疑人、被告人认罪认罚的，人民法院、人民检察院、公安机关应当积极促进当事人自愿达成和解。对其他认罪认罚案件，人民法院、人民检察院、公安机关可以促进犯罪嫌疑人、被告人通过向被害方赔偿损失、赔礼道歉等方式获得谅解，被害方出具的谅解意见应当随案移送。

人民法院、人民检察院、公安机关在促进当事人和解谅解过程中，应当向被害方释明认罪认罚从宽、公诉案件当事人和解适用程序等具体法律规定，充分听取被害方意见，符合司法救助条件的，应当积极协调办理。

18. 被害方异议的处理。被害人及其诉讼代理人不同意对认罪认罚的犯罪嫌疑人、被告人从宽处理的，不影响认罪认罚从宽制度的适用。犯罪嫌疑人、被告人认罪认罚，但没有退赃退赔、赔偿损失，未能与被害方达成调解或者和解协议的，从宽时应当予以酌减。犯罪嫌疑人、被告人自愿认罪并且愿意积极赔偿损失，但由于被害方赔偿请求明显不合理，未能达成调解或者和解协议的，一般不影响对犯罪嫌疑人、被告人从宽处理。

六、强制措施的适用

19. 社会危险性评估。人民法院、人民检察院、公安机关应当将犯罪嫌疑人、被告人认罪认罚作为其是否具有社会危险性的重要考虑因素。对于罪行较轻、采用非羁押性强制措施足以防止发生刑事诉讼法第八十一条第一款规定的社会危险性的犯罪嫌疑人、被告人，根据犯罪性质及可能判处的刑罚，依法可不适用羁押性强制措施。

20. 逮捕的适用。犯罪嫌疑人认罪认罚，公安机关认为罪行较轻、没有社会危险性的，应当不再提请人民检察院审查逮捕。对提请逮捕的，人民检察院认为没有社会危险性不需要逮捕的，应当作出不批准逮捕的决定。

21. 逮捕的变更。已经逮捕的犯罪嫌疑人、被告人认罪认罚的，人民法院、人民检察院应当及时审查羁押的必要性，经审查认为没有继续羁押必要的，应当变更为取保候审或者监视居住。

七、侦查机关的职责

22. 权利告知和听取意见。公安机关在侦查过程中，应当告知犯罪嫌疑人享有的诉讼权利、如实供述罪行可以从宽处理和认罪认罚的法律规定，听取犯罪嫌疑人及其辩护人或者值班律师的意见，记录在案并随案移送。

对在非讯问时间、办案人员不在场情况下，犯罪嫌疑人向看守所工作人员或者辩护人、值班律师表示愿意认罪认罚的，有关人员应当及时告知办案单位。

23. 认罪教育。公安机关在侦查阶段应当同步开展认罪教育工作，但不得强迫犯罪嫌疑人认罪，不得作出具体的从宽承诺。犯罪嫌疑人自愿认罪，愿意接受司法机关处罚的，应当记录在案并附卷。

24. 起诉意见。对移送审查起诉的案件，公安机关应当在起诉意见书中写明犯罪嫌疑人自愿认罪认罚情况。认为案件符合速裁程序适用条件的，可以在起诉意见书中建议人民检察院适用速裁程序办理，并简要说明理由。

对可能适用速裁程序的案件，公安机关应当快速办理，对犯罪嫌疑人未被羁押的，可以集中移送审查起诉，但不得为集中移送拖延案件办理。

对人民检察院在审查逮捕期间或者重大案件听取意见中提出的开展认罪认罚工作的意见或建议，公安机关应当认真听取，积极开展相关工作。

25. 执法办案管理中心建设。加快推进公安机关执法办案管理中心建设，探索在执法办案管理中心设置速裁法庭，对适用速裁程序的案件进行快速办理。

八、审查起诉阶段人民检察院的职责

26. 权利告知。案件移送审查起诉后，人民检察院应当告知犯罪嫌疑人享有的诉讼权利和认罪认罚的法律规定，保障犯罪嫌疑人的程序选择权。告知应当采取书面形式，必要时应当充分释明。

27. 听取意见。犯罪嫌疑人认罪认罚的，人民检察院应当就下列事项听取犯罪嫌疑人、辩护人或者值班律师的意见，记录在案并附卷：

（一）涉嫌的犯罪事实、罪名及适用的法律规定；
（二）从轻、减轻或者免除处罚等从宽处罚的建议；
（三）认罪认罚后案件审理适用的程序；
（四）其他需要听取意见的情形。

人民检察院未采纳辩护人、值班律师意见的，应当说明理由。

28. 自愿性、合法性审查。对侦查阶段认罪认罚的案件，人民检察院应当重点审查以下内容：

（一）犯罪嫌疑人是否自愿认罪认罚，有无因受到暴力、威胁、引诱而违背意愿认罪认罚；
（二）犯罪嫌疑人认罪认罚时的认知能力和精神状态是否正常；
（三）犯罪嫌疑人是否理解认罪认罚的性质和可能导致的法律后果；
（四）侦查机关是否告知犯罪嫌疑人享有的诉讼权利，如实供述自己罪行可以从宽处理和认罪认罚的法律规定，并听取意见；
（五）起诉意见书中是否写明犯罪嫌疑人认罪认罚情况；
（六）犯罪嫌疑人是否真诚悔罪，是否向被害人赔礼道歉。

经审查，犯罪嫌疑人违背意愿认罪认罚的，人民检察院可以重新开展认罪认罚工作。存在刑讯逼供等非法取证行为的，依照法律规定处理。

29. 证据开示。人民检察院可以针对案件具体情况，探索证据开示制度，保障犯罪嫌疑人的知情权和认罪认罚的真实性及自愿性。

30. 不起诉的适用。完善起诉裁量权，充分发挥不起诉的审前分流和过滤作用，逐步扩大相对不起诉在认罪认罚案件中的适用。对认罪认罚后没有争议，不需要判处刑罚的轻微刑事案件，人民检察院可以依法作出不起诉决定。人民检察院应当加强对案件量刑的预判，对其中可能判处免刑的轻微刑事案件，可以依法作出不起诉决定。

对认罪认罚后案件事实不清、证据不足的案件，应当依法作出不起诉决定。

31. 签署具结书。犯罪嫌疑人自愿认罪，同意量刑建议和程序适用的，应当在辩护人或者值班律师在场的情况下签署认罪认罚具结书。犯罪嫌疑人被羁押的，看守所应当为签署具结书提供场所。具结书应当包括犯罪嫌疑人如实供述罪行、同意量刑建议、程序适用等内容，由犯罪嫌疑人、辩护人或者值班律师签名。

犯罪嫌疑人认罪认罚，有下列情形之一的，不需要签署认罪认罚具结书：

（一）犯罪嫌疑人是盲、聋、哑人，或者是尚未完全丧失辨认或者控制自己行为能力的精神病人的；

（二）未成年犯罪嫌疑人的法定代理人、辩护人对未成年人认罪认罚有异议的；

（三）其他不需要签署认罪认罚具结书的情形。

上述情形犯罪嫌疑人未签署认罪认罚具结书的，不影响认罪认罚从宽制度的适用。

32. 提起公诉。人民检察院向人民法院提起公诉的，应当在起诉书中写明被告人认罪认罚情况，提出量刑建议，并移送认罪认罚具结书等材料。量刑建议书可以另行制作，也可以在起诉书中写明。

33. 量刑建议的提出。犯罪嫌疑人认罪认罚的，人民检察院应当就主刑、附加刑、是否适用缓刑等提出量刑建议。人民检察院提出量刑建议前，应当充分听取犯罪嫌疑人、辩护人或者值班律师的意见，尽量协商一致。

办理认罪认罚案件，人民检察院一般应当提出确定刑量刑建议。对新类型、不常见犯罪案件，量刑情节复杂的重罪案件等，也可以提出幅度刑量刑建议。提出量刑建议，应当说明理由和依据。

犯罪嫌疑人认罪认罚没有其他法定量刑情节的，人民检察院可以根据犯罪的事实、性质等，在基准刑基础上适当减让提出确定刑量刑建议。有其他法定量刑情节的，人民检察院应当综合认罪认罚和其他法定量刑情节，参照相关量刑规范提出确定刑量刑建议。

犯罪嫌疑人在侦查阶段认罪认罚的，主刑从宽的幅度可以在前款基础上适当放宽；被告人在审判阶段认罪认罚的，在前款基础上可以适当缩减。建议判处罚金刑的，参照主刑的从宽幅度提出确定的数额。

34. 速裁程序的办案期限。犯罪嫌疑人认罪认罚，人民检察院经审查，认为符合速裁程序适用条件的，应当在十日以内作出是否提起公诉的决定；对可能判处的有期徒刑超过一年的，可以在十五日以内作出是否提起公诉的决定。

九、社会调查评估

35. 侦查阶段的社会调查。犯罪嫌疑人认罪认罚，可能判处管制、宣告缓刑的，公安机关可以委托犯罪嫌疑人居住地的社区矫正机构进行调查评估。

公安机关在侦查阶段委托社区矫正机构进行调查评估，社区矫正机构在公安机关移送审查起诉后完成调查评估的，应当及时将评估意见提交受理案件的人民检察院或者人民法院，并抄送公安机关。

36. 审查起诉阶段的社会调查。犯罪嫌疑人认罪认罚，人民检察院拟提出缓刑或者管制量刑建议的，可以及时委托犯罪嫌疑人居住地的社区矫正机构进行调查评估，也可以自行调查评估。人民检察院提起公诉时，已收到调查材料的，应当将材料一并移送，未收到调查材料的，应当将委托文书随案移送；在提起公诉后收到调查材料的，应当及时移送人民法院。

37. 审判阶段的社会调查。被告人认罪认罚，人民法院拟判处管制或者宣告缓刑的，可以及时委托被告人居住地的社区矫正机构进行调查评估，也可以自行调查评估。

社区矫正机构出具的调查评估意见，是人民法院判处管制、宣告缓刑的重要参考。对没有委托社区矫正机构进行调查评估或者判决前未收到社区矫正机构调查评估报告的认罪认罚案件，人民法院经审理认为被告人符合管制、缓刑适用条件的，可以判处管制、宣告缓刑。

38. 司法行政机关的职责。受委托的社区矫正机构应当根据委托机关的要求，对犯罪嫌疑人、被告人的居所情况、家庭和社会关系、一贯表现、犯罪行为的后果和影响、居住地村（居）民委员会和被害人意见、拟禁止的事项等进行调查了解，形成评估意见，及时提交委托机关。

十、审判程序和人民法院的职责

39. 审判阶段认罪认罚自愿性、合法性审查。办理认罪认罚案件，人民法院应当告知被告人享有的诉讼权利和认罪认罚的法律规定，听取被告人及其辩护人或者值班律师的意见。庭审中应当对认罪认罚的自愿性、具结书内容的真实性和合法性进行审查核实，重点核实以下内容：

（一）被告人是否自愿认罪认罚，有无因受到暴力、威胁、引诱而违背意愿认罪认罚；

（二）被告人认罪认罚时的认知能力和精神状态是否正常；

（三）被告人是否理解认罪认罚的性质和可能导致的法律后果；

（四）人民检察院、公安机关是否履行告知义务并听取意见；

（五）值班律师或者辩护人是否与人民检察院进行沟通，提供了有效法律帮助或者辩护，并在场见证认罪认罚具结书的签署。

庭审中审判人员可以根据具体案情，围绕定罪量刑的关键事实，对被告人认罪认罚的自愿性、真实性等进行发问，确认被告人是否实施犯罪，是否真诚悔罪。

被告人违背意愿认罪认罚，或者认罪认罚后又反悔，依法需要转换程序的，应当按照普通程序对案件重新审理。发现存在刑讯逼供等非法取证行为的，依照法律规定处理。

40. 量刑建议的采纳。对于人民检察院提出的量刑建议，人民法院应当依法进行审查。对于事实清楚，证据确实、充分，指控的罪名准确，量刑建议适当的，人民法院应当采纳。具有下列情形之一的，不予采纳：

（一）被告人的行为不构成犯罪或者不应当追究刑事责任的；

（二）被告人违背意愿认罪认罚的；

（三）被告人否认指控的犯罪事实的；

（四）起诉指控的罪名与审理认定的罪名不一致的；

（五）其他可能影响公正审判的情形。

对于人民检察院起诉指控的事实清楚，量刑建议适当，但指控的罪名与审理认定的罪名不一致的，人民法院可以听取人民检察院、被告人及其辩护人对审理认定罪名的意见，依法作出裁判。

人民法院不采纳人民检察院量刑建议的，应当说明理由和依据。

41. 量刑建议的调整。人民法院经审理，认为量刑建议明显不当，或者被告人、辩护人对量刑建议有异议且有理有据的，人民法院应当告知人民检察院，人民检察院可以调整量刑建议。人民法院认为调整后的量刑建议适当的，应当予以采纳；人民检察院不调整量刑建议或者调整后仍然明显不当的，人民法院应当依法作出判决。

适用速裁程序审理的，人民检察院调整量刑建议应当在庭前或者当庭提出。调整量刑建议后，被告人同意继续适用速裁程序的，不需要转换程序处理。

42. 速裁程序的适用条件。基层人民法院管辖的可能判处三年有期徒刑以下刑罚的案件，案件事实清楚，证据确实、充分，被告人认罪认罚并同意适用速裁程序的，可以适用速裁程序，由审判员一人独任审判。人民检察院提起公诉时，可以建议人民法院适用速裁程序。

有下列情形之一的，不适用速裁程序办理：

（一）被告人是盲、聋、哑人，或者是尚未完全丧失辨认或者控制自己行为能力的精神病人的；

（二）被告人是未成年人的；

（三）案件有重大社会影响的；

（四）共同犯罪案件中部分被告人对指控的犯罪事实、罪名、量刑建议或者适用速裁程序有异议的；

（五）被告人与被害人或者其法定代理人没有就附带民事诉讼赔偿等事项达成调解或者和解协议的；

（六）其他不宜适用速裁程序办理的案件。

43. 速裁程序的审理期限。适用速裁程序审理案件，人民法院应当在受理后十日以内审结；对可能判处的有期徒刑超过一年的，应当在十五日以内审结。

44. 速裁案件的审理程序。适用速裁程序审理案件，不受刑事诉讼法规定的送达期限的限制，一般不进行法庭调查、法庭辩论，但在判决宣告前应当听取辩护人的意见和被告人的最后陈述意见。

人民法院适用速裁程序审理案件，可以在向被告人送达起诉书时一并送达权利义务告知书、开庭传票，并核实被告人自然信息等情况。根据需要，可以集中送达。

人民法院适用速裁程序审理案件，可以集中开庭，逐案审理。人民检察院可以指派公诉人集中出庭支持公诉。公诉人简要宣读起诉书后，审判人员应当当庭询问被告人对指控事实、证据、量刑建议以及适用速裁程序的意见，核实具结书签署的自愿性、真实性、合法性，并核实附带民事诉讼赔偿等情况。

适用速裁程序审理案件，应当当庭宣判。集中审理的，可以集中当庭宣判。宣判时，根据案件需要，可以由审判员进行法庭教育。裁判文书可以简化。

45. 速裁案件的二审程序。被告人不服适用速裁程序作出的第一审判决提出上诉的案件，可以不开庭审理。第二审人民法院审查后，按照下列情形分别处理：

（一）发现被告人以事实不清、证据不足为由提出上诉的，应当裁定撤销原判，发回原审人民法院适用普通程序重新审理，不再按认罪认罚案件从宽处罚；

（二）发现被告人以量刑不当为由提出上诉的，原判量刑适当的，应当裁定驳回上诉，维持原判；原判量刑不当的，经审理后依法改判。

46. 简易程序的适用。基层人民法院管辖的被告人认罪认罚案件，事实清楚、证据充分，被告人对适用简易程序没有异议的，可以适用简易程序审判。

适用简易程序审理认罪认罚案件，公诉人可以简要宣读起诉书，审判人员当庭询问被告人对指控的犯罪事实、证据、量刑建议及适用简易程序的意见，核实具结书签署的自愿性、真实性、合法性。法庭调查可以简化，但对有争议的事实和证据应当进行调查、质证，法庭辩论可以仅围绕有争议的问题进行。裁判文书可以简化。

47. 普通程序的适用。适用普通程序办理认罪认罚案件，可以适当简化法庭调查、辩论程序。公诉人宣读起诉书后，合议庭当庭询问被告人对指控的犯罪事实、证据及量刑建议的意见，核实具结书签署的自愿性、真实性、合法性。公诉人、辩护人、审判人员对被告人的讯问、发问可以简化。对控辩双方无异议的证据，可以仅就证据名称及证明内容进行说明；对控辩双方有异议，或者法庭认为有必要调查核实的证据，应当出示并进行质证。法庭辩论主要围绕有争议的问题进行，裁判文书可以适当简化。

48. 程序转换。人民法院在适用速裁程序审理过程中，发现有被告人的行为不构成犯罪或者不应当追究刑事责任、被告人违背意愿认罪认罚、被告人否认指控的犯罪事实情形的，应当转为普通程序审理。发现其他不宜适用速裁程序但符合简易程序适用条件的，应当转为简易程序重新审理。

发现有不宜适用简易程序审理情形的，应当转为普通程序审理。

人民检察院在人民法院适用速裁程序审理案件过程中，发现有不宜适用速裁程序审理情形的，应当建议人民法院转为普通程序或者简易程序重新审理；发现有不宜适用简易程序审理情形的，应当建议人民法院转为普通程序重新审理。

49. 被告人当庭认罪认罚案件的处理。被告人在侦查、审查起诉阶段没有认罪认罚，但当庭认罪，愿意接受处罚的，人民法院应当根据审理查明的事实，就定罪和量刑听取控辩双方意见，依法作出裁判。

50. 第二审程序中被告人认罪认罚案件的处理。被告人在第一审程序中未认罪认罚，在第二审程序中认罪认罚的，审理程序依照刑事诉讼法规定的第二审程序进行。第二审人民法院应当根据其认罪认罚的价值、作用决定是否从宽，并依法作出裁判。确定从宽幅度时应当与第一审程序认罪认罚有所区别。

十一、认罪认罚的反悔和撤回

51. 不起诉后反悔的处理。因犯罪嫌疑人认罪认罚，人民检察院依照刑事诉讼法第一百七十七条第二款作出不起诉决定后，犯罪嫌疑人否认指控的犯罪事实或者不积极履行赔礼道歉、退赃退赔、赔偿损失等义务的，人民检察院应当进行审查，区分下列情形依法作出处理：

（一）发现犯罪嫌疑人没有犯罪事实，或者符合刑事诉讼法第十六条规定的情形之一的，应当撤销原不起诉决定，依法重新作出不起诉决定；

（二）认为犯罪嫌疑人仍属于犯罪情节轻微，依照刑法规定不需要判处刑罚或者免除刑罚的，可以维持原不起诉决定；

（三）排除认罪认罚因素后，符合起诉条件的，应当根据案件具体情况撤销原不起诉决定，依法提起公诉。

52. 起诉前反悔的处理。犯罪嫌疑人认罪认罚，签署认罪认罚具结书，在人民检察院提起公诉前反悔的，具结书失效，人民检察院应当在全面审查事实证据的基础上，依法提起公诉。

53. 审判阶段反悔的处理。案件审理过程中，被告人反悔不再认罪认罚的，人民法院应当根据审理查明的事实，依法作出裁判。需要转换程序的，依照本意见的相关规定处理。

54. 人民检察院的法律监督。完善人民检察院对侦查活动和刑事审判活动的监督机制,加强对认罪认罚案件办理全过程的监督,规范认罪认罚案件的抗诉工作,确保无罪的人不受刑事追究、有罪的人受到公正处罚。

十二、未成年人认罪认罚案件的办理

55. 听取意见。人民法院、人民检察院办理未成年人认罪认罚案件,应当听取未成年犯罪嫌疑人、被告人的法定代理人的意见,法定代理人无法到场的,应当听取合适成年人的意见,但受案时犯罪嫌疑人已经成年的除外。

56. 具结书签署。未成年犯罪嫌疑人签署认罪认罚具结书时,其法定代理人应当到场并签字确认。法定代理人无法到场的,合适成年人应当到场签字确认。法定代理人、辩护人对未成年人认罪认罚有异议的,不需要签署认罪认罚具结书。

57. 程序适用。未成年人认罪认罚案件,不适用速裁程序,但应当贯彻教育、感化、挽救的方针,坚持从快从宽原则,确保案件及时办理,最大限度保护未成年人合法权益。

58. 法治教育。办理未成年人认罪认罚案件,应当做好未成年犯罪嫌疑人、被告人的认罪服法、悔过教育工作,实现惩教结合目的。

十三、附则

59. 国家安全机关、军队保卫部门、中国海警局、监狱办理刑事案件,适用本意见的有关规定。

60. 本指导意见由会签单位协商解释,自发布之日起施行。

《关于适用认罪认罚从宽制度的指导意见》的理解和适用[*]

苗生明 周 颖[**]

为正确实施刑事诉讼法新规定，准确适用认罪认罚从宽制度，确保严格公正司法，推动国家治理体系和治理能力现代化，最高人民法院、最高人民检察院会同公安部、国家安全部、司法部制定了《关于适用认罪认罚从宽制度的指导意见》（以下简称《指导意见》）。为便于实践中准确理解和适用，现对《指导意见》的制定背景、经过和主要内容说明如下。

一、《指导意见》的制定背景和经过

2018年10月26日，第十三届全国人民代表大会常务委员会第六次会议作出《关于修改〈中华人民共和国刑事诉讼法〉的决定》，将认罪认罚从宽制度和刑事速裁程序试点积累的可复制、可推广、行之有效的实践经验上升为法律，从立法上对改革试点成果予以确认。由此，认罪认罚从宽已然有别于单纯的刑事政策或者诉讼程序，而成为独立于其他体现认罪从宽（如坦白、自首、刑事和解、刑事简易程序等）的一项全新的法律制度。它既是刑事司法的一项原则，又是一项重要刑事制度；既是实体制度，又是程序制度，是集实体规范与程序规则于一体的综合性法律制度。它带有其他从宽制度所没有的广泛覆盖性，从适用范围上看，它贯穿刑事诉讼全过程，不受罪名和可能判处刑罚的限制；从诉讼流程上看，它可能涉及所有法定、酌定的从宽情节以及规范化量刑；从程序上看，它可以适用于速裁程序、简易程序、普通程序，在多层次的诉讼体系中均得到了体现。认罪认罚从宽制度，是我国刑事司法领域的一项重大制度变革，体现了司法诉讼制度现代化的要求，本质上是促进社会治理体系和社会治理能力现代化的一种诉讼模式。这项制度有利于化解社会矛盾、促进社会和谐、减少社会对抗和戾气、节约司法资源，确保办案法律效果、政治效果、社会效果的有机统一。

为确保这项制度全面正确实施，最高人民检察院牵头，联合最高人民法院、公安部、国家安全部、司法部制定了《指导意见》，主要考虑有四点：一

---

[*] 原文刊载于《人民检察》2020年第2期。
[**] 作者单位：最高人民检察院第一检察厅。

是促进提高适用准确度。作为刑事诉讼法确立的新制度，在实践运行中，关于认罪认罚从宽如何理解和把握，诉讼程序如何适用，控辩量刑协商如何进行等，均是实践中的难点问题，需要进一步明确和释明。二是促进提高认罪认罚从宽制度的适用率。认罪认罚从宽制度从试点到全面推行实施，对全国绝大部分地区来讲，有一个适应磨合的过程。试点地区经过两年的试点，认识和接受度较高，经验积累也较多，过渡到全面实施相对顺畅。非试点地区，无论是认识和接受度，还是实践适用均有很大差距。这直接导致全国范围内制度适用的不平衡，整体适用率较低，这种情况直接影响了制度效用的实现。三是推动形成制度适用合力。认罪认罚从宽制度涉及侦查、批捕、起诉、审判等各个诉讼环节，涉及法院、检察院、公安机关、国家安全机关、司法行政机关等多个部门，提升适用率，实现制度预期，离不开公检法司各部门的通力协作，比如，值班律师的配置、案件办理的提速，均需要几家共同努力方能实现。四是解决实践中出现的问题。认罪认罚从宽制度从试点到全面实施，实践中积攒了许多问题，如适用范围问题，认罪认罚的理解问题，从宽的把握问题，量刑建议提出方式问题，抗诉问题，等等。刑事诉讼法关于这些问题要么规定得较为原则，要么没有作出细化规定，亟须在顶层设计方面出台相应规范性文件，明确对这些问题的认识和把握，解决基层实践的困扰，确保制度正确适用，从而真正发挥该制度在推动国家治理体系和治理能力现代化方面的重要作用。

基于此，2019年6月初，最高人民检察院牵头，联合最高人民法院、公安部、国家安全部、司法部起草了《指导意见》，并进行了集中研究论证。2019年作为讨论件上中央司法改革推进会征求意见。经过反复征求意见和研究论证后，形成终稿，得以会签印发。

二、《指导意见》的主要内容

《指导意见》以刑法、刑事诉讼法的基本原则和宽严相济刑事政策为指导，对认罪认罚从宽的基本原则、适用范围和条件、从宽幅度、审前程序、量刑建议、审判程序、律师参与、当事人权益保障等作出了具体规定，为认罪认罚案件的依法从宽处理，构建繁简分流的多层次诉讼制度体系，推进以审判为中心的诉讼制度改革提供参考。

（一）关于办理认罪认罚案件应当坚持的原则

《指导意见》第一部分对办理认罪认罚案件应当坚持的原则作出了规定，主要包含四个方面：

1. 贯彻宽严相济刑事政策。宽严相济刑事政策是我国的基本刑事政策，它要求根据犯罪的具体情况，区分案件性质、情节和对社会的危害程度，实行区别对待，做到该宽则宽，当严则严，宽严相济，罚当其罪，确保办案法律效果和社会效果的统一。认罪认罚从宽制度是宽严相济刑事政策规范化、制度化的具体路径。办理认罪认罚案件，应当充分考虑犯罪的社会危害性和犯罪嫌疑人、被告人的人身危险性，找准宽严相济的平衡点，结合认罪认罚的具体情况，确定是否从宽以及从宽幅度，避免一味从宽、片面从严两种倾向。要正确把握司法公正与司法效率、个案公正与制度公正的平衡，对可能判处3年有期徒刑以下刑罚的认罪认罚案件，要尽量依法从简从快从宽办理，探索相适应的处理原则和办案方式。对民间矛盾引发的犯罪，犯罪嫌疑人或者被告人自愿认罪、真诚悔罪并取得谅解、达成和解、尚未严重影响群众安全感，不妨碍树立和引领社会行为规范的，要积极适用认罪认罚从宽，特别是对其中社会危害不大的初犯、偶犯、过失犯、未成年犯，一般应当体现从宽。对严重危害国家安全、严重暴力犯罪，以及社会普遍关注的重大、敏感案件，适用认罪认罚从宽必须慎重、严格把握，避免案件处理明显违背群众的公平正义观念。

2. 坚持罪责刑相适应。罪责刑相适应是刑法的基本原则，它要求根据犯罪的事实、性质、情节、后果，依照法律规定提出量刑建议，准确裁量刑罚，确保刑罚的轻重与犯罪分子所犯罪行和应当承担的刑事责任相适应。认罪认罚属于罪后情节，同时也是反映被告人主观恶性大小的情节，影响刑罚的轻重。而犯罪的性质、实施犯罪的手段、造成的后果等，对决定刑罚轻重处于更为重要的位置。因此，办理认罪认罚案件，提出量刑建议或者量刑时，既要体现认罪认罚从宽，又要考虑其所犯罪行的轻重、应负刑事责任的大小和人身危险性的大小，依照法律规定提出量刑建议，准确裁量刑罚，确保刑罚的轻重与犯罪分子所犯罪行、应当承担的刑事责任相适应，避免罪行失衡。特别是对于共同犯罪案件，主犯认罪认罚，从犯不认罪的，人民检察院、人民法院应当注意两者之间的量刑平衡，防止因量刑失当严重偏离一般的司法认知。

3. 坚持证据裁判。《指导意见》明确，办理认罪认罚案件，应当以事实为依据，以法律为准绳，严格按照证据裁判要求，全面收集、固定、审查和认定证据。证据裁判是现代刑事诉讼的一项基本原则。它要求不论犯罪嫌疑人、被告人是否认罪，提起公诉、作出有罪判决都应当坚持证据裁判。具体到认罪认罚案件，应当坚持刑事诉讼法规定的证明标准。我国刑事诉讼法对侦查机关侦查终结、人民检察院提起公诉、人民法院作出有罪判决规定了相同的证明标准，这一法定证明标准适用于所有刑事案件，包括认罪认罚案件。适用认罪认罚从宽制度办理案件，并未降低证明犯罪的标准，而是在坚持法定证明标准的基础上，力图更加科学地构建从宽的评价机制，特别是在程序上作出相应简化，以便更好地实现公正与效率的统一。对犯罪嫌疑人或被告人认罪认罚的案件,侦查机关(部门)仍然必须按照法定证明标准,依法全面及时收集固定相关证据,检察机关和审判机关也必须按照法定标准,全面审查案件,若认为"事实不清、证据不足"的,应当坚持"疑罪从无"原则,依法作出不起诉决定或者宣告无罪,防止因犯罪嫌疑人、被告人认罪而降低证据要求和证明标准。这也是防止犯罪嫌疑人翻供后无法认定犯罪,保证诉讼顺利进行、实现司法公正的需要。当然,司法实践中,有些案件犯罪手段隐蔽,或者因客观条件所限,证据的提取、固定存在困难,证据体系可能存在这样或者那样的不足,对这些案件,如果犯罪嫌疑人、被告人自愿认罪认罚,使得证明犯罪构成要件事实的基本证据完备,能够排除合理怀疑,则可以按照认罪认罚从宽制度办理。

4. 坚持公检法三机关配合制约原则。公检法三机关分工负责、互相配合、互相制约是我国刑事诉讼的一项基本原则。办理认罪认罚案件,应当坚持配合制约原则,一方面,强化配合意识、协调一致推进,形成合力,是推进制度良性适用的必然要求;另一方面,也要充分发挥互相制约作用,保证犯罪嫌疑人、被告人自愿认罪认罚,依法推进从宽落实。当前,社会上对认罪认罚制度也有这样或者那样的担心,担心打击不力,担心冤错案件增加,担心不利于保护被害人合法权益,特别是担心"权权交易""权钱交易"等司法腐败问题。对此,我们要予以高度的重视和警惕,强化对认罪认罚案件办理全过程的监督制约,严格执法,公正司法,防止产生"权权交易""权钱交易"等司法腐败问题,最大限度地消除公众疑虑,防止人情、关系对工作的影响。

(二)关于认罪认罚从宽制度的适用范围和适用条件

《指导意见》第二部分对认罪认罚从宽制度的适用范围和适用条件作出了规定。

1. 适用阶段。《指导意见》第 5 条规定,认罪认罚从宽制度贯穿刑事诉讼全过程,适用于侦查、起诉、审判各个阶段。对侦查阶段是否适用认罪认罚从宽制度,理论和实务中存在着一些争议。对此,《刑事诉讼法》第 15 条将认罪认罚从宽作为一项重要原则予以规定,意味着认罪认罚从宽贯穿于整个刑事诉讼活动之中,适用于所有诉讼阶段。因此,侦查阶段也可以适用,从整个制度设计来讲,鼓励犯罪嫌疑人、被告人早些认罪认罚,这对侦破案件、节约司法资源、提升诉讼效率意义重大,但侦查阶段认罪认罚后的从宽主要体现在程序方面,比如适用非羁押性强制措施、快速办理案件等,实体上从宽的后果原则上不能在侦查阶段体现,因为侦查阶段的主要任务是依法全面及时收集固定证据、查明案件事实,若此阶段体现具体从宽后果,可能使得侦查机关放松证明要求,不按照法定证明标准收集证据,给后续处理埋下隐患;也会因未经任何司法审查即对犯罪嫌疑人从宽处理而欠缺程序的正当性,犯罪嫌疑人认罪认罚的自愿性也因欠缺后续起诉和审判环节的审查而无法得到保障,容易导致侵犯人权,也容易导致权力滥用。

2. 适用案件范围。《刑事诉讼法》第 15 条规定:"犯罪嫌疑人、被告人自愿如实供述自己的罪行,承认指控的犯罪事实,愿意接受处罚的,可以依法从宽处理。"这包含三个要件:一是认罪要件,即犯罪嫌疑人、被告人自愿如实供述自己的罪行,承认指控的犯罪事实;二是认罚要件,即愿意接受处罚;三是后果要件,即可以依法从宽处理。从刑事诉讼法的这一原则规定可以看出,认罪认罚从宽制度没有适用案件罪名和可能判处刑罚的限定,犯罪嫌疑人、被告人自愿如实供述自己的罪行、承认指控的犯罪事实、愿意接受处罚的,均可以适用。这跟《刑法》第 67 条所规定的自首一样,自首没有限定某一类案件可以适用,某一类案件不可以适用,认罪认罚从宽制度也是一样,没有特定的案件范围的限制,不能因案件罪轻、罪重或者罪名特殊等原因而剥夺犯罪嫌疑人、被告人自愿认罪认罚、获得从宽处理的机会。《指导意见》对此进一步重申,也包括职务犯罪案件、重罪案件和共同犯罪案件都可以适用。

实践中,有的地方适用认罪认罚从宽仅集中于速裁程序,简易程序和普通程序适用的相对较少;有的将范围限定于轻罪案件,将职务犯罪案件、重罪案件和共同犯罪案件排除出认罪认罚从宽的适用。这些做法都是没有准确把握制度的适用范围,是需要纠正的。当然,可以适用并不等于必然适用、一律适用,犯罪嫌疑人、被告人认罪认罚后是否从宽,决定权在于司法机关,由司法机关根据案件具体情况判定。

3. "认罪"的认定。认罪认罚从宽制度中的"认罪",是指犯罪嫌疑人、被告人自愿如实供述自己的罪行,承认指控的犯罪事实。"认罪"体现了被追诉人对行为犯罪性质的认识,是悔过态度的外在表现,由此判断其人身危险性、再犯可能性,因此"认罪"不能仅作宣告性的认罪表示,而应当是实质性的承认。"如实供述自己的罪行",可以参照相关司法解释如《关于处理自首和立功具体应用法律若干问题的解释》《关于处理自首和立功若干具体问题的意见》《关于办理职务犯罪案件认定自首、立功等量刑情节若干问题的意见》等对"如实供述"的规定来把握。需要明确的是,认罪的概念是比较宽泛的,实践中也因案而异,比如承认指控的主要犯罪事实,仅对个别事实情节提出异议,或者虽然对行为性质提出辩解但表示接受司法机关认定意见的,不影响"认罪"的认定;又如犯罪嫌疑人、被告人犯数罪,仅如实供述其中一罪或者部分罪名事实的,全案不作"认罪"的认定,不适用认罪认罚从宽制度,但对如实供述的部分,人民检察院可以提出从宽处罚的建议,人民法院可以从宽处罚；再如被告人的认罪是避重就轻、推卸责任，或者仅作认罪表示，却不提供具体犯罪过程，甚至捏造事实，又或者虽然如实供述了犯罪事实，但认为自己的行为不构成犯罪，或者隐瞒自己真实身份、影响对其定罪量刑的，不宜认定为"认罪"。对上述第二种"部分认罪"情形的处理，实质上体现了对被追诉人与司法机关合作的鼓励，对犯数罪仅认部分罪的，虽然全案不适用认罪认罚从宽制度，但在其认罪的范围内，体现宽严相济，可以给予从宽处理；对共同犯罪中部分被追诉人如实供述、承认指控犯罪事实的，对此部分被追诉人应当认定为"认罪"，可以从宽处理。

值得注意的是，对犯罪嫌疑人、被告人提出的异议与辩解，应当区别对待。对案件事实的异议或者辩解不等于未如实回答，辩解的原因往往是复杂的，既可能有非法取证行为的存在，也可能出于规避刑罚的心理。因此，对于未如实回答的犯罪嫌疑人、被告人，不宜界定为"认罪态度不好"而从重处罚，而是应当作为"认罪态度一般"来处理；到案后主动承认犯罪行为、主动供述案件事实的，则应当作为"认罪态度较好"；对于到案后无理狡辩、推卸责任甚至诬陷他人的行为，才应当视为"认罪态度不好"。需要特别说明的是，如实供述的前置条件是"自愿"，即犯罪嫌疑人认罪认罚必须出于自愿，若受强迫而供述，不能适用认罪认罚从宽制度。

4. "认罚"的认定。根据《刑事诉讼法》第15条的规定，"认罚"是指同意、接受处罚。"认罚"在不同的诉讼阶段有不同的表现，在侦查阶段表现为愿意接受处罚；在审查起诉阶段，表现为接受检察机关拟作出的起诉或不起诉决定，认可人民检察院的量刑建议，签署认罪认罚具结书；在审判阶段表现为当庭确认自愿签署具结书，愿意接受刑罚处罚。以往司法实践中，更多地关注"认罪"情节，对"认罚"这一情节关注不多。认罪认罚从宽制度下，"认罚"成为认罪认罚从宽的必要条件，从以往的酌定情节，变成一个独立的准法定情节，或者说是制度性情节，在决定从宽时应当予以考虑。"认罚"直接体现了犯罪嫌疑人、被告人的悔罪态度和悔罪表现，比如犯罪嫌疑人、被告人积极退赃退赔，积极与被害人达成和解赔偿损失，这在很大程度上反映出犯罪嫌疑人、被告人对所犯罪行的认识和悔罪的态度，应当在法律和制度层面给予其正面评价。悔罪从刑法的特别预防价值看，意味着犯罪嫌疑人、被告人意识到自己的行为是错的，内心对此感到悔恨，愿意认罪服法，也表明其人身危险性降低。

"认罚"考察的重点是犯罪嫌疑人、被告人的悔罪态度和悔罪表现，应当结合退赃退赔、赔偿损失、赔礼道歉等因素来考量。若犯罪嫌疑人仅认罪而不认罚，比如坚决不道歉、不退赔退赃，则表明其对犯罪行为并无悔过，不能适用认罪认罚从宽制度,当然对其"认罪"情节,可以依据法律规定酌情处理;犯罪嫌疑人、被告人虽然表示"认罚",却暗中串供、干扰证人作证、毁灭、伪造证据或者隐匿、转移财产,有赔偿能力而不赔偿损失,则不能适用认罪认罚从宽制度。

需要注意的是,认罪认罚从宽制度中犯罪嫌疑人、被告人对程序具有选择权,若犯罪嫌疑人不同意适用速裁程序、简易程序的,不影响"认罚"的认定。

(三)关于认罪认罚后"从宽"的把握

1."从宽"的理解。从宽处理既包括实体上从宽处罚,也包括程序上从简处理。根据刑事诉讼法规定,对于认罪认罚"可以依法从宽处理"。对此,应当全面理解。首先,"从宽"是指依法从宽。办理认罪认罚案件,应当遵循刑法、刑事诉讼法的基本原则,从宽情节的把握可以参照刑法、刑事诉讼法和有关司法解释关于自首、坦白、自愿认罪、真诚悔罪、取得谅解、达成和解等法定、酌定从宽情节的规定,依法决定是否从宽、怎么从宽、从宽的幅度。关于从宽能否跨档减刑或者免刑的问题,实践中较为关注,尤其是在数额犯中,特别是部分案件基准刑在跨档临界点,不减轻处罚无法兑现从宽承诺时,如何把握存在争议。我们认为在实体法没有明确规定的情况下,对于减轻、免除处罚,必须于法有据,不具备法定减轻处罚情节的,应当在法定刑幅度以内提出从轻处罚的量刑建议,对其中犯罪情节轻微不需要判处刑罚的,可以依法作出不起诉决定。对没有法定减轻处罚情节,认罪认罚后又确实需要在法定刑以下量刑的,应当依法层报最高人民法院核准。其次,"从宽"是指一般应当从宽。认罪认罚从宽,同《刑法》第67条规定的自首一样,都是"可以"从宽,这里的"可以"暗含了从宽的导向性,即不是可有可无,而是没有特殊理由的,都应当体现法律规定和政策精神,从宽处罚。特别是对3年以下的轻罪案件,要尽量依法从宽从简从快办理。《刑事诉讼法》第15条将认罪认罚从宽作为一项重要原则予以规定,与此同时,根据第201条,一般情况下,检察机关提出的量刑建议将成为最终的量刑,这一规定,最大限度地消弭了"可以"从宽的不确定状态。最后,"从宽"是指不能一味从宽。是否从宽以及从宽幅度,应当根据犯罪的事实、性质、情节和对社会的危害程度,综合考虑认罪认罚的具体情况,依法确定,确保宽严有据、罚当其罪,避免案件处理显失公平。对此,《指导意见》规定,对犯罪性质和危害后果特别严重、犯罪手段特别残忍、社会影响特别恶劣的犯罪嫌疑人、被告人,认罪认罚不足以从轻处罚的,依法不予以从宽处罚。

2.从宽幅度的把握。关于从宽具体幅度的把握,鉴于个案情节千差万别,统一划定从宽界限较为困难,也不科学。司法机关在把握罪责刑相适应原则和宽严相济刑事政策的基础上,可以结合实践,根据案件具体情况,积极探索,逐步总结提炼出经验规则。在前期试点过程中,许多地区对此进行了有益的尝试,比如根据认罪时间、认罪内容和认罪态度等方面的不同在从宽幅度上予以层次化的体现,越早认罪认罚,可能获得的从宽幅度就越大,有积极退赃退赔、达成刑事和解的,获得的从宽幅度可能就越大。

为回应实践的需要,《指导意见》第9条对从宽幅度的具体把握作出规定,可以从以下几方面来把握:一是把握从宽的总的原则。即办理认罪认罚案件,应当区别认罪认罚的不同诉讼阶段、对查明案件事实的价值和意义,是否确有悔罪表现,以及罪行严重程度等,综合考量确定从宽的限度和幅度。二是要根据认罪认罚的及时性、主动性、全面性和稳定性来把握幅度大小。具体来讲,就是在刑法评价上,主动认罪优于被动认罪,早认罪优于晚认罪,彻底认罪优于不彻底认罪,稳定认罪优于不稳定认罪。早晚讲的是及时性,主动被动是指在司法机关不掌握或者不充分掌握或者虽掌握但尚未亮明犯罪证据的情况下认罪与在确凿罪证面前才认罪与主动带领侦查人员找到重要物证、人证,彻底不彻底对应的是供述全部犯罪事实与隐瞒次要犯罪事实,稳定不稳定对应的是始终稳定供述与时供时翻后供述。三是要结合罪行严重程度来确定从宽幅度。对罪行较轻、人身危险性较小的,特别是初犯、偶犯,从宽幅度可以大一些;罪行较重、人身危险性较大的,以及累犯、再犯,从宽幅度应当从严把握。四是认罪认罚应当作为独立的量刑情节予以评价。对这个问题存在不同的认识。有观点认为,认罪认罚是具有刑事政策性的综合情节,与坦白、自首等从宽情节存在交叉,将其与坦白、自首等笼统评价即可,不应当作为单独评价情节。我们认为,从认罪认罚从宽制度的价值出发,应当把认罪认罚作为单独评价的从宽处罚情节。一方面,只有对认罪认罚单独评价,给予一定幅度的从宽,犯罪嫌疑人、被告人才更有获得感,才能更好地鼓励其认罪认罚,从而凸显制度功能和价值;另一方面,认罪认罚虽然与坦白、自首等有交叉,但还包括了对量刑建议的认可和对庭审程序的选择,具有其他认罪制度无法涵盖的诉讼分流、节约司法资源等重要价值。基于此,《指导意见》规定,认罪认罚的从宽幅度一般应当大于仅有坦白或者虽认罪但不认罚的从宽幅度。对犯罪嫌疑人、被告人具有自首、坦白情节,同时认罪认罚的,应当在法定刑幅度内给予相对更大的从宽幅度。这里需要注意的是,对认罪认罚与自首、坦白相交叉和叠加的"认罪"部分,在把握从宽具体幅度时,不作重复评价。

(四)关于犯罪嫌疑人、被告人辩护权保障

保障犯罪嫌疑人、被告人在自愿的前提下认罪认罚,是认罪认罚从宽制度能否取得实效的关键。在刑事诉讼中，犯罪嫌疑人、被告人大多不懂法律，更缺乏诉讼经验和知识，其对认罪认罚的性质和法律后果很难做到真正了解，这就需要来自外界的有效帮助以确保其认罪认罚的自愿性。获得有效的法律帮助特别是辩护律师的有效帮助，对于促进认罪认罚从宽制度的落实具有不可替代的重要作用。基于此，《指导意见》第四部分对犯罪嫌疑人、被告人获得律师帮助权、值班律师制度作出了具体规定。

1. 获得法律帮助权。获得有效法律帮助是犯罪嫌疑人、被告人的基本权利，公检法三机关有义务保障犯罪嫌疑人、被告人及时获得有效法律帮助。《指导意见》规定，人民法院、人民检察院、公安机关办理认罪认罚案件，应当保障犯罪嫌疑人、被告人获得有效法律帮助，确保其了解认罪认罚的性质和法律后果，自愿认罪认罚。犯罪嫌疑人、被告人自愿认罪认罚，没有辩护人的，人民法院、人民检察院、公安机关（看守所）应当通知值班律师为其提供法律咨询、程序选择建议、申请变更强制措施等法律帮助。符合通知辩护条件的，应当依法通知法律援助机构指派律师为其提供辩护。人民法院、人民检察院、公安机关（看守所）应当告知犯罪嫌疑人、被告人有权约见值班律师，获得法律帮助，并为其约见值班律师提供便利。犯罪嫌疑人、被告人及其近亲属提出法律帮助请求的，人民法院、人民检察院、公安机关（看守所）应当通知值班律师为其提供法律帮助。

2. 派驻值班律师。基于我国当前刑事辩护率总体较低，许多案件犯罪嫌疑人、被告人尚无法获得律师的帮助，导致辩护权无法有效行使的问题，速裁程序和认罪认罚从宽制度试点中，建立了法律援助值班律师制度。实践证明，这一制度对认罪认罚从宽制度的有效运行发挥了重要作用。修改后刑事诉讼法对此也予以了确认，但是《刑事诉讼法》第36条规定派驻值班律师时，仅以列举的方式规定"法律援助机构可以在人民法院、看守所等场所派驻值班律师"，没有写明在人民检察院是否可以派驻。基于认罪认罚从宽制度适用的最主要阶段是审查起诉阶段，且目前轻罪案件犯罪嫌疑人非羁押的比例较高，人数众多，对值班律师提供法律帮助的需求量非常大，从制度设计的本意和有利于犯罪嫌疑人权利保障出发，在检察机关设立值班律师完全符合立法精神，法条规定的应作"等外"解释。据此，《指导意见》第11条规定，法律援助机构可以在人民法院、人民检察院、看守所派驻值班律师。人民法院、人民检察院、看守所应当为派驻值班律师提供必要办公场所和设施。设置工作站应当悬挂统一标牌，配备必要的办公设施，设立指引标识，并放置法律援助格式文书以及相关业务介绍资料；公示法律援助范围、条件、值班律师工作职责及当日值班律师基本信息等。

实践中，一些地区法律援助资源较为短缺，值班律师的设置尚未能跟上认罪认罚从宽制度发展的需要。对此，鼓励各地因地制宜，采取多种形式进行派驻。总体原则是，法律援助机构应当根据人民法院、人民检察院、看守所法律帮助需求和当地法律服务资源，合理安排值班律师。具体方式上，值班律师可以定期值班或轮流值班，律师资源短缺的地区可以通过探索现场值班和电话、网络值班相结合，在人民检察院、人民法院毗邻设置联合工作站，省内和市内统筹调配律师资源，以及建立政府购买值班律师服务机制等方式，保障法律援助值班律师工作有序开展。

3. 值班律师的职责。值班律师应当维护犯罪嫌疑人、被告人的合法权益，确保犯罪嫌疑人、被告人在充分了解认罪认罚性质和法律后果的情况下，自愿认罪认罚。《刑事诉讼法》第36条对值班律师提供法律帮助的内容作出了规定，包括提供法律咨询、程序选择建议、申请变更强制措施、对案件处理提出意见等。《指导意见》据此细化为七项：一是提供法律咨询，包括告知涉嫌或指控的罪名、相关法律规定，认罪认罚的性质和法律后果等；二是提出程序适用的建议；三是帮助申请变更强制措施；四是对检察机关定罪、量刑建议提出意见；五是就案件处理，向人民法院、人民检察院、公安机关提出意见；六是引导、帮助犯罪嫌疑人、被告人及其近亲属申请法律援助；七是法律法规规定的其他事项。

值班律师是否可以阅卷，实践中争论较大。肯定的观点认为，应当赋予值班律师阅卷权，《刑事诉讼法》第173条规定人民检察院应当为值班律师了解案件有关情况提供必要的便利，查阅案卷属于必要的便利，否则值班律师无法提供实质的有效法律帮助。否定的观点认为，刑事诉讼法将值班律师定位为提供法律帮助，"两高三部"《关于开展法律援助值班律师工作的意见》第2条更是明确规定"法律援助值班律师不提供出庭辩护服务……"由此可见，无论是法律还是司法解释都已明确值班律师不等同于辩护人，因此其不能享有法律赋予辩护律师的阅卷权。《指导意见》对这一问题持肯定态度，规定"自案件移送审查起诉之日起，值班律师可以查阅案卷材料、了解案情。人民法院、人民检察院应当为值班律师查阅案卷材料提供便利"，但同时也作出了一定的限制，即值班律师仅能"查阅"案卷材料，而不能"摘抄、复制"。这主要考虑到值班律师与辩护律师毕竟诉讼地位存在差异，权利不完全等同。关于会见，《指导意见》遵循了刑事诉讼法关于"犯罪嫌疑人、被告人有权约见值班律师"的规定精神，规定值班律师可以会见犯罪嫌疑人、被告人，看守所应当为值班律师会见提供便利；危害国家安全犯罪、恐怖活动犯罪案件，侦查期间值班律师会见在押犯罪嫌疑人的，应当经侦查机关许可。并规定值班律师提供法律咨询、查阅案卷材料、会见犯罪嫌疑人或者被告人、提出书面意见等法律帮助活动的相关情况应当记录在案,并随案移送。

4. 法律帮助的衔接。对值班律师是否可以在不同诉讼阶段为犯罪嫌疑人、被告人提供法律帮助,《指导意见》予以明确,即对于被羁押的犯罪嫌疑人、被告人,在不同诉讼阶段,可以由派驻看守所的同一值班律师提供法律帮助;对于未被羁押的犯罪嫌疑人、被告人,前一诉讼阶段的值班律师可以在后续诉讼阶段继续为犯罪嫌疑人、被告人提供法律帮助。关于值班律师是否可以为同一案件的多名犯罪嫌疑人、被告人提供法律帮助问题,因存在较大分歧,《指导意见》暂未作出规定,各地可以根据实际情况,积极探索解决。

5. 拒绝法律帮助的处理。针对实践中可能出现的犯罪嫌疑人、被告人自愿认罪认罚,没有委托辩护人,拒绝值班律师帮助的情形,《指导意见》第14条规定此种情形人民法院、人民检察院、公安机关应当允许,并记录在案附卷移送。但是审查起诉阶段签署认罪认罚具结书时,人民检察院应当通知值班律师到场。也就是说,犯罪嫌疑人、被告人可以拒绝值班律师帮助,但是签署具结书时,值班律师应当在场见证。

6. 辩护人职责。对有辩护律师的认罪认罚案件,辩护律师除依法享有法律规定的会见、阅卷等权利,同时还担负着就犯罪嫌疑人认罪认罚与司法机关进行沟通、提出意见等职责。对此,《指导意见》第15条规定,认罪认罚案件犯罪嫌疑人、被告人委托辩护人或者法律援助机构指派律师为其辩护的,辩护律师在侦查、审查起诉和审判阶段,应当与犯罪嫌疑人、被告人就是否认罪认罚进行沟通,提供法律咨询和帮助,并就定罪量刑、诉讼程序适用等向办案机关提出意见。

(五) 关于被害方权益保障

让当事人充分地、能动地参与刑事诉讼已成为现代刑事司法的一种趋势,其中尊重刑事被害人的主体地位,保障其合法权益,对于减少社会对抗、修复被损害的社会关系、化解社会矛盾具有积极意义,也将直接影响认罪认罚从宽制度的实际效果。为此,《刑事诉讼法》第173条对听取被害人及其诉讼代理人意见特别作出了规定。《指导意见》遵循刑事诉讼的精神,专门对保障被害方的权益予以规定。

1. 听取意见。认罪认罚从宽试点时,即要求人民法院、人民检察院、公安机关办理认罪认罚案件,应当听取被害人及其诉讼代理人意见,并将犯罪嫌疑人、被告人是否与被害人达成和解协议或者赔偿被害人损失,取得被害人谅解,作为量刑的重要考虑因素。《指导意见》延续了试点时的这一规定,要求公检法办理认罪认罚案件,应当听取被害人及其诉讼代理人的意见,并将和解调解、赔偿情况作为从宽处罚的重要考虑因素。当然,为提高诉讼效率,对在侦查阶段、审查起诉阶段公安机关、人民检察院已经听取过被害方意见的,人民法院视情况决定是否再次听取。为此,《指导意见》规定公安机关、人民检察院听取意见情况应当记录在案并随案移送。被害方的意见和态度是司法机关作出从宽处理时的重要考虑因素,特别是在一些重大人身伤害案件中,若未能与被害人达成和解、未能取得被害人谅解,在决定从宽幅度时要充分考虑社会效果,慎重把握。

2. 促进和解谅解。为了更好地发挥认罪认罚从宽在化解社会矛盾、促进社会和谐方面的作用,《指导意见》对公检法三机关促进和解、谅解作出了规定。即对符合当事人和解程序适用条件的公诉案件,犯罪嫌疑人、被告人认罪认罚的,人民法院、人民检察院、公安机关应当积极促使当事人自愿达成和解。对其他认罪认罚案件,人民法院、人民检察院、公安机关可以促进犯罪嫌疑人、被告人通过向被害方赔偿损失、赔礼道歉等方式获得谅解,被害方出具的谅解意见应当随案移送。人民法院、人民检察院、公安机关在促进当事人和解谅解过程中,应当向被害方释明认罪认罚从宽、公诉案件当事人和解适用程序等具体法律规定,充分听取被害方意见,符合司法救助条件的,应当积极协调办理。对被害方的司法救助,以往法院做得比较多,检察环节做得比较少。推进认罪认罚从宽制度的适用,要求检察机关积极开展司法救助,对符合司法救助条件的,检察机关应当积极协调为被害方办理司法救助。这也是检察机关在刑事诉讼中履行主导责任的重要体现。

3. 被害方异议的处理。实践中,经常出现被害方不谅解,不同意对犯罪嫌疑人、被告人从宽处理的情形,司法机关在作出处理决定时也常受此困扰。对此,应当把握的原则是,既要充分尊重被害人意见,同时也要防止完全受被害人所左右,司法机关应当秉承客观公正立场,不偏不倚,依法办理认罪认罚案件。具体来讲,要把握好三点:一是被害人及其诉讼代理人不同意对认罪认罚的犯罪嫌疑人、被告人从宽处理的,不影响认罪认罚从宽制度的适用。被害方没有程序选择权,比如其不同意适用速裁程序的,并不影响司法机关适用速裁程序。二是犯罪嫌疑人、被告人认罪认罚,但没有退赃退赔、赔偿损失,未能与被害方达成调解或者和解协议的,从宽时应当予以酌减。也就是说,虽然被害方不同意不影响认罪认罚从宽制度的适用,但仍然会影响最终的从宽幅度,这有利于促使犯罪嫌疑人、被告人积极与被害方达成和解谅解。三是正确对待被害人"漫天要价"。犯罪嫌疑人、被告人自愿认罪并且愿意积极赔偿损失,但由于被害人赔偿请求明显不合理,未能达成调解或和解协议的,一般不影响对犯罪嫌疑人、被告人从宽处理。

（六）关于强制措施的适用

犯罪嫌疑人认罪认罚将直接影响对其强制措施的适用。《刑事诉讼法》第81条第2款明确规定，"批准或者决定逮捕，应当将犯罪嫌疑人、被告人涉嫌犯罪的性质、情节、认罪认罚等情况，作为是否可能发生社会危险性的考虑因素"。《指导意见》对此进一步作了细化规定。

1. 社会危险性评估。修改后的刑事诉讼法将社会危险性作为逮捕的必要条件，犯罪嫌疑人、被告人自愿认罪认罚，表明其对自身行为的认识和悔罪的态度，相较于不认罪情形，显然社会危险性明显降低。对此，《指导意见》第19条规定，人民法院、人民检察院、公安机关应当将犯罪嫌疑人、被告人认罪认罚作为其是否具有社会危险性的重要考虑因素。对于罪行较轻、采用非羁押性强制措施足以防止发生《刑事诉讼法》第81条第1款规定的社会危险性的犯罪嫌疑人、被告人，根据犯罪性质及可能判处的刑罚，依法可不适用羁押性强制措施。

2. 逮捕的适用。对于认罪认罚没有社会危险性的犯罪嫌疑人、被告人不予逮捕是从宽的重要体现之一。犯罪嫌疑人认罪认罚，公安机关认为罪行较轻、没有社会危险性的，应当不再提请人民检察院审查逮捕。对已经提请逮捕的，人民检察院认为没有社会危险性不需要逮捕的，应当作出不批准逮捕的决定。从实践情况看，速裁程序中非羁押措施的适用率较高，达到50%，这一方面体现了速裁程序对节约司法资源的重要作用，另一方面体现了认罪认罚从宽制度对初犯、偶犯给予出路，在扩大非监禁刑适用，实现恢复性司法方面意义重大。

3. 逮捕的变更。犯罪嫌疑人、被告人社会危险性大小，会随着认罪认罚的推进而改变，比如侦查阶段出于侦破案件的需要，检察机关对犯罪嫌疑人批准逮捕，到审查起诉阶段后，犯罪嫌疑人认罪认罚，与被害方达成调解或和解，取得被害方谅解，此时经过审查评估，其已无社会危险性，没有继续羁押的必要，可以变更强制措施。对此，《指导意见》第21条规定，已经逮捕的犯罪嫌疑人、被告人认罪认罚的，人民检察院、人民法院应当及时对羁押必要性进行审查，经审查认为没有继续羁押必要的，应当变更为取保候审或者监视居住。

（七）关于侦查机关的职责

犯罪嫌疑人越早认罪认罚，对及时侦破案件、提升效率的意义越大。《指导意见》第七部分对侦查机关办理认罪认罚案件的职责进行了规定。

1. 权利告知和听取意见。犯罪嫌疑人自愿认罪认罚的前提是其充分了解所享有的诉讼权利和认罪认罚可能导致的法律后果。《指导意见》明确，公安机关在侦查过程中，应当告知犯罪嫌疑人享有的诉讼权利、如实供述罪行可以从宽处理和认罪认罚的法律规定，听取犯罪嫌疑人及其辩护人或者值班律师的意见，记录在案并附卷。听取意见记录规范参照讯问笔录制作样式。实践中，犯罪嫌疑人认罪认罚的时机既可能发生在讯问时，也可能发生在非讯问时间。对此，《指导意见》规定，对在非讯问时间，侦查人员不在场情况下，犯罪嫌疑人如果向看守所工作人员或者辩护人、值班律师表示愿意认罪认罚的，有关人员应当及时书面告知办案单位。

2. 认罪教育。为促使犯罪嫌疑人尽早认罪认罚，公安机关做犯罪嫌疑人认罪认罚方面的工作就显得尤为重要。《指导意见》第23条对此作出了规定，包括以下几点：一是公安机关在侦查阶段应当同步开展认罪教育工作，这可以促使犯罪嫌疑人尽早认罪认罚。二是公安机关在作认罪教育工作时，不得强迫犯罪嫌疑人认罪。因为自愿认罪认罚是认罪认罚从宽制度能否取得实效的关键，而侦查阶段是最容易发生侵犯嫌疑人权利的阶段，因此一定要防止强迫认罪特别是刑讯逼供行为的发生。三是公安机关在作认罪教育工作中，向犯罪嫌疑人告知权利、认罪认罚的法律规定时，不得作出具体的从宽承诺，只能将认罪认罚后可能产生的法律后果告知嫌疑人，以防止"诱供"行为的发生，这也是"从宽"的实体后果一般不在侦查阶段体现的要求。四是犯罪嫌疑人自愿认罪，愿意接受司法机关处罚的，应当记录在案并附卷。

3. 起诉意见。《指导意见》第24条对起诉意见作出了规定。一是对移送审查起诉的案件，公安机关应当在起诉意见书中写明犯罪嫌疑人自愿认罪认罚情况。这也是审查起诉阶段，检察机关重点审查的对象之一。公安机关认为案件符合速裁程序适用条件的，可以在起诉意见书中建议检察机关适用速裁程序办理，并简要说明理由。公安机关建议适用速裁程序有助于检察机关更好地判断案件的程序适用，从而提高诉讼效率。二是对可能适用速裁程序的案件，公安机关应当快速办理，对犯罪嫌疑人未被羁押的，可以集中移送审查起诉，但不得为集中移送拖延案件办理。具体操作中，公安机关移送审查起诉时，对犯罪嫌疑人认罪，愿意接受处罚的案件，可以在案卷卷宗上加盖"认罪认罚"的标志。人民检察院提起公诉时，对被告人认罪认罚的案件，可以在案卷卷宗上加盖"认罪认罚"的标志，建议人民法院适用速裁程序审理的，可以在案卷卷宗上加盖"速裁"的标志。"认罪认罚"及"速裁"字样统一采用二号黑体字。三是对人民检察院在审查逮捕期间或者重大案件听取意见中提出的开展认罪认罚工作的意见或建议，公安机关应当认真听取，积极开展相关工作。这一规定一方面旨在促使公安机关积极开展认罪认罚工作，另一方面也对检察机关充分发挥引导侦查作用提出要求,即检察机关在审查逮捕期间或者提前介入侦查期间,应当主动就开展认罪认罚工作向公安机关提出意见建议,从而促使犯罪嫌疑人尽早认罪认罚。

4. 执法办案管理中心建设。今年《中共中央关于加强新时代公安工作的意见》中明确指出:"加强公安机关执法办案场所建设,因地制宜建设执法办案管理中心","深化执法办案公开,主动接受检察机关法律监督"。一些地方比如北京试点在公安机关执法办案管理中心派驻检察室,同时还探索设置速裁法庭,由检察机关、法院定点派驻人员,对适用速裁程序的一些轻罪案件实行快速办理,比如醉驾案件,取得了较好的效果。根据中央文件精神,结合实践探索经验,《指导意见》第25条规定,加快推进公安机关执法办案管理中心建设,探索在执法办案管理中心设置速裁法庭,对适用速裁程序的案件进行快速办理。

(八) 关于审查起诉阶段检察机关的职责

适用认罪认罚从宽制度办理案件,核心工作主要发生于审查起诉环节,此阶段检察机关的职责内容也更为丰富。《指导意见》第八部分规定了审查起诉阶段检察机关的职责,主要包括:

1. 权利告知。同侦查阶段一样,审查起诉阶段,人民检察院也负有告知犯罪嫌疑人享有的诉讼权利和认罪认罚的法律规定的义务。告知权利应当以书面形式,必要时,应当充分释明权利内涵,确保犯罪嫌疑人在明知、明智的情况下自愿作出选择。告知权利时,人民检察院应当保障犯罪嫌疑人的程序选择权。告知权利应当在收到审查起诉材料3日内进行,告知认罪认罚可能导致的法律后果既可以在告知权利时一并进行,也可以在有初步审查意见后再进行。

2. 听取意见。审查起诉过程中,在告知权利基础上,检察机关还应当就相关事项听取犯罪嫌疑人、辩护人或者值班律师的意见,主要包括:一是涉嫌的犯罪事实、罪名及适用的法律规定;二是从轻、减轻或者免除处罚等从宽处罚的建议;三是认罪认罚后案件审理适用的程序;四是其他需要听取意见的情形。检察机关应当在与犯罪嫌疑人及其辩护人就上述事项充分沟通的基础上,提出量刑建议。听取意见的过程实际上就是控辩双方就认罪认罚情况以及处罚建议进行平等沟通协商的过程。

3. 自愿性、合法性审查。保障犯罪嫌疑人、被告人在自愿的前提下认罪认罚,是认罪认罚从宽制度能否取得实效的关键。审查起诉阶段,检察机关的一项重要职责就是对侦查阶段认罪认罚自愿性的审查。无论是权利告知还是听取意见,均是对侦查阶段认罪认罚的自愿性进行审查的一种方式,若在听取意见阶段,犯罪嫌疑人或者其辩护人提出在侦查阶段认罪认罚非系自愿,那么侦查阶段的认罪认罚不能作数，检察机关可以重新就认罪认罚事项与犯罪嫌疑人及其辩护人进行沟通，记录在案并附卷。若经审查，认定侦查机关采取刑讯逼供等非法手段强迫犯罪嫌疑人违背意愿认罪认罚的，则认罪认罚的供述应当作为非法证据予以排除。

对侦查阶段认罪认罚的案件，人民检察院应当重点考察犯罪嫌疑人是否在明知、明智状态下认罪认罚，侦查机关是否履行法定义务，犯罪嫌疑人悔罪态度和表现等内容。具体包括：一是犯罪嫌疑人是否自愿认罪认罚，有无因受到暴力、威胁、引诱而违背意愿认罪认罚；二是犯罪嫌疑人是否具有认罪认罚意思表示的认知能力和精神状态；三是犯罪嫌疑人是否理解认罪认罚的性质和可能导致的法律后果；四是侦查机关是否告知犯罪嫌疑人享有的诉讼权利、如实供述自己罪行可以从宽处理和认罪认罚的法律规定，并听取意见；五是起诉意见书中是否写明犯罪嫌疑人认罪认罚情况；六是犯罪嫌疑人是否真诚悔罪，是否向被害人赔礼道歉。

4. 证据开示。证据开示是保障认罪认罚自愿性的有效方式。实践中，一些地区针对案件具体情况，探索证据开示制度，在量刑沟通时，将与案件指控事实相关的证据进行简化集中展示，实现各诉讼参与主体信息对称，增强犯罪嫌疑人对审判结果的预测性，确保犯罪嫌疑人在充分了解、知悉证据的基础上作出自愿选择，避免因信息不对称作出错误判断。吸收实践中这一经验做法，《指导意见》第29条对证据开示作出规定，人民检察院可以针对案件具体情况，探索证据开示制度，保障犯罪嫌疑人的知情权和认罪认罚的真实性及自愿性。

5. 不起诉的适用。对符合条件的认罪认罚案件作出不起诉处理，是实体从宽的重要体现，也是审前分流的重要方式。从实践情况看，目前适用认罪认罚制度作出不起诉处理的仅占适用认罪认罚从宽制度案件人数的5%左右，不仅案件总量少而且占比低，而起诉的认罪认罚案件中法院判处缓免刑的比例近40%。这表明不起诉的审前把关和分流作用未得到充分发挥，也影响了认罪认罚从宽制度的功效。因此，《指导意见》提出，要完善起诉裁量权，充分发挥不起诉的审前分流和过滤作用，逐步扩大相对不起诉在认罪认罚案件中的适用。对认罪认罚后没有争议，不需要判处刑罚的轻微刑事案件，检察机关可以依法作出不起诉决定。同时要求人民检察院应当加强对案件量刑的预判，对其中可能判处免刑的轻微刑事案件，可以依法作出不起诉决定。这里需要注意的是，对认罪认罚后仍然事实不清、证据不足的案件，应当坚持疑罪从无，依法作出不起诉决定。

6. 签署具结书。签署具结书是审查起诉阶段适用认罪认罚从宽制度的形式要件。犯罪嫌疑人自愿认罪,同意量刑建议和程序适用的,应当在辩护人或者值班律师在场的情况下签署具结书。辩护人或者值班律师在场,一方面是为了保障其诉讼权利,确保犯罪嫌疑人签署具结书是在充分了解认罪认罚后果情况下自愿进行;另一方面也起到见证作用。实践中,一些地方反映,对犯罪嫌疑人被羁押的,在签署具结书时,受看守所场所和相关手续限制,检察官、辩护人或者值班律师、犯罪嫌疑人三方在同一空间难以操作。为解决这一问题,《指导意见》规定,犯罪嫌疑人被羁押的,看守所应当为签署具结书提供场所。

关于具结书的效力,可以从两个方面把握:一是具结书的性质类似于认罪协议,是犯罪嫌疑人、被告人对自己犯罪行为自愿承诺承担法律责任的书面意思表示,既表示认罪悔改,又表示愿意接受法律制裁。其主要应当包括认罪认罚的具体内容、从宽处罚的具体内容以及程序选择适用等,是对认罪认罚后果的固定,应当由犯罪嫌疑人亲笔签署,辩护人或值班律师签名。具结书意味着对某些法定诉讼权利的放弃和不利后果的承担,犯罪嫌疑人、被告人可以单方撤回,即允许其反悔。当然反悔的节点最晚应当在一审法庭裁判作出之前。二是具结书实质上是控辩合意的结果,一旦签署,即具有法定的效力,对犯罪嫌疑人、被告人具有拘束力。如果犯罪嫌疑人、被告人签署具结书后反悔的,办案机关应当向其说明反悔的法律后果,包括可以采取羁押性强制措施、不再享受量刑从宽、不得主张适用速裁程序等内容。具结书也是法院对认罪认罚结果的确认而重点进行审查的对象。

需要注意的是,对绝大多数适用认罪认罚从宽制度的案件,审查起诉阶段都要签署认罪认罚具结书。但是《刑事诉讼法》第174条规定了三种不需要签署具结书的情形:一是犯罪嫌疑人是盲、聋、哑人,或者是尚未丧失辨认或者控制自己行为能力的精神病人的;二是未成年犯罪嫌疑人的法定代理人、辩护人对未成年人认罪认罚有异议的;三是其他不需要签署认罪认罚具结书的情形。当然,这几种情形未签署认罪认罚具结书的,不影响认罪认罚从宽制度的适用。

7. 提起公诉。根据《指导意见》,人民检察院向人民法院提起公诉的,应当在起诉书中写明被告人认罪认罚情况,提出量刑建议,并同时移送被告人的认罪认罚具结书等材料。需要说明的是,量刑建议并非要求必须在起诉书中提出,量刑建议是否在起诉书中写明,各地可以根据案件情况、适用程序情况进行探索,可以写入起诉书,也可以制作单独的量刑建议书。简单说,量刑建议书可以另行制作,也可以在起诉书中写明。

8. 量刑建议的提出。量刑建议是适用认罪认罚从宽制度的重要组成部分,犯罪嫌疑人同意量刑建议,是审查起诉阶段适用认罪认罚从宽制度的必要条件,而人民法院依法作出判决时,一般也应当采纳人民检察院的量刑建议。这不仅将提出量刑建议作为人民检察院办理认罪认罚案件的必经环节,而且对检察机关量刑建议的精准性提出了很高的要求。《指导意见》第33条对此作出了规定。

关于量刑建议的内容。根据刑事诉讼法的规定,犯罪嫌疑人认罪认罚的,人民检察院应当就主刑、附加刑、是否适用缓刑等提出量刑建议。由此,量刑建议主要包括三个方面内容:一是主刑,主要指主刑刑种。二是附加刑。以往我们提出量刑建议,主要关注主刑,对附加刑关注较少,现在附加刑成为量刑建议不可或缺的重要内容。也就是说,我们不仅要对主刑提出建议,还要对附加刑提出建议,特别是附加刑中的财产刑,作为"认罚"的重要组成部分,直接体现着犯罪嫌疑人的悔罪态度,直接影响着从宽的后果,必须予以关注。当然,对于附加刑的量刑建议是以指控罪名的法定刑包括相应附加刑为前提,指控罪名不包括相应附加刑的,则没有此内容。三是是否适用缓刑,这主要指刑罚执行方式。

关于量刑协商。根据刑事诉讼法的规定,一方面,犯罪嫌疑人签署认罪认罚具结书的前提是自愿认罪并同意量刑建议;另一方面,人民检察院办理认罪认罚案件应当听取犯罪嫌疑人、辩护人或者值班律师对从宽处罚的建议。因此,在人民检察院正式提出量刑建议前,必然要与犯罪嫌疑人、辩护人或者值班律师进行量刑沟通或者协商,协商一致后,犯罪嫌疑人才会签署认罪认罚具结书。这种沟通与协商既有利于保障最终的控辩合意科学合理,也是对检察官的要求和义务,有利于检察权的正确行使。基于此,《指导意见》规定,人民检察院提出量刑建议前,应当充分听取被告人、辩护人或者值班律师、被害人及其诉讼代理人的意见,尽量协商一致。

关于量刑建议的提法。一般来说,量刑建议越具体,犯罪嫌疑人及其辩护律师与检察机关协商的动力越大,达成一致的可能性也越大。因为确定刑的建议更符合犯罪嫌疑人对"罚"的期待,犯罪嫌疑人之所以选择认罪认罚,就是想换取一个比较确定的刑罚预期,让从宽处理的激励变成现实,以避免庭审的不确定性和潜在风险。如果是幅度刑的建议,犯罪嫌疑人对可能受到的处罚的预期仍然不确定,即使其认罪认罚签署具结书,其心理预期也往往是法官会在量刑建议的下限作出判决,一旦判决无法满足心理预期,其就可能对判决不满,不利于息诉罢访、化解矛盾。精准确定刑的建议一方面可以更好地激活认罪认罚从宽制度的"激励机制",有利于犯罪嫌疑人自愿作出认罪认罚的选择;另一方面,也意味着控辩双方围绕量刑问题,展开了实质性的平等沟通与协商，最终形成了控辩合意，这对量刑建议的合理性、可接受性、认可率都有积极的保障价值，可以防止事后因量刑问题引发上诉、抗诉以及程序回转等问题，从而有利于认罪认罚从宽制度的推进和稳定适用。而且精准量刑建议与人民法院的审判权并无实质冲突，根据刑事诉讼法规定，案件最终仍由法院来确认与裁判。为了回应实践的需要，《指导意见》规定，办理认罪认罚案件，人民检察院一般应当提出确定刑量刑建议。对新类型、不常见犯罪案件，量刑情节复杂的重罪案件等，也可以提出幅度刑量刑建议。提出量刑建议，应当说明理由和依据。这蕴含着三层意思：一是人民检察院提出量刑建议以确定刑为原则，即绝大多数案件特别是基层院办理适用简易程序、速裁程序的轻罪案件，原则上一律提出确定刑量刑建议。二是设定例外情形，即对一些新类型、不常见的犯罪案件以及量刑情节复杂的重罪案件等，也可以提出幅度刑量刑建议。这也是基于司法实践的复杂状况而设定的例外，体现了对司法规律的尊重。三是要求人民检察院提出确定刑量刑建议应当说明理由和依据。这是对检察机关的加压，目的就是保证精准量刑建议的合法科学，同时也有利于防范权力滥用。

关于认罪认罚后提出量刑建议的减让原则。《指导意见》将认罪认罚作为独立的量刑情节予以评价，并对如何减让提出量刑建议作出了规定。一是犯罪嫌疑人认罪认罚没有其他法定量刑情节的，人民检察院可以根据犯罪的事实、性质等，在基准刑基础上适当减让提出确定刑量刑建议。有其他法定量刑情节的，人民检察院应当综合认罪认罚和其他法定量刑情节，参照相关量刑规范提出确定刑量刑建议。二是犯罪嫌疑人在侦查阶段认罪认罚的，主刑从宽的幅度可以在前款基础上适当放宽；被告人在审判阶段认罪认罚的，在前款基础上可以适当缩减。建议判处罚金的，参照主刑的从宽幅度提出确定的数额。需要注意的是，这里并未对减让幅度给出具体的数字，而是用了"适当减让"一词，主要考虑有二：一是"两高"正在研究修改常用罪名的量刑指导意见，里面会对具体幅度作出规定；二是给各地留下探索的空间。另外需要指出的是，人民检察院应当注意同一时期同一地区同类型案件量刑建议的均衡性。

9. 速裁程序的办案期限。适用速裁程序对案件加快办理，是认罪认罚从宽程序从简的重要体现。根据刑事诉讼法的规定，犯罪嫌疑人认罪认罚，人民检察院经审查，认为符合速裁程序适用条件的，应当在10日以内作出是否提起公诉的决定；对可能判处的有期徒刑超过1年的，可以在15日以内作出是否提起公诉的决定。

（九）关于社会调查评估

开展社会调查评估是适用认罪认罚从宽制度办理案件中的一项重要工作。

对拟适用社区矫正的犯罪嫌疑人、被告人进行调查评估，有利于提高量刑的准确性和科学性，也有利于执行机关提前介入了解情况，增强矫正措施的针对性和时效性。实践中，特别是在适用速裁程序的认罪认罚案件中，由于法律规定的审查期限短，案件运行周期快，就面临着司法行政部门作出社区调查报告的时间晚于起诉时间的问题。为解决这一问题，根据刑法和最高人民法院、最高人民检察院、公安部、司法部联合发布的《社区矫正实施办法》有关规定，对于可能判处管制、宣告缓刑，拟适用社区矫正的犯罪嫌疑人、被告人，需要调查对其所居住社区影响的，人民法院、人民检察院、公安机关可以委托犯罪嫌疑人、被告人居住地所在的县级司法行政机关进行调查评估，也可以自行调查评估。也就是说，对可能具备缓刑适用条件的犯罪嫌疑人，由公安机关在侦查过程中直接委托司法行政部门进行社区调查，或者由人民检察院在审查起诉阶段对建议判处缓刑或者可能判处缓刑的，直接向司法行政部门委托社区矫正调查，由司法行政部门提前开展调查，并将调查结果直接送达人民法院，从而节省文书往来的流转时间，提高办案效率。《中华人民共和国社区矫正法（草案）》已经第十三届全国人大常委会第十一次会议审议并向社会公开征求意见，为与该《草案》相关规定保持一致，《指导意见》中将出具调查评估材料的主体表述为社区矫正机构。

1. 侦查阶段的社会调查。社会调查评估越早开展，对后续程序特别是速裁程序的顺利进行越是有利。犯罪嫌疑人认罪认罚，可能判处管制、宣告缓刑的，公安机关可以委托犯罪嫌疑人居住地所在的社区矫正机构进行调查评估。公安机关在案件侦查阶段应当核实犯罪嫌疑人的居住地，并在移送审查起诉意见书上注明。实践中，可能出现社区矫正机构无法在侦查期间出具调查评估材料的情况，对此，《指导意见》规定，公安机关在侦查阶段委托社区矫正机构进行调查评估，司法行政机关在公安机关移送审查起诉后完成调查评估的，应当及时将评估意见提交受理案件的人民检察院或者人民法院，并抄送公安机关。

2. 审查起诉阶段的社会调查。适用认罪认罚从宽制度的案件，人民检察院在向犯罪嫌疑人提出量刑建议时，不但要对主刑、附加刑提出建议，还要对是否适用缓刑提出建议。因此，及时开展调查评估是检察机关办理认罪认罚案件的一项重要任务。犯罪嫌疑人认罪认罚，人民检察院拟提出缓刑或者管制量刑建议的，可以及时委托犯罪嫌疑人居住地的社区矫正机构进行调查评估，也可以自行调查评估。具体操作需要注意三点：一是人民检察院所在地与犯罪嫌疑人居住地一致的，直接委托即可；二是人民检察院所在地与犯罪嫌疑人居住地不一致的，应联系嫌疑人居住地的县级人民检察院协助办理；三是委托调查评估应遵循级别对等原则，一般应通过县级人民检察院进行，相关人民检察院应做好协调配合，实现及时对接。关于调查材料的移送，注意把握两点：一是人民检察院提起公诉时，已收到调查材料的，应当将材料一并移送，未收到调查材料的，应当将委托文书随案移送；二是在提起公诉后收到调查材料的，应当及时移送人民法院。

3. 审判阶段的社会调查。被告人认罪认罚，人民法院拟宣告缓刑或者判处管制的，可以及时委托被告人居住地的社区矫正机构进行调查评估，也可以自行调查评估。实践中较为困惑的是如果判决前没收到调查评估材料，能否判处缓刑。对此，《指导意见》明确，社区矫正机构出具的调查评估意见，是人民法院判处管制、宣告缓刑的重要参考。对没有委托社区矫正机构进行调查评估或者判决前未收到社区矫正机构调查评估报告的认罪认罚案件，人民法院经审理认为被告人符合管制、缓刑适用条件的，可以判处管制、宣告缓刑。换言之，调查评估材料对于缓刑的适用虽然是一个主要参考因素，但并非提出缓刑建议和判处缓刑的依据，是否建议判处缓刑、是否判处缓刑，仍应结合案件的具体情况，以法律效果、社会效果的有机统一为基础。

4. 司法行政机关的职责。司法行政机关应当规范调查评估工作程序，加强工作衔接，对人民法院、人民检察院、公安机关委托进行调查评估的，应当按照要求认真调查，及时提交调查评估意见。受委托的社区矫正机构应当根据委托机关的要求，对犯罪嫌疑人、被告人的居所情况、家庭和社会关系、一贯表现、犯罪行为的后果和影响、居住地村（居）民委员会和被害人意见、拟禁止的事项等进行调查了解，形成评估意见，及时提交委托机关。对于公安机关、人民检察院分别在侦查阶段和审查起诉阶段委托调查评估的，社区矫正机构在移送审查起诉后或者提起公诉后完成调查评估的，应当将评估意见直接提交受理案件的人民检察院或者人民法院，并抄送公安机关或者人民检察院。

（十）关于审判程序和人民法院的职责

认罪认罚从宽制度的一个基本价值就是程序从简，即对于犯罪嫌疑人、被告人自愿认罪认罚的案件，合理简化刑事诉讼程序，有效提高诉讼效率。《指导意见》根据刑事诉讼法的规定，将诉讼程序与案件难易、刑罚轻重相联系，对速裁程序、简易程序、普通程序相关庭审工作进一步细化，完善了有序衔接的多层次案件处理机制。

1. 审判阶段认罪认罚自愿性、合法性审查。《刑事诉讼法》第 190 条第 2 款规定："被告人认罪认罚的，审判长应当告知被告人享有的诉讼权利和认罪认罚的法律规定，审查认罪认罚的自愿性和认罪认罚具结书内容的真实性、合法性。"认罪认罚自愿性审查是认罪认罚从宽制度有效运行的关键，也是以往程序中没有专门涉及的环节。不论是普通程序、简易程序还是速裁程序，对认罪认罚案件，庭审的对象重点和功能定位，都要作相应调整，庭审时要重点对认罪认罚的自愿性、具结书内容的真实性、合法性进行审查核实。《指导意见》第 39 条从自愿性、认知能力、知悉性等方面对审判阶段自愿性、合法性审查作出了规定。一是自愿性审查。即审查被告人对指控的犯罪事实、罪名和量刑建议有无异议，是否自愿认罪认罚。二是认知能力审查。即审查被告人是否具有普通人的正常认知能力，是否明确理解认罪认罚的性质和可能导致的法律后果，认罪认罚时的认知能力和精神状态是否正常。三是知悉性审查。即审查核实被告人是否知悉其享有的诉讼权利和认罪认罚的法律规定，包括公安机关、检察机关是否履行告知义务并听取意见，值班律师或者辩护人是否与检察机关进行沟通，提供了有效法律帮助或者辩护，并在场见证认罪认罚具结书的签署。

在审查方式上，《指导意见》规定，庭审中审判人员可以根据具体案情，围绕定罪量刑的关键事实，对被告人认罪认罚的自愿性、真实性等进行发问，确认被告人是否实施犯罪，是否真诚悔罪。具体来说，仅仅口头上直接讯问被告人"是否自愿认罪认罚"，并非自愿性审查的最优方式。在刑讯逼供等情形下，也会出现被告人表象上"自愿"认罪。为了确保被告人认罪认罚的自愿性，可以讯问更为具体的问题，如有无受到威胁、引诱、欺骗，是否获得辩护人、值班律师的有效辩护或者法律帮助，签署具结书时辩护人或者值班律师是否在场，等等。

关于非自愿认罪认罚的处理。被告人违背意愿认罪认罚，或者被告人认罪认罚后又反悔，依法需要转换程序的，应当按照普通程序对案件重新审理。发现存在刑讯逼供等非法取证行为的，依照法律规定处理。

2. 量刑建议的采纳。根据《刑事诉讼法》第 201 条，对于认罪认罚案件，人民法院依法作出判决时，一般应当采纳人民检察院指控的罪名和量刑建议。"一般应当采纳"意味着以采纳为原则，以不采纳为例外。认罪认罚案件的量刑建议是控辩沟通协商的结果，本质上是控辩双方的"合意"，检察机关代表国家作出承诺，具有司法公信力。出于维护司法公信力以及公正效率相统一的考虑，人民法院经审查确认犯罪嫌疑人、被告人自愿认罪认罚，签署的具结书真实、合法后，没有特殊情形，原则上应当采纳检察机关指控的罪名和量刑建议，这充分体现了对控辩合意的尊重，也是对不采纳量刑建议的适当限制。规定原则上采纳量刑建议，实现对认罪认罚的犯罪嫌疑人、被告人从宽处理，本质上体现了犯罪嫌疑人、被告人与国家之间达成的理解。

《指导意见》根据立法精神，对《刑事诉讼法》第 201 条规定的"一般应当采纳"区分为"应当采纳"和"不采纳情形"两个层次予以进一步释明。首先,对于事实清楚,证据确实、充分,指控的罪名准确,量刑建议适当的,人民法院应当采纳。"应当采纳"意味着必须采纳,没有例外。"应当采纳"包含三个条件:一是事实清楚,证据确实、充分;二是指控的罪名准确;三是量刑建议适当。此处"量刑建议适当"应当结合《刑事诉讼法》第201条第2款人民检察院调整量刑建议情之一的"量刑建议明显不当"进行理解。也即事实清楚,证据确实、充分,指控的罪名准确,量刑建议没有明显不当的,人民法院应当采纳。如果量刑建议与法官内心的量刑尺度略有偏差,但尚未达到明显不当的程度,则仍然属于应当采纳的范畴。其次,从不同维度反向对不采纳量刑建议作出规定:一是被告人的行为不构成犯罪或者不应当追究刑事责任的;二是被告人违背意愿认罪认罚的;三是被告人否认指控的犯罪事实的;四是起诉指控的罪名与审理认定的罪名不一致的;五是其他可能影响公正审判的情形。第一种情形中,无论是被告人的行为不构成犯罪还是不应当追究刑事责任,都属于法定的不应起诉或者无罪情形。以事实为根据、以法律为准绳是我国刑事诉讼法的基本原则,若综合在案证据,刑事被告人不构成犯罪或者不应当追究刑事责任,即使其在审前认罪认罚,法院也不能判其有罪。第二种情形是从违背被告人认罪认罚自愿性方面对采纳量刑建议予以禁止,即经审理发现,被告人违背意愿认罪认罚的,不得采纳量刑建议。认罪认罚系出自愿是适用认罪认罚从宽制度的前提,若刑事被告人违背意愿认罪认罚,则其认罪认罚和具结书中内容均不作数,采纳检察机关指控的罪名和量刑建议也无从谈起。第三种情形是从保障被告人反悔权的角度予以禁止,即被告人否认指控的犯罪事实的,不得采纳量刑建议。跟前款类似,法院采纳检察机关指控的罪名和量刑建议的前提是被告人认罪认罚,若被告人否认指控的犯罪事实,表明被告人不再认罪,那么检察机关基于其认罪认罚而提出的量刑建议就丧失了存在的基础,人民法院应当根据庭审确认的事实和证据依法作出裁判。实践中,导致该情形的原因比较复杂。不论基于何种原因,一旦被告人否认指控的犯罪事实,量刑建议便失去了事实基础,当然不得采纳。第四种情形是从保证法律正确适用的角度予以禁止,即起诉指控的罪名与审理认定的罪名不一致的,不采纳。我国采行"诉因变更"理论,即人民法院审理认定罪名与指控的罪名不一致的,应以审理认定的罪名作出有罪判决,以保证法律的正确适用。我国的认罪认罚案件,双方只能就量刑进行协商,不能就罪名和罪数进行协商,审理认定的罪名与指控的罪名不一致的,应当以审理认定的罪名作出有罪判决,以确保法律统一和正确适用。第五种情形是兜底条款。

不采纳量刑建议的五种情形中,第一、二、三种情形,属于绝对排除情形,有这三种绝对排除情形,就不能适用认罪认罚从宽制度,因此,人民法院在审理中发现第一、二、三项绝对排除情形的,应当转为普通程序审理,不再适用认罪认罚案件处理模式。第四种情形属于相对排除情形,对这种情形,《指导意见》规定,对于人民检察院起诉指控的事实清楚,量刑适当,但指控的罪名与审理认定的罪名不一致的,人民法院可以听取人民检察院、被告人及其辩护人对审理认定罪名的意见,依法作出裁判。当然,与人民检察院提出量刑建议应当说明理由和依据一样,人民法院不采纳人民检察院量刑建议的,也应当说明理由和依据。这样做的意义在于:一是有利于检察机关更好地认识到量刑建议的不当之处,从而提升今后量刑建议的准确度;二是有利于被告人更好地理解和接受判决,降低抵触,从而避免因对判决不满而上诉;三是有利于法官自由裁量权的正确行使。

3. 量刑建议的调整。基于对控辩双方主体地位的尊重,充分发挥认罪认罚从宽制度功能的考量,《刑事诉讼法》第201条第2款对量刑建议的调整作出了规定,即人民法院经审理认为量刑建议明显不当,或者被告人、辩护人对量刑建议提出异议的,人民检察院可以调整量刑建议。人民检察院不调整量刑建议或者调整量刑建议后仍然明显不当的,人民法院应当依法作出判决。从法条的规定看,在人民法院认为量刑建议明显不当或者被告人、辩护人对量刑建议提出异议的两种情形之下,人民检察院有一个先置的调整程序,即人民检察院可以调整量刑建议,只有人民检察院不调整或者调整后仍然明显不当的,人民法院才可以依法作出判决,也就是说人民法院不能未经人民检察院调整而径行作出判决。基于此,《指导意见》第41条对调整的情形、程序、调整的时机作出了规定,可以从以下四个方面来把握:一是调整的情形。量刑建议调整是有条件的、有依据的,主要包括人民法院经审理认为量刑建议明显不当和被告人、辩护人对量刑建议提出异议两种情形。需要注意的是,实践中,对何为"量刑建议明显不当",许多地方检法存在分歧,需要检法两家加强沟通,尽量消弭分歧,统一执法尺度。"明显"描述的是不当的程度,应当从一般人的正常认知角度进行判断,具体可以从量刑建议违反罪责刑相适应原则、与同类案件处理明显不一致、明显有违一般司法认知等方面把握。二是告知和调整程序。对量刑建议明显不当或者辩护人、被告人对量刑建议提出异议且理由充分的,人民法院应当告知人民检察院。人民检察院可以与被告人及其辩护人协商后,调整量刑建议。被告人、辩护人提出异议理由不充分的,人民法院可以直接驳回。人民法院调整量刑建议,可以与被告人及其辩护人重新进行沟通协商。三是调整后的采纳。人民检察院调整量刑建议后,人民法院认为适当的,应当予以采纳;人民检察院不调整量刑建议或者调整后仍然明显不当的,人民法院应当依法作出判决。四是调整时机。为避免量刑建议调整程序烦琐、浪费司法资源，对适用速裁程序审理的案件，人民检察院调整量刑建议应当庭前或者当庭提出。调整量刑建议后，被告人同意继续适用速裁程序的，不需要转换程序处理。

4. 速裁程序的适用条件。根据刑事诉讼法的规定，适用速裁程序需要满足以下四个条件：一是适用速裁程序的案件必须是基层人民法院管辖的案件，危害国家安全、恐怖活动案件排除适用；二是必须是可能判处3年有期徒刑以下刑罚的案件，可能判处3年有期徒刑以上刑罚的案件排除适用；三是案件事实清楚，证据确实、充分，才可以适用速裁程序，如果案件事实不清、证据存疑，则不能适用速裁程序；四是被告人认罪认罚并同意适用速裁程序，充分尊重被告人程序选择权。综合来看，就是事实证据、适用法律、程序选择均无争议的案件，才可以适用速裁程序。如果存在争议，就不能适用速裁程序，省略法庭调查、法庭辩论环节。

《指导意见》第42条第2款沿用刑事诉讼法的规定，对不适用速裁程序的情形作出了规定。具体包括：一是被告人是盲、聋、哑人，或者是尚未完全丧失辨认或者控制自己行为能力的精神病人的；二是被告人是未成年人的；三是案件有重大社会影响的；四是共同犯罪案件中部分被告人对指控的犯罪事实、罪名、量刑建议或者适用速裁程序有异议的；五是被告人与被害人或者其法定代理人没有就附带民事赔偿等事项达成调解或者和解协议的；六是其他不宜适用速裁程序审理的。

5. 速裁程序的审理期限。根据《刑事诉讼法》第225条的规定，适用速裁程序审理案件，人民法院应当在受理后10日以内审结；对可能判处的有期徒刑超过1年的，人民法院应当在15日以内审结。

6. 速裁案件的审理程序。《刑事诉讼法》第224条对速裁案件的庭审程序作了原则性规定，《指导意见》予以进一步细化，可以从以下几个方面来把握：一是适用速裁程序审理案件，不受刑事诉讼法规定的送达期限的限制，一般不进行法庭调查、法庭辩论，但在判决宣告前应当听取辩护人的意见和被告人的最后陈述意见。二是送达方式。人民法院适用速裁程序审理案件，可以在向被告人送达起诉书时一并送达权利义务告知书、开庭传票，并核实被告人自然信息等情况。根据需要，可以集中送达。三是开庭方式。速裁程序必须开庭审理。试点时有观点认为，可以借鉴大陆法系处罚令程序，对速裁案件实行书面审。但考虑到速裁程序审理的是认罪认罚案件，开庭核实被告人认罪认罚的自愿性，有利于保证案件质量，也可增强程序正当性，符合以审判为中心的刑事诉讼制度改革要求，因此立法上对速裁程序审理方式未作突破。实践中，一些地方对速裁程序案件集中开庭、集中出庭支持公诉,取得了较好的效果。《指导意见》对此予以吸收,规定人民法院适用速裁程序审理案件,可以集中开庭,逐案审理。人民检察院可以指派公诉人集中出庭支持公诉,公诉人简要宣读起诉书后,审判人员应当当庭询问被告人对指控事实、证据、量刑建议以及适用速裁程序的意见,核实具结书签署的自愿性、真实性、合法性,并核实附带民事诉讼赔偿等情况。适用速裁程序审理的案件,事实清楚,证据确实、充分,被告人认罪认罚,对适用法律无争议。开庭审理的重点,不是法庭调查、法庭辩论,而是当面核实被告人对事实证据、指控罪名、量刑建议、适用程序的意见,听取公诉人、辩护人意见,确认被告人知悉法律后果、自愿认罪认罚等。四是宣判方式。适用速裁程序审理案件,应当当庭宣判。宣判时,根据案件需要,可以由审判员进行法庭教育。裁判文书可以简化。

7. 速裁案件的二审程序。刑事诉讼法对速裁案件的二审程序没有规定,《指导意见》吸收《试点办法》的规定,对这个问题作出了规定,包含以下几层内容:一是第二审人民法院对被告人不服适用速裁程序作出的第一审判决提起上诉的案件,可以不开庭审理。认罪认罚案件,控辩审三方对事实证据、法律适用都没有争议,而且通过法律帮助、告知权利、书面具结、当庭询问、最后陈述等途径,已充分保障了被告人选择程序、发表意见、参与诉讼的权利,因此速裁程序二审不开庭审理不会影响当事人权利的保障。二是经审查发现被告人以事实不清、证据不足为由提出上诉的,应当裁定撤销原判,发回原审人民法院适用普通程序重新审理,不再按认罪认罚案件从宽处罚。被告人上诉理由是事实不清、证据不足的,说明适用认罪认罚从宽制度的基础已然不复存在,为确保案件公正处理,应当发回转为普通程序重新审理。三是经审查发现被告人以量刑不当为由提出上诉的,原判量刑适当的,应当裁定驳回上诉,维持原判。四是原判量刑不当的,经审理后依法改判。

8. 简易程序的适用。根据《刑事诉讼法》第214条的规定,认罪认罚案件同时符合以下条件的,可以适用简易程序进行审判:一是基层人民法院管辖的案件;二是事实清楚,证据确实、充分;三是被告人对适用简易程序没有异议。关于适用程序审理认罪认罚案件的期限,法律没有作出特殊规定,根据《刑事诉讼法》第220条规定,人民法院应当在受理后20日内审结,判处有期徒刑超过三年的,可以延长至一个半月。

关于适用简易程序认罪认罚案件的庭审程序,可以从以下几个方面进行把握:一是适用简易程序审理认罪认罚案件,人民检察院应当派员出席法庭。公诉人可以简要宣读起诉书。二是审判人员应当当庭询问被告人对指控的犯罪事实、证据、量刑建议及适用简易程序的意见。核实具结书签署的自愿性、真实性、合法性，这也是简易程序审理认罪认罚案件的庭审重点。三是法庭调查可以简化，控辩双方对无异议的证据，可以仅就证据出示的，审判人员应当准许。控辩双方对无异议的证据，可以仅就证据的名称及所要证明的事项作出说明，并可当庭确认。但对有争议的事实和证据应当进行调查、质证。四是经审判人员准许，被告人及其辩护人可以同公诉人、诉讼代理人互相辩论。控辩双方应主要围绕有争议的问题进行。审判人员认为有必要的，可以讯问被告人。五是裁判文书可以简化。

9. 普通程序的适用。刑事诉讼法对适用普通程序审理认罪认罚案件没有作出特殊的规定，但同样适用普通程序，认罪案件与不认罪案件应当有所区别，这既是诉讼效率的要求，也是认罪认罚后从宽的程序体现。《指导意见》对此作出了相应规定，即适用普通程序办理认罪认罚案件，可以适当简化法庭调查、辩论程序。公诉人宣读起诉书后，合议庭当庭询问被告人对指控的犯罪事实、证据及量刑建议的意见，核实具结书签署的自愿性、真实性、合法性。公诉人、辩护人、审判人员对被告人的讯问、发问可以简化。对控辩双方无异议的证据，可以仅就证据名称及证明内容进行说明；对控辩双方有异议，或者法庭认为有必要调查核实的证据，应当出示并进行质证。法庭辩论主要围绕有争议的问题进行，裁判文书可以适当简化。

10. 程序转换。适用速裁程序或者简易程序审理案件，实践中常会出现一些情形，需要转换程序审理，刑事诉讼法中对此作出了相应的规定，《指导意见》进一步细化，具体可以从以下几个方面把握：一是速裁程序转换情形。人民法院在适用速裁程序审理过程中，发现有被告人的行为不构成犯罪或者不应当追究刑事责任、被告人违背意愿认罪认罚、被告人否认指控的犯罪事实情形的，应当转为普通程序审理。发现其他不宜适用速裁程序但符合简易程序适用条件的，应当转为简易程序重新审理。二是简易程序转换情形。人民法院在审理过程中，发现有不宜适用简易程序审理的情形的，应当转为普通程序审理。三是人民检察院对程序转换的监督。人民检察院在人民法院适用速裁程序审理案件过程中，发现有不宜适用速裁程序审理情形的，应当建议人民法院转为普通程序或者简易程序重新审理；发现有不宜适用简易程序审理情形的，应当建议人民法院转为普通程序重新审理。

11. 被告人当庭认罪认罚案件的处理。一般而言，绝大多数认罪认罚案件系在审查起诉阶段，检察机关与犯罪嫌疑人进行沟通从而启动协商程序，达成一致意见后，犯罪嫌疑人就认罪认罚签署具结书，到审判阶段由法院审查确认。但有的案件在审查起诉阶段犯罪嫌疑人与检察机关未进行协商或者经协商未能达成认罪认罚的合意，在适用普通程序或者简易程序审理时，随着法庭举证质证，认识不断加深，被告人当庭表示愿意认罪认罚，此时认罪认罚从宽制度能否适用、如何适用呢？《指导意见》第49条作出了规定，即被告人在侦查、审查起诉阶段没有认罪认罚，但当庭认罪，愿意接受处罚的，人民法院应当根据审理查明的事实，就定罪和量刑听取控辩双方意见，依法作出裁判。此条包含了三个层面的内容：一是当庭认罪认罚的，可以适用认罪认罚从宽制度；二是人民法院应当就定罪和量刑听取控辩双方的意见，控辩双方可以就量刑进行协商；三是控辩双方协商一致，不需要再签署具结书，当庭确认即可，由法院依法作出裁判。

12. 第二审程序中被告人认罪认罚案件的处理。二审程序能否适用认罪认罚从宽制度，是实践中存在争议的一个问题。《指导意见》第50条对此予以明确，即被告人在第一审程序中未认罪认罚，在第二审程序中认罪认罚的，审理程序依照刑事诉讼法规定的第二审程序进行；第二审人民法院应当根据其认罪认罚的价值、作用决定是否从宽，并依法作出裁判。确定从宽幅度时应当与第一审程序认罪认罚有所区别。此条包含以下两层意思：一是二审程序可以适用认罪认罚从宽制度，但是否适用由法院结合认罪认罚的价值、作用而定。二审期间适用这项制度，虽然节约诉讼资源、程序从简提速的价值相对难以实现，但是从鼓励被告人放弃对抗、保障被告人合法权益角度看，有其意义所在。首先，有利于降低证明难度，认罪与不认罪相比，因有罪供述的存在，使得证据在数量取得、举证质证上都更加简易行事，证明难度降低。其次，有利于被害人得到及时补偿。相对不认罪认罚案件，被害人在诉讼中能够获得赔礼道歉、经济赔偿或补偿，可以及时弥补因犯罪所受的损失。最后，有利于化解矛盾、减少申诉。因认罪认罚，可以促使双方达成和解，减少对立，减少上访申诉的出现。二是二审程序中适用认罪认罚从宽制度，在确定从宽幅度上应当与一审程序认罪认罚有所区别。二审时认罪认罚相较一审时即认罪认罚，毕竟浪费了诉讼资源，应当在从宽优惠时有所区别，其量刑减让幅度应当小于一审阶段，以确保量刑的公正。

(十一) 认罪认罚的反悔和撤回

犯罪嫌疑人或者被告人认罪认罚后又反悔应当如何处理，是认罪认罚从宽制度适用中不得不面对的"特殊的制度困扰"。首先应当明确的是，犯罪嫌疑人或者被告人有权反悔和撤回认罪认罚的承诺。一般而言，认罪认罚从宽制度下，犯罪嫌疑人、被告人在与检察机关沟通协商达成一致意见的基础上，自愿认罪认罚并签署具结书，实质上是在个人与检察机关之间达成的合意。根据契约精神，控辩双方均应当受协议内容的约束，有义务配合推动协议的履行。但这种约束对控辩双方来讲，其效力并不一样，对代表公权一方的检察机关的约束远大于对被告人个体的约束。具体表现为,检察机关原则上不得撤销协议内容,除非被告人首先不履行其在具结书中承诺的内容;而被告人在法院判决前,均可反悔。被告人在法院审理程序终结前可以随时撤销具结书,而检察机关只有在证明被告人违反协商协议时,方可提出撤销协议的申请。法院应当受其约束,另行程序进行审理。当然,审判阶段,被告人反悔后还可以在充分了解享有权利和认罪认罚可能导致法律后果的基础上重新认罪认罚,从而继续适用认罪认罚从宽制度,也可以因反悔而不适用认罪认罚从宽制度。法院判决后,被告人发现自己系基于错误认识而认罪认罚的,可以依法提出上诉,或者向人民检察院和人民法院申诉。由此可见,犯罪嫌疑人或者被告人认罪认罚后反悔有多种表现情形,从反悔阶段看,有起诉前即反悔和审判时反悔;从反悔类型看,有检察机关作出不起诉决定后反悔和法院判决后反悔而上诉或者申诉等。犯罪嫌疑人或者被告人认罪认罚后反悔如何处理,需要区分情况,《指导意见》第十二部分对此专门予以规定。

1. 不起诉后反悔的处理。部分轻罪案件,犯罪嫌疑人认罪认罚,检察机关依照《刑事诉讼法》第177条第2款规定作出不起诉决定后,犯罪嫌疑人反悔,否认指控的犯罪事实或者不履行具结书中承诺的赔礼道歉、退赔退赃、赔偿损失等义务的,人民检察院应当进行审查,区分三种情形依法作出处理:一是发现犯罪嫌疑人没有犯罪事实,或者符合《刑事诉讼法》第16条规定的情形之一的,应当撤销原不起诉决定,依法重新作出不起诉决定。犯罪嫌疑人没有犯罪事实或者符合《刑事诉讼法》第16条规定的不追究刑事责任情形之一的,是绝对不起诉适用的前提条件,即使犯罪嫌疑人认罪认罚,检察机关也应当作出绝对不起诉决定。二是认为犯罪嫌疑人仍属于犯罪情节轻微,依照刑法规定不需要判处刑罚或者免除刑罚的,可以维持原不起诉决定。有些案件情节轻微,即使犯罪嫌疑人不认罪认罚,也可以适用相对不起诉。因此,此类案件犯罪嫌疑人反悔撤回认罪认罚承诺,原不起诉决定依然可以适用。三是排除认罪认罚因素后,符合起诉条件的,应当根据案件具体情况撤销原不起诉决定,依法提起公诉。相对不起诉中对情节轻微的判断,需要结合案件具体情况来判断,认罪认罚是一个重要考虑因素。对本应提起公诉,但因犯罪嫌疑人认罪认罚,检察机关综合犯罪性质、情节、后果等因素,而作出相对不起诉决定后,犯罪嫌疑人反悔的,原本享有从宽优惠的前提即不复存在,此时,检察机关可以撤销原不起诉决定,依法提起公诉。这也是犯罪嫌疑人无故反悔应当承受的代价。

2. 起诉前反悔的处理。犯罪嫌疑人认罪认罚,签署认罪认罚具结书,在人民检察院提起公诉前反悔的,具结书内容失效,人民检察院应当在全面审查事实证据的基础上,依法提起公诉。起诉前反悔较为好处理,一是带来的后果是具结书内容失效,因为具结书本质上是控辩双方达成的一种协议,犯罪嫌疑人反悔相当于一方违约,此时协议自然失效;二是人民检察院应当全面审查事实证据,依法提起公诉。因犯罪嫌疑人反悔,原本的从宽处罚建议自然不作数,人民检察院可以综合犯罪事实、情节、性质等重新提出量刑建议。

3. 审判阶段反悔的处理。案件审理过程中,被告人反悔不再认罪认罚的,如何处理,需要把握两点:一是因被告人反悔,可能直接带来程序的转换。对适用速裁程序或者简易程序审理的案件,被告人反悔不再认罪认罚的,应当按照刑事诉讼法和本意见的相关规定转换成合适的程序审理。二是被告人可能无法享有原本的从宽优惠。人民法院应当根据审理查明的事实,依法作出裁判。

4. 检察机关的法律监督。强化监督制约是确保认罪认罚从宽制度公正执行,防止产生"权权交易""权钱交易"等司法腐败问题的重要手段。检察机关作为专门法律监督机关,加强对办理认罪认罚案件的诉讼监督,对确保制度公正运行具有重要作用。对此,《指导意见》第54条规定,完善检察机关对侦查活动和刑事审判活动的监督机制,加强对认罪认罚案件办理全过程的监督,规范认罪认罚案件的抗诉工作,确保无罪的人不受刑事追究、有罪的人受到公正处罚。具体可以从两个层面来把握:一是强化对侦查活动的监督。重点是要强化对侦查阶段认罪认罚自愿性、合法性的监督,坚决排除非法证据,防止刑讯逼供等非法取证行为。二是加强对法院裁判的监督。实践中争议较大的就是法院采纳检察机关从宽建议作出一审判决后被告人又上诉,检察机关能否抗诉的问题。考虑到这一问题较为复杂,且抗诉系检察机关的职权,留待检察机关内部再予细化规定,故《指导意见》仅原则性规定应当依法规范刑事抗诉工作。实践中,对这一问题如何处理,需要把握两点:第一,应当明确被告人的上诉权不可剥夺。上诉权是被告人的基本诉讼权利,虽然被告人上诉使认罪认罚制度的效率价值大为减损,但保障上诉权是程序公正的基本要求,是结果公正的救济途径,也是认罪认罚从宽制度可持续发展和良好运行的保证。只有保有被告人对于认罪认罚反悔上诉的权利,才能使其拥有对审判程序和诉讼结果的自由选择权,进而对最终的裁判结果不产生抵触情绪,坚定其选择认罪认罚程序的决心,增强其对认罪认罚结果的接受度。第二,检察机关应当秉持客观公正的立场稳妥把握认罪认罚案件的抗诉问题。对认罪认罚案件,对人民法院采纳检察机关量刑建议对被告人依法从宽处罚后,人民检察院发现案件认定事实、采信证据等方面确有错误,或者人民法院改变检察机关量刑建议确有错误,应当依法提出抗诉;对被告人否认指控的犯罪事实、不积极履行具结书中赔礼道歉、退赃退赔、赔偿损失等义务而提出上诉,符合抗诉条件的,检察机关可以提出抗诉。特别是现阶段对检察机关提出精准量刑建议，法院采纳后被告人无正当理由上诉的，原则上抗诉。因为这一行为违背了具结，而具结书是有法律效力的。对检察机关提出幅度量刑建议，法院在幅度中线或者上线量刑后，被告人上诉的，则不宜抗诉。至于被告人出于"留所服刑"目的而策略性上诉的，我们认为抗诉需要慎重，由人民法院依照二审程序依法裁判为宜。

（十二）未成年人认罪认罚案件的办理

认罪认罚从宽制度适用于所有案件，包括未成年人犯罪案件。而办理未成年人犯罪案件有其特殊的制度和程序要求，因此在办理未成年人认罪认罚案件时，应当贯彻教育、感化、挽救方针，在坚持从快从宽的同时，注意落实好刑事诉讼法的特殊规定，最大限度保护未成年人合法权益，最大限度教育挽救涉罪未成年人。《指导意见》结合未成年人刑事案件特殊程序规定，对办理未成年人认罪认罚案件需要特别注意的方面作出了规定。

1. 听取意见。办理未成年人犯罪案件，应当保障未成年人的法定代理人的到场权和知情权，对法定代理人无法到场的，可以由合适成年人到场。未成年人认罪认罚案件也应当遵循这一原则。人民检察院、人民法院办理未成年人认罪认罚案件，应当听取未成年犯罪嫌疑人、被告人的法定代理人的意见，法定代理人无法到场的，应当听取合适成年人的意见，但受案时犯罪嫌疑人已经成年的除外。

2. 具结书签署。未成年犯罪嫌疑人签署认罪认罚具结书时，其法定代理人应当到场并签字确认。法定代理人无法到场的，办案人员应当听取其意见并记录在案，由合适成年人到场签字确认；无法找到法定代理人的，由合适成年人到场签字确认。法定代理人、辩护人对未成年人认罪认罚有异议的，不需要签署认罪认罚具结书。办理未成年人认罪认罚案件，没有法定代理人或者合适成年人在场的，不得启动认罪认罚从宽制度。

3. 程序适用。办理未成年人认罪认罚案件应当充分尊重未成年犯罪嫌疑人、被告人的程序选择权。未成年犯罪嫌疑人、被告人及其法定代理人和辩护人对认罪认罚无异议，但对适用简易程序有异议的，人民检察院应当建议人民法院适用普通程序审理。未成年人认罪认罚案件，不适用速裁程序，但应当贯彻教育、感化、挽救的方针，坚持从快从宽原则，确保案件及时办理，最大限度保护未成年人合法权益。

4. 法治教育。办理未成年人认罪认罚案件，应当做好未成年犯罪嫌疑人、被告人的认罪服法、悔过教育工作，实现惩教结合目的。

(十三) 其他

《指导意见》第 59 条对国家安全机关和中国海警局办理的刑事案件是否适用认罪认罚从宽制度作出原则规定,即国家安全机关办理危害国家安全、中国海警局办理海上发生的案件,适用本意见的有关规定。

国家监察委员会、最高人民法院、最高人民检察院、公安部、司法部关于在扫黑除恶专项斗争中分工负责、互相配合、互相制约严惩公职人员涉黑涉恶违法犯罪问题的通知

（2019年10月20日公布并施行）

为认真贯彻党中央关于开展扫黑除恶专项斗争的重大决策部署，全面落实习近平总书记关于扫黑除恶与反腐败结合起来，与基层"拍蝇"结合起来的重要批示指示精神，进一步规范和加强各级监察机关、人民法院、人民检察院、公安机关、司法行政机关在惩治公职人员涉黑涉恶违法犯罪中的协作配合，推动扫黑除恶专项斗争取得更大成效，根据刑法、刑事诉讼法、监察法及最高人民法院、最高人民检察院、公安部、司法部《关于办理黑恶势力犯罪若干问题的指导意见》的规定，现就有关问题通知如下：

一、总体要求

1. 进一步提升政治站位。坚持以习近平新时代中国特色社会主义思想为指导，从增强"四个意识"、坚定"四个自信"、做到"两个维护"的政治高度，立足党和国家工作大局，深刻认识和把握开展扫黑除恶专项斗争的重大意义。深挖黑恶势力滋生根源，铲除黑恶势力生存根基，严惩公职人员涉黑涉恶违法犯罪，除恶务尽，切实维护群众利益，进一步净化基层政治生态，推动扫黑除恶专项斗争不断向纵深发展，推进全面从严治党不断向基层延伸。

2. 坚持实事求是。坚持以事实为依据，以法律为准绳，综合考虑行为人的主观故意、客观行为、具体情节和危害后果，以及相关黑恶势力的犯罪事实、犯罪性质、犯罪情节和对社会的危害程度，准确认定问题性质，做到不偏不倚、不枉不纵。坚持惩前毖后、治病救人方针，严格区分罪与非罪的界限，区别对待、宽严相济。

3. 坚持问题导向。找准扫黑除恶与反腐"拍蝇"工作的结合点，聚焦涉黑涉恶问题突出、群众反映强烈的重点地区、行业和领域，紧盯农村和城乡结合部，紧盯建筑工程、交通运输、矿产资源、商贸集市、渔业捕捞、集资放贷

等涉黑涉恶问题易发多发的行业和领域，紧盯村"两委"、乡镇基层站所及其工作人员，严肃查处公职人员涉黑涉恶违法犯罪行为。

二、严格查办公职人员涉黑涉恶违法犯罪案件

4. 各级监察机关、人民法院、人民检察院、公安机关应聚焦黑恶势力违法犯罪案件及坐大成势的过程，严格查办公职人员涉黑涉恶违法犯罪案件。重点查办以下案件：公职人员直接组织、领导、参与黑恶势力违法犯罪活动的案件；公职人员包庇、纵容、支持黑恶势力犯罪及其他严重刑事犯罪的案件；公职人员收受贿赂、滥用职权，帮助黑恶势力人员获取公职或政治荣誉，侵占国家和集体资金、资源、资产，破坏公平竞争秩序，或为黑恶势力提供政策、项目、资金、金融信贷等支持帮助的案件；负有查禁监管职责的国家机关工作人员滥用职权、玩忽职守帮助犯罪分子逃避处罚的案件；司法工作人员徇私枉法、民事枉法裁判、执行判决裁定失职或滥用职权、私放在押人员以及徇私舞弊减刑、假释、暂予监外执行的案件；在扫黑除恶专项斗争中发生的公职人员滥用职权，徇私舞弊，包庇、阻碍查处黑恶势力犯罪的案件，以及泄露国家秘密、商业秘密、工作秘密，为犯罪分子通风报信的案件；公职人员利用职权打击报复办案人员的案件。

公职人员的范围，根据《中华人民共和国监察法》第十五条的规定认定。

5. 以上情形，由有关机关依规依纪依法调查处置，涉嫌犯罪的，依法追究刑事责任。

三、准确适用法律

6. 国家机关工作人员包庇黑社会性质的组织，或者纵容黑社会性质的组织进行违法犯罪活动的，以包庇、纵容黑社会性质组织罪定罪处罚。

国家机关工作人员既组织、领导、参加黑社会性质组织，又对该组织进行包庇、纵容的，应当以组织、领导、参加黑社会性质组织罪从重处罚。

国家机关工作人员包庇、纵容黑社会性质组织，该包庇、纵容行为同时还构成包庇罪、伪证罪、妨害作证罪、徇私枉法罪、滥用职权罪、帮助犯罪分子逃避处罚罪、徇私舞弊不移交刑事案件罪，以及徇私舞弊减刑、假释、暂予监外执行罪等其他犯罪的，应当择一重罪处罚。

7. 非国家机关工作人员与国家机关工作人员共同包庇、纵容黑社会性质组织，且不属于该组织成员的，以包庇、纵容黑社会性质组织罪的共犯论处。非国家机关工作人员的行为同时还构成其他犯罪，应当择一重罪处罚。

8. 公职人员利用职权或职务便利实施包庇、纵容黑恶势力、伪证、妨害作证，帮助毁灭、伪造证据，以及窝藏、包庇等犯罪行为的，应酌情从重处罚。事先有通谋而实施支持帮助、包庇纵容等保护行为的，以具体犯罪的共犯论处。

四、形成打击公职人员涉黑涉恶违法犯罪的监督制约、配合衔接机制

9. 监察机关、公安机关、人民检察院、人民法院在查处、办理公职人员涉黑涉恶违法犯罪案件过程中，应当分工负责，互相配合，互相制约，通过对办理的黑恶势力犯罪案件逐案筛查、循线深挖等方法，保证准确有效地执行法律，彻查公职人员涉黑涉恶违法犯罪。

10. 监察机关、公安机关、人民检察院、人民法院要建立完善查处公职人员涉黑涉恶违法犯罪重大疑难案件研判分析、案件通报等工作机制，进一步加强监察机关、政法机关之间的配合，共同研究和解决案件查处、办理过程中遇到的疑难问题，相互及时通报案件进展情况，进一步增强工作整体性、协同性。

11. 监察机关、公安机关、人民检察院、人民法院、司法行政机关要建立公职人员涉黑涉恶违法犯罪线索移送制度，对工作中收到、发现的不属于本单位管辖的公职人员涉黑涉恶违法犯罪线索，应当及时移送有管辖权的单位处置。

移送公职人员涉黑涉恶违法犯罪线索，按照以下规定执行：

（1）公安机关、人民检察院、人民法院、司法行政机关在工作中发现公职人员涉黑涉恶违法犯罪中的涉嫌贪污贿赂、失职渎职等职务违法和职务犯罪等应由监察机关管辖的问题线索，应当移送监察机关。

（2）监察机关在信访举报、监督检查、审查调查等工作中发现公职人员涉黑涉恶违法犯罪线索的，应当将其中涉嫌包庇、纵容黑社会性质组织犯罪等由公安机关管辖的案件线索移送公安机关处理。

（3）监察机关、公安机关、人民检察院、人民法院、司法行政机关在工作中发现司法工作人员涉嫌利用职权实施的侵犯公民权利、损害司法公正案件线索的，根据有关规定，经沟通后协商确定管辖机关。

12. 监察机关、公安机关、人民检察院接到移送的公职人员涉黑涉恶违法犯罪线索，应当按各自职责及时处置、核查，依法依规作出处理，并做好沟通反馈工作；必要时，可以与相关线索或案件并案处理。

对于重大疑难复杂的公职人员涉黑涉恶违法犯罪案件，监察机关、公安机关、人民检察院可以同步立案、同步查处，根据案件办理需要，相互移送相关证据，加强沟通配合，做到协同推进。

13. 公职人员涉黑涉恶违法犯罪案件中，既涉嫌贪污贿赂、失职渎职等严重职务违法或职务犯罪，又涉嫌公安机关、人民检察院管辖的违法犯罪的，一般应当以监察机关为主调查，公安机关、人民检察院予以协助。监察机关和公安机关、人民检察院分别立案调查（侦查）的，由监察机关协调调查和侦查工作。犯罪行为仅涉及公安机关、人民检察院管辖的，由有关机关依法按照管辖职能进行侦查。

14. 公安机关、人民检察院、人民法院对公职人员涉黑涉恶违法犯罪移送审查起诉、提起公诉、作出裁判，必要时听取监察机关的意见。

15. 公职人员涉黑涉恶违法犯罪案件开庭审理时，人民法院应当通知监察机关派员旁听，也可以通知涉罪公职人员所在单位、部门、行业以及案件涉及的单位、部门、行业等派员旁听。

国家监察委员会
最高人民法院
最高人民检察院
公安部
司法部
2019 年 10 月 20 日

最高人民法院、最高人民检察院、公安部、司法部关于办理非法放贷刑事案件若干问题的意见

(2019年7月23日发布　2019年10月21日施行　法发〔2019〕24号)

　　为依法惩治非法放贷犯罪活动，切实维护国家金融市场秩序与社会和谐稳定，有效防范因非法放贷诱发涉黑涉恶以及其他违法犯罪活动，保护公民、法人和其他组织合法权益，根据刑法、刑事诉讼法及有关司法解释、规范性文件的规定，现对办理非法放贷刑事案件若干问题提出如下意见：

　　一、违反国家规定，未经监管部门批准，或者超越经营范围，以营利为目的，经常性地向社会不特定对象发放贷款，扰乱金融市场秩序，情节严重的，依照刑法第二百二十五条第（四）项的规定，以非法经营罪定罪处罚。

　　前款规定中的"经常性地向社会不特定对象发放贷款"，是指2年内向不特定多人（包括单位和个人）以借款或其他名义出借资金10次以上。

　　贷款到期后延长还款期限的，发放贷款次数按照1次计算。

　　二、以超过36%的实际年利率实施符合本意见第一条规定的非法放贷行为，具有下列情形之一的，属于刑法第二百二十五条规定的"情节严重"，但单次非法放贷行为实际年利率未超过36%的，定罪量刑时不得计入：

　　（一）个人非法放贷数额累计在200万元以上的，单位非法放贷数额累计在1000万元以上的；

　　（二）个人违法所得数额累计在80万元以上的，单位违法所得数额累计在400万元以上的；

　　（三）个人非法放贷对象累计在50人以上的，单位非法放贷对象累计在150人以上的；

　　（四）造成借款人或者其近亲属自杀、死亡或者精神失常等严重后果的。

　　具有下列情形之一的，属于刑法第二百二十五条规定的"情节特别严重"：

　　（一）个人非法放贷数额累计在1000万元以上的，单位非法放贷数额累计在5000万元以上的；

　　（二）个人违法所得数额累计在400万元以上的，单位违法所得数额累计

在 2000 万元以上的；

（三）个人非法放贷对象累计在 250 人以上的，单位非法放贷对象累计在 750 人以上的；

（四）造成多名借款人或者其近亲属自杀、死亡或者精神失常等特别严重后果的。

三、非法放贷数额、违法所得数额、非法放贷对象数量接近本意见第二条规定的"情节严重""情节特别严重"的数额、数量起点标准，并具有下列情形之一的，可以分别认定为"情节严重""情节特别严重"：

（一）2 年内因实施非法放贷行为受过行政处罚 2 次以上的；

（二）以超过 72% 的实际年利率实施非法放贷行为 10 次以上的。

前款规定中的"接近"，一般应当掌握在相应数额、数量标准的 80% 以上。

四、仅向亲友、单位内部人员等特定对象出借资金，不得适用本意见第一条的规定定罪处罚。但具有下列情形之一的，定罪量刑时应当与向不特定对象非法放贷的行为一并处理：

（一）通过亲友、单位内部人员等特定对象向不特定对象发放贷款的；

（二）以发放贷款为目的，将社会人员吸收为单位内部人员，并向其发放贷款的；

（三）向社会公开宣传，同时向不特定多人和亲友、单位内部人员等特定对象发放贷款的。

五、非法放贷数额应当以实际出借给借款人的本金金额认定。非法放贷行为人以介绍费、咨询费、管理费、逾期利息、违约金等名义和以从本金中预先扣除等方式收取利息的，相关数额在计算实际年利率时均应计入。

非法放贷行为人实际收取的除本金之外的全部财物，均应计入违法所得。

非法放贷行为未经处理的，非法放贷次数和数额、违法所得数额、非法放贷对象数量等应当累计计算。

六、为从事非法放贷活动，实施擅自设立金融机构、套取金融机构资金高利转贷、骗取贷款、非法吸收公众存款等行为，构成犯罪的，应当择一重罪处罚。

为强行索要因非法放贷而产生的债务，实施故意杀人、故意伤害、非法拘禁、故意毁坏财物、寻衅滋事等行为，构成犯罪的，应当数罪并罚。

纠集、指使、雇佣他人采用滋扰、纠缠、哄闹、聚众造势等手段强行索要债务，尚不单独构成犯罪，但实施非法放贷行为已构成非法经营罪的，应当按照非法经营罪的规定酌情从重处罚。

以上规定的情形，刑法、司法解释另有规定的除外。

七、有组织地非法放贷，同时又有其他违法犯罪活动，符合黑社会性质组织或者恶势力、恶势力犯罪集团认定标准的，应当分别按照黑社会性质组织或者恶势力、恶势力犯罪集团侦查、起诉、审判。

黑恶势力非法放贷的，据以认定"情节严重""情节特别严重"的非法放贷数额、违法所得数额、非法放贷对象数量起点标准，可以分别按照本意见第二条规定中相应数额、数量标准的50%确定；同时具有本意见第三条第一款规定情形的，可以分别按照相应数额、数量标准的40%确定。

八、本意见自2019年10月21日起施行。对于本意见施行前发生的非法放贷行为，依照最高人民法院《关于准确理解和适用刑法中"国家规定"的有关问题的通知》（法发〔2011〕155号）的规定办理。

最高人民法院、最高人民检察院、公安部、司法部关于办理利用信息网络实施黑恶势力犯罪刑事案件若干问题的意见

（2019年7月23日公布　2019年10月21日施行）

为认真贯彻中央关于开展扫黑除恶专项斗争的部署要求，正确理解和适用最高人民法院、最高人民检察院、公安部、司法部《关于办理黑恶势力犯罪案件若干问题的指导意见》（法发〔2018〕1号，以下简称《指导意见》），根据刑法、刑事诉讼法、网络安全法及有关司法解释、规范性文件的规定，现对办理利用信息网络实施黑恶势力犯罪案件若干问题提出以下意见：

一、总体要求

1. 各级人民法院、人民检察院、公安机关及司法行政机关应当统一执法思想、提高执法效能，坚持"打早打小"，坚决依法严厉惩处利用信息网络实施的黑恶势力犯罪，有效维护网络安全和经济、社会生活秩序。

2. 各级人民法院、人民检察院、公安机关及司法行政机关应当正确运用法律，严格依法办案，坚持"打准打实"，认真贯彻落实宽严相济刑事政策，切实做到宽严有据、罚当其罪，实现政治效果、法律效果和社会效果的统一。

3. 各级人民法院、人民检察院、公安机关及司法行政机关应当分工负责，互相配合、互相制约，切实加强与相关行政管理部门的协作，健全完善风险防控机制，积极营造线上线下社会综合治理新格局。

二、依法严惩利用信息网络实施的黑恶势力犯罪

4. 对通过发布、删除负面或虚假信息，发送侮辱性信息、图片，以及利用信息、电话骚扰等方式，威胁、要挟、恐吓、滋扰他人，实施黑恶势力违法犯罪的，应当准确认定，依法严惩。

5. 利用信息网络威胁他人，强迫交易，情节严重的，依照刑法第二百二十六条的规定，以强迫交易罪定罪处罚。

6. 利用信息网络威胁、要挟他人，索取公私财物，数额较大，或者多次实施上述行为的，依照刑法第二百七十四条的规定，以敲诈勒索罪定罪处罚。

7. 利用信息网络辱骂、恐吓他人，情节恶劣，破坏社会秩序的，依照刑法第二百九十三条第一款第二项的规定，以寻衅滋事罪定罪处罚。

编造虚假信息，或者明知是编造的虚假信息，在信息网络上散布，或者组织、指使人员在信息网络上散布，起哄闹事，造成公共秩序严重混乱的，依照刑法第二百九十三条第一款第四项的规定，以寻衅滋事罪定罪处罚。

8. 侦办利用信息网络实施的强迫交易、敲诈勒索等非法敛财类案件，确因被害人人数众多等客观条件的限制，无法逐一收集被害人陈述的，可以结合已收集的被害人陈述，以及经查证属实的银行账户交易记录、第三方支付结算账户交易记录、通话记录、电子数据等证据，综合认定被害人人数以及涉案资金数额等。

三、准确认定利用信息网络实施犯罪的黑恶势力

9. 利用信息网络实施违法犯罪活动，符合刑法、《指导意见》以及最高人民法院、最高人民检察院、公安部、司法部《关于办理恶势力刑事案件若干问题的意见》等规定的恶势力、恶势力犯罪集团、黑社会性质组织特征和认定标准的，应当依法认定为恶势力、恶势力犯罪集团、黑社会性质组织。

认定利用信息网络实施违法犯罪活动的黑社会性质组织时，应当依照刑法第二百九十四条第五款规定的"四个特征"进行综合审查判断，分析"四个特征"相互间的内在联系，根据在网络空间和现实社会中实施违法犯罪活动对公民人身、财产、民主权利和经济、社会生活秩序所造成的危害，准确评价，依法予以认定。

10. 认定利用信息网络实施违法犯罪的黑恶势力组织特征，要从违法犯罪的起因、目的，以及组织、策划、指挥、参与人员是否相对固定，组织形成后是否持续进行犯罪活动、是否有明确的职责分工、行为规范、利益分配机制等方面综合判断。利用信息网络实施违法犯罪的黑恶势力组织成员之间一般通过即时通讯工具、通讯群组、电子邮件、网盘等信息网络方式联络，对部分组织成员通过信息网络方式联络实施黑恶势力违法犯罪活动，即使相互未见面、彼此不熟识，不影响对组织特征的认定。

11. 利用信息网络有组织地通过实施违法犯罪活动或者其他手段获取一定数量的经济利益，用于违法犯罪活动或者支持该组织生存、发展的，应当认定为符合刑法第二百九十四条第五款第二项规定的黑社会性质组织经济特征。

12. 通过线上线下相结合的方式，有组织地多次利用信息网络实施违法犯罪活动，侵犯不特定多人的人身权利、民主权利、财产权利，破坏经济秩序、社会秩序的，应当认定为符合刑法第二百九十四条第五款第三项规定的黑社会性质组织行为特征。单纯通过线上方式实施的违法犯罪活动，且不具有为非作

恶、欺压残害群众特征的,一般不应作为黑社会性质组织行为特征的认定依据。

13. 对利用信息网络实施黑恶势力犯罪非法控制和影响的"一定区域或者行业",应当结合危害行为发生地或者危害行业的相对集中程度,以及犯罪嫌疑人、被告人在网络空间和现实社会中的控制和影响程度综合判断。虽然危害行为发生地、危害的行业比较分散,但涉案犯罪组织利用信息网络多次实施强迫交易、寻衅滋事、敲诈勒索等违法犯罪活动,在网络空间和现实社会造成重大影响,严重破坏经济、社会生活秩序的,应当认定为"在一定区域或者行业内,形成非法控制或者重大影响"。

四、利用信息网络实施黑恶势力犯罪案件管辖

14. 利用信息网络实施的黑恶势力犯罪案件管辖依照《关于办理黑社会性质组织犯罪案件若干问题的规定》和《关于办理网络犯罪案件适用刑事诉讼程序若干问题的意见》的有关规定确定,坚持以犯罪地管辖为主、被告人居住地管辖为辅的原则。

15. 公安机关可以依法对利用信息网络实施的黑恶势力犯罪相关案件并案侦查或者指定下级公安机关管辖,并案侦查或者由上级公安机关指定管辖的公安机关应当全面调查收集能够证明黑恶势力犯罪事实的证据,各涉案地公安机关应当积极配合。并案侦查或者由上级公安机关指定管辖的案件,需要提请批准逮捕、移送审查起诉、提起公诉的,由立案侦查的公安机关所在地的人民检察院、人民法院受理。

16. 人民检察院对于公安机关提请批准逮捕、移送审查起诉的利用信息网络实施的黑恶势力犯罪案件,人民法院对于已进入审判程序的利用信息网络实施的黑恶势力犯罪案件,被告人及其辩护人提出的管辖异议成立,或者办案单位发现没有管辖权的,受案人民检察院、人民法院经审查,可以依法报请与有管辖权的人民检察院、人民法院共同的上级人民检察院、人民法院指定管辖,不再自行移交。对于在审查批准逮捕阶段,上级检察机关已经指定管辖的案件,审查起诉工作由同一人民检察院受理。人民检察院、人民法院认为应当分案起诉、审理的,可以依法分案处理。

17. 公安机关指定下级公安机关办理利用信息网络实施的黑恶势力犯罪案件的,应当同时抄送同级人民检察院、人民法院。人民检察院认为需要依法指定审判管辖的,应当协商同级人民法院办理指定管辖有关事宜。

18. 本意见自2019年10月21日起施行。

最高人民法院、最高人民检察院、公安部、司法部关于跨省异地执行刑罚的黑恶势力罪犯坦白检举构成自首立功若干问题的意见

（2019年10月21日公布并施行）

各省、自治区、直辖市高级人民法院、人民检察院、公安厅（局）、司法厅（局），新疆维吾尔自治区高级人民法院生产建设兵团分院、新疆生产建设兵团人民检察院、公安局、司法局、监狱管理局：

为认真贯彻落实中央开展扫黑除恶专项斗争的部署要求，根据刑法、刑事诉讼法和有关司法解释、规范性文件的规定，现对办理跨省异地执行刑罚的黑恶势力罪犯坦白交代本人犯罪和检举揭发他人犯罪案件提出如下意见：

一、总体工作要求

1. 人民法院、人民检察院、公安机关、监狱要充分认识黑恶势力犯罪的严重社会危害，在办理案件中加强沟通协调，促使黑恶势力罪犯坦白交代本人犯罪和检举揭发他人犯罪，进一步巩固和扩大扫黑除恶专项斗争成果。

2. 人民法院、人民检察院、公安机关、监狱在办理跨省异地执行刑罚的黑恶势力罪犯坦白、检举构成自首、立功案件中，应当贯彻宽严相济刑事政策，充分发挥职能作用，坚持依法办案，快办快结，保持密切配合，形成合力，实现政治效果、法律效果和社会效果的统一。

二、排查和移送案件线索

3. 监狱应当依法从严管理跨省异地执行刑罚的黑恶势力罪犯，积极开展黑恶势力犯罪线索排查，加大政策宣讲力度，教育引导罪犯坦白交代司法机关还未掌握的本人其他犯罪行为，鼓励罪犯检举揭发他人犯罪行为。

4. 跨省异地执行刑罚的黑恶势力罪犯检举揭发他人犯罪行为、提供重要线索，或者协助司法机关抓捕其他犯罪嫌疑人的，各部门在办案中应当采取必要措施，保护罪犯及其近亲属人身和财产安全。

5. 跨省异地执行刑罚的黑恶势力罪犯坦白、检举的，监狱应当就基本犯罪事实、涉案人员和作案时间、地点等情况对罪犯进行询问，形成书面材料后

报省级监狱管理机关。省级监狱管理机关根据案件性质移送原办案侦查机关所在地省级公安机关、人民检察院或者其他省级主管部门。

6. 原办案侦查机关所在地省级公安机关、人民检察院收到监狱管理机关移送的案件线索材料后，应当进行初步审查。经审查认为属于公安机关或者人民检察院管辖的，应当按照有关管辖的规定处理。经审查认为不属于公安机关或者人民检察院管辖的，应当及时退回移送的省级监狱管理机关，并书面说明理由。

三、办理案件程序

7. 办案侦查机关收到罪犯坦白、检举案件线索或者材料后，应当及时进行核实。依法不予立案的，应当说明理由，并将不予立案通知书送达罪犯服刑监狱。依法决定立案的，应当在立案后十日内，将立案情况书面告知罪犯服刑监狱。依法决定撤销案件的，应当将案件撤销情况书面告知罪犯服刑监狱。

8. 人民检察院审查起诉跨省异地执行刑罚的黑恶势力罪犯坦白、检举案件，依法决定不起诉的，应当在作出不起诉决定后十日内将有关情况书面告知罪犯服刑监狱。

9. 人民法院审理跨省异地执行刑罚的黑恶势力罪犯坦白案件，可以依法适用简易程序、速裁程序。有条件的地区，可以通过远程视频方式开庭审理。判决生效后十日内，人民法院应当向办案侦查机关和罪犯服刑监狱发出裁判文书。

10. 跨省异地执行刑罚的黑恶势力罪犯在服刑期间，检举揭发他人犯罪、提供重要线索，或者协助司法机关抓捕其他犯罪嫌疑人的，办案侦查机关应当在人民法院判决生效后十日内根据人民法院判决对罪犯是否构成立功或重大立功提出书面意见，与案件相关材料一并送交监狱。

11. 跨省异地执行刑罚的黑恶势力罪犯在原审判决生效前，检举揭发他人犯罪活动、提供重要线索，或者协助司法机关抓捕其他犯罪嫌疑人的，在原审判决生效后才被查证属实的，参照本意见第10条情形办理。

12. 跨省异地执行刑罚的黑恶势力罪犯检举揭发他人犯罪，构成立功或者重大立功的，监狱依法向人民法院提请减刑。对于检举他人犯罪行为基本属实，但未构成立功或者重大立功的，监狱可以根据有关规定给予日常考核奖励或者物质奖励。

13. 公安机关、人民检察院、人民法院认为需要提审跨省异地执行刑罚的黑恶势力罪犯的，提审人员应当持工作证等有效证件和县级以上公安机关、人民检察院、人民法院出具的介绍信等证明材料到罪犯服刑监狱进行提审。

14. 公安机关、人民检察院、人民法院认为需要将异地执行刑罚的黑恶势力罪犯跨省解回侦查、起诉、审判的，办案地省级公安机关、人民检察院、人民法院应当先将解回公函及相关材料送监狱所在地省级公安机关、人民检察院、人民法院审核。经审核确认无误的，监狱所在地省级公安机关、人民检察院、人民法院应当出具确认公函，与解回公函及材料一并转送监狱所在地省级监狱管理机关审批。监狱所在地省级监狱管理机关应当在收到上述材料后三日内作出是否批准的书面决定。批准将罪犯解回侦查、起诉、审判的，办案地公安机关、人民检察院、人民法院应当派员到监狱办理罪犯离监手续。案件办理结束后，除将罪犯依法执行死刑外，应当将罪犯押解回原服刑监狱继续服刑。

15. 本意见所称"办案侦查机关"，是指依法对案件行使侦查权的公安机关、人民检察院。

最高人民法院

最高人民检察院

公安部

司法部

2019 年 10 月 21 日

最高人民法院、最高人民检察院、海关总署
打击非设关地成品油走私专题研讨会会议纪要

(2019年10月24日公布并施行 署缉发〔2019〕210号)

近一时期，我国东南沿海、西南陆路边境等非设关地成品油走私活动猖獗，严重破坏国家进出境监管秩序，给社会公共安全和环境保护带来重大隐患。2019年3月27日，最高人民法院、最高人民检察院、海关总署在江苏省南京市召开打击非设关地成品油走私专题研讨会，最高人民法院刑五庭、最高人民检察院第四检察厅、海关总署缉私局及部分地方人民法院、人民检察院和海关缉私部门有关同志参加会议。会议分析了当前非设关地成品油走私的严峻形势，总结交流了办理非设关地成品油走私刑事案件的经验，研究探讨了办案中的疑难问题，对人民法院、人民检察院、海关缉私部门依法严厉打击非设关地成品油走私犯罪、正确适用法律办理案件达成共识。现纪要如下：

一、关于定罪处罚

走私成品油，构成犯罪的，依照刑法第一百五十三条的规定，以走私普通货物罪定罪处罚。

对不构成走私共犯的收购人，直接向走私人购买走私的成品油，数额较大的，依照刑法第一百五十五条第（一）项的规定，以走私罪论处；向非直接走私人购买走私的成品油的，根据其主观故意，分别依照刑法第一百九十一条规定的洗钱罪或者第三百一十二条规定的掩饰、隐瞒犯罪所得、犯罪所得收益罪定罪处罚。

在办理非设关地走私成品油刑事案件中，发现行为人在销售的成品油中掺杂、掺假，以假充真，以次充好或者以不合格油品冒充合格油品，构成犯罪的，依照刑法第一百四十条的规定，对该行为以生产、销售伪劣产品罪定罪处罚。

行为人与他人事先通谋或者明知他人从事走私成品油犯罪活动，而在我国专属经济区或者公海向其贩卖、过驳成品油的，应当按照走私犯罪的共犯追究刑事责任。

明知他人从事走私成品油犯罪活动而为其提供资金、贷款、账号、发票、

证明、许可文件，或者提供运输、仓储等其他便利条件的，应当按照走私犯罪的共犯追究刑事责任。

对成品油走私共同犯罪或者犯罪集团中的主要出资者、组织者，应当认定为主犯；对受雇用的联络员、船长等管理人员，可以认定为从犯，如其在走私犯罪中起重要作用的，应当认定为主犯；对其他参与人员，如船员、司机、"黑引水"、盯梢望风人员等，不以其职业、身份判断是否追究刑事责任，应当按照其在走私活动中的实际地位、作用、涉案金额、参与次数等确定是否追究刑事责任。

对在非设关地走私成品油的犯罪嫌疑人、被告人，人民检察院、人民法院应当依法严格把握不起诉、缓刑适用条件。

二、关于主观故意的认定

行为人没有合法证明，逃避监管，在非设关地运输、贩卖、收购、接卸成品油，有下列情形之一的，综合其他在案证据，可以认定具有走私犯罪故意，但有证据证明确属被蒙骗或者有其他相反证据的除外：

（一）使用"三无"船舶、虚假船名船舶、非法改装的船舶，或者使用虚假号牌车辆、非法改装、伪装的车辆的；

（二）虚假记录船舶航海日志、轮机日志，进出港未申报或者进行虚假申报的；

（三）故意关闭或者删除船载 AIS 系统、GPS 及其他导航系统存储数据，销毁手机存储数据，或者销毁成品油交易、运输单证的；

（四）在明显不合理的隐蔽时间、偏僻地点过驳成品油的；

（五）使用无实名登记或者无法定位的手机卡、卫星电话卡等通讯工具的；

（六）使用暗号、信物进行联络、接头的；

（七）交易价格明显低于同类商品国内合规市场同期价格水平且无法作出合理解释的；

（八）使用控制的他人名下银行账户收付成品油交易款项的；

（九）逃避、抗拒执法机关检查，或者事前制定逃避执法机关检查预案的；

（十）其他可以认定具有走私犯罪故意情形的。

三、关于犯罪数额的认定

非设关地成品油走私活动属于非法的贸易活动，计核非设关地成品油走私刑事案件的偷逃应缴税额，一律按照成品油的普通税率核定，不适用最惠国税率或者暂定税率。

查获部分走私成品油的，可以按照被查获的走私成品油标准核定应缴税额；全案没有查获成品油的，可以结合其他在案证据综合认定走私成品油的种类和数量，核定应缴税额。

办理非设关地成品油走私犯罪案件，除主要犯罪嫌疑人以外，对集团犯罪、共同犯罪中的其他犯罪嫌疑人，无法准确核定其参与走私的具体偷逃应缴税额的，可以结合在案相关证据，根据其参与走私的涉案金额、次数或者在走私活动中的地位、作用等情节决定是否追究刑事责任。

四、关于证据的收集

办理非设关地成品油走私犯罪案件，应当注意收集、提取以下证据：

（一）反映涉案地点的位置、环境，涉案船舶、车辆、油品的特征、数量、属性等的证据；

（二）涉案船舶的航次航图、航海日志、GPS、AIS轨迹、卫星电话及其通话记录；

（三）涉案人员的手机号码及其通话记录、手机短信、微信聊天记录，涉案人员通过微信、支付宝、银行卡等方式收付款的资金交易记录；

（四）成品油取样、计量过程的照片、视听资料；

（五）跟踪守候、监控拍摄的照片、视听资料；

（六）其他应当收集、提取的证据。

依照法律规定采取技术侦查措施收集的物证、书证、视听资料、电子数据等证据材料对定罪量刑有重大影响的，应当随案移送，并移送批准采取技术侦查措施的法律文书和侦查办案部门对证据内容的说明材料。对视听资料中涉及的绰号、暗语、俗语、方言等，侦查机关应当结合犯罪嫌疑人的供述、证人证言等证据说明其内容。

确因客观条件的限制无法逐一收集船员、司机、收购人等人员证言的，可结合已收集的言词证据和物证、书证、视听资料、电子数据等证据，综合认定犯罪事实。

五、关于涉案货物、财产及运输工具的处置

对查封、扣押的涉案成品油及易贬值、不易保管的涉案船舶、车辆，权利人明确的，经其本人书面同意或者申请，依法履行审批程序，并固定证据和留存样本后，可以依法先行变卖、拍卖，变卖、拍卖所得价款暂予保存，待诉讼终结后一并依法处理。

有证据证明依法应当追缴、没收的涉案财产被他人善意取得或者与其他合

法财产混合且不可分割的，应当追缴、没收其他等值财产。

侦查机关查封、扣押的财物经审查后应当返还的，应当通知原主认领。无人认领的，应当公告通知，公告满三个月无人认领的，依法拍卖、变卖后所得价款上缴国库；上缴国库后有人认领，经查证属实的，应当申请退库予以返还。

对用于运输走私成品油的船舶、车辆，按照以下原则处置：

（一）对"三无"船舶、无法提供有效证书的船舶、车辆，依法予以没收、收缴或者移交主管机关依法处置；

（二）对走私犯罪分子自有的船舶、车辆或者假挂靠、长期不作登记、虚假登记等实为走私分子所有的船舶、车辆，作为犯罪工具依法没收；

（三）对所有人明知他人实施走私犯罪而出租、出借的船舶、车辆，依法予以没收。

具有下列情形之一的，可以认定船舶、车辆出租人、出借人明知他人实施违法犯罪，但有证据证明确属被蒙骗或者有其他相反证据的除外：

（一）出租人、出借人未经有关部门批准，擅自将船舶、车辆改装为可装载油料用的船舶、车辆，或者进行伪装的；

（二）出租人、出借人默许实际承租人将船舶、车辆改装为可装载油料用船舶、车辆，或者进行伪装的；

（三）因出租、出借船舶、车辆用于走私受过行政处罚，又出租、出借给同一走私人或者同一走私团伙使用的；

（四）出租人、出借人拒不提供真实的实际承运人信息，或者提供虚假的实际承运人信息的；

（五）其他可以认定明知的情形。

六、关于办案协作

为有效遏制非设关地成品油走私犯罪活动，各级海关缉私部门、人民检察院和人民法院要进一步加强办案协作，依法及时开展侦查、批捕、起诉和审判工作。要强化人民检察院提前介入机制，并加大对非设关地重特大成品油走私案件联合挂牌督办力度。要强化案件信息沟通，积极发挥典型案例指引作用，保证执法司法标准的统一性和均衡性。

七、其他问题

本纪要中的成品油是指汽油、煤油、柴油以及其他具有相同用途的乙醇汽油和生物柴油等替代燃料（包括添加染色剂的"红油""白油""蓝油"等）。

办理非设关地走私白糖、冻品等刑事案件的相关问题，可以参照本纪要的精神依法处理。

最高人民法院、最高人民检察院
关于办理非法利用信息网络、帮助信息网络犯罪活动等刑事案件适用法律若干问题的解释

（2019年6月3日最高人民法院审判委员会第1771次会议、2019年9月4日最高人民检察院第十三届检察委员会第二十三次会议通过　2019年10月21日公布　2019年11月1日施行　法释〔2019〕15号）

为依法惩治拒不履行信息网络安全管理义务、非法利用信息网络、帮助信息网络犯罪活动等犯罪，维护正常网络秩序，根据《中华人民共和国刑法》《中华人民共和国刑事诉讼法》的规定，现就办理此类刑事案件适用法律的若干问题解释如下：

第一条　提供下列服务的单位和个人，应当认定为刑法第二百八十六条之一第一款规定的"网络服务提供者"：

（一）网络接入、域名注册解析等信息网络接入、计算、存储、传输服务；

（二）信息发布、搜索引擎、即时通讯、网络支付、网络预约、网络购物、网络游戏、网络直播、网站建设、安全防护、广告推广、应用商店等信息网络应用服务；

（三）利用信息网络提供的电子政务、通信、能源、交通、水利、金融、教育、医疗等公共服务。

第二条　刑法第二百八十六条之一第一款规定的"监管部门责令采取改正措施"，是指网信、电信、公安等依照法律、行政法规的规定承担信息网络安全监管职责的部门，以责令整改通知书或者其他文书形式，责令网络服务提供者采取改正措施。

认定"经监管部门责令采取改正措施而拒不改正"，应当综合考虑监管部门责令改正是否具有法律、行政法规依据，改正措施及期限要求是否明确、合理，网络服务提供者是否具有按照要求采取改正措施的能力等因素进行判断。

第三条　拒不履行信息网络安全管理义务，具有下列情形之一的，应当认定为刑法第二百八十六条之一第一款第一项规定的"致使违法信息大量传播"：

（一）致使传播违法视频文件二百个以上的；

（二）致使传播违法视频文件以外的其他违法信息二千个以上的；

（三）致使传播违法信息，数量虽未达到第一项、第二项规定标准，但是按相应比例折算合计达到有关数量标准的；

（四）致使向二千个以上用户账号传播违法信息的；

（五）致使利用群组成员账号数累计三千以上的通讯群组或者关注人员账号数累计三万以上的社交网络传播违法信息的；

（六）致使违法信息实际被点击数达到五万以上的；

（七）其他致使违法信息大量传播的情形。

第四条 拒不履行信息网络安全管理义务，致使用户信息泄露，具有下列情形之一的，应当认定为刑法第二百八十六条之一第一款第二项规定的"造成严重后果"：

（一）致使泄露行踪轨迹信息、通信内容、征信信息、财产信息五百条以上的；

（二）致使泄露住宿信息、通信记录、健康生理信息、交易信息等其他可能影响人身、财产安全的用户信息五千条以上的；

（三）致使泄露第一项、第二项规定以外的用户信息五万条以上的；

（四）数量虽未达到第一项至第三项规定标准，但是按相应比例折算合计达到有关数量标准的；

（五）造成他人死亡、重伤、精神失常或者被绑架等严重后果的；

（六）造成重大经济损失的；

（七）严重扰乱社会秩序的；

（八）造成其他严重后果的。

第五条 拒不履行信息网络安全管理义务，致使影响定罪量刑的刑事案件证据灭失，具有下列情形之一的，应当认定为刑法第二百八十六条之一第一款第三项规定的"情节严重"：

（一）造成危害国家安全犯罪、恐怖活动犯罪、黑社会性质组织犯罪、贪污贿赂犯罪案件的证据灭失的；

（二）造成可能判处五年有期徒刑以上刑罚犯罪案件的证据灭失的；

（三）多次造成刑事案件证据灭失的；

（四）致使刑事诉讼程序受到严重影响的；

（五）其他情节严重的情形。

第六条 拒不履行信息网络安全管理义务，具有下列情形之一的，应当认定为刑法第二百八十六条之一第一款第四项规定的"有其他严重情节"：

（一）对绝大多数用户日志未留存或者未落实真实身份信息认证义务的；

（二）二年内经多次责令改正拒不改正的；

（三）致使信息网络服务被主要用于违法犯罪的；

（四）致使信息网络服务、网络设施被用于实施网络攻击，严重影响生产、生活的；

（五）致使信息网络服务被用于实施危害国家安全犯罪、恐怖活动犯罪、黑社会性质组织犯罪、贪污贿赂犯罪或者其他重大犯罪的；

（六）致使国家机关或者通信、能源、交通、水利、金融、教育、医疗等领域提供公共服务的信息网络受到破坏，严重影响生产、生活的；

（七）其他严重违反信息网络安全管理义务的情形。

第七条 刑法第二百八十七条之一规定的"违法犯罪"，包括犯罪行为和属于刑法分则规定的行为类型但尚未构成犯罪的违法行为。

第八条 以实施违法犯罪活动为目的而设立或者设立后主要用于实施违法犯罪活动的网站、通讯群组，应当认定为刑法第二百八十七条之一第一款第一项规定的"用于实施诈骗、传授犯罪方法、制作或者销售违禁物品、管制物品等违法犯罪活动的网站、通讯群组"。

第九条 利用信息网络提供信息的链接、截屏、二维码、访问账号密码及其他指引访问服务的，应当认定为刑法第二百八十七条之一第一款第二项、第三项规定的"发布信息"。

第十条 非法利用信息网络，具有下列情形之一的，应当认定为刑法第二百八十七条之一第一款规定的"情节严重"：

（一）假冒国家机关、金融机构名义，设立用于实施违法犯罪活动的网站的；

（二）设立用于实施违法犯罪活动的网站，数量达到三个以上或者注册账号数累计达到二千以上的；

（三）设立用于实施违法犯罪活动的通讯群组，数量达到五个以上或者群组成员账号数累计达到一千以上的；

（四）发布有关违法犯罪的信息或者为实施违法犯罪活动发布信息，具有下列情形之一的：

1. 在网站上发布有关信息一百条以上的；
2. 向二千个以上用户账号发送有关信息的；
3. 向群组成员数累计达到三千以上的通讯群组发送有关信息的；
4. 利用关注人员账号数累计达到三万以上的社交网络传播有关信息的；

（五）违法所得一万元以上的；

（六）二年内曾因非法利用信息网络、帮助信息网络犯罪活动、危害计算机信息系统安全受过行政处罚，又非法利用信息网络的；

（七）其他情节严重的情形。

第十一条 为他人实施犯罪提供技术支持或者帮助，具有下列情形之一的，可以认定行为人明知他人利用信息网络实施犯罪，但是有相反证据的除外：

（一）经监管部门告知后仍然实施有关行为的；

（二）接到举报后不履行法定管理职责的；

（三）交易价格或者方式明显异常的；

（四）提供专门用于违法犯罪的程序、工具或者其他技术支持、帮助的；

（五）频繁采用隐蔽上网、加密通信、销毁数据等措施或者使用虚假身份，逃避监管或者规避调查的；

（六）为他人逃避监管或者规避调查提供技术支持、帮助的；

（七）其他足以认定行为人明知的情形。

第十二条 明知他人利用信息网络实施犯罪，为其犯罪提供帮助，具有下列情形之一的，应当认定为刑法第二百八十七条之二第一款规定的"情节严重"：

（一）为三个以上对象提供帮助的；

（二）支付结算金额二十万元以上的；

（三）以投放广告等方式提供资金五万元以上的；

（四）违法所得一万元以上的；

（五）二年内曾因非法利用信息网络、帮助信息网络犯罪活动、危害计算机信息系统安全受过行政处罚，又帮助信息网络犯罪活动的；

（六）被帮助对象实施的犯罪造成严重后果的；

（七）其他情节严重的情形。

实施前款规定的行为，确因客观条件限制无法查证被帮助对象是否达到犯罪的程度，但相关数额总计达到前款第二项至第四项规定标准五倍以上，或者造成特别严重后果的，应当以帮助信息网络犯罪活动罪追究行为人的刑事责任。

第十三条 被帮助对象实施的犯罪行为可以确认，但尚未到案、尚未依法裁判或者因未达到刑事责任年龄等原因依法未予追究刑事责任的，不影响帮助信息网络犯罪活动罪的认定。

第十四条 单位实施本解释规定的犯罪的，依照本解释规定的相应自然人犯罪的定罪量刑标准，对直接负责的主管人员和其他直接责任人员定罪处罚，并对单位判处罚金。

第十五条 综合考虑社会危害程度、认罪悔罪态度等情节，认为犯罪情节轻微的，可以不起诉或者免予刑事处罚；情节显著轻微危害不大的，不以犯罪论处。

第十六条 多次拒不履行信息网络安全管理义务、非法利用信息网络、帮助信息网络犯罪活动构成犯罪，依法应当追诉的，或者二年内多次实施前述行为未经处理的，数量或者数额累计计算。

第十七条 对于实施本解释规定的犯罪被判处刑罚的，可以根据犯罪情况和预防再犯罪的需要，依法宣告职业禁止；被判处管制、宣告缓刑的，可以根据犯罪情况，依法宣告禁止令。

第十八条 对于实施本解释规定的犯罪的，应当综合考虑犯罪的危害程度、违法所得数额以及被告人的前科情况、认罪悔罪态度等，依法判处罚金。

第十九条 本解释自2019年11月1日起施行。

最高人民法院、最高人民检察院、公安部、司法部关于敦促涉黑涉恶在逃人员投案自首的通告

(2019年11月4日发布并施行)

为贯彻落实宽严相济刑事政策，依法惩处犯罪行为，维护社会安定，保护人民群众生命财产安全，同时给涉黑涉恶在逃犯罪嫌疑人、被告人（以下统称"在逃人员"）改过自新、争取宽大处理的机会，根据《中华人民共和国刑法》《中华人民共和国刑事诉讼法》的有关规定，特通告如下：

一、在逃人员自本通告发布之日起至2020年1月31日前自动投案，如实供述自己的罪行的，是自首。可以依法从轻或者减轻处罚；犯罪情节较轻的，可以依法免除处罚。

二、由于客观原因，本人不能在规定期限内到司法机关投案的，可以委托他人代为投案。犯罪后逃跑，在被通缉、追捕过程中，主动投案的；经查实确已准备去投案，或者正在投案途中，被公安机关抓获的，视为自动投案。

三、在逃人员的亲友应当积极规劝其尽快投案自首。经亲友规劝、陪同投案的，或者亲友主动报案后将在逃人员送去投案的，视为自动投案。

四、在逃人员有检举、揭发他人犯罪行为，经查证属实的，以及提供重要线索，从而得以侦破其他案件，或者有积极协助司法机关抓获其他在逃人员等立功表现的，可以依法从轻或者减轻处罚；有重大立功表现的，可以依法减轻或者免除处罚。

五、在逃人员要认清形势，珍惜机会，尽快投案自首，争取从宽处理。在规定期限内拒不投案自首的，司法机关将依法惩处。任何人不得为在逃人员提供隐藏处所、财物、交通工具，为其通风报信或者作假证明包庇，或者提供其他便利条件帮助其逃匿。经查证属实，构成犯罪的，将依法追究刑事责任。

六、凡知悉在逃人员情况、信息的公民，都有义务向司法机关检举揭发。司法机关将对检举揭发人员依法予以保护和保密。对威胁、报复举报人、控告人，构成犯罪的，依法追究刑事责任。举报黑恶犯罪线索、检举在逃人员情况，可扫码登录全国扫黑办12337智能化举报平台。

七、本通告自发布之日起施行。

2019年11月4日

最高人民检察院
人民检察院办理群众来信工作规定

(2019年7月10日最高人民检察院第十三届检察委员会第二十一次会议通过　2019年11月21日公布　高检发办字〔2019〕107号)

第一章　总　　则

第一条　为进一步加强和规范人民检察院办理群众来信工作，落实以人民为中心发展思想，根据有关法律规定，结合检察工作实际，制定本规定。

第二条　本规定所称办理群众来信，是指公民、法人或者其他组织采用书信、网络、传真等形式向人民检察院提出申诉、控告、举报或者建议和意见，人民检察院依法进行处理的活动。

第三条　办理群众来信工作应当遵循以下原则：

（一）件件回复，准确分流；

（二）属地管理，分级负责；

（三）依法受理，及时办理；

（四）谁接收、谁回复，谁办理、谁答复。

第四条　办理群众来信的检察人员与来信人或者来信反映事项有法定回避情形的，应当依法回避。

第五条　办理群众来信，应当严格办理程序。办理属于控告、举报性质的群众来信，应当严格遵守保密规定。

第六条　人民检察院应当对群众来信情况进行分析研究，及时发现群众反映强烈的重点、热点问题，掌握社情民意，预判信访风险，提出工作建议和意见，参与社会治理。

第七条　人民检察院应当设立由检察长和有关内设机构负责人组成的信访工作领导小组，加强对办理群众来信工作的领导。有关内设机构应当明确信访工作联络员，与本院负责控告申诉检察的部门加强沟通和协调。

第二章 管辖与分工

第八条 人民检察院依据有关法律规定受理、办理应当由本院管辖的群众来信事项。

最高人民检察院、上级人民检察院收到属于下级人民检察院管辖的群众来信，应当移送下级人民检察院办理；经审查认为有必要的，可以直接受理、办理或者在受理后指定其他下级人民检察院办理。

群众来信事项涉及多个地区的，由最初受理的人民检察院管辖或者由所涉及地区的人民检察院协商管辖。对于管辖权有争议的，报请共同的上一级人民检察院指定管辖。

第九条 负责控告申诉检察的部门统一接收、回复、移送、交办群众来信，并对国家赔偿、司法救助和直接办理的控告、刑事申诉案件进行答复。

人民检察院有关内设机构根据职责分工负责群众来信的办理、答复等工作。

人民检察院各内设机构应当共同做好办理群众来信工作，负责控告申诉检察的部门应当发挥组织、协调作用。

第十条 群众来信事项涉及检察业务工作的，由相应内设业务部门办理；涉及法律适用问题研究以及司法体制改革相关政策问题的，由法律政策研究部门或者报请上级人民检察院办理；涉及案件管理工作的，由案件管理部门办理；涉及检察政治工作和检察队伍建设的，由政工部门办理。涉及多个部门的，由检察长指定办理部门。

群众来信反映检察人员违法违纪的，移送相关纪检监察机构办理。

第十一条 涉及案件的群众来信，应当由检察官办案组或者独任检察官办理。

检察官助理、书记员可以辅助办理群众来信。

第三章 受理与答复

第十二条 人民检察院对收到的群众来信应当及时拆阅、编号，标明收信日期。

对于书信形式的群众来信，启封时应当保持邮票、邮戳、邮编、地址、联系电话和信封内材料的完整。

12309检察服务中心网络平台接收群众来信，应当及时下载并保持内容的原始状态。

第十三条 来信人的基本情况、来信主要内容以及分流处理情况等，应当逐项录入信访信息系统，确保基本信息准确、完整。

对于群众首次来信应当详细录入；就同一事项重复来信的，可以简化录入。

第十四条 负责控告申诉检察的部门根据群众来信事项应当分别作出以下处理：

（一）涉及重大、敏感问题的，报检察长决定；

（二）属于本院管辖且符合受理条件的，对来信人身份信息等进行必要的核实与确认后，按照职责分工移送本院有关部门办理或者直接办理；材料不齐的，应当一次性列出需要补充的材料清单，告知来信人予以补充，待材料齐备后移送或者直接办理；

（三）属于检察机关管辖但不属于本院管辖的，移送有管辖权的人民检察院办理；

（四）不属于检察机关管辖的，移送同级其他机关或者信访部门处理；

（五）内容不清、诉求不明且无法回复或者移送的，作存查处理。

第十五条 群众来信反映紧急事项且需要及时处置的，负责控告申诉检察的部门应当做好应急处置工作，并迅速提出处理意见，报告本院检察长。

第十六条 负责控告申诉检察的部门应当自收到群众来信之日起七个工作日以内，根据群众来信事项分别作出以下回复：

（一）本院依法受理的，告知受理情况；

（二）属于本院管辖但材料不齐的，告知来信人补充材料；

（三）属于其他人民检察院管辖的，告知移送情况；

（四）移送同级其他机关或者信访部门处理的，告知移送情况。

第十七条 具有下列情形之一的，可以不予回复：

（一）来信人联系方式不详的；

（二）因同一事由重复来信且已回复的，但提出新的事实、证据和理由的除外；

（三）内容违法的；

（四）其他不具备回复条件的。

第十八条 多人联名来信反映同一事项的，可以选择若干代表予以回复。委托律师或者代理人来信的，可以直接向律师或者代理人回复。

第十九条 回复群众来信，可以采用短信、电话、书面、当面或者其他适当的方式，并做好记录和归档留存。

来信地址明确的,应当在短信、电话回复的同时,予以书面回复。

第二十条　负责控告申诉检察的部门应当自收到群众来信之日起十个工作日以内导入法律程序或者完成移送工作,移送群众来信应当标明首次回复日期。

第二十一条　办理群众来信,应当审查来信请求、事实和理由,必要时可以进行调查核实。

群众来信事项重大、疑难、复杂的,可以依据有关规定举行听证。

第二十二条　各内设机构应当自收到移送的群众来信七个工作日以内告知来信人,一般应当在收到移送的群众来信之日起三个月以内答复办理结果。三个月以内不能办结的,报部门负责人决定,可以依照有关规定延长办理期限,并告知来信人。所涉事项重大、疑难、复杂,在延长期限内仍不能办结的,应当每个月答复一次办理进展情况。

第二十三条　向来信人答复办理结果或者办理进展情况,可以采取书面、当面、短信、电话、视频等形式。对于已办结的案件,应当制作相关法律文书送达来信人。必要时可以进行公开答复。

当面或者电话答复的,应当做好记录,载明答复时间、地点、内容等;视频答复的,应当留存相关资料。

第二十四条　有关内设机构应当将办理、答复群众来信情况及时通报负责控告申诉检察的部门。

第四章　交办与督办

第二十五条　对于具有下列情形之一的群众来信,上级人民检察院负责控告申诉检察的部门可以代表本院向下级人民检察院交办:

(一)来信内容详实,涉及案情重大的;

(二)来信事项群众反映强烈,社会影响较大的;

(三)有关机关移送,所涉事项重要的;

(四)检察长批办的。

第二十六条　交办群众来信,应当由检察官办案组或者独任检察官提出意见,由负责控告申诉检察的部门负责人决定。

第二十七条　负责控告申诉检察的部门交办群众来信,应当及时向本院有关内设机构通报情况,有关内设机构应当加强对下级人民检察院办理交办事项的指导。

第二十八条　对于交办的群众来信,承办人民检察院一般应当自收到交办文书之日起三个月以内办结。交办事项复杂，确需延长办结期限的，应当报分管检察长决定，延长期限不得超过三个月。延期办理的，应当向上级人民检察院报告，并说明理由。

第二十九条　对于交办的群众来信，承办人民检察院有关内设机构应当制作办理情况报告，报分管检察长决定，由负责控告申诉检察的部门以本院名义报上一级人民检察院。

第三十条　上级人民检察院收到报告后，由负责控告申诉检察的部门审查。认为处理正确、适当的，应当结案；认为需要补充相关内容的，可以要求下级人民检察院补报材料；认为处理错误或者不当的，应当提出纠正意见，报检察长决定。

第三十一条　对于交办的群众来信，上级人民检察院负责控告申诉检察的部门可以进行督办。

第三十二条　向有管辖权的人民检察院函转群众来信，应当逐件附转办函。

向有管辖权的人民检察院移送群众来信，应当附移送清单。

第五章　考评与问责

第三十三条　人民检察院应当将办理群众来信工作情况纳入业务考评体系，定期通报办理、答复群众来信工作情况，表彰办理群众来信工作成绩突出的单位、部门和检察人员。

第三十四条　办理群众来信工作违反本规定，具有下列情形之一的，对责任单位、部门和直接责任人员应当予以问责，情节严重的，按照有关规定给予组织处理、纪律处分，直至追究刑事责任：

（一）无故推诿、敷衍，应当受理而不予受理的；

（二）无故拖延，未在规定期限内办结的；

（三）对事实清楚，符合法律规定的来信请求未予支持的；

（四）玩忽职守、徇私舞弊，打击报复来信人，或者把有关情况泄露给被控告人、被举报人的。

第六章　附　　则

第三十五条　办理涉港、澳、台有关来信工作，另行规定。

人民检察院组织开展巡视巡察期间收到的群众来信，依照有关规定办理。

第三十六条 本规定由最高人民检察院负责解释。

第三十七条 本规定自印发之日起施行。此前有关规定与本规定不一致的，适用本规定。

《人民检察院办理群众来信工作规定》的理解与适用[*]

徐向春　刘文峰[**]

2019年11月，最高人民检察院（以下简称高检院）印发了《人民检察院办理群众来信工作规定》（以下简称《办信规定》）。《办信规定》深入贯彻习近平总书记关于加强和改进人民信访工作的重要思想，认真落实高检院党组和张军检察长提出的"群众来信件件有回复"工作要求，规范和细化"7日内程序回复、3个月内办理过程或结果答复"制度要求，结合检察机关内设机构改革后的职能设置，针对办理群众来信工作中的突出问题，明确了检察机关办理群众来信的主要流程和工作标准。《办信规定》的印发，是检察机关践行以人民为中心发展思想的具体举措，是检察环节信访法治化的重要制度创新。为了帮助大家正确理解和准确适用《办信规定》，重点就其制发背景、体现的主要精神和重要条款内容解读如下：

一、《办信规定》制发的时代背景

信访及来信办理制度在我国有悠久历史并发挥了重要作用。上古尧舜禹时期设置的"谤木"和"善旌"，开中华信访制度之滥觞。之后，历代王朝均设有诸如登闻鼓院、登闻检院等机构，专司处理百姓信访问题。从历史角度看，信访及来信办理制度发挥了推动国家管理、治理进步和社会制度变迁等重要作用。新中国信访制度，是在中国共产党和国家主要领导人与人民群众沟通互动中建立起来的，其中群众来信办理有着重要地位。1949年8月，中央书记处设立政治秘书室，专门处理人民来信。1951年，政务院发布《关于处理人民来信和接见人民工作的决定》，正式建立新中国的信访制度。现行《宪法》第41条明确规定了公民的申诉、控告及检举等权利。提出信访和群众来信成为人民群众参与国家政治生活、行使民主权利的重要制度渠道。

群众来信及其办理在检察机关信访工作中具有重要地位。群众来信，是人民群众向检察机关反映问题的最为传统、最为基本的申诉信访方式。办理群众来信，是检察机关处理信访问题的基本方式。即便是在信息化高度发展的今

---

[*] 原文刊载于《人民检察》2020年第3期。
[**] 作者单位：最高人民检察院第十检察厅。

天，在信、访、网、电四大信访渠道中，来信仍是人民检察院信访工作的重要渠道，办信仍是检察机关处理信访问题的重要方式。特别是在当前，我国进入发展关键期、改革攻坚期、矛盾凸显期，随着社会主要矛盾发生转化，发展不平衡、不充分的问题比较突出，人民群众在民主、法治、公平、正义、安全、环境等方面有了新的更高要求，对检察机关在供给侧提供更好法治产品、检察产品，依法维权维稳，化解矛盾纠纷，提出了新的更高期待。群众来信是送上门来的群众工作，认真对待和及时办理群众来信，逐件回应群众诉求，是检察机关密切联系群众，维护群众合法权益，依靠群众开展法律监督的重要途径，也是化解社会矛盾，减少群众走访特别是越级访和重复访的有效手段，意义十分重大。

习近平总书记对群众来信来电十分重视，曾专门指示强调："群众给我的来信来电是我倾听群众呼声、了解群众疾苦的重要渠道，办理好这些信电是坚持走群众路线、保持并密切同人民群众联系的重要体现。"高检院党组和张军检察长对办理群众来信工作高度重视，为创新落实习近平总书记关于加强和改进人民信访工作的重要思想，提出了"群众来信件件有回复"的工作要求。在2019年年初全国检察长会议上，张军检察长提出："对收到的申诉，各地都要在一周内回复，再按部就班办理，及时答复。"2019年3月12日高检院向全国人大报告工作中强调："检察机关践行新时代'枫桥经验'，重在化解矛盾、案结事了，不能止于程序结案。将心比心对待群众信访，建立7日内程序回复、3个月内办理过程或结果答复制度。"张军检察长也在多个场合要求高度重视群众来信来访工作，尽快建立健全群众来信办理制度，推进工作规范化，并切实加强"群众来信件件有回复"工作的督导落实。

关于办理群众来信，2007年《人民检察院信访工作规定》设置有一些基本条款，但无论是规范程度还是工作标准，都已经不能适应新时代办理群众来信工作的要求。因此，高检院于2019年3月启动了《办信规定》的起草工作，形成稿件后，先后征求了高检院各内设机构、省级院、信访工作领导小组成员的意见，经2019年7月10日高检院第十三届检察委员会第二十一次会议审议通过后予以印发。

二、《办信规定》体现的主要精神

《办信规定》制定中认真贯彻落实了以下精神：

（一）坚持了以人民为中心发展思想

群众来信，是送上门来的群众工作。办理群众来信，本质上是检察机关密切联系群众，认真做好群众工作的过程。办信工作的首义，在于办信者要把自己看作人民的一员,带着对人民的深厚感情解决群众诉求,切实把办信工作做到群众心坎上,这就是张军检察长说的"将心比心对待群众信访",也是办信工作以人民为中心的体现。《办信规定》认真落实以人民为中心的发展思想,突出了办信工作为民、便民、利民属性和以人民为中心的价值追求,严格办信程序,明确办信时限,把张军检察长提出的"群众来信件件有回复"和"7日内程序回复,3个月办理进展或结果答复"具体化为制度规则,旨在及时回应群众诉求,深入化解社会矛盾,认真落实以人民为中心的发展思想。

(二)坚持了法治思维和法治方式

习近平总书记强调解决涉及群众切身利益矛盾和问题,要善于运用法治思维和法治方式,处理好维权与维稳的关系,首先把群众合理合法的利益诉求解决好,为此要求建立健全诉求表达、权益保障机制,及时、公平、有效地维护人民群众的合法权益。检察机关是国家的法律监督机关,必须带头落实全面依法治国要求,充分运用法律智慧、检察智慧解决信访问题。为此,《办信规定》坚持诉访分离的基本原则,结合 2018 年 12 月以来检察机关内设机构重塑性改革后形成的"四大检察""十大业务"新格局,统筹四级检察机关,兼顾纵横两个方面,拓宽和畅通来信渠道,完善信访管辖制度,调整部门职责分工,进一步压实首信首办和业务部门责任,规范接收、受理、办理、答复工作程序,进一步完善了检察机关办信体制机制,旨在推动形成立体、规范、高效的信访工作新格局。

(三)突出了参与和促进社会治理理念

党的十九届四中全会提出了坚持和完善中国特色社会主义制度、推进国家治理体系和治理能力现代化的宏大目标。张军检察长在专题学习中多次强调,检察机关要以高度的政治自觉、法治自觉、检察自觉,把四中全会精神贯彻落实到检察各项职能履行的全过程,助推"中国之治"取得更实更佳成效。《办信规定》认真贯彻党的十九届四中全会精神,突出了检察机关通过办理群众来信参与和促进社会治理的功能,要求检察机关充分利用好群众来信这个大数据,挖掘社情民意的"富矿",预判信访风险,向党委、政府提出工作建议,参与社会治理。在办理和答复群众来信时,强调各级检察机关要充分运用公开听证、公开答复等形式,更加强调办信检察官的释法说理义务,更加强调通过办信解决实际问题的能力,目的均在于有效化解社会矛盾,减少社会戾气,助推社会治理,促进社会和谐稳定。

三、《办信规定》的重点内容和条款

《办信规定》共 6 章 37 条,规定了检察机关办理群众来信的总体要求、

管辖与分工、受理与答复、交办与督办、考评与问责等内容。相关重点内容和条款说明如下：

(一) 关于"群众来信"的范围

《办信规定》第 2 条从实质上对"办理群众来信"进行界定，将"群众来信"界定为向检察机关提出的申诉、控告、举报、建议和意见，将"办理群众来信"界定为检察机关依法处理群众来信的职权活动。在来信形式上，《办信规定》高度重视运用信息化手段感知社会态势，畅通沟通渠道，认真考虑了网络信息技术的快速发展，特别是 12309 网站、检察机关微信公众号等网络技术的广泛应用的实际情况，将"群众来信"的范围适当进行了扩展，除了传统的纸质书信、传真等形式外，也包括了群众通过互联网向检察机关发来的电子邮件、微信留言等网络来信，以适应网络时代的信访工作新形势。

(二) 关于办理群众来信的原则

办信原则，是办信相关理念的体现，是办信具体规则的指引，是整个《办信规定》的定盘星。《办信规定》第 3 条创新性地规定了检察机关办理群众来信应当遵循的四项原则。其中，"件件回复，准确分流"，是检察机关办理群众来信的总体要求；"属地管理，分级负责"，是检察机关办理群众来信的职责分工原则；"依法受理，及时办理"，是检察机关办理群众来信的依法、及时原则，是对"7 日内回复，3 个月内实体答复"的概括表述；"谁接收、谁回复，谁办理、谁答复"，是检察机关内设部门办理群众来信职责分工原则，贯彻了司法责任制关于谁办案、谁答复、谁普法的要求。四项办信原则，在《办信规定》中承上启下，既体现了"群众来信件件有回复"的总体要求，又是为其他具体规定提供了指引，便于检察人员整体把握办信要求。

(三) 关于内设机构办信职责分工

《办信规定》第 9 条、第 10 条明确了各内设机关的办信职责分工。第 9 条将"谁接收、谁回复，谁办理、谁答复"的办信原则具体化，将检察机关内设机构的分工明确为，负责控告申诉检察的部门对所有来信统一接收、回复和对直接办理的案件实体答复，其他内设机构（包括业务部门、综合部门）对移送其处理的信件进行办理和答复。实践中，群众来信事项涉及面广泛，涉及对检察机关的建议和意见，包括法律政策咨询、政工人事、案件管理等方面的事项，对于这些案件和事项，负责控告申诉检察的部门应当移送相关内设机构办理。对于涉及检察人员违法违纪的，根据国家纪检监察体制改革后的要求，应当根据情况移送纪检监察派驻机构处理。

在办理群众来信工作中，承办业务部门应当贯彻检察官员额制、检察办案司法责任制的要求,对涉及案件的群众来信,应当由检察官办案组或独任检察官负责受理、办理工作,案件办结后应当制作并送达法律文书,听取控告人、申诉人等对法律文书的意见,并有针对性地进行释法说理。《办信规定》明确由办案部门及承办检察官释法说理,更有利于做好控告人、申诉人的息诉息访和矛盾化解工作。当然,办理群众来信,需要各内设机构的相互配合,负责控告申诉检察的部门应当发挥组织、协调作用,与其他内设机构一起,共同做好办理群众来信工作。

办信职责分工问题是《办信规定》制定过程中的一个主要争议点。征求意见时,有意见认为,负责控告申诉检察的部门应当对群众来信进行归口管理,承担绝大多数案件的实体办理,以及所有群众来信的文书送达等实体答复、释法说理和息诉化解工作职责,只有涉及案件的群众来信才能移送相关业务部门办理,但办理后仍由负责控告申诉检察的部门进行文书送达等实体答复和善后工作,其他内设机构不应承担群众来信的文书送达等实体答复、释法说理和息诉化解工作职责。笔者认为,根据高检院"群众来信件件有回复"的工作要求,依据"三定方案"和高检院关于申诉信访案件繁简分流的要求,负责控告申诉检察的部门应当承担群众来信的统一接收、程序回复、受理、分流及部分群众来信的实体办理和答复职责。涉及其他内设机构职责事项的,应当移送相关内设机构办理,相关内设机构应当负责办理、送达文书等实体答复及释法说理工作。群众仍不服,继续向检察机关写信、上访的,由"窗口"部门负责接待,必要时请相关内设机构承办人共同接待并做好释法说理工作。主要理由:

一是建立群众来信办理"7日内程序回复、3个月内办理过程或结果答复"制度,是高检院向全国人大报告工作时提出的庄严承诺。现行《人民检察院信访工作规定》中许多内容已经不能适应新形势要求和实践需求,特别是在"件件有回复""7日""3个月"等制度框架下,事实上无法固守旧有规定。

二是群众来信事项涉及各类案件,涉及对于检察机关的批评、意见和建议,以及法律政策咨询、政工人事、案件管理、纪检监察等方面的事项,对于这些案件和事项,负责控告申诉检察的部门不具有实体办理权限和能力,应当移送相关内设机构办理。

三是"群众来信件件有回复"制度的价值核心在于通过检察机关工作过程和结果的公开,去神秘化,防止出现暗箱操作、程序空转。在检察官员额制、检察办案司法责任制和申诉案件办理专业化的背景下,尤其应尽快转变过去大部分案件办案答复文书不直接对外、承办人不露面释法说理,而转由

"窗口"部门进行间接地、"信访性"回复的工作模式。送达法律文书、听取控告申诉人等对法律文书的意见并有针对性地进行释法说理，本身是办案的关键环节和必要组成部分，而且根据高检院《关于实行检察官以案释法制度的规定》，检察官在办理案件过程中或者办结案件后，通过检察法律文书或者书面、口头说明等方式向诉讼参与人、利益相关人等与案件有关的人员和单位进行释法说理，是办案检察官的法定职责。检察官办案释法的对象，包括控告申诉案件的控告人、申诉人。从目前各地实践情况看，由直接办案部门或承办检察官释法说理，更有利于有针对性地做好控告、申诉人的息诉息访和矛盾化解工作。

四是根据新的群众来信办理职责分工，负责控告申诉检察的部门将继续承担大部分的群众来信办理、实体答复、释法说理和息诉化解工作。而且，负责控告申诉检察的部门结案和答复的都是属于不支持监督申请的申诉信访事项，"窗口"信访压力将大大超出以往单纯受理材料之后移送办案部门的时期。况且，对于移送出去的群众来信，也不是一移了之。其他内设机构已经办理并答复过的群众来信，群众仍不服到检察机关反映诉求的，依然首先由控告申诉部门负责接谈，必要时商请相关内设机构承办人员共同做好释法说理工作。

（四）关于群众来信处理的具体方式

《办信规定》第14条根据群众来信反映事项，明确了5种不同的处理方式。其中，第4项涉及向其他机关或信访部门移送信件问题。《办信规定》征求意见过程中，有意见认为，检察机关不宜向其他机关和信访部门移送群众来信。主要理由是目前信访部门只接收上级信访部门和党委移送的信访件，一般不接收司法机关移送的信件。而且，实践中有检察机关向纪委监委和信访局移送信件被拒收的情况。

笔者认为，对于不属于检察机关管辖的群众来信，应当明确向同级其他机关和信访部门移送制度。主要理由：

一是对于不属于检察机关管辖的信访，及时转送有关主管机关处理并告知信访人，是《人民检察院信访工作规定》第32条第2款的明确规定。这一规定体现了便利群众、服务群众的精神，是对群众来信来访的负责态度，应当在《办信规定》中进一步明确。

二是法律和《信访条例》等规定并未明确禁止检察机关向其他机关和信访部门移送信件，有的部门之间互不移送信件是多年形成的"内部默契"，并没有明确的法定依据。

三是明确检察机关向同级其他机关和信访部门移送群众来信制度，可以发挥连锁效应，促进完善信访机制，转变信访工作作风。

（五）关于群众来信的程序回复

《办信规定》第16条、第22条对"7日内程序回复"要求进行了细化，明确了"两次"程序回复制度。

第16条规定的是"首次程序回复"。由负责控告申诉检察的部门负责，自收到群众来信之日起7个工作日以内，根据处理情况回复来信人。要求有三：一是回复主体为负责控告申诉检察的部门；二是回复期限为7个工作日；三是回复期限的起算日为检察机关收到群众来信之日。

第22条规定的是"二次程序回复"。由群众来信的承办部门负责，应当自收到移送的群众来信7个工作日以内告知来信人。要求也有三：一是回复主体为群众来信承办部门，此处的承办部门既包括直接接收群众来信检察机关的同级内设部门，也包括通过层层移送而最终受理群众来信的有管辖权的检察机关内设部门；二是回复期限为7个工作日；三是回复期限的起算日为承办部门收到群众来信之日。

之所以规定群众来信的二次程序回复制度，主要是考虑实践中群众来信多寄给上级检察机关，而目前信件移送还是向下逐级进行的，有一定在途时间。上级检察机关接收群众来信并进行7日内程序回复后，信件移送到有管辖权的检察院可能还需要经历数个层级，需要一段时间。实践中，来信群众往往会根据首次回复短信内容向下级检察机关进行查询，急于了解信件去向和承办情况。因此，《办信规定》规定了承办部门应当在收到群众来信后进行"二次回复"，以及时回应群众的信息查询需求。对于接收群众来信后不需要向下级院移送而直接受理的检察院，移送承办部门后进行"二次回复"，有利于办理群众来信的程序性信息公开，同样是十分重要的。

关于程序回复中的"7日"，制定过程中也有一个互动的过程。为了突出回复的时效性，《办信规定》初稿起草中将"7日"规定为7个自然日。征求意见过程中，有地方检察院反映实践中完全做到有困难，遇到国庆、春节等法定假期时收信过程长，常会超过7日未回复，有群众就写信反映回复不及时，因此建议改为"工作日"，以更符合实际情况。经研究，《办信规定》采纳了这一建议。

（六）关于办理结果或进展情况答复

《办信规定》第22条明确了承办部门办理群众来信的期限。根据本条规定，承办部门办理群众来信，一般应当在3个月内办结，并向申诉人、控告人等答复办理结果，3个月的办理答复期限应当从相关承办部门接收到移送信件之日起算。3个月以内不能办结的，报部门负责人决定，可以依照《人民检察院复查刑事申诉案件规定》《人民检察院民事诉讼监督规则（试行）》《人民检察院行政诉讼监督规则（试行）》等有关规定延长办理期限，但需要告知来信人办理进展情况。对于一些在上述期限内仍不能办结的案件或事项，要求承办部门自延长办理期限届满之日起，每个月向来信人答复一次办理进展情况。

关于其他内设机构对转办信件的 3 个月内实体答复的起算日，《办信规定》初稿最早规定为负责控告申诉的部门的程序回复日。征求意见中，有意见认为，对于转办的群众来信，程序回复的时间与有管辖权的检察院或其他内设机构实际接收的时间存在时间差，特别是在群众来信需要流转若干个层级转到基层检察院承办时，这一问题更为突出。因此，《办信规定》采纳了这一意见，将 3 个月的办理答复期限规定为有管辖权的检察院或其他内设机构接收到转办信件之日起算。

关于答复的具体形式和要求，《办信规定》第 23 条规定答复来信人，可以采取书面、当面、短信、电话、视频等形式。对于已办结的案件，应当制作相关法律文书送达来信人。必要时可以进行公开答复。需要注意的是，本条与《办信规定》第 19 条规定的回复群众来信可以采用短信、电话、书面、当面或者其他适当的方式的表述顺序是不同的。主要考虑是，第 19 条规定的程序回复，由于要求在 7 日内完成，实践中上级检察机关每日接收群众来信量很大，必须突出便捷性，要求首先进行短信回复，对来信地址明确的要求进行书面回复。第 23 条规定的是实体结果的答复，重点是对办理结果的释法说理，目标是实现案结事了，需要突出说理性，应以书面答复为原则，其他方式为例外。由此，对来信的程序回复、实体答复规定了不同的方式及顺序。

（七）关于群众来信的交办

交办和督办，在《人民检察院信访工作规定》中有专章规定，是控告申诉检察重要制度之一，对于促进问题解决在基层、矛盾化解在当地，督促下级人民检察院尽职尽责，具有重要意义。参照《人民检察院信访工作规定》的相关条款，结合"群众来信件件有回复"的新要求，《办信规定》明确了交办群众来信的情形、权限、程序。

《办信规定》第 27 条明确了上级检察院相关内设机构对交办下级院事项的业务指导义务。主要是考虑交办事项多为疑难、复杂、敏感事项或案件，且交办之后多数不归负责控告申诉检察的部门直接办理，因而由相对应的上级对口检察业务部门进行指导，更有利于形成群众来信办理和指导工作合力，保证交办事项或案件的办理进度和质量。

《办信规定》第 28 条规定了交办群众来信的办理期限。本条内容来源于《人民检察院信访工作规定》第 45 条的规定。需要注意两点：一是对于上级院交办的群众来信,承办检察院办理的期限一般是3个月,延长期限为3个月,共6个月,与普通群众来信的办理期限有区别;二是上级院负责控告申诉的部门是代表本院向下级院交办案件,下级院办结后上报办理情况,必须也是以检察院而不是承办部门的名义,上报办理情况报告应当经过分管检察长决定,并加盖院章,报上级院负责控告申诉的部门审核。

(八)关于函转与转办

函转、转办,都是上级检察院将不属于本院管辖的群众来信转有管辖权检察院处理的具体方式。两者的区别是,函转是"一信一函"的方式,适用于情况紧急需要及时处理的群众来信,所附转办函应当列明转办群众信件的基本情况和办理要求;转办是"批量处理"的方式,即"多信一单",所附转办清单只需列明简要信息即可。

(九)关于考评与问责

《办信规定》第五章规定了考评与问责,第33条、第34条分别规定了两个方面的内容:一是明确规定将办信情况纳入检察机关业务考评体系,明确了定期通报、表彰等考评手段;二是引入了办信的问责机制,针对受理、办理等办信环节和办信中应当依法处理、保守秘密等办信要求,明确了应当问责、组织处理、纪律处分和追究刑事责任的主要情形,使问责、追责更贴近办信工作实际,为高质量、高效率办信提供制度保障。

(十)关于适用范围

《办信规定》第35条对本规定的适用范围作了除外规定。主要考虑是,涉港、澳、台群众来信办理工作特殊,检务督查机构巡视巡察期间群众来信办理工作另有规定,应按照相关程序办理,不在《办信规定》适用范围内。另外需要注意的是,《办信规定》适用主体为各级人民检察院,具体针对的是检察机关内设部门及检察人员,不包括派驻纪检监察组及纪检监察人员。《办信规定》第10条第2款规定的"群众来信反映检察人员违法违纪的,移送相关纪检监察机构办理",只是说明此类群众来信的移送方向,具体办理和答复工作应当依照纪检监察机关相关规定执行。

最高人民法院、最高人民检察院关于人民检察院提起刑事附带民事公益诉讼应否履行诉前公告程序问题的批复

（2019年9月9日最高人民法院审判委员会第1776次会议、2019年9月12日最高人民检察院第十三届检察委员会第二十四次会议通过 2019年11月25日公布 2019年12月6日施行 法释〔2019〕18号）

各省、自治区、直辖市高级人民法院、人民检察院，解放军军事法院、军事检察院，新疆维吾尔自治区高级人民法院生产建设兵团分院、新疆生产建设兵团人民检察院：

近来，部分高级人民法院、省级人民检察院就人民检察院提起刑事附带民事公益诉讼应否履行诉前公告程序的问题提出请示。经研究，批复如下：

人民检察院提起刑事附带民事公益诉讼，应履行诉前公告程序。对于未履行诉前公告程序的，人民法院应当进行释明，告知人民检察院公告后再行提起诉讼。

因人民检察院履行诉前公告程序，可能影响相关刑事案件审理期限的，人民检察院可以另行提起民事公益诉讼。

此复。

最高人民检察院
人民检察院刑事诉讼规则

(2019年12月2日最高人民检察院第十三届检察委员会第二十八次会议通过 2019年12月30日公布并施行 高检发释字〔2019〕4号)

目 录

第一章 通则
第二章 管辖
第三章 回避
第四章 辩护与代理
第五章 证据
第六章 强制措施
  第一节 拘传
  第二节 取保候审
  第三节 监视居住
  第四节 拘留
  第五节 逮捕
  第六节 监察机关移送案件的强制措施
  第七节 其他规定
第七章 案件受理
第八章 立案
  第一节 立案审查
  第二节 立案决定
第九章 侦查
  第一节 一般规定
  第二节 讯问犯罪嫌疑人
  第三节 询问证人、被害人
  第四节 勘验、检查

第五节 搜 查
第六节 调取、查封、扣押、查询、冻结
第七节 鉴 定
第八节 辨 认
第九节 技术侦查措施
第十节 通 缉
第十一节 侦查终结
第十章 审查逮捕和审查起诉
第一节 一般规定
第二节 认罪认罚从宽案件办理
第三节 审查批准逮捕
第四节 审查决定逮捕
第五节 延长侦查羁押期限和重新计算侦查羁押期限
第六节 核准追诉
第七节 审查起诉
第八节 起 诉
第九节 不起诉
第十一章 出席法庭
第一节 出席第一审法庭
第二节 简易程序
第三节 速裁程序
第四节 出席第二审法庭
第五节 出席再审法庭
第十二章 特别程序
第一节 未成年人刑事案件诉讼程序
第二节 当事人和解的公诉案件诉讼程序
第三节 缺席审判程序
第四节 犯罪嫌疑人、被告人逃匿、死亡案件违法所得的没收程序
第五节 依法不负刑事责任的精神病人的强制医疗程序
第十三章 刑事诉讼法律监督
第一节 一般规定
第二节 刑事立案监督
第三节 侦查活动监督

第四节　审判活动监督
第五节　羁押必要性审查
第六节　刑事判决、裁定监督
第七节　死刑复核监督
第八节　羁押期限和办案期限监督
第十四章　刑罚执行和监管执法监督
第一节　一般规定
第二节　交付执行监督
第三节　减刑、假释、暂予监外执行监督
第四节　社区矫正监督
第五节　刑事裁判涉财产部分执行监督
第六节　死刑执行监督
第七节　强制医疗执行监督
第八节　监管执法监督
第九节　事故检察
第十五章　案件管理
第十六章　刑事司法协助
第十七章　附　则

第一章　通　则

第一条　为保证人民检察院在刑事诉讼中严格依照法定程序办案，正确履行职权，实现惩罚犯罪与保障人权的统一，根据《中华人民共和国刑事诉讼法》《中华人民共和国人民检察院组织法》和有关法律规定，结合人民检察院工作实际，制定本规则。

第二条　人民检察院在刑事诉讼中的任务，是立案侦查直接受理的案件、审查逮捕、审查起诉和提起公诉、对刑事诉讼实行法律监督，保证准确、及时查明犯罪事实，正确应用法律，惩罚犯罪分子，保障无罪的人不受刑事追究，保障刑事法律的统一正确实施，维护社会主义法制，尊重和保障人权，保护公民的人身权利、财产权利、民主权利和其他权利，保障社会主义建设事业的顺利进行。

第三条　人民检察院办理刑事案件，应当严格遵守《中华人民共和国刑事诉讼法》以及其他法律的有关规定，秉持客观公正的立场，尊重和保障人权，既要追诉犯罪，也要保障无罪的人不受刑事追究。

第四条 人民检察院办理刑事案件，由检察官、检察长、检察委员会在各自职权范围内对办案事项作出决定，并依照规定承担相应司法责任。

检察官在检察长领导下开展工作。重大办案事项，由检察长决定。检察长可以根据案件情况，提交检察委员会讨论决定。其他办案事项，检察长可以自行决定，也可以委托检察官决定。

本规则对应当由检察长或者检察委员会决定的重大办案事项有明确规定的，依照本规则的规定。本规则没有明确规定的，省级人民检察院可以制定有关规定，报最高人民检察院批准。

以人民检察院名义制发的法律文书，由检察长签发；属于检察官职权范围内决定事项的，检察长可以授权检察官签发。

重大、疑难、复杂或者有社会影响的案件，应当向检察长报告。

第五条 人民检察院办理刑事案件，根据案件情况，可以由一名检察官独任办理，也可以由两名以上检察官组成办案组办理。由检察官办案组办理的，检察长应当指定一名检察官担任主办检察官，组织、指挥办案组办理案件。

检察官办理案件，可以根据需要配备检察官助理、书记员、司法警察、检察技术人员等检察辅助人员。检察辅助人员依照法律规定承担相应的检察辅助事务。

第六条 人民检察院根据检察工作需要设置业务机构，在刑事诉讼中按照分工履行职责。

业务机构负责人对本部门的办案活动进行监督管理。需要报请检察长决定的事项和需要向检察长报告的案件，应当先由业务机构负责人审核。业务机构负责人可以主持召开检察官联席会议进行讨论，也可以直接报请检察长决定或者向检察长报告。

第七条 检察长不同意检察官处理意见的，可以要求检察官复核，也可以直接作出决定，或者提请检察委员会讨论决定。

检察官执行检察长决定时，认为决定错误的，应当书面提出意见。检察长不改变原决定的，检察官应当执行。

第八条 对同一刑事案件的审查逮捕、审查起诉、出庭支持公诉和立案监督、侦查监督、审判监督等工作，由同一检察官或者检察官办案组负责，但是审查逮捕、审查起诉由不同人民检察院管辖，或者依照法律、有关规定应当另行指派检察官或者检察官办案组办理的除外。

人民检察院履行审查逮捕和审查起诉职责的办案部门，本规则中统称为负责捕诉的部门。

第九条 最高人民检察院领导地方各级人民检察院和专门人民检察院的工

作,上级人民检察院领导下级人民检察院的工作。检察长统一领导人民检察院的工作。

上级人民检察院可以依法统一调用辖区的检察人员办理案件,调用的决定应当以书面形式作出。被调用的检察官可以代表办理案件的人民检察院履行出庭支持公诉等各项检察职责。

第十条 上级人民检察院对下级人民检察院作出的决定,有权予以撤销或者变更;发现下级人民检察院办理的案件有错误的,有权指令下级人民检察院予以纠正。

下级人民检察院对上级人民检察院的决定应当执行。如果认为有错误的,应当在执行的同时向上级人民检察院报告。

第十一条 犯罪嫌疑人、被告人自愿如实供述自己的罪行,承认指控的犯罪事实,愿意接受处罚的,可以依法从宽处理。

认罪认罚从宽制度适用于所有刑事案件。人民检察院办理刑事案件的各个诉讼环节,都应当做好认罪认罚的相关工作。

第十二条 人民检察院办理刑事案件的活动依照规定接受人民监督员监督。

第二章 管 辖

第十三条 人民检察院在对诉讼活动实行法律监督中发现的司法工作人员利用职权实施的非法拘禁、刑讯逼供、非法搜查等侵犯公民权利、损害司法公正的犯罪,可以由人民检察院立案侦查。

对于公安机关管辖的国家机关工作人员利用职权实施的重大犯罪案件,需要由人民检察院直接受理的,经省级以上人民检察院决定,可以由人民检察院立案侦查。

第十四条 人民检察院办理直接受理侦查的案件,由设区的市级人民检察院立案侦查。基层人民检察院发现犯罪线索的,应当报设区的市级人民检察院决定立案侦查。

设区的市级人民检察院根据案件情况也可以将案件交由基层人民检察院立案侦查,或者要求基层人民检察院协助侦查。对于刑事执行派出检察院辖区内与刑事执行活动有关的犯罪线索,可以交由刑事执行派出检察院立案侦查。

最高人民检察院、省级人民检察院发现犯罪线索的,可以自行立案侦查,也可以将犯罪线索交由指定的省级人民检察院或者设区的市级人民检察院立案侦查。

第十五条 对本规则第十三条第二款规定的案件,人民检察院需要直接立案侦查的,应当层报省级人民检察院决定。

报请省级人民检察院决定立案侦查的案件,应当制作提请批准直接受理书,写明案件情况以及需要由人民检察院立案侦查的理由,并附有关材料。

省级人民检察院应当在收到提请批准直接受理书后十日以内作出是否立案侦查的决定。省级人民检察院可以决定由设区的市级人民检察院立案侦查,也可以自行立案侦查。

第十六条 上级人民检察院在必要的时候,可以直接立案侦查或者组织、指挥、参与侦查下级人民检察院管辖的案件。下级人民检察院认为案情重大、复杂,需要由上级人民检察院立案侦查的案件,可以请求移送上级人民检察院立案侦查。

第十七条 人民检察院办理直接受理侦查的案件,发现犯罪嫌疑人同时涉嫌监察机关管辖的职务犯罪线索的,应当及时与同级监察机关沟通。

经沟通,认为全案由监察机关管辖更为适宜的,人民检察院应当将案件和相应职务犯罪线索一并移送监察机关;认为由监察机关和人民检察院分别管辖更为适宜的,人民检察院应当将监察机关管辖的相应职务犯罪线索移送监察机关,对依法由人民检察院管辖的犯罪案件继续侦查。

人民检察院应当及时将沟通情况报告上一级人民检察院。沟通期间不得停止对案件的侦查。

第十八条 人民检察院办理直接受理侦查的案件涉及公安机关管辖的刑事案件,应当将属于公安机关管辖的刑事案件移送公安机关。如果涉嫌的主罪属于公安机关管辖,由公安机关为主侦查,人民检察院予以配合;如果涉嫌的主罪属于人民检察院管辖,由人民检察院为主侦查,公安机关予以配合。

对于一人犯数罪、共同犯罪、共同犯罪的犯罪嫌疑人还实施其他犯罪、多个犯罪嫌疑人实施的犯罪存在关联,并案处理有利于查明案件事实和诉讼进行的,人民检察院可以在职责范围内对相关犯罪案件并案处理。

第十九条 本规则第十三条规定的案件,由犯罪嫌疑人工作单位所在地的人民检察院管辖。如果由其他人民检察院管辖更为适宜的,可以由其他人民检察院管辖。

第二十条 对管辖不明确的案件,可以由有关人民检察院协商确定管辖。

第二十一条 几个人民检察院都有权管辖的案件,由最初受理的人民检察院管辖。必要时,可以由主要犯罪地的人民检察院管辖。

第二十二条 对于下列案件,上级人民检察院可以指定管辖:

(一)管辖有争议的案件;

(二) 需要改变管辖的案件;

(三) 需要集中管辖的特定类型的案件;

(四) 其他需要指定管辖的案件。

对前款案件的审查起诉指定管辖的,人民检察院应当与相应的人民法院协商一致。对前款第三项案件的审查逮捕指定管辖的,人民检察院应当与相应的公安机关协商一致。

第二十三条 军事检察院等专门人民检察院的管辖以及军队与地方互涉刑事案件的管辖,按照有关规定执行。

第三章 回 避

第二十四条 检察人员在受理举报和办理案件过程中,发现有刑事诉讼法第二十九条或者第三十条规定的情形之一的,应当自行提出回避;没有自行提出回避的,人民检察院应当决定其回避,当事人及其法定代理人有权要求其回避。

第二十五条 检察人员自行回避的,应当书面或者口头提出,并说明理由。口头提出的,应当记录在案。

第二十六条 人民检察院应当告知当事人及其法定代理人有依法申请回避的权利,并告知办理相关案件的检察人员、书记员等人员的姓名、职务等有关情况。

第二十七条 当事人及其法定代理人要求检察人员回避的,应当书面或者口头向人民检察院提出,并说明理由。口头提出的,应当记录在案。根据刑事诉讼法第三十条的规定要求检察人员回避的,应当提供有关证明材料。

人民检察院经过审查或者调查,认为检察人员符合回避条件的,应当作出回避决定;不符合回避条件的,应当驳回申请。

第二十八条 在开庭审理过程中,当事人及其法定代理人向法庭申请出庭的检察人员回避的,在收到人民法院通知后,人民检察院应当作出回避或者驳回申请的决定。不属于刑事诉讼法第二十九条、第三十条规定情形的回避申请,出席法庭的检察人员应当建议法庭当庭驳回。

第二十九条 检察长的回避,由检察委员会讨论决定。检察委员会讨论检察长回避问题时,由副检察长主持,检察长不得参加。

其他检察人员的回避,由检察长决定。

第三十条 当事人及其法定代理人要求公安机关负责人回避,向同级人民检察院提出,或者向公安机关提出后,公安机关移送同级人民检察院的,由检察长提交检察委员会讨论决定。

第三十一条　检察长应当回避，本人没有自行回避，当事人及其法定代理人也没有申请其回避的，检察委员会应当决定其回避。

其他检察人员有前款规定情形的，检察长应当决定其回避。

第三十二条　人民检察院作出驳回申请回避的决定后，应当告知当事人及其法定代理人如不服本决定，有权在收到驳回申请回避的决定书后五日以内向原决定机关申请复议一次。

第三十三条　当事人及其法定代理人对驳回申请回避的决定不服申请复议的，决定机关应当在三日以内作出复议决定并书面通知申请人。

第三十四条　对人民检察院直接受理的案件进行侦查的人员或者进行补充侦查的人员在回避决定作出以前和复议期间，不得停止对案件的侦查。

第三十五条　参加过同一案件侦查的人员，不得承办该案的审查逮捕、审查起诉、出庭支持公诉和诉讼监督工作，但在审查起诉阶段参加自行补充侦查的人员除外。

第三十六条　被决定回避的检察长在回避决定作出以前所取得的证据和进行的诉讼行为是否有效，由检察委员会根据案件具体情况决定。

被决定回避的其他检察人员在回避决定作出以前所取得的证据和进行的诉讼行为是否有效，由检察长根据案件具体情况决定。

被决定回避的公安机关负责人在回避决定作出以前所进行的诉讼行为是否有效，由作出决定的人民检察院检察委员会根据案件具体情况决定。

第三十七条　本规则关于回避的规定，适用于书记员、司法警察和人民检察院聘请或者指派的翻译人员、鉴定人。

书记员、司法警察和人民检察院聘请或者指派的翻译人员、鉴定人的回避由检察长决定。

辩护人、诉讼代理人可以依照刑事诉讼法及本规则关于回避的规定要求回避、申请复议。

第四章　辩护与代理

第三十八条　人民检察院在办案过程中，应当依法保障犯罪嫌疑人行使辩护权利。

第三十九条　辩护人、诉讼代理人向人民检察院提出有关申请、要求或者提交有关书面材料的，负责案件管理的部门应当接收并及时移送办案部门或者与办案部门联系，具体业务由办案部门负责办理，本规则另有规定的除外。

第四十条 人民检察院负责侦查的部门在第一次讯问犯罪嫌疑人或者对其采取强制措施时,应当告知犯罪嫌疑人有权委托辩护人,并告知其如果因经济困难或者其他原因没有委托辩护人的,可以申请法律援助。属于刑事诉讼法第三十五条规定情形的,应当告知犯罪嫌疑人有权获得法律援助。

人民检察院自收到移送起诉案卷材料之日起三日以内,应当告知犯罪嫌疑人有权委托辩护人,并告知其如果因经济困难或者其他原因没有委托辩护人的,可以申请法律援助。属于刑事诉讼法第三十五条规定情形的,应当告知犯罪嫌疑人有权获得法律援助。

当面口头告知的,应当记入笔录,由被告知人签名;电话告知的,应当记录在案;书面告知的,应当将送达回执入卷。

第四十一条 在押或者被指定居所监视居住的犯罪嫌疑人向人民检察院提出委托辩护人要求的,人民检察院应当及时向其监护人、近亲属或者其指定的人员转达要求,并记录在案。

第四十二条 人民检察院办理直接受理侦查案件和审查起诉案件,发现犯罪嫌疑人是盲、聋、哑人或者是尚未完全丧失辨认或者控制自己行为能力的精神病人,或者可能被判处无期徒刑、死刑,没有委托辩护人的,应当自发现之日起三日以内书面通知法律援助机构指派律师为其提供辩护。

第四十三条 人民检察院收到在押或者被指定居所监视居住的犯罪嫌疑人提出的法律援助申请,应当在二十四小时以内将申请材料转交法律援助机构,并通知犯罪嫌疑人的监护人、近亲属或者其委托的其他人员协助提供有关证件、证明等材料。

第四十四条 属于应当提供法律援助的情形,犯罪嫌疑人拒绝法律援助机构指派的律师作为辩护人的,人民检察院应当查明拒绝的原因。有正当理由的,予以准许,但犯罪嫌疑人需另行委托辩护人;犯罪嫌疑人未另行委托辩护人的,应当书面通知法律援助机构另行指派律师为其提供辩护。

第四十五条 辩护人接受委托后告知人民检察院,或者法律援助机构指派律师后通知人民检察院的,人民检察院负责案件管理的部门应当及时登记辩护人的相关信息,并将有关情况和材料及时通知、移交办案部门。

负责案件管理的部门对办理业务的辩护律师,应当查验其律师执业证书、律师事务所证明和授权委托书或者法律援助公函。对其他辩护人、诉讼代理人,应当查验其身份证明和授权委托书。

第四十六条 人民检察院负责案件管理的部门应当依照法律规定对辩护人、诉讼代理人的资格进行审查,办案部门应当予以协助。

第四十七条 自人民检察院对案件审查起诉之日起,应当允许辩护律师查阅、摘抄、复制本案的案卷材料。案卷材料包括案件的诉讼文书和证据材料。

人民检察院直接受理侦查案件移送起诉，审查起诉案件退回补充侦查、改变管辖、提起公诉的，应当及时告知辩护律师。

第四十八条 自人民检察院对案件审查起诉之日起，律师以外的辩护人向人民检察院申请查阅、摘抄、复制本案的案卷材料或者申请同在押、被监视居住的犯罪嫌疑人会见和通信的，由人民检察院负责捕诉的部门进行审查并作出是否许可的决定，在三日以内书面通知申请人。

人民检察院许可律师以外的辩护人同在押或者被监视居住的犯罪嫌疑人通信的，可以要求看守所或者公安机关将书信送交人民检察院进行检查。

律师以外的辩护人申请查阅、摘抄、复制案卷材料或者申请同在押、被监视居住的犯罪嫌疑人会见和通信，具有下列情形之一的，人民检察院可以不予许可：

（一）同案犯罪嫌疑人在逃的；

（二）案件事实不清，证据不足，或者遗漏罪行、遗漏同案犯罪嫌疑人需要补充侦查的；

（三）涉及国家秘密或者商业秘密的；

（四）有事实表明存在串供、毁灭、伪造证据或者危害证人人身安全可能的。

第四十九条 辩护律师或者经过许可的其他辩护人到人民检察院查阅、摘抄、复制本案的案卷材料，由负责案件管理的部门及时安排，由办案部门提供案卷材料。因办案部门工作等原因无法及时安排的，应当向辩护人说明，并自即日起三个工作日以内安排辩护人阅卷，办案部门应当予以配合。

人民检察院应当为辩护人查阅、摘抄、复制案卷材料设置专门的场所或者电子卷宗阅卷终端设备。必要时，人民检察院可以派员在场协助。

辩护人复制案卷材料可以采取复印、拍照、扫描、刻录等方式，人民检察院不收取费用。

第五十条 案件提请批准逮捕或者移送起诉后，辩护人认为公安机关在侦查期间收集的证明犯罪嫌疑人无罪或者罪轻的证据材料未提交，申请人民检察院向公安机关调取的，人民检察院负责捕诉的部门应当及时审查。经审查，认为辩护人申请调取的证据已收集并且与案件事实有联系的，应当予以调取；认为辩护人申请调取的证据未收集或者与案件事实没有联系的，应当决定不予调取并向辩护人说明理由。公安机关移送相关证据材料的，人民检察院应当在三日以内告知辩护人。

人民检察院办理直接受理侦查的案件，适用前款规定。

第五十一条 在人民检察院侦查、审查逮捕、审查起诉过程中,辩护人收集的有关犯罪嫌疑人不在犯罪现场、未达到刑事责任年龄、属于依法不负刑事责任的精神病人的证据,告知人民检察院的,人民检察院应当及时审查。

第五十二条 案件移送起诉后,辩护律师依据刑事诉讼法第四十三条第一款的规定申请人民检察院收集、调取证据的,人民检察院负责捕诉的部门应当及时审查。经审查,认为需要收集、调取证据的,应当决定收集、调取并制作笔录附卷;决定不予收集、调取的,应当书面说明理由。

人民检察院根据辩护律师的申请收集、调取证据时,辩护律师可以在场。

第五十三条 辩护律师申请人民检察院许可其向被害人或者其近亲属、被害人提供的证人收集与本案有关材料的,人民检察院负责捕诉的部门应当及时进行审查。人民检察院应当在五日以内作出是否许可的决定,通知辩护律师;不予许可的,应当书面说明理由。

第五十四条 在人民检察院侦查、审查逮捕、审查起诉过程中,辩护人要求听取其意见的,办案部门应当及时安排。辩护人提出书面意见的,办案部门应当接收并登记。

听取辩护人意见应当制作笔录或者记录在案,辩护人提出的书面意见应当附卷。

辩护人提交案件相关材料的,办案部门应当将辩护人提交材料的目的、来源及内容等情况记录在案,一并附卷。

第五十五条 人民检察院自收到移送起诉案卷材料之日起三日以内,应当告知被害人及其法定代理人或者其近亲属、附带民事诉讼的当事人及其法定代理人有权委托诉讼代理人。被害人及其法定代理人、近亲属因经济困难没有委托诉讼代理人的,应当告知其可以申请法律援助。

当面口头告知的,应当记入笔录,由被告知人签名;电话告知的,应当记录在案;书面告知的,应当将送达回执入卷。被害人众多或者不确定,无法以上述方式逐一告知的,可以公告告知。无法告知的,应当记录在案。

被害人有法定代理人的,应当告知其法定代理人;没有法定代理人的,应当告知其近亲属。

法定代理人或者近亲属为二人以上的,可以告知其中一人。告知时应当按照刑事诉讼法第一百零八条第三项、第六项列举的顺序择先进行。

当事人及其法定代理人、近亲属委托诉讼代理人的,参照刑事诉讼法第三十三条等法律规定执行。

第五十六条 经人民检察院许可,诉讼代理人查阅、摘抄、复制本案案卷材料的,参照本规则第四十九条的规定办理。

律师担任诉讼代理人,需要申请人民检察院收集、调取证据的,参照本规则第五十二条的规定办理。

第五十七条 辩护人、诉讼代理人认为公安机关、人民检察院、人民法院及其工作人员具有下列阻碍其依法行使诉讼权利行为之一,向同级或者上一级人民检察院申诉或者控告的,人民检察院负责控告申诉检察的部门应当接受并依法办理,其他办案部门应当予以配合:

(一)违反规定,对辩护人、诉讼代理人提出的回避要求不予受理或者对不予回避决定不服的复议申请不予受理的;

(二)未依法告知犯罪嫌疑人、被告人有权委托辩护人的;

(三)未转达在押或者被监视居住的犯罪嫌疑人、被告人委托辩护人的要求或者未转交其申请法律援助材料的;

(四)应当通知而不通知法律援助机构为符合条件的犯罪嫌疑人、被告人或者被申请强制医疗的人指派律师提供辩护或者法律援助的;

(五)在规定时间内不受理、不答复辩护人提出的变更强制措施申请或者解除强制措施要求的;

(六)未依法告知辩护律师犯罪嫌疑人涉嫌的罪名和案件有关情况的;

(七)违法限制辩护律师同在押、被监视居住的犯罪嫌疑人、被告人会见和通信的;

(八)违法不允许辩护律师查阅、摘抄、复制本案的案卷材料的;

(九)违法限制辩护律师收集、核实有关证据材料的;

(十)没有正当理由不同意辩护律师收集、调取证据或者通知证人出庭作证的申请,或者不答复、不说明理由的;

(十一)未依法提交证明犯罪嫌疑人、被告人无罪或者罪轻的证据材料的;

(十二)未依法听取辩护人、诉讼代理人意见的;

(十三)未依法将开庭的时间、地点及时通知辩护人、诉讼代理人的;

(十四)未依法向辩护人、诉讼代理人及时送达本案的法律文书或者及时告知案件移送情况的;

(十五)阻碍辩护人、诉讼代理人在法庭审理过程中依法行使诉讼权利的;

(十六)其他阻碍辩护人、诉讼代理人依法行使诉讼权利的。

对于直接向上一级人民检察院申诉或者控告的,上一级人民检察院可以交下级人民检察院办理,也可以直接办理。

辩护人、诉讼代理人认为看守所及其工作人员有阻碍其依法行使诉讼权利的行为，向人民检察院申诉或者控告的，由负责刑事执行检察的部门接受并依法办理；其他办案部门收到申诉或者控告的，应当及时移送负责刑事执行检察的部门。

第五十八条　辩护人、诉讼代理人认为其依法行使诉讼权利受到阻碍向人民检察院申诉或者控告的，人民检察院应当及时受理并调查核实，在十日以内办结并书面答复。情况属实的，通知有关机关或者本院有关部门、下级人民检察院予以纠正。

第五十九条　辩护律师告知人民检察院其委托人或者其他人员准备实施、正在实施危害国家安全、危害公共安全以及严重危及他人人身安全犯罪的，人民检察院应当接受并立即移送有关机关依法处理。

人民检察院应当为反映情况的辩护律师保密。

第六十条　人民检察院发现辩护人有帮助犯罪嫌疑人、被告人隐匿、毁灭、伪造证据、串供，或者威胁、引诱证人作伪证以及其他干扰司法机关诉讼活动的行为，可能涉嫌犯罪的，应当将涉嫌犯罪的线索或者证据材料移送有管辖权的机关依法处理。

人民检察院发现辩护律师在刑事诉讼中违反法律、法规或者执业纪律的，应当及时向其所在的律师事务所、所属的律师协会以及司法行政机关通报。

第五章　证　　据

第六十一条　人民检察院认定案件事实，应当以证据为根据。

公诉案件中被告人有罪的举证责任由人民检察院承担。人民检察院在提起公诉指控犯罪时，应当提出确实、充分的证据，并运用证据加以证明。

人民检察院提起公诉，应当秉持客观公正立场，对被告人有罪、罪重、罪轻的证据都应当向人民法院提出。

第六十二条　证据的审查认定，应当结合案件的具体情况，从证据与待证事实的关联程度、各证据之间的联系、是否依照法定程序收集等方面进行综合审查判断。

第六十三条　人民检察院侦查终结或者提起公诉的案件，证据应当确实、充分。证据确实、充分，应当符合以下条件：

（一）定罪量刑的事实都有证据证明；

（二）据以定案的证据均经法定程序查证属实；

（三）综合全案证据，对所认定事实已排除合理怀疑。

第六十四条　行政机关在行政执法和查办案件过程中收集的物证、书证、视听资料、电子数据等证据材料,经人民检察院审查符合法定要求的,可以作为证据使用。

行政机关在行政执法和查办案件过程中收集的鉴定意见、勘验、检查笔录,经人民检察院审查符合法定要求的,可以作为证据使用。

第六十五条 监察机关依照法律规定收集的物证、书证、证人证言、被调查人供述和辩解、视听资料、电子数据等证据材料,在刑事诉讼中可以作为证据使用。

第六十六条 对采用刑讯逼供等非法方法收集的犯罪嫌疑人供述和采用暴力、威胁等非法方法收集的证人证言、被害人陈述,应当依法排除,不得作为移送审查逮捕、批准或者决定逮捕、移送起诉以及提起公诉的依据。

第六十七条 对采用下列方法收集的犯罪嫌疑人供述,应当予以排除:

(一)采用殴打、违法使用戒具等暴力方法或者变相肉刑的恶劣手段,使犯罪嫌疑人遭受难以忍受的痛苦而违背意愿作出的供述;

(二)采用以暴力或者严重损害本人及其近亲属合法权益等进行威胁的方法,使犯罪嫌疑人遭受难以忍受的痛苦而违背意愿作出的供述;

(三)采用非法拘禁等非法限制人身自由的方法收集的供述。

第六十八条 对采用刑讯逼供方法使犯罪嫌疑人作出供述,之后犯罪嫌疑人受该刑讯逼供行为影响而作出的与该供述相同的重复性供述,应当一并排除,但下列情形除外:

(一)侦查期间,根据控告、举报或者自己发现等,公安机关确认或者不能排除以非法方法收集证据而更换侦查人员,其他侦查人员再次讯问时告知诉讼权利和认罪认罚的法律规定,犯罪嫌疑人自愿供述的;

(二)审查逮捕、审查起诉期间,检察人员讯问时告知诉讼权利和认罪认罚的法律规定,犯罪嫌疑人自愿供述的。

第六十九条 采用暴力、威胁以及非法限制人身自由等非法方法收集的证人证言、被害人陈述,应当予以排除。

第七十条 收集物证、书证不符合法定程序,可能严重影响司法公正的,人民检察院应当及时要求公安机关补正或者作出书面解释;不能补正或者无法作出合理解释的,对该证据应当予以排除。

对公安机关的补正或者解释,人民检察院应当予以审查。经补正或者作出合理解释的,可以作为批准或者决定逮捕、提起公诉的依据。

第七十一条 对重大案件,人民检察院驻看守所检察人员在侦查终结前应当对讯问合法性进行核查并全程同步录音、录像,核查情况应当及时通知本院负责捕诉的部门。

负责捕诉的部门认为确有刑讯逼供等非法取证情形的，应当要求公安机关依法排除非法证据，不得作为提请批准逮捕、移送起诉的依据。

第七十二条 人民检察院发现侦查人员以非法方法收集证据的，应当及时进行调查核实。

当事人及其辩护人或者值班律师、诉讼代理人报案、控告、举报侦查人员采用刑讯逼供等非法方法收集证据，并提供涉嫌非法取证的人员、时间、地点、方式和内容等材料或者线索的，人民检察院应当受理并进行审查。根据现有材料无法证明证据收集合法性的，应当及时进行调查核实。

上一级人民检察院接到对侦查人员采用刑讯逼供等非法方法收集证据的报案、控告、举报，可以直接进行调查核实，也可以交由下级人民检察院调查核实。交由下级人民检察院调查核实的，下级人民检察院应当及时将调查结果报告上一级人民检察院。

人民检察院决定调查核实的，应当及时通知公安机关。

第七十三条 人民检察院经审查认定存在非法取证行为的，对该证据应当予以排除，其他证据不能证明犯罪嫌疑人实施犯罪行为的，应当不批准或者决定逮捕。已经移送起诉的，可以依法将案件退回监察机关补充调查或者退回公安机关补充侦查，或者作出不起诉决定。被排除的非法证据应当随案移送，并写明为依法排除的非法证据。

对于侦查人员的非法取证行为，尚未构成犯罪的，应当依法向其所在机关提出纠正意见。对于需要补正或者作出合理解释的，应当提出明确要求。

对于非法取证行为涉嫌犯罪需要追究刑事责任的，应当依法立案侦查。

第七十四条 人民检察院认为可能存在以刑讯逼供等非法方法收集证据情形的，可以书面要求监察机关或者公安机关对证据收集的合法性作出说明。说明应当加盖单位公章，并由调查人员或者侦查人员签名。

第七十五条 对于公安机关立案侦查的案件，存在下列情形之一的，人民检察院在审查逮捕、审查起诉和审判阶段，可以调取公安机关讯问犯罪嫌疑人的录音、录像，对证据收集的合法性以及犯罪嫌疑人、被告人供述的真实性进行审查：

（一）认为讯问活动可能存在刑讯逼供等非法取证行为的；

（二）犯罪嫌疑人、被告人或者辩护人提出犯罪嫌疑人、被告人供述系非法取得，并提供相关线索或者材料的；

（三）犯罪嫌疑人、被告人提出讯问活动违反法定程序或者翻供，并提供相关线索或者材料的；

（四）犯罪嫌疑人、被告人或者辩护人提出讯问笔录内容不真实，并提供相关线索或者材料的；

（五）案情重大、疑难、复杂的。

人民检察院调取公安机关讯问犯罪嫌疑人的录音、录像，公安机关未提供，人民检察院经审查认为不能排除有刑讯逼供等非法取证行为的，相关供述不得作为批准逮捕、提起公诉的依据。

人民检察院直接受理侦查的案件，负责侦查的部门移送审查逮捕、移送起诉时，应当将讯问录音、录像连同案卷材料一并移送审查。

第七十六条　对于提起公诉的案件，被告人及其辩护人提出审前供述系非法取得，并提供相关线索或者材料的，人民检察院可以将讯问录音、录像连同案卷材料一并移送人民法院。

第七十七条　在法庭审理过程中，被告人或者辩护人对讯问活动合法性提出异议，公诉人可以要求被告人及其辩护人提供相关线索或者材料。必要时，公诉人可以提请法庭当庭播放相关时段的讯问录音、录像，对有关异议或者事实进行质证。

需要播放的讯问录音、录像中涉及国家秘密、商业秘密、个人隐私或者含有其他不宜公开内容的，公诉人应当建议在法庭组成人员、公诉人、侦查人员、被告人及其辩护人范围内播放。因涉及国家秘密、商业秘密、个人隐私或者其他犯罪线索等内容，人民检察院对讯问录音、录像的相关内容进行技术处理的，公诉人应当向法庭作出说明。

第七十八条　人民检察院认为第一审人民法院有关证据收集合法性的审查、调查结论导致第一审判决、裁定错误的，可以依照刑事诉讼法第二百二十八条的规定向人民法院提出抗诉。

第七十九条　人民检察院在办理危害国家安全犯罪、恐怖活动犯罪、黑社会性质的组织犯罪、毒品犯罪等案件过程中，证人、鉴定人、被害人因在诉讼中作证，本人或者其近亲属人身安全面临危险，向人民检察院请求保护的，人民检察院应当受理并及时进行审查。对于确实存在人身安全危险的，应当立即采取必要的保护措施。人民检察院发现存在上述情形的，应当主动采取保护措施。

人民检察院可以采取以下一项或者多项保护措施：

（一）不公开真实姓名、住址和工作单位等个人信息；

（二）建议法庭采取不暴露外貌、真实声音等出庭作证措施；

（三）禁止特定的人员接触证人、鉴定人、被害人及其近亲属；

（四）对人身和住宅采取专门性保护措施；

（五）其他必要的保护措施。

人民检察院依法决定不公开证人、鉴定人、被害人的真实姓名、住址和工作单位等个人信息的，可以在起诉书、询问笔录等法律文书、证据材料中使用化名。但是应当另行书面说明使用化名的情况并标明密级，单独成卷。

人民检察院依法采取保护措施，可以要求有关单位和个人予以配合。

对证人及其近亲属进行威胁、侮辱、殴打或者打击报复，构成犯罪或者应当给予治安管理处罚的，人民检察院应当移送公安机关处理；情节轻微的，予以批评教育、训诫。

第八十条 证人在人民检察院侦查、审查逮捕、审查起诉期间因履行作证义务而支出的交通、住宿、就餐等费用，人民检察院应当给予补助。

第六章　强制措施

第一节　拘　　传

第八十一条 人民检察院根据案件情况，对犯罪嫌疑人可以拘传。

第八十二条 拘传时，应当向被拘传的犯罪嫌疑人出示拘传证。对抗拒拘传的，可以使用戒具，强制到案。

执行拘传的人员不得少于二人。

第八十三条 拘传的时间从犯罪嫌疑人到案时开始计算。犯罪嫌疑人到案后，应当责令其在拘传证上填写到案时间，签名或者盖章，并捺指印，然后立即讯问。拘传结束后，应当责令犯罪嫌疑人在拘传证上填写拘传结束时间。犯罪嫌疑人拒绝填写的，应当在拘传证上注明。

一次拘传持续的时间不得超过十二小时；案情特别重大、复杂，需要采取拘留、逮捕措施的，拘传持续的时间不得超过二十四小时。两次拘传间隔的时间一般不得少于十二小时，不得以连续拘传的方式变相拘禁犯罪嫌疑人。

拘传犯罪嫌疑人，应当保证犯罪嫌疑人的饮食和必要的休息时间。

第八十四条 人民检察院拘传犯罪嫌疑人，应当在犯罪嫌疑人所在市、县内的地点进行。

犯罪嫌疑人工作单位与居住地不在同一市、县的，拘传应当在犯罪嫌疑人工作单位所在的市、县内进行；特殊情况下，也可以在犯罪嫌疑人居住地所在的市、县内进行。

第八十五条 需要对被拘传的犯罪嫌疑人变更强制措施的，应当在拘传期限内办理变更手续。

在拘传期间决定不采取其他强制措施的，拘传期限届满，应当结束拘传。

第二节 取保候审

第八十六条 人民检察院对于具有下列情形之一的犯罪嫌疑人,可以取保候审:

(一) 可能判处管制、拘役或者独立适用附加刑的;

(二) 可能判处有期徒刑以上刑罚,采取取保候审不致发生社会危险性的;

(三) 患有严重疾病、生活不能自理,怀孕或者正在哺乳自己婴儿的妇女,采取取保候审不致发生社会危险性的;

(四) 羁押期限届满,案件尚未办结,需要采取取保候审的。

第八十七条 人民检察院对于严重危害社会治安的犯罪嫌疑人,以及其他犯罪性质恶劣、情节严重的犯罪嫌疑人不得取保候审。

第八十八条 被羁押或者监视居住的犯罪嫌疑人及其法定代理人、近亲属或者辩护人向人民检察院申请取保候审,人民检察院应当在三日以内作出是否同意的答复。经审查符合本规则第八十六条规定情形之一的,可以对被羁押或者监视居住的犯罪嫌疑人依法办理取保候审手续。经审查不符合取保候审条件的,应当告知申请人,并说明不同意取保候审的理由。

第八十九条 人民检察院决定对犯罪嫌疑人取保候审,应当责令犯罪嫌疑人提出保证人或者交纳保证金。

对同一犯罪嫌疑人决定取保候审,不得同时使用保证人保证和保证金保证方式。

对符合取保候审条件,具有下列情形之一的犯罪嫌疑人,人民检察院决定取保候审时,可以责令其提供一至二名保证人:

(一) 无力交纳保证金的;

(二) 系未成年人或者已满七十五周岁的人;

(三) 其他不宜收取保证金的。

第九十条 采取保证人保证方式的,保证人应当符合刑事诉讼法第六十九条规定的条件,并经人民检察院审查同意。

第九十一条 人民检察院应当告知保证人履行以下义务:

(一) 监督被保证人遵守刑事诉讼法第七十一条的规定;

(二) 发现被保证人可能发生或者已经发生违反刑事诉讼法第七十一条规定的行为的,及时向执行机关报告。

保证人保证承担上述义务后,应当在取保候审保证书上签名或者盖章。

第九十二条 采取保证金保证方式的,人民检察院可以根据犯罪嫌疑人的社会危险性,案件的性质、情节,可能判处刑罚的轻重,犯罪嫌疑人的经济状况等,责令犯罪嫌疑人交纳一千元以上的保证金。对于未成年犯罪嫌疑人,可以责令交纳五百元以上的保证金。

第九十三条 人民检察院决定对犯罪嫌疑人取保候审的,应当制作取保候审决定书,载明取保候审开始的时间、保证方式、被取保候审人应当履行的义务和应当遵守的规定。

人民检察院作出取保候审决定时,可以根据犯罪嫌疑人涉嫌犯罪的性质、危害后果、社会影响,犯罪嫌疑人、被害人的具体情况等,有针对性地责令其遵守以下一项或者多项规定:

(一)不得进入特定的场所;
(二)不得与特定的人员会见或者通信;
(三)不得从事特定的活动;
(四)将护照等出入境证件、驾驶证件交执行机关保存。

第九十四条 人民检察院应当向取保候审的犯罪嫌疑人宣读取保候审决定书,由犯罪嫌疑人签名或者盖章,并捺指印,责令犯罪嫌疑人遵守刑事诉讼法第七十一条的规定,告知其违反规定应负的法律责任。以保证金方式保证的,应当同时告知犯罪嫌疑人一次性将保证金存入公安机关指定银行的专门账户。

第九十五条 向犯罪嫌疑人宣布取保候审决定后,人民检察院应当将执行取保候审通知书送达公安机关执行,并告知公安机关在执行期间拟批准犯罪嫌疑人离开所居住的市、县的,应当事先征得人民检察院同意。以保证人方式保证的,应当将取保候审保证书同时送交公安机关。

人民检察院核实保证金已经交纳到公安机关指定银行的凭证后,应当将银行出具的凭证及其他有关材料与执行取保候审通知书一并送交公安机关。

第九十六条 采取保证人保证方式的,如果保证人在取保候审期间不愿继续保证或者丧失保证条件的,人民检察院应当在收到保证人不愿继续保证的申请或者发现其丧失保证条件后三日以内,责令犯罪嫌疑人重新提出保证人或者交纳保证金,并将变更情况通知公安机关。

第九十七条 采取保证金保证方式的,被取保候审人拒绝交纳保证金或者交纳保证金不足决定数额时,人民检察院应当作出变更取保候审措施、变更保证方式或者变更保证金数额的决定,并将变更情况通知公安机关。

第九十八条 公安机关在执行取保候审期间向人民检察院征询是否同意批准犯罪嫌疑人离开所居住的市、县时,人民检察院应当根据案件的具体情况及时作出决定,并通知公安机关。

第九十九条 人民检察院发现保证人没有履行刑事诉讼法第七十条规定的义务,应当通知公安机关,要求公安机关对保证人作出罚款决定。构成犯罪的,依法追究保证人的刑事责任。

第一百条 人民检察院发现犯罪嫌疑人违反刑事诉讼法第七十一条的规定,已交纳保证金的,应当书面通知公安机关没收部分或者全部保证金,并且根据案件的具体情况,责令犯罪嫌疑人具结悔过、重新交纳保证金、提出保证人,或者决定对其监视居住、予以逮捕。

公安机关发现犯罪嫌疑人违反刑事诉讼法第七十一条的规定,提出没收保证金或者变更强制措施意见的,人民检察院应当在收到意见后五日以内作出决定,并通知公安机关。

重新交纳保证金的程序适用本规则第九十二条的规定;提出保证人的程序适用本规则第九十条、第九十一条的规定。对犯罪嫌疑人继续取保候审的,取保候审的时间应当累计计算。

对犯罪嫌疑人决定监视居住的,应当办理监视居住手续。监视居住的期限应当自执行监视居住决定之日起计算并告知犯罪嫌疑人。

第一百零一条 犯罪嫌疑人有下列违反取保候审规定的行为,人民检察院应当对犯罪嫌疑人予以逮捕:

(一)故意实施新的犯罪;

(二)企图自杀、逃跑;

(三)实施毁灭、伪造证据,串供或者干扰证人作证,足以影响侦查、审查起诉工作正常进行;

(四)对被害人、证人、鉴定人、举报人、控告人及其他人员实施打击报复。

犯罪嫌疑人有下列违反取保候审规定的行为,人民检察院可以对犯罪嫌疑人予以逮捕:

(一)未经批准,擅自离开所居住的市、县,造成严重后果,或者两次未经批准,擅自离开所居住的市、县;

(二)经传讯不到案,造成严重后果,或者经两次传讯不到案;

(三)住址、工作单位和联系方式发生变动,未在二十四小时以内向公安机关报告,造成严重后果;

(四)违反规定进入特定场所、与特定人员会见或者通信、从事特定活动,严重妨碍诉讼程序正常进行。

有前两款情形,需要对犯罪嫌疑人予以逮捕的,可以先行拘留;已交纳保证金的,同时书面通知公安机关没收保证金。

第一百零二条 人民检察院决定对犯罪嫌疑人取保候审,最长不得超过十二个月。

第一百零三条 公安机关决定对犯罪嫌疑人取保候审,案件移送人民检察院审查起诉后,对于需要继续取保候审的,人民检察院应当依法重新作出取保候审决定,并对犯罪嫌疑人办理取保候审手续。取保候审的期限应当重新计算并告知犯罪嫌疑人。对继续采取保证金方式取保候审的,被取保候审人没有违反刑事诉讼法第七十一条规定的,不变更保证金数额,不再重新收取保证金。

第一百零四条 在取保候审期间,不得中断对案件的侦查、审查起诉。

第一百零五条 取保候审期限届满或者发现不应当追究犯罪嫌疑人的刑事责任的,应当及时解除或者撤销取保候审。

解除或者撤销取保候审的决定,应当及时通知执行机关,并将解除或者撤销取保候审的决定书送达犯罪嫌疑人;有保证人的,应当通知保证人解除保证义务。

第一百零六条 犯罪嫌疑人在取保候审期间没有违反刑事诉讼法第七十一条的规定,或者发现不应当追究犯罪嫌疑人刑事责任的,变更、解除或者撤销取保候审时,应当告知犯罪嫌疑人可以凭变更、解除或者撤销取保候审的通知或者有关法律文书到银行领取退还的保证金。

第三节 监视居住

第一百零七条 人民检察院对于符合逮捕条件,具有下列情形之一的犯罪嫌疑人,可以监视居住:

(一)患有严重疾病、生活不能自理的;

(二)怀孕或者正在哺乳自己婴儿的妇女;

(三)系生活不能自理的人的唯一扶养人;

(四)因为案件的特殊情况或者办理案件的需要,采取监视居住措施更为适宜的;

(五)羁押期限届满,案件尚未办结,需要采取监视居住措施的。

前款第三项中的扶养包括父母、祖父母、外祖父母对子女、孙子女、外孙子女的抚养和子女、孙子女、外孙子女对父母、祖父母、外祖父母的赡养以及配偶、兄弟姐妹之间的相互扶养。

对符合取保候审条件,但犯罪嫌疑人不能提出保证人,也不交纳保证金的,可以监视居住。

第一百零八条 人民检察院应当向被监视居住的犯罪嫌疑人宣读监视居住决定书,由犯罪嫌疑人签名或者盖章,并捺指印,责令犯罪嫌疑人遵守刑事诉讼法第七十七条的规定,告知其违反规定应负的法律责任。

指定居所监视居住的,不得要求被监视居住人支付费用。

第一百零九条 人民检察院核实犯罪嫌疑人住处或者为其指定居所后,应当制作监视居住执行通知书，将有关法律文书和案由、犯罪嫌疑人基本情况材料，送交监视居住地的公安机关执行，必要时人民检察院可以协助公安机关执行。

人民检察院应当告知公安机关在执行期间拟批准犯罪嫌疑人离开执行监视居住的处所、会见他人或者通信的，应当事先征得人民检察院同意。

第一百一十条　人民检察院可以根据案件的具体情况，商请公安机关对被监视居住的犯罪嫌疑人采取电子监控、不定期检查等监视方法，对其遵守监视居住规定的情况进行监督。

人民检察院办理直接受理侦查的案件对犯罪嫌疑人采取监视居住的，在侦查期间可以商请公安机关对其通信进行监控。

第一百一十一条　犯罪嫌疑人有下列违反监视居住规定的行为，人民检察院应当对犯罪嫌疑人予以逮捕：

（一）故意实施新的犯罪行为；

（二）企图自杀、逃跑；

（三）实施毁灭、伪造证据或者串供、干扰证人作证行为，足以影响侦查、审查起诉工作正常进行；

（四）对被害人、证人、鉴定人、举报人、控告人及其他人员实施打击报复。

犯罪嫌疑人有下列违反监视居住规定的行为，人民检察院可以对犯罪嫌疑人予以逮捕：

（一）未经批准，擅自离开执行监视居住的处所，造成严重后果，或者两次未经批准，擅自离开执行监视居住的处所；

（二）未经批准，擅自会见他人或者通信，造成严重后果，或者两次未经批准，擅自会见他人或者通信；

（三）经传讯不到案，造成严重后果，或者经两次传讯不到案。

有前两款情形，需要对犯罪嫌疑人予以逮捕的，可以先行拘留。

第一百一十二条　人民检察院决定对犯罪嫌疑人监视居住，最长不得超过六个月。

第一百一十三条　公安机关决定对犯罪嫌疑人监视居住，案件移送人民检察院审查起诉后，对于需要继续监视居住的，人民检察院应当依法重新作出监视居住决定，并对犯罪嫌疑人办理监视居住手续。监视居住的期限应当重新计算并告知犯罪嫌疑人。

第一百一十四条　在监视居住期间，不得中断对案件的侦查、审查起诉。

第一百一十五条　监视居住期限届满或者发现不应当追究犯罪嫌疑人刑事

责任的，应当解除或者撤销监视居住。

解除或者撤销监视居住的决定应当通知执行机关，并将解除或者撤销监视居住的决定书送达犯罪嫌疑人。

第一百一十六条 监视居住应当在犯罪嫌疑人的住处执行。犯罪嫌疑人无固定住处的，可以在指定的居所执行。

固定住处是指犯罪嫌疑人在办案机关所在地的市、县内工作、生活的合法居所。

指定的居所应当符合下列条件：

（一）具备正常的生活、休息条件；

（二）便于监视、管理；

（三）能够保证安全。

采取指定居所监视居住，不得在看守所、拘留所、监狱等羁押、监管场所以及留置室、讯问室等专门的办案场所、办公区域执行。

第一百一十七条 在指定的居所执行监视居住，除无法通知的以外，人民检察院应当在执行监视居住后二十四小时以内，将指定居所监视居住的原因通知被监视居住人的家属。无法通知的，应当将原因写明附卷。无法通知的情形消除后，应当立即通知。

无法通知包括下列情形：

（一）被监视居住人无家属；

（二）与其家属无法取得联系；

（三）受自然灾害等不可抗力阻碍。

第一百一十八条 对于公安机关、人民法院决定指定居所监视居住的案件，由批准或者决定的公安机关、人民法院的同级人民检察院负责捕诉的部门对决定是否合法实行监督。

人民检察院决定指定居所监视居住的案件，由负责控告申诉检察的部门对决定是否合法实行监督。

第一百一十九条 被指定居所监视居住人及其法定代理人、近亲属或者辩护人认为指定居所监视居住决定存在违法情形，提出控告或者举报的，人民检察院应当受理。

人民检察院可以要求有关机关提供指定居所监视居住决定书和相关案卷材料。经审查，发现存在下列违法情形之一的，应当及时通知其纠正：

（一）不符合指定居所监视居住的适用条件的；

（二）未按法定程序履行批准手续的；

（三）在决定过程中有其他违反刑事诉讼法规定的行为的。

第一百二十条 对于公安机关、人民法院决定指定居所监视居住的案件，由人民检察院负责刑事执行检察的部门对指定居所监视居住的执行活动是否合法实行监督。发现存在下列违法情形之一的，应当及时提出纠正意见：

（一）执行机关收到指定居所监视居住决定书、执行通知书等法律文书后不派员执行或者不及时派员执行的；

（二）在执行指定居所监视居住后二十四小时以内没有通知被监视居住人的家属的；

（三）在羁押场所、专门的办案场所执行监视居住的；

（四）为被监视居住人通风报信、私自传递信件、物品的；

（五）违反规定安排辩护人同被监视居住人会见、通信，或者违法限制被监视居住人与辩护人会见、通信的；

（六）对被监视居住人刑讯逼供、体罚、虐待或者变相体罚、虐待的；

（七）有其他侵犯被监视居住人合法权利行为或者其他违法行为的。

被监视居住人及其法定代理人、近亲属或者辩护人认为执行机关或者执行人员存在上述违法情形，提出控告或者举报的，人民检察院应当受理。

人民检察院决定指定居所监视居住的案件，由负责控告申诉检察的部门对指定居所监视居住的执行活动是否合法实行监督。

第四节 拘 留

第一百二十一条 人民检察院对于具有下列情形之一的犯罪嫌疑人，可以决定拘留：

（一）犯罪后企图自杀、逃跑或者在逃的；

（二）有毁灭、伪造证据或者串供可能的。

第一百二十二条 人民检察院作出拘留决定后，应当将有关法律文书和案由、犯罪嫌疑人基本情况的材料送交同级公安机关执行。必要时，人民检察院可以协助公安机关执行。

拘留后，应当立即将被拘留人送看守所羁押，至迟不得超过二十四小时。

第一百二十三条 对犯罪嫌疑人拘留后，除无法通知的以外，人民检察院应当在二十四小时以内，通知被拘留人的家属。

无法通知的，应当将原因写明附卷。无法通知的情形消除后，应当立即通知其家属。

第一百二十四条 对被拘留的犯罪嫌疑人，应当在拘留后二十四小时以内进行讯问。

第一百二十五条 对被拘留的犯罪嫌疑人，发现不应当拘留的，应当立即释放；依法可以取保候审或者监视居住的，按照本规则的有关规定办理取保候审或者监视居住手续。

对被拘留的犯罪嫌疑人，需要逮捕的，按照本规则的有关规定办理逮捕手续；决定不予逮捕的，应当及时变更强制措施。

第一百二十六条 人民检察院直接受理侦查的案件，拘留犯罪嫌疑人的羁押期限为十四日，特殊情况下可以延长一日至三日。

第一百二十七条 公民将正在实行犯罪或者在犯罪后即被发觉的、通缉在案的、越狱逃跑的、正在被追捕的犯罪嫌疑人或者犯罪人扭送到人民检察院的，人民检察院应当予以接受，并且根据具体情况决定是否采取相应的紧急措施。不属于自己管辖的，应当移送主管机关处理。

第五节 逮 捕

第一百二十八条 人民检察院对有证据证明有犯罪事实，可能判处徒刑以上刑罚的犯罪嫌疑人，采取取保候审尚不足以防止发生下列社会危险性的，应当批准或者决定逮捕：

（一）可能实施新的犯罪的；

（二）有危害国家安全、公共安全或者社会秩序的现实危险的；

（三）可能毁灭、伪造证据，干扰证人作证或者串供的；

（四）可能对被害人、举报人、控告人实施打击报复的；

（五）企图自杀或者逃跑的。

有证据证明有犯罪事实是指同时具备下列情形：

（一）有证据证明发生了犯罪事实；

（二）有证据证明该犯罪事实是犯罪嫌疑人实施的；

（三）证明犯罪嫌疑人实施犯罪行为的证据已经查证属实。

犯罪事实既可以是单一犯罪行为的事实，也可以是数个犯罪行为中任何一个犯罪行为的事实。

第一百二十九条 犯罪嫌疑人具有下列情形之一的，可以认定为"可能实施新的犯罪"：

（一）案发前或者案发后正在策划、组织或者预备实施新的犯罪的；

（二）扬言实施新的犯罪的；

（三）多次作案、连续作案、流窜作案的；

（四）一年内曾因故意实施同类违法行为受到行政处罚的；

（五）以犯罪所得为主要生活来源的；

（六）有吸毒、赌博等恶习的；

（七）其他可能实施新的犯罪的情形。

第一百三十条 犯罪嫌疑人具有下列情形之一的，可以认定为"有危害

国家安全、公共安全或者社会秩序的现实危险":

（一）案发前或者案发后正在积极策划、组织或者预备实施危害国家安全、公共安全或者社会秩序的重大违法犯罪行为的；

（二）曾因危害国家安全、公共安全或者社会秩序受到刑事处罚或者行政处罚的；

（三）在危害国家安全、黑恶势力、恐怖活动、毒品犯罪中起组织、策划、指挥作用或者积极参加的；

（四）其他有危害国家安全、公共安全或者社会秩序的现实危险的情形。

第一百三十一条 犯罪嫌疑人具有下列情形之一的，可以认定为"可能毁灭、伪造证据，干扰证人作证或者串供"：

（一）曾经或者企图毁灭、伪造、隐匿、转移证据的；

（二）曾经或者企图威逼、恐吓、利诱、收买证人，干扰证人作证的；

（三）有同案犯罪嫌疑人或者与其在事实上存在密切关联犯罪的犯罪嫌疑人在逃，重要证据尚未收集到位的；

（四）其他可能毁灭、伪造证据，干扰证人作证或者串供的情形。

第一百三十二条 犯罪嫌疑人具有下列情形之一的，可以认定为"可能对被害人、举报人、控告人实施打击报复"：

（一）扬言或者准备、策划对被害人、举报人、控告人实施打击报复的；

（二）曾经对被害人、举报人、控告人实施打击、要挟、迫害等行为的；

（三）采取其他方式滋扰被害人、举报人、控告人的正常生活、工作的；

（四）其他可能对被害人、举报人、控告人实施打击报复的情形。

第一百三十三条 犯罪嫌疑人具有下列情形之一的，可以认定为"企图自杀或者逃跑"：

（一）着手准备自杀、自残或者逃跑的；

（二）曾经自杀、自残或者逃跑的；

（三）有自杀、自残或者逃跑的意思表示的；

（四）曾经以暴力、威胁手段抗拒抓捕的；

（五）其他企图自杀或者逃跑的情形。

第一百三十四条 人民检察院办理审查逮捕案件，应当全面把握逮捕条件，对有证据证明有犯罪事实、可能判处徒刑以上刑罚的犯罪嫌疑人，除具有刑事诉讼法第八十一条第三款、第四款规定的情形外，应当严格审查是否具备社会危险性条件。

第一百三十五条 人民检察院审查认定犯罪嫌疑人是否具有社会危险性，应当以公安机关移送的社会危险性相关证据为依据，并结合案件具体情况综合认定。必要时，可以通过讯问犯罪嫌疑人、询问证人等诉讼参与人、听取辩护律师意见等方式，核实相关证据。

依据在案证据不能认定犯罪嫌疑人符合逮捕社会危险性条件的，人民检察院可以要求公安机关补充相关证据，公安机关没有补充移送的，应当作出不批准逮捕的决定。

第一百三十六条　对有证据证明有犯罪事实，可能判处十年有期徒刑以上刑罚的犯罪嫌疑人，应当批准或者决定逮捕。

对有证据证明有犯罪事实，可能判处徒刑以上刑罚，犯罪嫌疑人曾经故意犯罪或者不讲真实姓名、住址，身份不明的，应当批准或者决定逮捕。

第一百三十七条　人民检察院经审查认为被取保候审、监视居住的犯罪嫌疑人违反取保候审、监视居住规定，依照本规则第一百零一条、第一百一十一条的规定办理。

对于被取保候审、监视居住的可能判处徒刑以下刑罚的犯罪嫌疑人，违反取保候审、监视居住规定，严重影响诉讼活动正常进行的，可以予以逮捕。

第一百三十八条　对实施多个犯罪行为或者共同犯罪案件的犯罪嫌疑人，符合本规则第一百二十八条的规定，具有下列情形之一的，应当批准或者决定逮捕：

（一）有证据证明犯有数罪中的一罪的；

（二）有证据证明实施多次犯罪中的一次犯罪的；

（三）共同犯罪中，已有证据证明有犯罪事实的犯罪嫌疑人。

第一百三十九条　对具有下列情形之一的犯罪嫌疑人，人民检察院应当作出不批准逮捕或者不予逮捕的决定：

（一）不符合本规则规定的逮捕条件的；

（二）具有刑事诉讼法第十六条规定的情形之一的。

第一百四十条　犯罪嫌疑人涉嫌的罪行较轻，且没有其他重大犯罪嫌疑，具有下列情形之一的，可以作出不批准逮捕或者不予逮捕的决定：

（一）属于预备犯、中止犯，或者防卫过当、避险过当的；

（二）主观恶性较小的初犯，共同犯罪中的从犯、胁从犯，犯罪后自首、有立功表现或者积极退赃、赔偿损失、确有悔罪表现的；

（三）过失犯罪的犯罪嫌疑人，犯罪后有悔罪表现，有效控制损失或者积极赔偿损失的；

（四）犯罪嫌疑人与被害人双方根据刑事诉讼法的有关规定达成和解协议，经审查，认为和解系自愿、合法且已经履行或者提供担保的；

（五）犯罪嫌疑人认罪认罚的；

（六）犯罪嫌疑人系已满十四周岁未满十八周岁的未成年人或者在校学生，本人有悔罪表现，其家庭、学校或者所在社区、居民委员会、村民委员会具备监护、帮教条件的；

（七）犯罪嫌疑人系已满七十五周岁的人。

第一百四十一条 对符合刑事诉讼法第七十四条第一款规定的犯罪嫌疑人，人民检察院经审查认为不需要逮捕的，可以在作出不批准逮捕决定的同时，向公安机关提出采取监视居住措施的建议。

第六节 监察机关移送案件的强制措施

第一百四十二条 对于监察机关移送起诉的已采取留置措施的案件，人民检察院应当在受理案件后，及时对犯罪嫌疑人作出拘留决定，交公安机关执行。执行拘留后，留置措施自动解除。

第一百四十三条 人民检察院应当在执行拘留后十日以内，作出是否逮捕、取保候审或者监视居住的决定。特殊情况下，决定的时间可以延长一日至四日。

人民检察院决定采取强制措施的期间不计入审查起诉期限。

第一百四十四条 除无法通知的以外，人民检察院应当在公安机关执行拘留、逮捕后二十四小时以内，通知犯罪嫌疑人的家属。

第一百四十五条 人民检察院应当自收到移送起诉的案卷材料之日起三日以内告知犯罪嫌疑人有权委托辩护人。对已经采取留置措施的，应当在执行拘留时告知。

第一百四十六条 对于监察机关移送起诉的未采取留置措施的案件，人民检察院受理后，在审查起诉过程中根据案件情况，可以依照本规则相关规定决定是否采取逮捕、取保候审或者监视居住措施。

第一百四十七条 对于监察机关移送起诉案件的犯罪嫌疑人采取强制措施，本节未规定的，适用本规则相关规定。

第七节 其他规定

第一百四十八条 人民检察院对担任县级以上各级人民代表大会代表的犯罪嫌疑人决定采取拘传、取保候审、监视居住、拘留、逮捕强制措施的，应当报请该代表所属的人民代表大会主席团或者常务委员会许可。

人民检察院对担任本级人民代表大会代表的犯罪嫌疑人决定采取强制措施的，应当报请本级人民代表大会主席团或者常务委员会许可。

对担任上级人民代表大会代表的犯罪嫌疑人决定采取强制措施的，应当层报该代表所属的人民代表大会同级的人民检察院报请许可。

对担任下级人民代表大会代表的犯罪嫌疑人决定采取强制措施的，可以直接报请该代表所属的人民代表大会主席团或者常务委员会许可，也可以委托该代表所属的人民代表大会同级的人民检察院报请许可。

对担任两级以上的人民代表大会代表的犯罪嫌疑人决定采取强制措施的，分别依照本条第二、三、四款的规定报请许可。

对担任办案单位所在省、市、县（区）以外的其他地区人民代表大会代表的犯罪嫌疑人决定采取强制措施的，应当委托该代表所属的人民代表大会同级的人民检察院报请许可；担任两级以上人民代表大会代表的，应当分别委托该代表所属的人民代表大会同级的人民检察院报请许可。

对于公安机关提请人民检察院批准逮捕的案件，犯罪嫌疑人担任人民代表大会代表的，报请许可手续由公安机关负责办理。

担任县级以上人民代表大会代表的犯罪嫌疑人，经报请该代表所属人民代表大会主席团或者常务委员会许可后被刑事拘留的，适用逮捕措施时不需要再次报请许可。

第一百四十九条 担任县级以上人民代表大会代表的犯罪嫌疑人因现行犯被人民检察院拘留的，人民检察院应当立即向该代表所属的人民代表大会主席团或者常务委员会报告。报告的程序参照本规则第一百四十八条报请许可的程序规定。

对担任乡、民族乡、镇的人民代表大会代表的犯罪嫌疑人决定采取强制措施的，由县级人民检察院向乡、民族乡、镇的人民代表大会报告。

第一百五十条 犯罪嫌疑人及其法定代理人、近亲属或者辩护人认为人民检察院采取强制措施法定期限届满，要求解除、变更强制措施或者释放犯罪嫌疑人的，人民检察院应当在收到申请后三日以内作出决定。

经审查，认为法定期限届满的，应当决定解除、变更强制措施或者释放犯罪嫌疑人，并通知公安机关执行；认为法定期限未满的，书面答复申请人。

第一百五十一条 犯罪嫌疑人及其法定代理人、近亲属或者辩护人向人民检察院提出变更强制措施申请的，人民检察院应当在收到申请后三日以内作出决定。

经审查，同意变更强制措施的，应当在作出决定的同时通知公安机关执行；不同意变更强制措施的，应当书面告知申请人，并说明不同意的理由。

犯罪嫌疑人及其法定代理人、近亲属或者辩护人提出变更强制措施申请的，应当说明理由，有证据和其他材料的，应当附上相关材料。

第一百五十二条 人民检察院在侦查、审查起诉期间，对犯罪嫌疑人拘留、逮捕后发生依法延长侦查羁押期限、审查起诉期限、重新计算侦查羁押期限、审查起诉期限等期限改变的情形的，应当及时将变更后的期限书面通知看守所。

第一百五十三条 人民检察院决定对涉嫌犯罪的机关事业单位工作人员取保候审、监视居住、拘留、逮捕的，应当在采取或者解除强制措施后五日以内告知其所在单位；决定撤销案件或者不起诉的，应当在作出决定后十日以内告知其所在单位。

第一百五十四条 取保候审变更为监视居住，或者取保候审、监视居住变更为拘留、逮捕的，在变更的同时原强制措施自动解除，不再办理解除法律手续。

第一百五十五条 人民检察院已经对犯罪嫌疑人取保候审、监视居住，案件起诉至人民法院后，人民法院决定取保候审、监视居住或者变更强制措施的，原强制措施自动解除，不再办理解除法律手续。

第七章 案件受理

第一百五十六条 下列案件，由人民检察院负责案件管理的部门统一受理：

（一）公安机关提请批准逮捕、移送起诉、提请批准延长侦查羁押期限、要求复议、提请复核、申请复查、移送申请强制医疗、移送申请没收违法所得的案件；

（二）监察机关移送起诉、提请没收违法所得、对不起诉决定提请复议的案件；

（三）下级人民检察院提出或者提请抗诉、报请指定管辖、报请核准追诉、报请核准缺席审判或者提请死刑复核监督的案件；

（四）人民法院通知出席第二审法庭或者再审法庭的案件；

（五）其他依照规定由负责案件管理的部门受理的案件。

第一百五十七条 人民检察院负责案件管理的部门受理案件时，应当接收案卷材料，并立即审查下列内容：

（一）依据移送的法律文书载明的内容确定案件是否属于本院管辖；

（二）案卷材料是否齐备、规范，符合有关规定的要求；

（三）移送的款项或者物品与移送清单是否相符；

（四）犯罪嫌疑人是否在案以及采取强制措施的情况；

（五）是否在规定的期限内移送案件。

第一百五十八条 人民检察院负责案件管理的部门对接收的案卷材料审查

后，认为具备受理条件的，应当及时进行登记，并立即将案卷材料和案件受理登记表移送办案部门办理。

经审查，认为案卷材料不齐备的，应当及时要求移送案件的单位补送相关材料。对于案卷装订不符合要求的，应当要求移送案件的单位重新装订后移送。

对于移送起诉的案件，犯罪嫌疑人在逃的，应当要求公安机关采取措施保证犯罪嫌疑人到案后再移送起诉。共同犯罪案件中部分犯罪嫌疑人在逃的，对在案犯罪嫌疑人的移送起诉应当受理。

第一百五十九条　对公安机关送达的执行情况回执和人民法院送达的判决书、裁定书等法律文书，人民检察院负责案件管理的部门应当接收，即时登记。

第一百六十条　人民检察院直接受理侦查的案件，移送审查逮捕、移送起诉的，按照本规则第一百五十六条至第一百五十八条的规定办理。

第一百六十一条　人民检察院负责控告申诉检察的部门统一接受报案、控告、举报、申诉和犯罪嫌疑人投案自首，并依法审查，在七日以内作出以下处理：

（一）属于本院管辖且符合受理条件的，应当予以受理；

（二）不属于本院管辖的报案、控告、举报、自首，应当移送主管机关处理。必须采取紧急措施的，应当先采取紧急措施，然后移送主管机关。不属于本院管辖的申诉，应当告知其向有管辖权的机关提出；

（三）案件情况不明的，应当进行必要的调查核实，查明情况后依法作出处理。

负责控告申诉检察的部门可以向下级人民检察院交办控告、申诉、举报案件，并依照有关规定进行督办。

第一百六十二条　控告、申诉符合下列条件的，人民检察院应当受理：

（一）属于人民检察院受理案件范围；

（二）本院具有管辖权；

（三）申诉人是原案的当事人或者其法定代理人、近亲属；

（四）控告、申诉材料符合受理要求。

控告人、申诉人委托律师代理控告、申诉，符合上述条件的，应当受理。

控告、申诉材料不齐备的，应当告知控告人、申诉人补齐。受理时间从控告人、申诉人补齐相关材料之日起计算。

第一百六十三条　对于收到的群众来信，负责控告申诉检察的部门应当在七日以内进行程序性答复，办案部门应当在三个月以内将办理进展或者办理结果答复来信人。

第一百六十四条 负责控告申诉检察的部门对受理的刑事申诉案件应当根据事实、法律进行审查，必要时可以进行调查核实。认为原案处理可能错误的，应当移送相关办案部门办理；认为原案处理没有错误的，应当书面答复申诉人。

第一百六十五条 办案部门应当在规定期限内办结控告、申诉案件，制作相关法律文书，送达报案人、控告人、申诉人、举报人、自首人，并做好释法说理工作。

第八章 立 案

第一节 立案审查

第一百六十六条 人民检察院直接受理侦查案件的线索，由负责侦查的部门统一受理、登记和管理。负责控告申诉检察的部门接受的控告、举报，或者本院其他办案部门发现的案件线索，属于人民检察院直接受理侦查案件线索的，应当在七日以内移送负责侦查的部门。

负责侦查的部门对案件线索进行审查后，认为属于本院管辖，需要进一步调查核实的，应当报检察长决定。

第一百六十七条 对于人民检察院直接受理侦查案件的线索，上级人民检察院在必要时，可以直接调查核实或者组织、指挥、参与下级人民检察院的调查核实，可以将下级人民检察院管辖的案件线索指定辖区内其他人民检察院调查核实，也可以将本院管辖的案件线索交由下级人民检察院调查核实；下级人民检察院认为案件线索重大、复杂，需要由上级人民检察院调查核实的，可以提请移送上级人民检察院调查核实。

第一百六十八条 调查核实一般不得接触被调查对象。必须接触被调查对象的，应当经检察长批准。

第一百六十九条 进行调查核实，可以采取询问、查询、勘验、检查、鉴定、调取证据材料等不限制被调查对象人身、财产权利的措施。不得对被调查对象采取强制措施，不得查封、扣押、冻结被调查对象的财产，不得采取技术侦查措施。

第一百七十条 负责侦查的部门调查核实后，应当制作审查报告。

调查核实终结后，相关材料应当立卷归档。立案进入侦查程序的，对于作为诉讼证据以外的其他材料应当归入侦查内卷。

第二节 立案决定

第一百七十一条 人民检察院对于直接受理的案件,经审查认为有犯罪事实需要追究刑事责任的,应当制作立案报告书,经检察长批准后予以立案。

符合立案条件,但犯罪嫌疑人尚未确定的,可以依据已查明的犯罪事实作出立案决定。

对具有下列情形之一的,报请检察长决定不予立案:

(一) 具有刑事诉讼法第十六条规定情形之一的;

(二) 认为没有犯罪事实的;

(三) 事实或者证据尚不符合立案条件的。

第一百七十二条 对于其他机关或者本院其他办案部门移送的案件线索,决定不予立案的,负责侦查的部门应当制作不立案通知书,写明案由和案件来源、决定不立案的原因和法律依据,自作出不立案决定之日起十日以内送达移送案件线索的机关或者部门。

第一百七十三条 对于控告和实名举报,决定不予立案的,应当制作不立案通知书,写明案由和案件来源、决定不立案的原因和法律依据,由负责侦查的部门在十五日以内送达控告人、举报人,同时告知本院负责控告申诉检察的部门。

控告人如果不服,可以在收到不立案通知书后十日以内向上一级人民检察院申请复议。不立案的复议,由上一级人民检察院负责侦查的部门审查办理。

人民检察院认为被控告人、被举报人的行为未构成犯罪,决定不予立案,但需要追究其党纪、政纪、违法责任的,应当移送有管辖权的主管机关处理。

第一百七十四条 错告对被控告人、被举报人造成不良影响的,人民检察院应当自作出不立案决定之日起一个月以内向其所在单位或者有关部门通报调查核实的结论,澄清事实。

属于诬告陷害的,应当移送有关机关处理。

第一百七十五条 人民检察院决定对人民代表大会代表立案,应当按照本规则第一百四十八条、第一百四十九条规定的程序向该代表所属的人民代表大会主席团或者常务委员会进行通报。

第九章 侦查

第一节 一般规定

第一百七十六条 人民检察院办理直接受理侦查的案件,应当全面、客观地收集、调取犯罪嫌疑人有罪或者无罪、罪轻或者罪重的证据材料，并依法进行审查、核实。办案过程中必须重证据，重调查研究，不轻信口供。严禁刑讯逼供和以威胁、引诱、欺骗以及其他非法方法收集证据，不得强迫任何人证实自己有罪。

第一百七十七条 人民检察院办理直接受理侦查的案件，应当保障犯罪嫌疑人和其他诉讼参与人依法享有的辩护权和其他各项诉讼权利。

第一百七十八条 人民检察院办理直接受理侦查的案件，应当严格依照刑事诉讼法规定的程序，严格遵守刑事案件办案期限的规定，依法提请批准逮捕、移送起诉、不起诉或者撤销案件。

对犯罪嫌疑人采取强制措施，应当经检察长批准。

第一百七十九条 人民检察院办理直接受理侦查的案件，应当对侦查过程中知悉的国家秘密、商业秘密及个人隐私予以保密。

第一百八十条 办理案件的人民检察院需要派员到本辖区以外进行搜查，调取物证、书证等证据材料，或者查封、扣押财物和文件的，应当持相关法律文书和证明文件等与当地人民检察院联系，当地人民检察院应当予以协助。

需要到本辖区以外调取证据材料的，必要时，可以向证据所在地的人民检察院发函调取证据。调取证据的函件应当注明具体的取证对象、地址和内容。证据所在地的人民检察院应当在收到函件后一个月以内将取证结果送达办理案件的人民检察院。

被请求协助的人民检察院有异议的，可以与办理案件的人民检察院进行协商。必要时，报请共同的上级人民检察院决定。

第一百八十一条 人民检察院对于直接受理案件的侦查，可以适用刑事诉讼法第二编第二章规定的各项侦查措施。

刑事诉讼法规定进行侦查活动需要制作笔录的，应当制作笔录。必要时，可以对相关活动进行录音、录像。

第二节 讯问犯罪嫌疑人

第一百八十二条 讯问犯罪嫌疑人，由检察人员负责进行。讯问时，检察人员或者检察人员和书记员不得少于二人。

讯问同案的犯罪嫌疑人，应当个别进行。

第一百八十三条 对于不需要逮捕、拘留的犯罪嫌疑人，可以传唤到犯罪嫌疑人所在市、县内的指定地点或者到他的住处进行讯问。

传唤犯罪嫌疑人，应当出示传唤证和工作证件，并责令犯罪嫌疑人在传唤证上签名或者盖章，并捺指印。

犯罪嫌疑人到案后，应当由其在传唤证上填写到案时间。传唤结束时，应当由其在传唤证上填写传唤结束时间。拒绝填写的,应当在传唤证上注明。

对在现场发现的犯罪嫌疑人,经出示工作证件,可以口头传唤,并将传唤的原因和依据告知被传唤人。在讯问笔录中应当注明犯罪嫌疑人到案时间、到案经过和传唤结束时间。

本规则第八十四条第二款的规定适用于传唤犯罪嫌疑人。

第一百八十四条 传唤犯罪嫌疑人时,其家属在场的,应当当场将传唤的原因和处所口头告知其家属,并在讯问笔录中注明。其家属不在场的,应当及时将传唤的原因和处所通知被传唤人家属。无法通知的,应当在讯问笔录中注明。

第一百八十五条 传唤持续的时间不得超过十二小时。案情特别重大、复杂,需要采取拘留、逮捕措施的,传唤持续的时间不得超过二十四小时。两次传唤间隔的时间一般不得少于十二小时,不得以连续传唤的方式变相拘禁犯罪嫌疑人。

传唤犯罪嫌疑人,应当保证犯罪嫌疑人的饮食和必要的休息时间。

第一百八十六条 犯罪嫌疑人被送交看守所羁押后,检察人员对其进行讯问,应当填写提讯、提解证,在看守所讯问室进行。

因辨认、鉴定、侦查实验或者追缴犯罪有关财物的需要,经检察长批准,可以提押犯罪嫌疑人出所,并应当由两名以上司法警察押解。不得以讯问为目的将犯罪嫌疑人提押出所进行讯问。

第一百八十七条 讯问犯罪嫌疑人一般按照下列顺序进行:

(一)核实犯罪嫌疑人的基本情况,包括姓名、出生年月日、户籍地、公民身份号码、民族、职业、文化程度、工作单位及职务、住所、家庭情况、社会经历、是否属于人大代表、政协委员等;

(二)告知犯罪嫌疑人在侦查阶段的诉讼权利,有权自行辩护或者委托律师辩护,告知其如实供述自己罪行可以依法从宽处理和认罪认罚的法律规定;

(三)讯问犯罪嫌疑人是否有犯罪行为,让他陈述有罪的事实或者无罪的辩解,应当允许其连贯陈述。

犯罪嫌疑人对检察人员的提问,应当如实回答。但是对与本案无关的问题,有拒绝回答的权利。

讯问犯罪嫌疑人时,应当告知犯罪嫌疑人将对讯问进行全程同步录音、录像。告知情况应当在录音、录像中予以反映,并记明笔录。

讯问时,对犯罪嫌疑人提出的辩解要认真查核。严禁刑讯逼供和以威胁、引诱、欺骗以及其他非法的方法获取供述。

第一百八十八条 讯问犯罪嫌疑人,应当制作讯问笔录。讯问笔录应当忠实于原话,字迹清楚,详细具体,并交犯罪嫌疑人核对。犯罪嫌疑人没有阅读能力的,应当向他宣读。如果记载有遗漏或者差错,应当补充或者改正。犯罪嫌疑人认为讯问笔录没有错误的,由其在笔录上逐页签名或者盖章,并捺指印,在末页写明"以上笔录我看过(向我宣读过),和我说的相符",同时签名或者盖章,并捺指印,注明日期。如果犯罪嫌疑人拒绝签名、盖章、捺指印的,应当在笔录上注明。讯问的检察人员、书记员也应当在笔录上签名。

第一百八十九条 犯罪嫌疑人请求自行书写供述的,检察人员应当准许。必要时,检察人员也可以要求犯罪嫌疑人亲笔书写供述。犯罪嫌疑人应当在亲笔供述的末页签名或者盖章,并捺指印,注明书写日期。检察人员收到后,应当在首页右上方写明"于某年某月某日收到",并签名。

第一百九十条 人民检察院办理直接受理侦查的案件,应当在每次讯问犯罪嫌疑人时,对讯问过程实行全程录音、录像,并在讯问笔录中注明。

第三节 询问证人、被害人

第一百九十一条 人民检察院在侦查过程中,应当及时询问证人,并且告知证人履行作证的权利和义务。

人民检察院应当保证一切与案件有关或者了解案情的公民有客观充分地提供证据的条件,并为他们保守秘密。除特殊情况外,人民检察院可以吸收他们协助调查。

第一百九十二条 询问证人,应当由检察人员负责进行。询问时,检察人员或者检察人员和书记员不得少于二人。

第一百九十三条 询问证人,可以在现场进行,也可以到证人所在单位、住处或者证人提出的地点进行。必要时,也可以通知证人到人民检察院提供证言。到证人提出的地点进行询问的,应当在笔录中记明。

询问证人应当个别进行。

在现场询问证人,应当出示工作证件。到证人所在单位、住处或者证人提出的地点询问证人,应当出示人民检察院的证明文件。

第一百九十四条 询问证人,应当问明证人的基本情况以及与当事人的关系,并且告知证人应当如实提供证据、证言和故意作伪证或者隐匿罪证应当承担的法律责任,但是不得向证人泄露案情,不得采用拘禁、暴力、威胁、引诱、欺骗以及其他非法方法获取证言。

询问重大或者有社会影响的案件的重要证人,应当对询问过程实行全程录音、录像,并在询问笔录中注明。

第一百九十五条 询问被害人,适用询问证人的规定。

第四节 勘验、检查

第一百九十六条 检察人员对于与犯罪有关的场所、物品、人身、尸体应当进行勘验或者检查。必要时，可以指派检察技术人员或者聘请其他具有专门知识的人，在检察人员的主持下进行勘验、检查。

第一百九十七条 勘验时，人民检察院应当邀请两名与案件无关的见证人在场。

勘查现场，应当拍摄现场照片。勘查的情况应当写明笔录并制作现场图，由参加勘查的人和见证人签名。勘查重大案件的现场，应当录像。

第一百九十八条 人民检察院解剖死因不明的尸体，应当通知死者家属到场，并让其在解剖通知书上签名或者盖章。

死者家属无正当理由拒不到场或者拒绝签名、盖章的，不影响解剖的进行，但是应当在解剖通知书上记明。对于身份不明的尸体，无法通知死者家属的，应当记明笔录。

第一百九十九条 为了确定被害人、犯罪嫌疑人的某些特征、伤害情况或者生理状态，人民检察院可以对其人身进行检查，可以提取指纹信息，采集血液、尿液等生物样本。

必要时，可以指派、聘请法医或者医师进行人身检查。采集血液等生物样本应当由医师进行。

犯罪嫌疑人如果拒绝检查，检察人员认为必要时可以强制检查。

检查妇女的身体，应当由女工作人员或者医师进行。

人身检查不得采用损害被检查人生命、健康或者贬低其名誉、人格的方法。在人身检查过程中知悉的被检查人的个人隐私，检察人员应当予以保密。

第二百条 为了查明案情，必要时经检察长批准，可以进行侦查实验。

侦查实验，禁止一切足以造成危险、侮辱人格或者有伤风化的行为。

第二百零一条 侦查实验，必要时可以聘请有关专业人员参加，也可以要求犯罪嫌疑人、被害人、证人参加。

第五节 搜 查

第二百零二条 人民检察院有权要求有关单位和个人，交出能够证明犯罪嫌疑人有罪或者无罪以及犯罪情节轻重的证据。

第二百零三条 为了收集犯罪证据，查获犯罪人，经检察长批准，检察人员可以对犯罪嫌疑人以及可能隐藏罪犯或者犯罪证据的人的身体、物品、住处、工作地点和其他有关的地方进行搜查。

第二百零四条 搜查应当在检察人员的主持下进行，可以有司法警察参加。必要时，可以指派检察技术人员参加或者邀请当地公安机关、有关单位协助进行。

执行搜查的人员不得少于二人。

第二百零五条 搜查时，应当向被搜查人或者他的家属出示搜查证。

在执行逮捕、拘留的时候，遇有下列紧急情况之一，不另用搜查证也可以进行搜查：

（一）可能随身携带凶器的；

（二）可能隐藏爆炸、剧毒等危险物品的；

（三）可能隐匿、毁弃、转移犯罪证据的；

（四）可能隐匿其他犯罪嫌疑人的；

（五）其他紧急情况。

搜查结束后，搜查人员应当在二十四小时以内补办有关手续。

第二百零六条 搜查时，应当有被搜查人或者其家属、邻居或者其他见证人在场，并且对被搜查人或者其家属说明阻碍搜查、妨碍公务应负的法律责任。

搜查妇女的身体，应当由女工作人员进行。

第二百零七条 搜查时，如果遇到阻碍，可以强制进行搜查。对以暴力、威胁方法阻碍搜查的，应当予以制止，或者由司法警察将其带离现场。阻碍搜查构成犯罪的，应当依法追究刑事责任。

第六节 调取、查封、扣押、查询、冻结

第二百零八条 检察人员可以凭人民检察院的证明文件，向有关单位和个人调取能够证明犯罪嫌疑人有罪或者无罪以及犯罪情节轻重的证据材料，并且可以根据需要拍照、录像、复印和复制。

第二百零九条 调取物证应当调取原物。原物不便搬运、保存，或者依法应当返还被害人，或者因保密工作需要不能调取原物的，可以将原物封存，并拍照、录像。对原物拍照或者录像应当足以反映原物的外形、内容。

调取书证、视听资料应当调取原件。取得原件确有困难或者因保密需要不能调取原件的，可以调取副本或者复制件。

调取书证、视听资料的副本、复制件和物证的照片、录像的，应当书面记明不能调取原件、原物的原因，制作过程和原件、原物存放地点，并由制作人员和原书证、视听资料、物证持有人签名或者盖章。

第二百一十条 在侦查活动中发现的可以证明犯罪嫌疑人有罪、无罪或者犯罪情节轻重的各种财物和文件，应当查封或者扣押；与案件无关的，不得查封或者扣押。查封或者扣押应当经检察长批准。

不能立即查明是否与案件有关的可疑的财物和文件，也可以查封或者扣押，但应当及时审查。经查明确实与案件无关的，应当在三日以内解除查封或者予以退还。

持有人拒绝交出应当查封、扣押的财物和文件的，可以强制查封、扣押。

对于犯罪嫌疑人、被告人到案时随身携带的物品需要扣押的，可以依照前款规定办理。对于与案件无关的个人用品，应当逐件登记，并随案移交或者退还其家属。

第二百一十一条 对犯罪嫌疑人使用违法所得与合法收入共同购置的不可分割的财产，可以先行查封、扣押、冻结。对无法分割退还的财产，应当在结案后予以拍卖、变卖，对不属于违法所得的部分予以退还。

第二百一十二条 人民检察院根据侦查犯罪的需要，可以依照规定查询、冻结犯罪嫌疑人的存款、汇款、债券、股票、基金份额等财产，并可以要求有关单位和个人配合。

查询、冻结前款规定的财产，应当制作查询、冻结财产通知书，通知银行或者其他金融机构、邮政部门执行。冻结财产的，应当经检察长批准。

第二百一十三条 犯罪嫌疑人的存款、汇款、债券、股票、基金份额等财产已冻结的，人民检察院不得重复冻结，可以轮候冻结。人民检察院应当要求有关银行或者其他金融机构、邮政部门在解除冻结或者作出处理前通知人民检察院。

第二百一十四条 扣押、冻结债券、股票、基金份额等财产，应当书面告知当事人或者其法定代理人、委托代理人有权申请出售。

对于被扣押、冻结的债券、股票、基金份额等财产，在扣押、冻结期间权利人申请出售，经审查认为不损害国家利益、被害人利益，不影响诉讼正常进行的，以及扣押、冻结的汇票、本票、支票的有效期即将届满的，经检察长批准，可以在案件办结前依法出售或者变现，所得价款由人民检察院指定的银行账户保管，并及时告知当事人或者其近亲属。

第二百一十五条 对于冻结的存款、汇款、债券、股票、基金份额等财产，经查明确实与案件无关的，应当在三日以内解除冻结，并通知财产所有人。

第二百一十六条 查询、冻结与案件有关的单位的存款、汇款、债券、股票、基金份额等财产的办法适用本规则第二百一十二条至第二百一十五条的规定。

第二百一十七条 对于扣押的款项和物品，应当在三日以内将款项存入唯一合规账户，将物品送负责案件管理的部门保管。法律或者有关规定另有规定的除外。

对于查封、扣押在人民检察院的物品、文件、邮件、电报,人民检察院应当妥善保管。经查明确实与案件无关的,应当在三日以内作出解除或者退还决定,并通知有关单位、当事人办理相关手续。

第七节 鉴 定

第二百一十八条 人民检察院为了查明案情,解决案件中某些专门性的问题,可以进行鉴定。

鉴定由人民检察院有鉴定资格的人员进行。必要时,也可以聘请其他有鉴定资格的人员进行,但是应当征得鉴定人所在单位同意。

第二百一十九条 人民检察院应当为鉴定人提供必要条件,及时向鉴定人送交有关检材和对比样本等原始材料,介绍与鉴定有关的情况,并明确提出要求鉴定解决的问题,但是不得暗示或者强迫鉴定人作出某种鉴定意见。

第二百二十条 对于鉴定意见,检察人员应当进行审查,必要时可以进行补充鉴定或者重新鉴定。重新鉴定的,应当另行指派或者聘请鉴定人。

第二百二十一条 用作证据的鉴定意见,人民检察院办案部门应当告知犯罪嫌疑人、被害人;被害人死亡或者没有诉讼行为能力的,应当告知其法定代理人、近亲属或诉讼代理人。

犯罪嫌疑人、被害人或被害人的法定代理人、近亲属、诉讼代理人提出申请,可以补充鉴定或者重新鉴定,鉴定费用由请求方承担。但原鉴定违反法定程序的,由人民检察院承担。

犯罪嫌疑人的辩护人或者近亲属以犯罪嫌疑人有患精神病可能而申请对犯罪嫌疑人进行鉴定的,鉴定费用由申请方承担。

第二百二十二条 对犯罪嫌疑人作精神病鉴定的期间不计入羁押期限和办案期限。

第八节 辨 认

第二百二十三条 为了查明案情,必要时,检察人员可以让被害人、证人和犯罪嫌疑人对与犯罪有关的物品、文件、尸体或场所进行辨认;也可以让被害人、证人对犯罪嫌疑人进行辨认,或者让犯罪嫌疑人对其他犯罪嫌疑人进行辨认。

第二百二十四条 辨认应当在检察人员的主持下进行,执行辨认的人员不得少于二人。在辨认前,应当向辨认人详细询问被辨认对象的具体特征,避免辨认人见到被辨认对象,并应当告知辨认人有意作虚假辨认应负的法律责任。

第二百二十五条 几名辨认人对同一被辨认对象进行辨认时,应当由每名辨认人单独进行。必要时，可以有见证人在场。

第二百二十六条　辨认时，应当将辨认对象混杂在其他对象中。不得在辨认前向辨认人展示辨认对象及其影像资料，不得给辨认人任何暗示。

辨认犯罪嫌疑人时，被辨认的人数不得少于七人，照片不得少于十张。

辨认物品时，同类物品不得少于五件，照片不得少于五张。

对犯罪嫌疑人的辨认，辨认人不愿公开进行时，可以在不暴露辨认人的情况下进行，并应当为其保守秘密。

第九节　技术侦查措施

第二百二十七条　人民检察院在立案后，对于利用职权实施的严重侵犯公民人身权利的重大犯罪案件，经过严格的批准手续，可以采取技术侦查措施，交有关机关执行。

第二百二十八条　人民检察院办理直接受理侦查的案件，需要追捕被通缉或者决定逮捕的在逃犯罪嫌疑人、被告人的，经过批准，可以采取追捕所必需的技术侦查措施，不受本规则第二百二十七条规定的案件范围的限制。

第二百二十九条　人民检察院采取技术侦查措施应当根据侦查犯罪的需要，确定采取技术侦查措施的种类和适用对象，按照有关规定报请批准。批准决定自签发之日起三个月以内有效。对于不需要继续采取技术侦查措施的，应当及时解除；对于复杂、疑难案件，期限届满仍有必要继续采取技术侦查措施的，应当在期限届满前十日以内制作呈请延长技术侦查措施期限报告书，写明延长的期限及理由，经过原批准机关批准，有效期可以延长，每次不得超过三个月。

采取技术侦查措施收集的材料作为证据使用的，批准采取技术侦查措施的法律文书应当附卷，辩护律师可以依法查阅、摘抄、复制。

第二百三十条　采取技术侦查措施收集的物证、书证及其他证据材料，检察人员应当制作相应的说明材料，写明获取证据的时间、地点、数量、特征以及采取技术侦查措施的批准机关、种类等，并签名和盖章。

对于使用技术侦查措施获取的证据材料，如果可能危及特定人员的人身安全、涉及国家秘密或者公开后可能暴露侦查秘密或者严重损害商业秘密、个人隐私的，应当采取不暴露有关人员身份、技术方法等保护措施。必要时，可以建议不在法庭上质证，由审判人员在庭外对证据进行核实。

第二百三十一条　检察人员对采取技术侦查措施过程中知悉的国家秘密、商业秘密和个人隐私，应当保密；对采取技术侦查措施获取的与案件无关的材料，应当及时销毁，并对销毁情况制作记录。

采取技术侦查措施获取的证据、线索及其他有关材料，只能用于对犯罪的侦查、起诉和审判，不得用于其他用途。

第十节 通　缉

第二百三十二条　人民检察院办理直接受理侦查的案件，应当逮捕的犯罪嫌疑人在逃，或者已被逮捕的犯罪嫌疑人脱逃的，经检察长批准，可以通缉。

第二百三十三条　各级人民检察院需要在本辖区内通缉犯罪嫌疑人的，可以直接决定通缉；需要在本辖区外通缉犯罪嫌疑人的，由有决定权的上级人民检察院决定。

第二百三十四条　人民检察院应当将通缉通知书和通缉对象的照片、身份、特征、案情简况送达公安机关，由公安机关发布通缉令，追捕归案。

第二百三十五条　为防止犯罪嫌疑人等涉案人员逃往境外，需要在边防口岸采取边控措施的，人民检察院应当按照有关规定制作边控对象通知书，商请公安机关办理边控手续。

第二百三十六条　应当逮捕的犯罪嫌疑人潜逃出境的，可以按照有关规定层报最高人民检察院商请国际刑警组织中国国家中心局，请求有关方面协助，或者通过其他法律规定的途径进行追捕。

第十一节　侦查终结

第二百三十七条　人民检察院经过侦查，认为犯罪事实清楚，证据确实、充分，依法应当追究刑事责任的，应当写出侦查终结报告，并且制作起诉意见书。

犯罪嫌疑人自愿认罪的，应当记录在案，随案移送，并在起诉意见书中写明有关情况。

对于犯罪情节轻微，依照刑法规定不需要判处刑罚或者免除刑罚的案件，应当写出侦查终结报告，并且制作不起诉意见书。

侦查终结报告和起诉意见书或者不起诉意见书应当报请检察长批准。

第二百三十八条　负责侦查的部门应当将起诉意见书或者不起诉意见书，查封、扣押、冻结的犯罪嫌疑人的财物及其孳息、文件清单以及对查封、扣押、冻结的涉案财物的处理意见和其他案卷材料，一并移送本院负责捕诉的部门审查。国家或者集体财产遭受损失的，在提出提起公诉意见的同时，可以提出提起附带民事诉讼的意见。

第二百三十九条　在案件侦查过程中，犯罪嫌疑人委托辩护律师的，检察人员可以听取辩护律师的意见。

辩护律师要求当面提出意见的，检察人员应当听取意见，并制作笔录附卷。辩护律师提出书面意见的，应当附卷。

侦查终结前，犯罪嫌疑人提出无罪或者罪轻的辩解，辩护律师提出犯罪嫌疑人无罪或者依法不应当追究刑事责任意见的，人民检察院应当依法予以核实。

案件侦查终结移送起诉时，人民检察院应当同时将案件移送情况告知犯罪嫌疑人及其辩护律师。

第二百四十条 人民检察院侦查终结的案件，需要在异地起诉、审判的，应当在移送起诉前与人民法院协商指定管辖的相关事宜。

第二百四十一条 上级人民检察院侦查终结的案件，依照刑事诉讼法的规定应当由下级人民检察院提起公诉或者不起诉的，应当将有关决定、侦查终结报告连同案卷材料交由下级人民检察院审查。

下级人民检察院认为上级人民检察院的决定有错误的，可以向上级人民检察院报告。上级人民检察院维持原决定的，下级人民检察院应当执行。

第二百四十二条 人民检察院在侦查过程中或者侦查终结后，发现具有下列情形之一的，负责侦查的部门应当制作拟撤销案件意见书，报请检察长决定：

（一）具有刑事诉讼法第十六条规定情形之一的；

（二）没有犯罪事实的，或者依照刑法规定不负刑事责任或者不是犯罪的；

（三）虽有犯罪事实，但不是犯罪嫌疑人所为的。

对于共同犯罪的案件，如有符合本条规定情形的犯罪嫌疑人，应当撤销对该犯罪嫌疑人的立案。

第二百四十三条 地方各级人民检察院决定撤销案件的，负责侦查的部门应当将撤销案件意见书连同本案全部案卷材料，在法定期限届满七日前报上一级人民检察院审查；重大、复杂案件在法定期限届满十日前报上一级人民检察院审查。

对于共同犯罪案件，应当将处理同案犯罪嫌疑人的有关法律文书以及案件事实、证据材料复印件等，一并报送上一级人民检察院。

上一级人民检察院负责侦查的部门应当对案件事实、证据和适用法律进行全面审查。必要时，可以讯问犯罪嫌疑人。

上一级人民检察院负责侦查的部门审查后，应当提出是否同意撤销案件的意见，报请检察长决定。

人民检察院决定撤销案件的，应当告知控告人、举报人，听取其意见并记明笔录。

第二百四十四条 上一级人民检察院审查下级人民检察院报送的拟撤销案

件，应当在收到案件后七日以内批复；重大、复杂案件，应当在收到案件后十日以内批复。情况紧急或者因其他特殊原因不能按时送达的，可以先行通知下级人民检察院执行。

第二百四十五条　上一级人民检察院同意撤销案件的，下级人民检察院应当作出撤销案件决定，并制作撤销案件决定书。上一级人民检察院不同意撤销案件的，下级人民检察院应当执行上一级人民检察院的决定。

报请上一级人民检察院审查期间，犯罪嫌疑人羁押期限届满的，应当依法释放犯罪嫌疑人或者变更强制措施。

第二百四十六条　撤销案件的决定，应当分别送达犯罪嫌疑人所在单位和犯罪嫌疑人。犯罪嫌疑人死亡的，应当送达犯罪嫌疑人原所在单位。如果犯罪嫌疑人在押，应当制作决定释放通知书，通知公安机关依法释放。

第二百四十七条　人民检察院作出撤销案件决定的，应当在三十日以内报经检察长批准，对犯罪嫌疑人的违法所得作出处理。情况特殊的，可以延长三十日。

第二百四十八条　人民检察院撤销案件时，对犯罪嫌疑人的违法所得及其他涉案财产应当区分不同情形，作出相应处理：

（一）因犯罪嫌疑人死亡而撤销案件，依照刑法规定应当追缴其违法所得及其他涉案财产的，按照本规则第十二章第四节的规定办理。

（二）因其他原因撤销案件，对于查封、扣押、冻结的犯罪嫌疑人违法所得及其他涉案财产需要没收的，应当提出检察意见，移送有关主管机关处理。

（三）对于冻结的犯罪嫌疑人存款、汇款、债券、股票、基金份额等财产需要返还被害人的，可以通知金融机构、邮政部门返还被害人；对于查封、扣押的犯罪嫌疑人的违法所得及其他涉案财产需要返还被害人的，直接决定返还被害人。

人民检察院申请人民法院裁定处理犯罪嫌疑人涉案财产的，应当向人民法院移送有关案卷材料。

第二百四十九条　人民检察院撤销案件时，对查封、扣押、冻结的犯罪嫌疑人的涉案财物需要返还犯罪嫌疑人的，应当解除查封、扣押或者书面通知有关金融机构、邮政部门解除冻结，返还犯罪嫌疑人或者其合法继承人。

第二百五十条　查封、扣押、冻结的财物，除依法应当返还被害人或者经查明确实与案件无关的以外，不得在诉讼程序终结之前处理。法律或者有关规定另有规定的除外。

第二百五十一条　处理查封、扣押、冻结的涉案财物，应当由检察长决定。

第二百五十二条 人民检察院直接受理侦查的共同犯罪案件，如果同案犯罪嫌疑人在逃，但在案犯罪嫌疑人犯罪事实清楚，证据确实、充分的，对在案犯罪嫌疑人应当根据本规则第二百三十七条的规定分别移送起诉或者移送不起诉。

由于同案犯罪嫌疑人在逃，在案犯罪嫌疑人的犯罪事实无法查清的，对在案犯罪嫌疑人应当根据案件的不同情况分别报请延长侦查羁押期限、变更强制措施或者解除强制措施。

第二百五十三条 人民检察院直接受理侦查的案件，对犯罪嫌疑人没有采取取保候审、监视居住、拘留或者逮捕措施的，负责侦查的部门应当在立案后二年以内提出移送起诉、移送不起诉或者撤销案件的意见；对犯罪嫌疑人采取取保候审、监视居住、拘留或者逮捕措施的，负责侦查的部门应当在解除或者撤销强制措施后一年以内提出移送起诉、移送不起诉或者撤销案件的意见。

第二百五十四条 人民检察院直接受理侦查的案件，撤销案件以后，又发现新的事实或者证据，认为有犯罪事实需要追究刑事责任的，可以重新立案侦查。

第十章 审查逮捕和审查起诉

第一节 一般规定

第二百五十五条 人民检察院办理审查逮捕、审查起诉案件，应当全面审查证明犯罪嫌疑人有罪或者无罪、罪轻或者罪重的证据。

第二百五十六条 经公安机关商请或者人民检察院认为确有必要时，可以派员适时介入重大、疑难、复杂案件的侦查活动，参加公安机关对于重大案件的讨论，对案件性质、收集证据、适用法律等提出意见，监督侦查活动是否合法。

经监察机关商请，人民检察院可以派员介入监察机关办理的职务犯罪案件。

第二百五十七条 对于批准逮捕后要求公安机关继续侦查、不批准逮捕后要求公安机关补充侦查或者审查起诉阶段退回公安机关补充侦查的案件，人民检察院应当分别制作继续侦查提纲或者补充侦查提纲，写明需要继续侦查或者补充侦查的事项、理由、侦查方向、需补充收集的证据及其证明作用等，送交公安机关。

第二百五十八条 人民检察院讯问犯罪嫌疑人时，应当首先查明犯罪嫌疑人的基本情况，依法告知犯罪嫌疑人诉讼权利和义务，以及认罪认罚的法律规定，听取其供述和辩解。犯罪嫌疑人翻供的，应当讯问其原因。犯罪嫌疑人申请排除非法证据的，应当告知其提供相关线索或者材料。犯罪嫌疑人检举揭发他人犯罪的，应当予以记录，并依照有关规定移送有关机关、部门处理。

讯问犯罪嫌疑人应当制作讯问笔录，并交犯罪嫌疑人核对或者向其宣读。经核对无误后逐页签名或者盖章，并捺指印后附卷。犯罪嫌疑人请求自行书写供述的，应当准许，但不得以自行书写的供述代替讯问笔录。

犯罪嫌疑人被羁押的，讯问应当在看守所讯问室进行。

第二百五十九条 办理审查逮捕、审查起诉案件，可以询问证人、被害人、鉴定人等诉讼参与人，并制作笔录附卷。询问时，应当告知其诉讼权利和义务。

询问证人、被害人的地点按照刑事诉讼法第一百二十四条的规定执行。

第二百六十条 讯问犯罪嫌疑人，询问被害人、证人、鉴定人，听取辩护人、被害人及其诉讼代理人的意见，应当由检察人员负责进行。检察人员或者检察人员和书记员不得少于二人。

讯问犯罪嫌疑人，询问证人、鉴定人、被害人，应当个别进行。

第二百六十一条 办理审查逮捕案件，犯罪嫌疑人已经委托辩护律师的，可以听取辩护律师的意见。辩护律师提出要求的，应当听取辩护律师的意见。对辩护律师的意见应当制作笔录，辩护律师提出的书面意见应当附卷。

办理审查起诉案件，应当听取辩护人或者值班律师、被害人及其诉讼代理人的意见，并制作笔录。辩护人或者值班律师、被害人及其诉讼代理人提出书面意见的，应当附卷。

对于辩护律师在审查逮捕、审查起诉阶段多次提出意见的，均应如实记录。

辩护律师提出犯罪嫌疑人不构成犯罪、无社会危险性、不适宜羁押或者侦查活动有违法犯罪情形等书面意见的，检察人员应当审查，并在相关工作文书中说明是否采纳的情况和理由。

第二百六十二条 直接听取辩护人、被害人及其诉讼代理人的意见有困难的，可以通过电话、视频等方式听取意见并记录在案，或者通知辩护人、被害人及其诉讼代理人提出书面意见。无法通知或者在指定期限内未提出意见的，应当记录在案。

第二百六十三条 对于公安机关提请批准逮捕、移送起诉的案件，检察人员审查时发现存在本规则第七十五条第一款规定情形的，可以调取公安机关讯问犯罪嫌疑人的录音、录像并审查相关的录音、录像。对于重大、疑难、复杂的案件，必要时可以审查全部录音、录像。

对于监察机关移送起诉的案件，认为需要调取有关录音、录像的，可以商监察机关调取。

对于人民检察院直接受理侦查的案件，审查时发现负责侦查的部门未按照本规则第七十五条第三款的规定移送录音、录像或者移送不全的，应当要求其补充移送。对取证合法性或者讯问笔录真实性等产生疑问的，应当有针对性地审查相关的录音、录像。对于重大、疑难、复杂的案件，可以审查全部录音、录像。

第二百六十四条 经审查讯问犯罪嫌疑人录音、录像，发现公安机关、本院负责侦查的部门讯问不规范，讯问过程存在违法行为，录音、录像内容与讯问笔录不一致等情形的，应当逐一列明并向公安机关、本院负责侦查的部门书面提出，要求其予以纠正、补正或者书面作出合理解释。发现讯问笔录与讯问犯罪嫌疑人录音、录像内容有重大实质性差异的，或者公安机关、本院负责侦查的部门不能补正或者作出合理解释的，该讯问笔录不能作为批准或者决定逮捕、提起公诉的依据。

第二百六十五条 犯罪嫌疑人及其辩护人申请排除非法证据，并提供相关线索或者材料的，人民检察院应当调查核实。发现侦查人员以刑讯逼供等非法方法收集证据的，应当依法排除相关证据并提出纠正意见。

审查逮捕期限届满前，经审查无法确定存在非法取证的行为，但也不能排除非法取证可能的，该证据不作为批准逮捕的依据。检察官应当根据在案的其他证据认定案件事实和决定是否逮捕，并在作出批准或者不批准逮捕的决定后，继续对可能存在的非法取证行为进行调查核实。经调查核实确认存在以刑讯逼供等非法方法收集证据情形的，应当向公安机关提出纠正意见。以非法方法收集的证据，不得作为提起公诉的依据。

第二百六十六条 审查逮捕期间，犯罪嫌疑人申请排除非法证据，但未提交相关线索或者材料，人民检察院经全面审查案件事实、证据，未发现侦查人员存在以非法方法收集证据的情形，认为符合逮捕条件的，可以批准逮捕。

审查起诉期间，犯罪嫌疑人及其辩护人又提出新的线索或者证据，或者人民检察院发现新的证据，经调查核实认为侦查人员存在以刑讯逼供等非法方法收集证据情形的，应当依法排除非法证据，不得作为提起公诉的依据。

排除非法证据后，犯罪嫌疑人不再符合逮捕条件但案件需要继续审查起诉的，应当及时变更强制措施。案件不符合起诉条件的，应当作出不起诉决定。

第二节 认罪认罚从宽案件办理

第二百六十七条 人民检察院办理犯罪嫌疑人认罪认罚案件，应当保障犯罪嫌疑人获得有效法律帮助，确保其了解认罪认罚的性质和法律后果，自愿认罪认罚。

人民检察院受理案件后，应当向犯罪嫌疑人了解其委托辩护人的情况。犯罪嫌疑人自愿认罪认罚、没有辩护人的，在审查逮捕阶段，人民检察院应当要求公安机关通知值班律师为其提供法律帮助；在审查起诉阶段，人民检察院应当通知值班律师为其提供法律帮助。符合通知辩护条件的，应当依法通知法律援助机构指派律师为其提供辩护。

第二百六十八条 人民检察院应当商法律援助机构设立法律援助工作站派驻值班律师或者及时安排值班律师，为犯罪嫌疑人提供法律咨询、程序选择建议、申请变更强制措施、对案件处理提出意见等法律帮助。

人民检察院应当告知犯罪嫌疑人有权约见值班律师，并为其约见值班律师提供便利。

第二百六十九条 犯罪嫌疑人认罪认罚的，人民检察院应当告知其享有的诉讼权利和认罪认罚的法律规定，听取犯罪嫌疑人、辩护人或者值班律师、被害人及其诉讼代理人对下列事项的意见，并记录在案：

（一）涉嫌的犯罪事实、罪名及适用的法律规定；

（二）从轻、减轻或者免除处罚等从宽处罚的建议；

（三）认罪认罚后案件审理适用的程序；

（四）其他需要听取意见的事项。

依照前款规定听取值班律师意见的，应当提前为值班律师了解案件有关情况提供必要的便利。自人民检察院对案件审查起诉之日起，值班律师可以查阅案卷材料，了解案情。人民检察院应当为值班律师查阅案卷材料提供便利。

人民检察院不采纳辩护人或者值班律师所提意见的，应当向其说明理由。

第二百七十条 批准或者决定逮捕，应当将犯罪嫌疑人涉嫌犯罪的性质、情节，认罪认罚等情况，作为是否可能发生社会危险性的考虑因素。

已经逮捕的犯罪嫌疑人认罪认罚的，人民检察院应当及时对羁押必要性进行审查。经审查，认为没有继续羁押必要的，应当予以释放或者变更强制措施。

第二百七十一条 审查起诉阶段，对于在侦查阶段认罪认罚的案件，人民检察院应当重点审查以下内容：

（一）犯罪嫌疑人是否自愿认罪认罚，有无因受到暴力、威胁、引诱而违背意愿认罪认罚；

（二）犯罪嫌疑人认罪认罚时的认知能力和精神状态是否正常；

（三）犯罪嫌疑人是否理解认罪认罚的性质和可能导致的法律后果；

（四）公安机关是否告知犯罪嫌疑人享有的诉讼权利，如实供述自己罪行可以从宽处理和认罪认罚的法律规定，并听取意见；

（五）起诉意见书中是否写明犯罪嫌疑人认罪认罚情况；

（六）犯罪嫌疑人是否真诚悔罪，是否向被害人赔礼道歉。

经审查，犯罪嫌疑人违背意愿认罪认罚的，人民检察院可以重新开展认罪认罚工作。存在刑讯逼供等非法取证行为的，依照法律规定处理。

第二百七十二条　犯罪嫌疑人自愿认罪认罚，同意量刑建议和程序适用的，应当在辩护人或者值班律师在场的情况下签署认罪认罚具结书。具结书应当包括犯罪嫌疑人如实供述罪行、同意量刑建议和程序适用等内容，由犯罪嫌疑人及其辩护人、值班律师签名。

犯罪嫌疑人具有下列情形之一的，不需要签署认罪认罚具结书：

（一）犯罪嫌疑人是盲、聋、哑人，或者是尚未完全丧失辨认或者控制自己行为能力的精神病人的；

（二）未成年犯罪嫌疑人的法定代理人、辩护人对未成年人认罪认罚有异议的；

（三）其他不需要签署认罪认罚具结书的情形。

有前款情形，犯罪嫌疑人未签署认罪认罚具结书的，不影响认罪认罚从宽制度的适用。

第二百七十三条　犯罪嫌疑人认罪认罚，人民检察院经审查，认为符合速裁程序适用条件的，应当在十日以内作出是否提起公诉的决定，对可能判处的有期徒刑超过一年的，可以延长至十五日；认为不符合速裁程序适用条件的，应当在本规则第三百五十一条规定的期限以内作出是否提起公诉的决定。

对于公安机关建议适用速裁程序办理的案件，人民检察院负责案件管理的部门应当在受理案件的当日将案件移送负责捕诉的部门。

第二百七十四条　认罪认罚案件，人民检察院向人民法院提起公诉的，应当提出量刑建议，在起诉书中写明被告人认罪认罚情况，并移送认罪认罚具结书等材料。量刑建议可以另行制作文书，也可以在起诉书中写明。

第二百七十五条　犯罪嫌疑人认罪认罚的，人民检察院应当就主刑、附加刑、是否适用缓刑等提出量刑建议。量刑建议一般应当为确定刑。对新类型、不常见犯罪案件，量刑情节复杂的重罪案件等，也可以提出幅度刑量刑建议。

第二百七十六条　办理认罪认罚案件，人民检察院应当将犯罪嫌疑人是否与被害方达成和解或者调解协议，或者赔偿被害方损失，取得被害方谅解，或者自愿承担公益损害修复、赔偿责任，作为提出量刑建议的重要考虑因素。

犯罪嫌疑人自愿认罪并且愿意积极赔偿损失，但由于被害方赔偿请求明显不合理，未能达成和解或者调解协议的，一般不影响对犯罪嫌疑人从宽处理。

对于符合当事人和解程序适用条件的公诉案件,犯罪嫌疑人认罪认罚的,人民检察院应当积极促使当事人自愿达成和解。和解协议书和被害方出具的谅解意见应当随案移送。被害方符合司法救助条件的,人民检察院应当积极协调办理。

第二百七十七条 犯罪嫌疑人认罪认罚,人民检察院拟提出适用缓刑或者判处管制的量刑建议,可以委托犯罪嫌疑人居住地的社区矫正机构进行调查评估,也可以自行调查评估。

第二百七十八条 犯罪嫌疑人认罪认罚,人民检察院依照刑事诉讼法第一百七十七条第二款作出不起诉决定后,犯罪嫌疑人反悔的,人民检察院应当进行审查,并区分下列情形依法作出处理:

(一)发现犯罪嫌疑人没有犯罪事实,或者符合刑事诉讼法第十六条规定的情形之一的,应当撤销原不起诉决定,依照刑事诉讼法第一百七十七条第一款的规定重新作出不起诉决定;

(二)犯罪嫌疑人犯罪情节轻微,依照刑法不需要判处刑罚或者免除刑罚的,可以维持原不起诉决定;

(三)排除认罪认罚因素后,符合起诉条件的,应当根据案件具体情况撤销原不起诉决定,依法提起公诉。

第二百七十九条 犯罪嫌疑人自愿如实供述涉嫌犯罪的事实,有重大立功或者案件涉及国家重大利益的,经最高人民检察院核准,公安机关可以撤销案件,人民检察院可以作出不起诉决定,也可以对涉嫌数罪中的一项或者多项不起诉。

前款规定的不起诉,应当由检察长决定。决定不起诉的,人民检察院应当及时对查封、扣押、冻结的财物及其孳息作出处理。

第三节 审查批准逮捕

第二百八十条 人民检察院办理审查逮捕案件,可以讯问犯罪嫌疑人;具有下列情形之一的,应当讯问犯罪嫌疑人:

(一)对是否符合逮捕条件有疑问的;

(二)犯罪嫌疑人要求向检察人员当面陈述的;

(三)侦查活动可能有重大违法行为的;

(四)案情重大、疑难、复杂的;

(五)犯罪嫌疑人认罪认罚的;

(六)犯罪嫌疑人系未成年人的;

(七)犯罪嫌疑人是盲、聋、哑人或者是尚未完全丧失辨认或者控制自己行为能力的精神病人的。

讯问未被拘留的犯罪嫌疑人，讯问前应当听取公安机关的意见。

办理审查逮捕案件，对被拘留的犯罪嫌疑人不予讯问的，应当送达听取犯罪嫌疑人意见书，由犯罪嫌疑人填写后及时收回审查并附卷。经审查认为应当讯问犯罪嫌疑人的，应当及时讯问。

第二百八十一条 对有重大影响的案件，可以采取当面听取侦查人员、犯罪嫌疑人及其辩护人等意见的方式进行公开审查。

第二百八十二条 对公安机关提请批准逮捕的犯罪嫌疑人，已经被拘留的，人民检察院应当在收到提请批准逮捕书后七日以内作出是否批准逮捕的决定；未被拘留的，应当在收到提请批准逮捕书后十五日以内作出是否批准逮捕的决定，重大、复杂案件，不得超过二十日。

第二百八十三条 上级公安机关指定犯罪地或者犯罪嫌疑人居住地以外的下级公安机关立案侦查的案件，需要逮捕犯罪嫌疑人的，由侦查该案件的公安机关提请同级人民检察院审查批准逮捕。人民检察院应当依法作出批准或者不批准逮捕的决定。

第二百八十四条 对公安机关提请批准逮捕的犯罪嫌疑人，人民检察院经审查认为符合本规则第一百二十八条、第一百三十六条、第一百三十八条规定情形，应当作出批准逮捕的决定，连同案卷材料送达公安机关执行，并可以制作继续侦查提纲，送交公安机关。

第二百八十五条 对公安机关提请批准逮捕的犯罪嫌疑人，具有本规则第一百三十九条至第一百四十一条规定情形，人民检察院作出不批准逮捕决定的，应当说明理由，连同案卷材料送达公安机关执行。需要补充侦查的，应当制作补充侦查提纲，送交公安机关。

人民检察院办理审查逮捕案件，不另行侦查，不得直接提出采取取保候审措施的意见。

对于因犯罪嫌疑人没有犯罪事实、具有刑事诉讼法第十六条规定的情形之一或者证据不足，人民检察院拟作出不批准逮捕决定的，应当经检察长批准。

第二百八十六条 人民检察院应当将批准逮捕的决定交公安机关立即执行，并要求公安机关将执行回执及时送达作出批准决定的人民检察院。如果未能执行，也应当要求其将回执及时送达人民检察院，并写明未能执行的原因。对于人民检察院不批准逮捕的，应当要求公安机关在收到不批准逮捕决定书后，立即释放在押的犯罪嫌疑人或者变更强制措施，并将执行回执在收到不批准逮捕决定书后三日以内送达作出不批准逮捕决定的人民检察院。

公安机关在收到不批准逮捕决定书后对在押的犯罪嫌疑人不立即释放或者变更强制措施的，人民检察院应当提出纠正意见。

第二百八十七条 对于没有犯罪事实或者犯罪嫌疑人具有刑事诉讼法第十六条规定情形之一，人民检察院作出不批准逮捕决定的，应当同时告知公安机关撤销案件。

对于有犯罪事实需要追究刑事责任，但不是被立案侦查的犯罪嫌疑人实施，或者共同犯罪案件中部分犯罪嫌疑人不负刑事责任，人民检察院作出不批准逮捕决定的，应当同时告知公安机关对有关犯罪嫌疑人终止侦查。

公安机关在收到不批准逮捕决定书后超过十五日未要求复议、提请复核，也不撤销案件或者终止侦查的，人民检察院应当发出纠正违法通知书。公安机关仍不纠正的，报上一级人民检察院协商同级公安机关处理。

第二百八十八条 人民检察院办理公安机关提请批准逮捕的案件，发现遗漏应当逮捕的犯罪嫌疑人的，应当经检察长批准，要求公安机关提请批准逮捕。公安机关不提请批准逮捕或者说明的不提请批准逮捕的理由不成立的，人民检察院可以直接作出逮捕决定，送达公安机关执行。

第二百八十九条 对已经作出的批准逮捕决定发现确有错误的，人民检察院应当撤销原批准逮捕决定，送达公安机关执行。

对已经作出的不批准逮捕决定发现确有错误，需要批准逮捕的，人民检察院应当撤销原不批准逮捕决定，并重新作出批准逮捕决定，送达公安机关执行。

对因撤销原批准逮捕决定而被释放的犯罪嫌疑人或者逮捕后公安机关变更为取保候审、监视居住的犯罪嫌疑人，又发现需要逮捕的，人民检察院应当重新办理逮捕手续。

第二百九十条 对不批准逮捕的案件，公安机关要求复议的，人民检察院负责捕诉的部门应当另行指派检察官或者检察官办案组进行审查，并在收到要求复议意见书和案卷材料后七日以内，经检察长批准，作出是否变更的决定，通知公安机关。

第二百九十一条 对不批准逮捕的案件，公安机关提请上一级人民检察院复核的，上一级人民检察院应当在收到提请复核意见书和案卷材料后十五日以内，经检察长批准，作出是否变更的决定，通知下级人民检察院和公安机关执行。需要改变原决定的，应当通知作出不批准逮捕决定的人民检察院撤销原不批准逮捕决定，另行制作批准逮捕决定书。必要时，上级人民检察院也可以直接作出批准逮捕决定，通知下级人民检察院送达公安机关执行。

对于经复议复核维持原不批准逮捕决定的，人民检察院向公安机关送达复议复核决定时应当说明理由。

第二百九十二条 人民检察院作出不批准逮捕决定，并且通知公安机关补充侦查的案件，公安机关在补充侦查后又要求复议的，人民检察院应当告知公安机关重新提请批准逮捕。公安机关坚持要求复议的，人民检察院不予受理。

对于公安机关补充侦查后应当提请批准逮捕而不提请批准逮捕的，按照本规则第二百八十八条的规定办理。

第二百九十三条 对公安机关提请批准逮捕的案件，负责捕诉的部门应当将批准、变更、撤销逮捕措施的情况书面通知本院负责刑事执行检察的部门。

第二百九十四条 外国人、无国籍人涉嫌危害国家安全犯罪的案件或者涉及国与国之间政治、外交关系的案件以及在适用法律上确有疑难的案件，需要逮捕犯罪嫌疑人的，按照刑事诉讼法关于管辖的规定，分别由基层人民检察院或者设区的市级人民检察院审查并提出意见，层报最高人民检察院审查。最高人民检察院认为需要逮捕的，经征求外交部的意见后，作出批准逮捕的批复；认为不需要逮捕的，作出不批准逮捕的批复。基层人民检察院或者设区的市级人民检察院根据最高人民检察院的批复，依法作出批准或者不批准逮捕的决定。层报过程中，上级人民检察院认为不需要逮捕的，应当作出不批准逮捕的批复。报送的人民检察院根据批复依法作出不批准逮捕的决定。

基层人民检察院或者设区的市级人民检察院认为不需要逮捕的，可以直接依法作出不批准逮捕的决定。

外国人、无国籍人涉嫌本条第一款规定以外的其他犯罪案件，决定批准逮捕的人民检察院应当在作出批准逮捕决定后四十八小时以内报上一级人民检察院备案，同时向同级人民政府外事部门通报。上一级人民检察院经审查发现批准逮捕决定错误的，应当依法及时纠正。

第二百九十五条 人民检察院办理审查逮捕的危害国家安全犯罪案件，应当报上一级人民检察院备案。

上一级人民检察院经审查发现错误的，应当依法及时纠正。

第四节 审查决定逮捕

第二百九十六条 人民检察院办理直接受理侦查的案件，需要逮捕犯罪嫌疑人的，由负责侦查的部门制作逮捕犯罪嫌疑人意见书，连同案卷材料、讯问犯罪嫌疑人录音、录像一并移送本院负责捕诉的部门审查。犯罪嫌疑人已被拘留的，负责侦查的部门应当在拘留后七日以内将案件移送本院负责捕诉的部门审查。

第二百九十七条 对本院负责侦查的部门移送审查逮捕的案件，犯罪嫌疑人已被拘留的，负责捕诉的部门应当在收到逮捕犯罪嫌疑人意见书后七日以内，报请检察长决定是否逮捕，特殊情况下，决定逮捕的时间可以延长一日至三日；犯罪嫌疑人未被拘留的，负责捕诉的部门应当在收到逮捕犯罪嫌疑人意见书后十五日以内,报请检察长决定是否逮捕,重大、复杂案件,不得超过二十日。

第二百九十八条 对犯罪嫌疑人决定逮捕的,负责捕诉的部门应当将逮捕决定书连同案卷材料、讯问犯罪嫌疑人录音、录像移交负责侦查的部门,并可以对收集证据、适用法律提出意见。由负责侦查的部门通知公安机关执行,必要时可以协助执行。

第二百九十九条 对犯罪嫌疑人决定不予逮捕的,负责捕诉的部门应当将不予逮捕的决定连同案卷材料、讯问犯罪嫌疑人录音、录像移交负责侦查的部门,并说明理由。需要补充侦查的,应当制作补充侦查提纲。犯罪嫌疑人已被拘留的,负责侦查的部门应当通知公安机关立即释放。

第三百条 对应当逮捕而本院负责侦查的部门未移送审查逮捕的犯罪嫌疑人,负责捕诉的部门应当向负责侦查的部门提出移送审查逮捕犯罪嫌疑人的建议。建议不被采纳的,应当报请检察长决定。

第三百零一条 逮捕犯罪嫌疑人后,应当立即送看守所羁押。除无法通知的以外,负责侦查的部门应当把逮捕的原因和羁押的处所,在二十四小时以内通知其家属。对于无法通知的,在无法通知的情形消除后,应当立即通知其家属。

第三百零二条 对被逮捕的犯罪嫌疑人,应当在逮捕后二十四小时以内进行讯问。

发现不应当逮捕的,应当经检察长批准,撤销逮捕决定或者变更为其他强制措施,并通知公安机关执行,同时通知负责捕诉的部门。

对按照前款规定被释放或者变更强制措施的犯罪嫌疑人,又发现需要逮捕的,应当重新移送审查逮捕。

第三百零三条 已经作出不予逮捕的决定,又发现需要逮捕犯罪嫌疑人的,应当重新办理逮捕手续。

第三百零四条 犯罪嫌疑人在异地羁押的,负责侦查的部门应当将决定、变更、撤销逮捕措施的情况书面通知羁押地人民检察院负责刑事执行检察的部门。

第五节 延长侦查羁押期限和重新计算侦查羁押期限

第三百零五条 人民检察院办理直接受理侦查的案件,对犯罪嫌疑人逮捕后的侦查羁押期限不得超过二个月。案情复杂、期限届满不能终结的案件,可以经上一级人民检察院批准延长一个月。

第三百零六条 设区的市级人民检察院和基层人民检察院办理直接受

理侦查的案件，符合刑事诉讼法第一百五十八条规定，在本规则第三百零五条规定的期限届满前不能侦查终结的，经省级人民检察院批准，可以延长二个月。

省级人民检察院直接受理侦查的案件，有前款情形的，可以直接决定延长二个月。

第三百零七条 设区的市级人民检察院和基层人民检察院办理直接受理侦查的案件，对犯罪嫌疑人可能判处十年有期徒刑以上刑罚，依照本规则第三百零六条的规定依法延长羁押期限届满，仍不能侦查终结的，经省级人民检察院批准，可以再延长二个月。

省级人民检察院办理直接受理侦查的案件，有前款情形的，可以直接决定再延长二个月。

第三百零八条 最高人民检察院办理直接受理侦查的案件，依照刑事诉讼法的规定需要延长侦查羁押期限的，直接决定延长侦查羁押期限。

第三百零九条 公安机关需要延长侦查羁押期限的，人民检察院应当要求其在侦查羁押期限届满七日前提请批准延长侦查羁押期限。

人民检察院办理直接受理侦查的案件，负责侦查的部门认为需要延长侦查羁押期限的，应当按照前款规定向本院负责捕诉的部门移送延长侦查羁押期限意见书及有关材料。

对于超过法定羁押期限提请延长侦查羁押期限的，不予受理。

第三百一十条 人民检察院审查批准或者决定延长侦查羁押期限，由负责捕诉的部门办理。

受理案件的人民检察院对延长侦查羁押期限的意见审查后，应当提出是否同意延长侦查羁押期限的意见，将公安机关延长侦查羁押期限的意见和本院的审查意见层报有决定权的人民检察院审查决定。

第三百一十一条 对于同时具备下列条件的案件，人民检察院应当作出批准延长侦查羁押期限一个月的决定：

（一）符合刑事诉讼法第一百五十六条的规定；

（二）符合逮捕条件；

（三）犯罪嫌疑人有继续羁押的必要。

第三百一十二条 犯罪嫌疑人虽然符合逮捕条件，但经审查，公安机关在对犯罪嫌疑人执行逮捕后二个月以内未有效开展侦查工作或者侦查取证工作没有实质进展的，人民检察院可以作出不批准延长侦查羁押期限的决定。

犯罪嫌疑人不符合逮捕条件，需要撤销下级人民检察院逮捕决定的，上级人民检察院在作出不批准延长侦查羁押期限决定的同时，应当作出撤销逮捕的决定，或者通知下级人民检察院撤销逮捕决定。

第三百一十三条　有决定权的人民检察院作出批准延长侦查羁押期限或者不批准延长侦查羁押期限的决定后，应当将决定书交由最初受理案件的人民检察院送达公安机关。

最初受理案件的人民检察院负责捕诉的部门收到批准延长侦查羁押期限决定书或者不批准延长侦查羁押期限决定书，应当书面告知本院负责刑事执行检察的部门。

第三百一十四条　因为特殊原因，在较长时间内不宜交付审判的特别重大复杂的案件，由最高人民检察院报请全国人民代表大会常务委员会批准延期审理。

第三百一十五条　人民检察院在侦查期间发现犯罪嫌疑人另有重要罪行的，自发现之日起依照本规则第三百零五条的规定重新计算侦查羁押期限。

另有重要罪行是指与逮捕时的罪行不同种的重大犯罪或者同种的影响罪名认定、量刑档次的重大犯罪。

第三百一十六条　人民检察院重新计算侦查羁押期限，应当由负责侦查的部门提出重新计算侦查羁押期限的意见，移送本院负责捕诉的部门审查。负责捕诉的部门审查后应当提出是否同意重新计算侦查羁押期限的意见，报检察长决定。

第三百一十七条　对公安机关重新计算侦查羁押期限的备案，由负责捕诉的部门审查。负责捕诉的部门认为公安机关重新计算侦查羁押期限不当的，应当提出纠正意见。

第三百一十八条　人民检察院直接受理侦查的案件，不能在法定侦查羁押期限内侦查终结的，应当依法释放犯罪嫌疑人或者变更强制措施。

第三百一十九条　负责捕诉的部门审查延长侦查羁押期限、审查重新计算侦查羁押期限，可以讯问犯罪嫌疑人，听取辩护律师和侦查人员的意见，调取案卷及相关材料等。

第六节　核准追诉

第三百二十条　法定最高刑为无期徒刑、死刑的犯罪，已过二十年追诉期限的，不再追诉。如果认为必须追诉的，须报请最高人民检察院核准。

第三百二十一条　须报请最高人民检察院核准追诉的案件，公安机关在核准之前可以依法对犯罪嫌疑人采取强制措施。

公安机关报请核准追诉并提请逮捕犯罪嫌疑人，人民检察院经审查认为必须追诉而且符合法定逮捕条件的，可以依法批准逮捕，同时要求公安机关在报请核准追诉期间不得停止对案件的侦查。

未经最高人民检察院核准，不得对案件提起公诉。

第三百二十二条 报请核准追诉的案件应当同时符合下列条件：

（一）有证据证明存在犯罪事实，且犯罪事实是犯罪嫌疑人实施的；

（二）涉嫌犯罪的行为应当适用的法定量刑幅度的最高刑为无期徒刑或者死刑；

（三）涉嫌犯罪的性质、情节和后果特别严重，虽然已过二十年追诉期限，但社会危害性和影响依然存在，不追诉会严重影响社会稳定或者产生其他严重后果，而必须追诉的；

（四）犯罪嫌疑人能够及时到案接受追诉。

第三百二十三条 公安机关报请核准追诉的案件，由同级人民检察院受理并层报最高人民检察院审查决定。

第三百二十四条 地方各级人民检察院对公安机关报请核准追诉的案件，应当及时进行审查并开展必要的调查。经检察委员会审议提出是否同意核准追诉的意见，制作报请核准追诉案件报告书，连同案卷材料一并层报最高人民检察院。

第三百二十五条 最高人民检察院收到省级人民检察院报送的报请核准追诉案件报告书及案卷材料后，应当及时审查，必要时指派检察人员到案发地了解案件有关情况。经检察长批准，作出是否核准追诉的决定，并制作核准追诉决定书或者不予核准追诉决定书，逐级下达至最初受理案件的人民检察院，由其送达报请核准追诉的公安机关。

第三百二十六条 对已经采取强制措施的案件，强制措施期限届满不能作出是否核准追诉决定的，应当对犯罪嫌疑人变更强制措施或者延长侦查羁押期限。

第三百二十七条 最高人民检察院决定核准追诉的案件，最初受理案件的人民检察院应当监督公安机关的侦查工作。

最高人民检察院决定不予核准追诉，公安机关未及时撤销案件的，同级人民检察院应当提出纠正意见。犯罪嫌疑人在押的，应当立即释放。

第七节 审查起诉

第三百二十八条 各级人民检察院提起公诉，应当与人民法院审判管辖相适应。负责捕诉的部门收到移送起诉的案件后，经审查认为不属于本院管辖的，应当在发现之日起五日以内经由负责案件管理的部门移送有管辖权的人民检察院。

属于上级人民法院管辖的第一审案件，应当报送上级人民检察院，同时通知移送起诉的公安机关；属于同级其他人民法院管辖的第一审案件，应当移送有管辖权的人民检察院或者报送共同的上级人民检察院指定管辖，同时通知移送起诉的公安机关。

上级人民检察院受理同级公安机关移送起诉的案件，认为属于下级人民法院管辖的，可以交下级人民检察院审查，由下级人民检察院向同级人民法院提起公诉，同时通知移送起诉的公安机关。

一人犯数罪、共同犯罪和其他需要并案审理的案件，只要其中一人或者一罪属于上级人民检察院管辖的，全案由上级人民检察院审查起诉。

公安机关移送起诉的案件，需要依照刑事诉讼法的规定指定审判管辖的，人民检察院应当在公安机关移送起诉前协商同级人民法院办理指定管辖有关事宜。

第三百二十九条 监察机关移送起诉的案件，需要依照刑事诉讼法的规定指定审判管辖的，人民检察院应当在监察机关移送起诉二十日前协商同级人民法院办理指定管辖有关事宜。

第三百三十条 人民检察院审查移送起诉的案件，应当查明：

（一）犯罪嫌疑人身份状况是否清楚，包括姓名、性别、国籍、出生年月日、职业和单位等；单位犯罪的，单位的相关情况是否清楚；

（二）犯罪事实、情节是否清楚；实施犯罪的时间、地点、手段、危害后果是否明确；

（三）认定犯罪性质和罪名的意见是否正确；有无法定的从重、从轻、减轻或者免除处罚情节及酌定从重、从轻情节；共同犯罪案件的犯罪嫌疑人在犯罪活动中的责任认定是否恰当；

（四）犯罪嫌疑人是否认罪认罚；

（五）证明犯罪事实的证据材料是否随案移送；证明相关财产系违法所得的证据材料是否随案移送；不宜移送的证据的清单、复制件、照片或者其他证明文件是否随案移送；

（六）证据是否确实、充分，是否依法收集，有无应当排除非法证据的情形；

（七）采取侦查措施包括技术侦查措施的法律手续和诉讼文书是否完备；

（八）有无遗漏罪行和其他应当追究刑事责任的人；

（九）是否属于不应当追究刑事责任的；

（十）有无附带民事诉讼；对于国家财产、集体财产遭受损失的，是否需要由人民检察院提起附带民事诉讼；对于破坏生态环境和资源保护，食品药品安全领域侵害众多消费者合法权益，侵害英雄烈士的姓名、肖像、名誉、荣誉等损害社会公共利益的行为，是否需要由人民检察院提起附带民事公益诉讼；

（十一）采取的强制措施是否适当，对于已经逮捕的犯罪嫌疑人，有无继续羁押的必要；

（十二）侦查活动是否合法；

（十三）涉案财物是否查封、扣押、冻结并妥善保管，清单是否齐备；对被害人合法财产的返还和对违禁品或者不宜长期保存的物品的处理是否妥当，移送的证明文件是否完备。

第三百三十一条 人民检察院办理审查起诉案件应当讯问犯罪嫌疑人。

第三百三十二条 人民检察院认为需要对案件中某些专门性问题进行鉴定而监察机关或者公安机关没有鉴定的，应当要求监察机关或者公安机关进行鉴定。必要时，也可以由人民检察院进行鉴定，或者由人民检察院聘请有鉴定资格的人进行鉴定。

人民检察院自行进行鉴定的，可以商请监察机关或者公安机关派员参加，必要时可以聘请有鉴定资格或者有专门知识的人参加。

第三百三十三条 在审查起诉中，发现犯罪嫌疑人可能患有精神病的，人民检察院应当依照本规则的有关规定对犯罪嫌疑人进行鉴定。

犯罪嫌疑人的辩护人或者近亲属以犯罪嫌疑人可能患有精神病而申请对犯罪嫌疑人进行鉴定的，人民检察院也可以依照本规则的有关规定对犯罪嫌疑人进行鉴定。鉴定费用由申请方承担。

第三百三十四条 人民检察院对鉴定意见有疑问的，可以询问鉴定人或者有专门知识的人并制作笔录附卷，也可以指派有鉴定资格的检察技术人员或者聘请其他有鉴定资格的人进行补充鉴定或者重新鉴定。

人民检察院对鉴定意见等技术性证据材料需要进行专门审查的，按照有关规定交检察技术人员或者其他有专门知识的人进行审查并出具审查意见。

第三百三十五条 人民检察院审查案件时，对监察机关或者公安机关的勘验、检查，认为需要复验、复查的，应当要求其复验、复查，人民检察院可以派员参加；也可以自行复验、复查，商请监察机关或者公安机关派员参加，必要时也可以指派检察技术人员或者聘请其他有专门知识的人参加。

第三百三十六条 人民检察院对物证、书证、视听资料、电子数据及勘验、检查、辨认、侦查实验等笔录存在疑问的，可以要求调查人员或者侦查人员提供获取、制作的有关情况，必要时也可以询问提供相关证据材料的人员和见证人并制作笔录附卷,对物证、书证、视听资料、电子数据进行鉴定。

第三百三十七条 人民检察院在审查起诉阶段认为需要逮捕犯罪嫌疑人的,应当经检察长决定。

第三百三十八条 对于人民检察院正在审查起诉的案件,被逮捕的犯罪嫌疑人及其法定代理人、近亲属或者辩护人认为羁押期限届满,向人民检察院提出释放犯罪嫌疑人或者变更强制措施要求的,人民检察院应当在三日以内审查决定。经审查,认为法定期限届满的,应当决定释放或者依法变更强制措施,并通知公安机关执行;认为法定期限未满的,书面答复申请人。

第三百三十九条 人民检察院对案件进行审查后,应当依法作出起诉或者不起诉以及是否提起附带民事诉讼、附带民事公益诉讼的决定。

第三百四十条 人民检察院对监察机关或者公安机关移送的案件进行审查后,在人民法院作出生效判决之前,认为需要补充提供证据材料的,可以书面要求监察机关或者公安机关提供。

第三百四十一条 人民检察院在审查起诉中发现有应当排除的非法证据,应当依法排除,同时可以要求监察机关或者公安机关另行指派调查人员或者侦查人员重新取证。必要时,人民检察院也可以自行调查取证。

第三百四十二条 人民检察院认为犯罪事实不清、证据不足或者存在遗漏罪行、遗漏同案犯罪嫌疑人等情形需要补充侦查的,应当制作补充侦查提纲,连同案卷材料一并退回公安机关补充侦查。人民检察院也可以自行侦查,必要时可以要求公安机关提供协助。

第三百四十三条 人民检察院对于监察机关移送起诉的案件,认为需要补充调查的,应当退回监察机关补充调查。必要时,可以自行补充侦查。

需要退回补充调查的案件,人民检察院应当出具补充调查决定书、补充调查提纲,写明补充调查的事项、理由、调查方向、需补充收集的证据及其证明作用等,连同案卷材料一并送交监察机关。

人民检察院决定退回补充调查的案件,犯罪嫌疑人已被采取强制措施的,应当将退回补充调查情况书面通知强制措施执行机关。监察机关需要讯问的,人民检察院应当予以配合。

第三百四十四条 对于监察机关移送起诉的案件,具有下列情形之一的,人民检察院可以自行补充侦查:

(一)证人证言、犯罪嫌疑人供述和辩解、被害人陈述的内容主要情节一致,个别情节不一致的;

(二)物证、书证等证据材料需要补充鉴定的;

(三)其他由人民检察院查证更为便利、更有效率、更有利于查清案件事实的情形。

自行补充侦查完毕后,应当将相关证据材料入卷,同时抄送监察机关。人民检察院自行补充侦查的,可以商请监察机关提供协助。

第三百四十五条 人民检察院负责捕诉的部门对本院负责侦查的部门移送起诉的案件进行审查后,认为犯罪事实不清、证据不足或者存在遗漏罪行、遗漏同案犯罪嫌疑人等情形需要补充侦查的,应当制作补充侦查提纲,连同案卷材料一并退回负责侦查的部门补充侦查。必要时,也可以自行侦查,可以要求负责侦查的部门予以协助。

第三百四十六条 退回监察机关补充调查、退回公安机关补充侦查的案件,均应当在一个月以内补充调查、补充侦查完毕。

补充调查、补充侦查以二次为限。

补充调查、补充侦查完毕移送起诉后,人民检察院重新计算审查起诉期限。

人民检察院负责捕诉的部门退回本院负责侦查的部门补充侦查的期限、次数按照本条第一款至第三款的规定执行。

第三百四十七条 补充侦查期限届满,公安机关未将案件重新移送起诉的,人民检察院应当要求公安机关说明理由。

人民检察院发现公安机关违反法律规定撤销案件的,应当提出纠正意见。

第三百四十八条 人民检察院在审查起诉中决定自行侦查的,应当在审查起诉期限内侦查完毕。

第三百四十九条 人民检察院对已经退回监察机关二次补充调查或者退回公安机关二次补充侦查的案件,在审查起诉中又发现新的犯罪事实,应当将线索移送监察机关或者公安机关。对已经查清的犯罪事实,应当依法提起公诉。

第三百五十条 对于在审查起诉期间改变管辖的案件,改变后的人民检察院对于符合刑事诉讼法第一百七十五条第二款规定的案件,可以经原受理案件的人民检察院协助,直接退回原侦查案件的公安机关补充侦查,也可以自行侦查。改变管辖前后退回补充侦查的次数总共不得超过二次。

第三百五十一条 人民检察院对于移送起诉的案件,应当在一个月以内作出决定;重大、复杂的案件,一个月以内不能作出决定的,可以延长十五日。

人民检察院审查起诉的案件,改变管辖的,从改变后的人民检察院收到案件之日起计算审查起诉期限。

第三百五十二条 追缴的财物中,属于被害人的合法财产,不需要在法庭出示的,应当及时返还被害人,并由被害人在发还款物清单上签名或者盖章,注明返还的理由,并将清单、照片附卷。

第三百五十三条 追缴的财物中,属于违禁品或者不宜长期保存的物品,应当依照国家有关规定处理,并将清单、照片、处理结果附卷。

第三百五十四条 人民检察院在审查起诉阶段,可以适用本规则规定的侦查措施和程序。

第八节 起 诉

第三百五十五条 人民检察院认为犯罪嫌疑人的犯罪事实已经查清,证据确实、充分,依法应当追究刑事责任的,应当作出起诉决定。

具有下列情形之一的,可以认为犯罪事实已经查清:

(一)属于单一罪行的案件,查清的事实足以定罪量刑或者与定罪量刑有关的事实已经查清,不影响定罪量刑的事实无法查清的;

(二)属于数个罪行的案件,部分罪行已经查清并符合起诉条件,其他罪行无法查清的;

(三)无法查清作案工具、赃物去向,但有其他证据足以对被告人定罪量刑的;

(四)证人证言、犯罪嫌疑人供述和辩解、被害人陈述的内容主要情节一致,个别情节不一致,但不影响定罪的。

对于符合前款第二项情形的,应当以已经查清的罪行起诉。

第三百五十六条 人民检察院在办理公安机关移送起诉的案件中,发现遗漏罪行或者有依法应当移送起诉的同案犯罪嫌疑人未移送起诉的,应当要求公安机关补充侦查或者补充移送起诉。对于犯罪事实清楚,证据确实、充分的,也可以直接提起公诉。

第三百五十七条 人民检察院立案侦查时认为属于直接受理侦查的案件,在审查起诉阶段发现属于监察机关管辖的,应当及时商监察机关办理。属于公安机关管辖,案件事实清楚,证据确实、充分,符合起诉条件的,可以直接起诉;事实不清、证据不足的,应当及时移送有管辖权的机关办理。

在审查起诉阶段,发现公安机关移送起诉的案件属于监察机关管辖,或者监察机关移送起诉的案件属于公安机关管辖,但案件事实清楚,证据确实、充分,符合起诉条件的,经征求监察机关、公安机关意见后,没有不同意见的,可以直接起诉;提出不同意见,或者事实不清、证据不足的,应当将案件退回移送案件的机关并说明理由,建议其移送有管辖权的机关办理。

第三百五十八条 人民检察院决定起诉的,应当制作起诉书。

起诉书的主要内容包括:

(一)被告人的基本情况,包括姓名、性别、出生年月日、出生地和户籍地、公民身份号码、民族、文化程度、职业、工作单位及职务、住址,是否受过刑事处分及处分的种类和时间,采取强制措施的情况等;如果是单位犯罪,应当写明犯罪单位的名称和组织机构代码、所在地址、联系方式,法定代表人和诉讼代表人的姓名、职务、联系方式;如果还有应当负刑事责任的直接负责的主管人员或其他直接责任人员,应当按上述被告人基本情况的内容叙写;

(二)案由和案件来源;

(三)案件事实,包括犯罪的时间、地点、经过、手段、动机、目的、危害后果等与定罪量刑有关的事实要素。起诉书叙述的指控犯罪事实的必备要素应当明晰、准确。被告人被控有多项犯罪事实的,应当逐一列举,对于犯罪手段相同的同一犯罪可以概括叙写;

(四)起诉的根据和理由,包括被告人触犯的刑法条款、犯罪的性质及认定的罪名、处罚条款、法定从轻、减轻或者从重处罚的情节,共同犯罪各被告人应负的罪责等;

(五)被告人认罪认罚情况,包括认罪认罚的内容、具结书签署情况等。

被告人真实姓名、住址无法查清的,可以按其绰号或者自报的姓名、住址制作起诉书,并在起诉书中注明。被告人自报的姓名可能造成损害他人名誉、败坏道德风俗等不良影响的,可以对被告人编号并按编号制作起诉书,附具被告人的照片,记明足以确定被告人面貌、体格、指纹以及其他反映被告人特征的事项。

起诉书应当附有被告人现在处所,证人、鉴定人、需要出庭的有专门知识的人的名单,需要保护的被害人、证人、鉴定人的化名名单,查封、扣押、冻结的财物及孳息的清单,附带民事诉讼、附带民事公益诉讼情况以及其他需要附注的情况。

证人、鉴定人、有专门知识的人的名单应当列明姓名、性别、年龄、职业、住址、联系方式,并注明证人、鉴定人是否出庭。

第三百五十九条 人民检察院提起公诉的案件,应当向人民法院移送起诉书、案卷材料、证据和认罪认罚具结书等材料。

起诉书应当一式八份,每增加一名被告人增加起诉书五份。

关于被害人姓名、住址、联系方式、被告人被采取强制措施的种类、是否在案及羁押处所等问题,人民检察院应当在起诉书中列明,不再单独移送材料;对于涉及被害人隐私或者为保护证人、鉴定人、被害人人身安全,而不宜公开证人、鉴定人、被害人姓名、住址、工作单位和联系方式等个人信息的,可以在起诉书中使用化名。但是应当另行书面说明使用化名的情况并标明密级,单独成卷。

第三百六十条 人民检察院对于犯罪嫌疑人、被告人或者证人等翻供、翻证的材料以及对犯罪嫌疑人、被告人有利的其他证据材料，应当移送人民法院。

第三百六十一条 人民法院向人民检察院提出书面意见要求补充移送材料，人民检察院认为有必要移送的，应当自收到通知之日起三日以内补送。

第三百六十二条 对提起公诉后，在人民法院宣告判决前补充收集的证据材料，人民检察院应当及时移送人民法院。

第三百六十三条 在审查起诉期间，人民检察院可以根据辩护人的申请，向监察机关、公安机关调取在调查、侦查期间收集的证明犯罪嫌疑人、被告人无罪或者罪轻的证据材料。

第三百六十四条 人民检察院提起公诉的案件，可以向人民法院提出量刑建议。除有减轻处罚或者免除处罚情节外，量刑建议应当在法定量刑幅度内提出。建议判处有期徒刑、管制、拘役的，可以具有一定的幅度，也可以提出具体确定的建议。

提出量刑建议的，可以制作量刑建议书，与起诉书一并移送人民法院。量刑建议书的主要内容应当包括被告人所犯罪行的法定刑、量刑情节、建议人民法院对被告人判处刑罚的种类、刑罚幅度、可以适用的刑罚执行方式以及提出量刑建议的依据和理由等。

认罪认罚案件的量刑建议，按照本章第二节的规定办理。

第九节 不起诉

第三百六十五条 人民检察院对于监察机关或者公安机关移送起诉的案件，发现犯罪嫌疑人没有犯罪事实，或者符合刑事诉讼法第十六条规定的情形之一的，经检察长批准，应当作出不起诉决定。

对于犯罪事实并非犯罪嫌疑人所为，需要重新调查或者侦查的，应当在作出不起诉决定后书面说明理由，将案卷材料退回监察机关或者公安机关并建议重新调查或者侦查。

第三百六十六条 负责捕诉的部门对于本院负责侦查的部门移送起诉的案件，发现具有本规则第三百六十五条第一款规定情形的，应当退回本院负责侦查的部门，建议撤销案件。

第三百六十七条 人民检察院对于二次退回补充调查或者补充侦查的案件，仍然认为证据不足，不符合起诉条件的，经检察长批准，依法作出不起诉决定。

人民检察院对于经过一次退回补充调查或者补充侦查的案件，认为证据不足，不符合起诉条件，且没有再次退回补充调查或者补充侦查必要的，经检察长批准，可以作出不起诉决定。

第三百六十八条 具有下列情形之一，不能确定犯罪嫌疑人构成犯罪和需要追究刑事责任的，属于证据不足，不符合起诉条件：

（一）犯罪构成要件事实缺乏必要的证据予以证明的；

（二）据以定罪的证据存在疑问，无法查证属实的；

（三）据以定罪的证据之间、证据与案件事实之间的矛盾不能合理排除的；

（四）根据证据得出的结论具有其他可能性，不能排除合理怀疑的；

（五）根据证据认定案件事实不符合逻辑和经验法则，得出的结论明显不符合常理的。

第三百六十九条 人民检察院根据刑事诉讼法第一百七十五条第四款规定决定不起诉的，在发现新的证据，符合起诉条件时，可以提起公诉。

第三百七十条 人民检察院对于犯罪情节轻微，依照刑法规定不需要判处刑罚或者免除刑罚的，经检察长批准，可以作出不起诉决定。

第三百七十一条 人民检察院直接受理侦查的案件，以及监察机关移送起诉的案件，拟作不起诉决定的，应当报请上一级人民检察院批准。

第三百七十二条 人民检察院决定不起诉的，应当制作不起诉决定书。

不起诉决定书的主要内容包括：

（一）被不起诉人的基本情况，包括姓名、性别、出生年月日、出生地和户籍地、公民身份号码、民族、文化程度、职业、工作单位及职务、住址，是否受过刑事处分，采取强制措施的情况以及羁押处所等；如果是单位犯罪，应当写明犯罪单位的名称和组织机构代码、所在地址、联系方式，法定代表人和诉讼代表人的姓名、职务、联系方式；

（二）案由和案件来源；

（三）案件事实，包括否定或者指控被不起诉人构成犯罪的事实以及作为不起诉决定根据的事实；

（四）不起诉的法律根据和理由，写明作出不起诉决定适用的法律条款；

（五）查封、扣押、冻结的涉案财物的处理情况；

（六）有关告知事项。

第三百七十三条 人民检察院决定不起诉的案件，可以根据案件的不同情况，对被不起诉人予以训诫或者责令具结悔过、赔礼道歉、赔偿损失。

对被不起诉人需要给予行政处罚、政务处分或者其他处分的，经检察长批准，人民检察院应当提出检察意见，连同不起诉决定书一并移送有关主管机关处理，并要求有关主管机关及时通报处理情况。

第三百七十四条 人民检察院决定不起诉的案件，应当同时书面通知作出查封、扣押、冻结决定的机关或者执行查封、扣押、冻结决定的机关解除查封、扣押、冻结。

第三百七十五条 人民检察院决定不起诉的案件，需要没收违法所得的，经检察长批准，应当提出检察意见，移送有关主管机关处理，并要求有关主管机关及时通报处理情况。具体程序可以参照本规则第二百四十八条的规定办理。

第三百七十六条 不起诉的决定，由人民检察院公开宣布。公开宣布不起诉决定的活动应当记录在案。

不起诉决定书自公开宣布之日起生效。

被不起诉人在押的，应当立即释放；被采取其他强制措施的，应当通知执行机关解除。

第三百七十七条 不起诉决定书应当送达被害人或者其近亲属及其诉讼代理人、被不起诉人及其辩护人以及被不起诉人所在单位。送达时，应当告知被害人或者其近亲属及其诉讼代理人，如果对不起诉决定不服，可以自收到不起诉决定书后七日以内向上一级人民检察院申诉；也可以不经申诉，直接向人民法院起诉。依照刑事诉讼法第一百七十七条第二款作出不起诉决定的，应当告知被不起诉人，如果对不起诉决定不服，可以自收到不起诉决定书后七日以内向人民检察院申诉。

第三百七十八条 对于监察机关或者公安机关移送起诉的案件，人民检察院决定不起诉的，应当将不起诉决定书送达监察机关或者公安机关。

第三百七十九条 监察机关认为不起诉的决定有错误，向上一级人民检察院提请复议的，上一级人民检察院应当在收到提请复议意见书后三十日以内，经检察长批准，作出复议决定，通知监察机关。

公安机关认为不起诉决定有错误要求复议的，人民检察院负责捕诉的部门应当另行指派检察官或者检察官办案组进行审查，并在收到要求复议意见书后三十日以内，经检察长批准，作出复议决定，通知公安机关。

第三百八十条 公安机关对不起诉决定提请复核的，上一级人民检察院应当在收到提请复核意见书后三十日以内，经检察长批准，作出复核决定，通知提请复核的公安机关和下级人民检察院。经复核认为下级人民检察院不起诉决定错误的，应当指令下级人民检察院纠正，或者撤销、变更下级人民检察院作出的不起诉决定。

第三百八十一条 被害人不服不起诉决定，在收到不起诉决定书后七日以内提出申诉的，由作出不起诉决定的人民检察院的上一级人民检察院负责捕诉的部门进行复查。

被害人向作出不起诉决定的人民检察院提出申诉的，作出决定的人民检察院应当将申诉材料连同案卷一并报送上一级人民检察院。

第三百八十二条　被害人不服不起诉决定，在收到不起诉决定书七日以后提出申诉的，由作出不起诉决定的人民检察院负责控告申诉检察的部门进行审查。经审查，认为不起诉决定正确的，出具审查结论直接答复申诉人，并做好释法说理工作；认为不起诉决定可能存在错误的，移送负责捕诉的部门进行复查。

第三百八十三条　人民检察院应当将复查决定书送达被害人、被不起诉人和作出不起诉决定的人民检察院。

上级人民检察院经复查作出起诉决定的，应当撤销下级人民检察院的不起诉决定，交由下级人民检察院提起公诉，并将复查决定抄送移送起诉的监察机关或者公安机关。

第三百八十四条　人民检察院收到人民法院受理被害人对被不起诉人起诉的通知后，应当终止复查，将作出不起诉决定所依据的有关案卷材料移送人民法院。

第三百八十五条　对于人民检察院依照刑事诉讼法第一百七十七条第二款规定作出的不起诉决定，被不起诉人不服，在收到不起诉决定书后七日以内提出申诉的，应当由作出决定的人民检察院负责捕诉的部门进行复查；被不起诉人在收到不起诉决定书七日以后提出申诉的，由负责控告申诉检察的部门进行审查。经审查，认为不起诉决定正确的，出具审查结论直接答复申诉人，并做好释法说理工作；认为不起诉决定可能存在错误的，移送负责捕诉的部门复查。

人民检察院应当将复查决定书送达被不起诉人、被害人。复查后，撤销不起诉决定，变更不起诉的事实或者法律依据的，应当同时将复查决定书抄送移送起诉的监察机关或者公安机关。

第三百八十六条　人民检察院复查不服不起诉决定的申诉，应当在立案后三个月以内报经检察长批准作出复查决定。案情复杂的，不得超过六个月。

第三百八十七条　被害人、被不起诉人对不起诉决定不服提出申诉的，应当递交申诉书，写明申诉理由。没有书写能力的，也可以口头提出申诉。人民检察院应当根据其口头提出的申诉制作笔录。

第三百八十八条　人民检察院发现不起诉决定确有错误，符合起诉条件的，应当撤销不起诉决定，提起公诉。

第三百八十九条　最高人民检察院对地方各级人民检察院的起诉、不起诉决定，上级人民检察院对下级人民检察院的起诉、不起诉决定，发现确有错误的，应当予以撤销或者指令下级人民检察院纠正。

第十一章 出席法庭

第一节 出席第一审法庭

第三百九十条 提起公诉的案件，人民检察院应当派员以国家公诉人的身份出席第一审法庭，支持公诉。

公诉人应当由检察官担任。检察官助理可以协助检察官出庭。根据需要可以配备书记员担任记录。

第三百九十一条 对于提起公诉后人民法院改变管辖的案件，提起公诉的人民检察院参照本规则第三百二十八条的规定将案件移送与审判管辖相对应的人民检察院。

接受移送的人民检察院重新对案件进行审查的，根据刑事诉讼法第一百七十二条第二款的规定自收到案件之日起计算审查起诉期限。

第三百九十二条 人民法院决定开庭审判的，公诉人应当做好以下准备工作：

（一）进一步熟悉案情，掌握证据情况；

（二）深入研究与本案有关的法律政策问题；

（三）充实审判中可能涉及的专业知识；

（四）拟定讯问被告人、询问证人、鉴定人、有专门知识的人和宣读、出示、播放证据的计划并制定质证方案；

（五）对可能出现证据合法性争议的，拟定证明证据合法性的提纲并准备相关材料；

（六）拟定公诉意见，准备辩论提纲；

（七）需要对出庭证人等的保护向人民法院提出建议或者配合工作的，做好相关准备。

第三百九十三条 人民检察院在开庭审理前收到人民法院或者被告人及其辩护人、被害人、证人等送交的反映证据系非法取得的书面材料的，应当进行审查。对于审查逮捕、审查起诉期间已经提出并经查证不存在非法取证行为的，应当通知人民法院、有关当事人和辩护人，并按照查证的情况做好庭审准备。对于新的材料或者线索，可以要求监察机关、公安机关对证据收集的合法性进行说明或者提供相关证明材料。

第三百九十四条 人民法院通知人民检察院派员参加庭前会议的，由出席法庭的公诉人参加。检察官助理可以协助。根据需要可以配备书记员担任记录。

人民检察院认为有必要召开庭前会议的，可以建议人民法院召开庭前会议。

第三百九十五条 在庭前会议中，公诉人可以对案件管辖、回避、出庭证人、鉴定人、有专门知识的人的名单、辩护人提供的无罪证据、非法证据排除、不公开审理、延期审理、适用简易程序或者速裁程序、庭审方案等与审判相关的问题提出和交换意见，了解辩护人收集的证据等情况。

对辩护人收集的证据有异议的，应当提出，并简要说明理由。

公诉人通过参加庭前会议，了解案件事实、证据和法律适用的争议和不同意见，解决有关程序问题，为参加法庭审理做好准备。

第三百九十六条 当事人、辩护人、诉讼代理人在庭前会议中提出证据系非法取得，人民法院认为可能存在以非法方法收集证据情形的，人民检察院应当对证据收集的合法性进行说明。需要调查核实的，在开庭审理前进行。

第三百九十七条 人民检察院向人民法院移送全部案卷材料后，在法庭审理过程中，公诉人需要出示、宣读、播放有关证据的，可以申请法庭出示、宣读、播放。

人民检察院基于出庭准备和庭审举证工作的需要，可以取回有关案卷材料和证据。

取回案卷材料和证据后，辩护律师要求查阅案卷材料的，应当允许辩护律师在人民检察院查阅、摘抄、复制案卷材料。

第三百九十八条 公诉人在法庭上应当依法进行下列活动：

（一）宣读起诉书，代表国家指控犯罪，提请人民法院对被告人依法审判；

（二）讯问被告人；

（三）询问证人、被害人、鉴定人；

（四）申请法庭出示物证，宣读书证、未到庭证人的证言笔录、鉴定人的鉴定意见、勘验、检查、辨认、侦查实验等笔录和其他作为证据的文书，播放作为证据的视听资料、电子数据等；

（五）对证据采信、法律适用和案件情况发表意见，提出量刑建议及理由，针对被告人、辩护人的辩护意见进行答辩，全面阐述公诉意见；

（六）维护诉讼参与人的合法权利；

（七）对法庭审理案件有无违反法律规定诉讼程序的情况记明笔录；

（八）依法从事其他诉讼活动。

第三百九十九条 在法庭审理中，公诉人应当客观、全面、公正地向法庭出示与定罪、量刑有关的证明被告人有罪、罪重或者罪轻的证据。

按照审判长要求，或者经审判长同意，公诉人可以按照以下方式举证、质证：

（一）对于可能影响定罪量刑的关键证据和控辩双方存在争议的证据，一般应当单独举证、质证；

（二）对于不影响定罪量刑且控辩双方无异议的证据，可以仅就证据的名称及其证明的事项、内容作出说明；

（三）对于证明方向一致、证明内容相近或者证据种类相同，存在内在逻辑关系的证据，可以归纳、分组示证、质证。

公诉人出示证据时，可以借助多媒体设备等方式出示、播放或者演示证据内容。

定罪证据与量刑证据需要分开的，应当分别出示。

第四百条 公诉人讯问被告人，询问证人、被害人、鉴定人，出示物证、宣读书证、未出庭证人的证言笔录等应当围绕下列事实进行：

（一）被告人的身份；

（二）指控的犯罪事实是否存在，是否为被告人所实施；

（三）实施犯罪行为的时间、地点、方法、手段、结果，被告人犯罪后的表现等；

（四）犯罪集团或者其他共同犯罪案件中参与犯罪人员的各自地位和应负的责任；

（五）被告人有无刑事责任能力，有无故意或者过失，行为的动机、目的；

（六）有无依法不应当追究刑事责任的情况，有无法定的从重或者从轻、减轻以及免除处罚的情节；

（七）犯罪对象、作案工具的主要特征，与犯罪有关的财物的来源、数量以及去向；

（八）被告人全部或者部分否认起诉书指控的犯罪事实的，否认的根据和理由能否成立；

（九）与定罪、量刑有关的其他事实。

第四百零一条 在法庭审理中，下列事实不必提出证据进行证明：

（一）为一般人共同知晓的常识性事实；

（二）人民法院生效裁判所确认并且未依审判监督程序重新审理的事实；

（三）法律、法规的内容以及适用等属于审判人员履行职务所应当知晓的事实；

（四）在法庭审理中不存在异议的程序事实；

（五）法律规定的推定事实；

（六）自然规律或者定律。

第四百零二条 讯问被告人、询问证人不得采取可能影响陈述或者证言客观真实的诱导性发问以及其他不当发问方式。

辩护人向被告人或者证人进行诱导性发问以及其他不当发问可能影响陈述或者证言的客观真实的，公诉人可以要求审判长制止或者要求对该项陈述或者证言不予采纳。

讯问共同犯罪案件的被告人、询问证人应当个别进行。

被告人、证人、被害人对同一事实的陈述存在矛盾的，公诉人可以建议法庭传唤有关被告人、通知有关证人同时到庭对质，必要时可以建议法庭询问被害人。

第四百零三条 被告人在庭审中的陈述与在侦查、审查起诉中的供述一致或者不一致的内容不影响定罪量刑的，可以不宣读被告人供述笔录。

被告人在庭审中的陈述与在侦查、审查起诉中的供述不一致，足以影响定罪量刑的，可以宣读被告人供述笔录，并针对笔录中被告人的供述内容对被告人进行讯问，或者提出其他证据进行证明。

第四百零四条 公诉人对证人证言有异议，且该证人证言对案件定罪量刑有重大影响的，可以申请人民法院通知证人出庭作证。

人民警察就其执行职务时目击的犯罪情况作为证人出庭作证，适用前款规定。

公诉人对鉴定意见有异议的，可以申请人民法院通知鉴定人出庭作证。经人民法院通知，鉴定人拒不出庭作证的，公诉人可以建议法庭不予采纳该鉴定意见作为定案的根据，也可以申请法庭重新通知鉴定人出庭作证或者申请重新鉴定。

必要时，公诉人可以申请法庭通知有专门知识的人出庭，就鉴定人作出的鉴定意见提出意见。

当事人或者辩护人、诉讼代理人对证人证言、鉴定意见有异议的，公诉人认为必要时，可以申请人民法院通知证人、鉴定人出庭作证。

第四百零五条 证人应当由人民法院通知并负责安排出庭作证。

对于经人民法院通知而未到庭的证人或者出庭后拒绝作证的证人的证言笔录，公诉人应当当庭宣读。

对于经人民法院通知而未到庭的证人的证言笔录存在疑问，确实需要证人出庭作证，且可以强制其到庭的，公诉人应当建议人民法院强制证人到庭作证和接受质证。

第四百零六条 证人在法庭上提供证言，公诉人应当按照审判长确定的顺序向证人发问。可以要求证人就其所了解的与案件有关的事实进行陈述，也可以直接发问。

证人不能连贯陈述的，公诉人可以直接发问。

向证人发问，应当针对证言中有遗漏、矛盾、模糊不清和有争议的内容，并着重围绕与定罪量刑紧密相关的事实进行。

发问采取一问一答形式，提问应当简洁、清楚。

证人进行虚假陈述的，应当通过发问澄清事实，必要时可以宣读在侦查、审查起诉阶段制作的该证人的证言笔录或者出示、宣读其他证据。

当事人和辩护人、诉讼代理人向证人发问后，公诉人可以根据证人回答的情况，经审判长许可，再次向证人发问。

询问鉴定人、有专门知识的人参照上述规定进行。

第四百零七条 必要时，公诉人可以建议法庭采取不暴露证人、鉴定人、被害人外貌、真实声音等出庭作证保护措施，或者建议法庭根据刑事诉讼法第一百五十四条的规定在庭外对证据进行核实。

第四百零八条 对于鉴定意见、勘验、检查、辨认、侦查实验等笔录和其他作为证据的文书以及经人民法院通知而未到庭的被害人的陈述笔录，公诉人应当当庭宣读。

第四百零九条 公诉人向法庭出示物证，一般应当出示原物，原物不易搬运、不易保存或者已返还被害人的，可以出示反映原物外形和特征的照片、录像、复制品，并向法庭说明情况及与原物的同一性。

公诉人向法庭出示书证，一般应当出示原件。获取书证原件确有困难的，可以出示书证副本或者复制件，并向法庭说明情况及与原件的同一性。

公诉人向法庭出示物证、书证，应当对该物证、书证所要证明的内容、获取情况作出说明，并向当事人、证人等问明物证的主要特征，让其辨认。对该物证、书证进行鉴定的，应当宣读鉴定意见。

第四百一十条 在法庭审理过程中，被告人及其辩护人提出被告人庭前供述系非法取得，审判人员认为需要进行法庭调查的，公诉人可以通过出示讯问笔录、提讯登记、体检记录、采取强制措施或者侦查措施的法律文书、侦查终结前对讯问合法性进行核查的材料等证据材料，有针对性地播放讯问录音、录像，提请法庭通知调查人员、侦查人员或者其他人员出庭说明情况等方式，对证据收集的合法性加以证明。

审判人员认为可能存在刑事诉讼法第五十六条规定的以非法方法收集其他证据的情形，需要进行法庭调查的，公诉人可以参照前款规定对证据收集的合法性进行证明。

公诉人不能当庭证明证据收集的合法性，需要调查核实的，可以建议法庭休庭或者延期审理。

在法庭审理期间，人民检察院可以要求监察机关或者公安机关对证据收集的合法性进行说明或者提供相关证明材料。必要时，可以自行调查核实。

第四百一十一条 公诉人对证据收集的合法性进行证明后，法庭仍有疑问的，可以建议法庭休庭，由人民法院对相关证据进行调查核实。人民法院调查核实证据，通知人民检察院派员到场的，人民检察院可以派员到场。

第四百一十二条 在法庭审理过程中，对证据合法性以外的其他程序事实存在争议的，公诉人应当出示、宣读有关诉讼文书、侦查或者审查起诉活动笔录。

第四百一十三条 对于搜查、查封、扣押、冻结、勘验、检查、辨认、侦查实验等活动中形成的笔录存在争议，需要调查人员、侦查人员以及上述活动的见证人出庭陈述有关情况的，公诉人可以建议合议庭通知其出庭。

第四百一十四条 在法庭审理过程中，合议庭对证据有疑问或者人民法院根据辩护人、被告人的申请，向人民检察院调取在侦查、审查起诉中收集的有关被告人无罪或者罪轻的证据材料的，人民检察院应当自收到人民法院要求调取证据材料决定书后三日以内移交。没有上述材料的，应当向人民法院说明情况。

第四百一十五条 在法庭审理过程中，合议庭对证据有疑问并在休庭后进行勘验、检查、查封、扣押、鉴定和查询、冻结的，人民检察院应当依法进行监督，发现上述活动有违法情况的，应当提出纠正意见。

第四百一十六条 人民法院根据申请收集、调取的证据或者在合议庭休庭后自行调查取得的证据，应当经过庭审出示、质证才能决定是否作为判决的依据。未经庭审出示、质证直接采纳为判决依据的，人民检察院应当提出纠正意见。

第四百一十七条 在法庭审理过程中，经审判长许可，公诉人可以逐一对正在调查的证据和案件情况发表意见，并同被告人、辩护人进行辩论。证据调查结束时，公诉人应当发表总结性意见。

在法庭辩论中，公诉人与被害人、诉讼代理人意见不一致的，公诉人应当认真听取被害人、诉讼代理人的意见，阐明自己的意见和理由。

第四百一十八条 人民检察院向人民法院提出量刑建议的，公诉人应当在发表公诉意见时提出。

对认罪认罚案件，人民法院经审理认为人民检察院的量刑建议明显不当向人民检察院提出的,或者被告人、辩护人对量刑建议提出异议的,人民检察院可以调整量刑建议。

第四百一十九条 适用普通程序审理的认罪认罚案件,公诉人可以建议适当简化法庭调查、辩论程序。

第四百二十条 在法庭审判过程中,遇有下列情形之一的,公诉人可以建议法庭延期审理:

(一)发现事实不清、证据不足,或者遗漏罪行、遗漏同案犯罪嫌疑人,需要补充侦查或者补充提供证据的;

(二)被告人揭发他人犯罪行为或者提供重要线索,需要补充侦查进行查证的;

(三)发现遗漏罪行或者遗漏同案犯罪嫌疑人,虽不需要补充侦查和补充提供证据,但需要补充、追加起诉的;

(四)申请人民法院通知证人、鉴定人出庭作证或者有专门知识的人出庭提出意见的;

(五)需要调取新的证据,重新鉴定或者勘验的;

(六)公诉人出示、宣读开庭前移送人民法院的证据以外的证据,或者补充、追加、变更起诉,需要给予被告人、辩护人必要时间进行辩护准备的;

(七)被告人、辩护人向法庭出示公诉人不掌握的与定罪量刑有关的证据,需要调查核实的;

(八)公诉人对证据收集的合法性进行证明,需要调查核实的。

在人民法院开庭审理前发现具有前款情形之一的,人民检察院可以建议人民法院延期审理。

第四百二十一条 法庭宣布延期审理后,人民检察院应当在补充侦查期限内提请人民法院恢复法庭审理或者撤回起诉。

公诉人在法庭审理过程中建议延期审理的次数不得超过两次,每次不得超过一个月。

第四百二十二条 在审判过程中,对于需要补充提供法庭审判所必需的证据或者补充侦查的,人民检察院应当自行收集证据和进行侦查,必要时可以要求监察机关或者公安机关提供协助;也可以书面要求监察机关或者公安机关补充提供证据。

人民检察院补充侦查,适用本规则第六章、第九章、第十章的规定。

补充侦查不得超过一个月。

第四百二十三条 人民法院宣告判决前,人民检察院发现被告人的真实身份或者犯罪事实与起诉书中叙述的身份或者指控犯罪事实不符的,或者事实、证据没有变化，但罪名、适用法律与起诉书不一致的，可以变更起诉。发现遗漏同案犯罪嫌疑人或者罪行的，应当要求公安机关补充移送起诉或者补充侦查；对于犯罪事实清楚，证据确实、充分的，可以直接追加、补充起诉。

第四百二十四条 人民法院宣告判决前，人民检察院发现具有下列情形之一的，经检察长批准，可以撤回起诉：

（一）不存在犯罪事实的；

（二）犯罪事实并非被告人所为的；

（三）情节显著轻微、危害不大，不认为是犯罪的；

（四）证据不足或证据发生变化，不符合起诉条件的；

（五）被告人因未达到刑事责任年龄，不负刑事责任的；

（六）法律、司法解释发生变化导致不应当追究被告人刑事责任的；

（七）其他不应当追究被告人刑事责任的。

对于撤回起诉的案件，人民检察院应当在撤回起诉后三十日以内作出不起诉决定。需要重新调查或者侦查的，应当在作出不起诉决定后将案卷材料退回监察机关或者公安机关，建议监察机关或者公安机关重新调查或者侦查，并书面说明理由。

对于撤回起诉的案件，没有新的事实或者新的证据，人民检察院不得再行起诉。

新的事实是指原起诉书中未指控的犯罪事实。该犯罪事实触犯的罪名既可以是原指控罪名的同一罪名，也可以是其他罪名。

新的证据是指撤回起诉后收集、调取的足以证明原指控犯罪事实的证据。

第四百二十五条 在法庭审理过程中，人民法院建议人民检察院补充侦查、补充起诉、追加起诉或者变更起诉的，人民检察院应当审查有关理由，并作出是否补充侦查、补充起诉、追加起诉或者变更起诉的决定。人民检察院不同意的，可以要求人民法院就起诉指控的犯罪事实依法作出裁判。

第四百二十六条 变更、追加、补充或者撤回起诉应当以书面方式在判决宣告前向人民法院提出。

第四百二十七条 出庭的书记员应当制作出庭笔录，详细记载庭审的时间、地点、参加人员、公诉人出庭执行任务情况和法庭调查、法庭辩论的主要内容以及法庭判决结果，由公诉人和书记员签名。

第四百二十八条 人民检察院应当当庭向人民法院移交取回的案卷材料和证据。在审判长宣布休庭后，公诉人应当与审判人员办理交接手续。无法当庭移交的，应当在休庭后三日以内移交。

第四百二十九条 人民检察院对查封、扣押、冻结的被告人财物及其孳息，应当根据不同情况作以下处理：

（一）对作为证据使用的实物，应当依法随案移送；对不宜移送的，应当将其清单、照片或者其他证明文件随案移送。

（二）冻结在金融机构、邮政部门的违法所得及其他涉案财产，应当向人民法院随案移送该金融机构、邮政部门出具的证明文件。待人民法院作出生效判决、裁定后，由人民法院通知该金融机构上缴国库。

（三）查封、扣押的涉案财物，对依法不移送的，应当随案移送清单、照片或者其他证明文件。待人民法院作出生效判决、裁定后，由人民检察院根据人民法院的通知上缴国库，并向人民法院送交执行回单。

（四）对于被扣押、冻结的债券、股票、基金份额等财产，在扣押、冻结期间权利人申请出售的，参照本规则第二百一十四条的规定办理。

第二节　简易程序

第四百三十条　人民检察院对于基层人民法院管辖的案件，符合下列条件的，可以建议人民法院适用简易程序审理：

（一）案件事实清楚、证据充分的；

（二）被告人承认自己所犯罪行，对指控的犯罪事实没有异议的；

（三）被告人对适用简易程序没有异议的。

第四百三十一条　具有下列情形之一的，人民检察院不得建议人民法院适用简易程序：

（一）被告人是盲、聋、哑人，或者是尚未完全丧失辨认或者控制自己行为能力的精神病人的；

（二）有重大社会影响的；

（三）共同犯罪案件中部分被告人不认罪或者对适用简易程序有异议的；

（四）比较复杂的共同犯罪案件；

（五）辩护人作无罪辩护或者对主要犯罪事实有异议的；

（六）其他不宜适用简易程序的。

人民法院决定适用简易程序审理的案件，人民检察院认为具有刑事诉讼法第二百一十五条规定情形之一的，应当向人民法院提出纠正意见；具有其他不宜适用简易程序情形的，人民检察院可以建议人民法院不适用简易程序。

第四百三十二条　基层人民检察院审查案件，认为案件事实清楚、证据充分的，应当在讯问犯罪嫌疑人时，了解其是否承认自己所犯罪行，对指控的犯罪事实有无异议，告知其适用简易程序的法律规定，确认其是否同意适用简易程序。

第四百三十三条　适用简易程序审理的公诉案件，人民检察院应当派员出席法庭。

第四百三十四条 公诉人出席简易程序法庭时,应当主要围绕量刑以及其他有争议的问题进行法庭调查和法庭辩论。在确认被告人庭前收到起诉书并对起诉书指控的犯罪事实没有异议后,可以简化宣读起诉书,根据案件情况决定是否讯问被告人,询问证人、鉴定人和出示证据。

根据案件情况,公诉人可以建议法庭简化法庭调查和法庭辩论程序。

第四百三十五条 适用简易程序审理的公诉案件,公诉人发现不宜适用简易程序审理的,应当建议法庭按照第一审普通程序重新审理。

第四百三十六条 转为普通程序审理的案件,公诉人需要为出席法庭进行准备的,可以建议人民法院延期审理。

第三节 速裁程序

第四百三十七条 人民检察院对基层人民法院管辖的案件,符合下列条件的,在提起公诉时,可以建议人民法院适用速裁程序审理:

(一)可能判处三年有期徒刑以下刑罚;

(二)案件事实清楚,证据确实、充分;

(三)被告人认罪认罚、同意适用速裁程序。

第四百三十八条 具有下列情形之一的,人民检察院不得建议人民法院适用速裁程序:

(一)被告人是盲、聋、哑人,或者是尚未完全丧失辨认或者控制自己行为能力的精神病人的;

(二)被告人是未成年人的;

(三)案件有重大社会影响的;

(四)共同犯罪案件中部分被告人对指控的犯罪事实、罪名、量刑建议或者适用速裁程序有异议的;

(五)被告人与被害人或者其法定代理人没有就附带民事诉讼赔偿等事项达成调解或者和解协议的;

(六)其他不宜适用速裁程序审理的。

第四百三十九条 公安机关、犯罪嫌疑人及其辩护人建议适用速裁程序,人民检察院经审查认为符合条件的,可以建议人民法院适用速裁程序审理。

公安机关、辩护人未建议适用速裁程序,人民检察院经审查认为符合速裁程序适用条件,且犯罪嫌疑人同意适用的,可以建议人民法院适用速裁程序审理。

第四百四十条 人民检察院建议人民法院适用速裁程序的案件,起诉书内容可以适当简化,重点写明指控的事实和适用的法律。

第四百四十一条 人民法院适用速裁程序审理的案件，人民检察院应当派员出席法庭。

第四百四十二条 公诉人出席速裁程序法庭时，可以简要宣读起诉书指控的犯罪事实、证据、适用法律及量刑建议，一般不再讯问被告人。

第四百四十三条 适用速裁程序审理的案件，人民检察院发现有不宜适用速裁程序审理情形的，应当建议人民法院转为普通程序或者简易程序重新审理。

第四百四十四条 转为普通程序审理的案件，公诉人需要为出席法庭进行准备的，可以建议人民法院延期审理。

第四节　出席第二审法庭

第四百四十五条 对提出抗诉的案件或者公诉案件中人民法院决定开庭审理的上诉案件，同级人民检察院应当指派检察官出席第二审法庭。检察官助理可以协助检察官出庭。根据需要可以配备书记员担任记录。

第四百四十六条 检察官出席第二审法庭的任务是：

（一）支持抗诉或者听取上诉意见，对原审人民法院作出的错误判决或者裁定提出纠正意见；

（二）维护原审人民法院正确的判决或者裁定，建议法庭维持原判；

（三）维护诉讼参与人的合法权利；

（四）对法庭审理案件有无违反法律规定诉讼程序的情况记明笔录；

（五）依法从事其他诉讼活动。

第四百四十七条 对抗诉和上诉案件，第二审人民法院的同级人民检察院可以调取下级人民检察院与案件有关的材料。

人民检察院在接到第二审人民法院决定开庭、查阅案卷通知后，可以查阅或者调阅案卷材料。查阅或者调阅案卷材料应当在接到人民法院的通知之日起一个月以内完成。在一个月以内无法完成的，可以商请人民法院延期审理。

第四百四十八条 检察人员应当客观全面地审查原审案卷材料，不受上诉或者抗诉范围的限制。应当审查原审判决认定案件事实、适用法律是否正确，证据是否确实、充分，量刑是否适当，审判活动是否合法，并应当审查下级人民检察院的抗诉书或者上诉人的上诉状，了解抗诉或者上诉的理由是否正确、充分，重点审查有争议的案件事实、证据和法律适用问题，有针对性地做好庭审准备工作。

第四百四十九条 检察人员在审查第一审案卷材料时，应当复核主要证据，可以讯问原审被告人。必要时，可以补充收集证据、重新鉴定或者补充鉴定。需要原侦查案件的公安机关补充收集证据的，可以要求其补充收集。

被告人、辩护人提出被告人自首、立功等可能影响定罪量刑的材料和线索的，可以移交公安机关调查核实，也可以自行调查核实。发现遗漏罪行或者同案犯罪嫌疑人的，应当建议公安机关侦查。

对于下列原审被告人，应当进行讯问：

（一）提出上诉的；

（二）人民检察院提出抗诉的；

（三）被判处无期徒刑以上刑罚的。

第四百五十条　人民检察院办理死刑上诉、抗诉案件，应当进行下列工作：

（一）讯问原审被告人，听取原审被告人的上诉理由或者辩解；

（二）听取辩护人的意见；

（三）复核主要证据，必要时询问证人；

（四）必要时补充收集证据；

（五）对鉴定意见有疑问的，可以重新鉴定或者补充鉴定；

（六）根据案件情况，可以听取被害人的意见。

第四百五十一条　出席第二审法庭前，检察人员应当制作讯问原审被告人、询问被害人、证人、鉴定人和出示、宣读、播放证据计划，拟写答辩提纲，并制作出庭意见。

第四百五十二条　在法庭审理中，检察官应当针对原审判决或者裁定认定事实或适用法律、量刑等方面的问题，围绕抗诉或者上诉理由以及辩护人的辩护意见，讯问原审被告人，询问被害人、证人、鉴定人，出示和宣读证据，并提出意见和进行辩论。

第四百五十三条　需要出示、宣读、播放第一审期间已移交人民法院的证据的，出庭的检察官可以申请法庭出示、宣读、播放。

在第二审法庭宣布休庭后需要移交证据材料的，参照本规则第四百二十八条的规定办理。

第五节　出席再审法庭

第四百五十四条　人民法院开庭审理再审案件，同级人民检察院应当派员出席法庭。

第四百五十五条　人民检察院对于人民法院按照审判监督程序重新审判的案件，应当对原判决、裁定认定的事实、证据、适用法律进行全面审查，重点审查有争议的案件事实、证据和法律适用问题。

第四百五十六条　人民检察院派员出席再审法庭，如果再审案件按照第一审程序审理，参照本章第一节有关规定执行；如果再审案件按照第二审程序审理，参照本章第四节有关规定执行。

第十二章　特别程序

第一节　未成年人刑事案件诉讼程序

第四百五十七条　人民检察院办理未成年人刑事案件，应当贯彻"教育、感化、挽救"方针和"教育为主、惩罚为辅"的原则，坚持优先保护、特殊保护、双向保护，以帮助教育和预防重新犯罪为目的。

人民检察院可以借助社会力量开展帮助教育未成年人的工作。

第四百五十八条　人民检察院应当指定熟悉未成年人身心特点的检察人员办理未成年人刑事案件。

第四百五十九条　人民检察院办理未成年人与成年人共同犯罪案件，一般应当对未成年人与成年人分案办理、分别起诉。不宜分案处理的，应当对未成年人采取隐私保护、快速办理等特殊保护措施。

第四百六十条　人民检察院受理案件后，应当向未成年犯罪嫌疑人及其法定代理人了解其委托辩护人的情况，并告知其有权委托辩护人。

未成年犯罪嫌疑人没有委托辩护人的，人民检察院应当书面通知法律援助机构指派律师为其提供辩护。

对于公安机关未通知法律援助机构指派律师为未成年犯罪嫌疑人提供辩护的，人民检察院应当提出纠正意见。

第四百六十一条　人民检察院根据情况可以对未成年犯罪嫌疑人的成长经历、犯罪原因、监护教育等情况进行调查，并制作社会调查报告，作为办案和教育的参考。

人民检察院开展社会调查，可以委托有关组织和机构进行。开展社会调查应当尊重和保护未成年人隐私，不得向不知情人员泄露未成年犯罪嫌疑人的涉案信息。

人民检察院应当对公安机关移送的社会调查报告进行审查。必要时，可以进行补充调查。

人民检察院制作的社会调查报告应当随案移送人民法院。

第四百六十二条　人民检察院对未成年犯罪嫌疑人审查逮捕，应当根据未成年犯罪嫌疑人涉嫌犯罪的性质、情节、主观恶性、有无监护与社会帮教条件、认罪认罚等情况，综合衡量其社会危险性，严格限制适用逮捕措施。

第四百六十三条　对于罪行较轻，具备有效监护条件或者社会帮教措施，没有社会危险性或者社会危险性较小的未成年犯罪嫌疑人，应当不批准逮捕。

对于罪行比较严重,但主观恶性不大,有悔罪表现,具备有效监护条件或者社会帮教措施,具有下列情形之一,不逮捕不致发生社会危险性的未成年犯罪嫌疑人,可以不批准逮捕:

(一)初次犯罪、过失犯罪的;

(二)犯罪预备、中止、未遂的;

(三)防卫过当、避险过当的;

(四)有自首或者立功表现的;

(五)犯罪后认罪认罚,或者积极退赃,尽力减少和赔偿损失,被害人谅解的;

(六)不属于共同犯罪的主犯或者集团犯罪中的首要分子的;

(七)属于已满十四周岁不满十六周岁的未成年人或者系在校学生的;

(八)其他可以不批准逮捕的情形。

对于没有固定住所、无法提供保证人的未成年犯罪嫌疑人适用取保候审的,可以指定合适的成年人作为保证人。

第四百六十四条 审查逮捕未成年犯罪嫌疑人,应当重点查清其是否已满十四、十六、十八周岁。

对犯罪嫌疑人实际年龄难以判断,影响对该犯罪嫌疑人是否应当负刑事责任认定的,应当不批准逮捕。需要补充侦查的,同时通知公安机关。

第四百六十五条 在审查逮捕、审查起诉中,人民检察院应当讯问未成年犯罪嫌疑人,听取辩护人的意见,并制作笔录附卷。辩护人提出书面意见的,应当附卷。对于辩护人提出犯罪嫌疑人无罪、罪轻或者减轻、免除刑事责任、不适宜羁押或者侦查活动有违法情形等意见的,检察人员应当进行审查,并在相关工作文书中叙明辩护人提出的意见,说明是否采纳的情况和理由。

讯问未成年犯罪嫌疑人,应当通知其法定代理人到场,告知法定代理人依法享有的诉讼权利和应当履行的义务。到场的法定代理人可以代为行使未成年犯罪嫌疑人的诉讼权利,代为行使权利时不得损害未成年犯罪嫌疑人的合法权益。

无法通知、法定代理人不能到场或者法定代理人是共犯的,也可以通知未成年犯罪嫌疑人的其他成年亲属,所在学校、单位或者居住地的村民委员会、居民委员会、未成年人保护组织的代表到场,并将有关情况记录在案。未成年犯罪嫌疑人明确拒绝法定代理人以外的合适成年人到场,且有正当理由的,人民检察院可以准许,但应当在征求其意见后通知其他合适成年人到场。

到场的法定代理人或者其他人员认为检察人员在讯问中侵犯未成年犯罪嫌疑人合法权益提出意见的,人民检察院应当记录在案。对合理意见,应当接受并纠正。讯问笔录应当交由到场的法定代理人或者其他人员阅读或者向其宣读,并由其在笔录上签名或者盖章,并捺指印。

讯问女性未成年犯罪嫌疑人,应当有女性检察人员参加。

询问未成年被害人、证人,适用本条第二款至第五款的规定。询问应以一次为原则,避免反复询问。

第四百六十六条 讯问未成年犯罪嫌疑人应当保护其人格尊严。

讯问未成年犯罪嫌疑人一般不得使用戒具。对于确有人身危险性必须使用戒具的,在现实危险消除后应当立即停止使用。

第四百六十七条 未成年犯罪嫌疑人认罪认罚的,人民检察院应当告知本人及其法定代理人享有的诉讼权利和认罪认罚的法律规定,并依照刑事诉讼法第一百七十三条的规定,听取、记录未成年犯罪嫌疑人及其法定代理人、辩护人、被害人及其诉讼代理人的意见。

第四百六十八条 未成年犯罪嫌疑人认罪认罚的,应当在法定代理人、辩护人在场的情况下签署认罪认罚具结书。法定代理人、辩护人对认罪认罚有异议的,不需要签署具结书。

因未成年犯罪嫌疑人的法定代理人、辩护人对其认罪认罚有异议而不签署具结书的,人民检察院应当对未成年人认罪认罚情况,法定代理人、辩护人的异议情况如实记录。提起公诉的,应当将该材料与其他案卷材料一并移送人民法院。

未成年犯罪嫌疑人的法定代理人、辩护人对认罪认罚有异议而不签署具结书的,不影响从宽处理。

法定代理人无法到场的,合适成年人可以代为行使到场权、知情权、异议权等。法定代理人未到场的原因以及听取合适成年人意见等情况应当记录在案。

第四百六十九条 对于符合刑事诉讼法第二百八十二条第一款规定条件的未成年人刑事案件,人民检察院可以作出附条件不起诉的决定。

人民检察院在作出附条件不起诉的决定以前,应当听取公安机关、被害人、未成年犯罪嫌疑人及其法定代理人、辩护人的意见,并制作笔录附卷。

第四百七十条 未成年犯罪嫌疑人及其法定代理人对拟作出附条件不起诉决定提出异议的,人民检察院应当提起公诉。但是,未成年犯罪嫌疑人及其法定代理人提出无罪辩解,人民检察院经审查认为无罪辩解理由成立的,应当按照本规则第三百六十五条的规定作出不起诉决定。

未成年犯罪嫌疑人及其法定代理人对案件作附条件不起诉处理没有异议,仅对所附条件及考验期有异议的,人民检察院可以依法采纳其合理的意见,对考察的内容、方式、时间等进行调整；其意见不利于对未成年犯罪嫌疑人帮教，人民检察院不采纳的，应当进行释法说理。

人民检察院作出起诉决定前，未成年犯罪嫌疑人及其法定代理人撤回异议的，人民检察院可以依法作出附条件不起诉决定。

第四百七十一条 人民检察院作出附条件不起诉的决定后，应当制作附条件不起诉决定书，并在三日以内送达公安机关、被害人或者其近亲属及其诉讼代理人、未成年犯罪嫌疑人及其法定代理人、辩护人。

人民检察院应当当面向未成年犯罪嫌疑人及其法定代理人宣布附条件不起诉决定，告知考验期限、在考验期内应当遵守的规定以及违反规定应负的法律责任，并制作笔录附卷。

第四百七十二条 对附条件不起诉的决定，公安机关要求复议、提请复核或者被害人提出申诉的，具体程序参照本规则第三百七十九条至第三百八十三条的规定。被害人不服附条件不起诉决定的，应当告知其不适用刑事诉讼法第一百八十条关于被害人可以向人民法院起诉的规定，并做好释法说理工作。

前款规定的复议、复核、申诉由相应人民检察院负责未成年人检察的部门进行审查。

第四百七十三条 人民检察院作出附条件不起诉决定的，应当确定考验期。考验期为六个月以上一年以下，从人民检察院作出附条件不起诉的决定之日起计算。

第四百七十四条 在附条件不起诉的考验期内，由人民检察院对被附条件不起诉的未成年犯罪嫌疑人进行监督考察。人民检察院应当要求未成年犯罪嫌疑人的监护人对未成年犯罪嫌疑人加强管教，配合人民检察院做好监督考察工作。

人民检察院可以会同未成年犯罪嫌疑人的监护人、所在学校、单位、居住地的村民委员会、居民委员会、未成年人保护组织等的有关人员，定期对未成年犯罪嫌疑人进行考察、教育，实施跟踪帮教。

第四百七十五条 人民检察院对于被附条件不起诉的未成年犯罪嫌疑人，应当监督考察其是否遵守下列规定：

（一）遵守法律法规，服从监督；

（二）按照规定报告自己的活动情况；

（三）离开所居住的市、县或者迁居，应当报经批准；

（四）按照要求接受矫治和教育。

第四百七十六条 人民检察院可以要求被附条件不起诉的未成年犯罪嫌疑人接受下列矫治和教育：

（一）完成戒瘾治疗、心理辅导或者其他适当的处遇措施；

（二）向社区或者公益团体提供公益劳动；

（三）不得进入特定场所，与特定的人员会见或者通信，从事特定的活动；

（四）向被害人赔偿损失、赔礼道歉等；

（五）接受相关教育；

（六）遵守其他保护被害人安全以及预防再犯的禁止性规定。

第四百七十七条 考验期届满，检察人员应当制作附条件不起诉考察意见书，提出起诉或者不起诉的意见，报请检察长决定。

考验期满作出不起诉的决定以前，应当听取被害人意见。

第四百七十八条 考验期满作出不起诉决定，被害人提出申诉的，依照本规则第四百七十二条规定办理。

第四百七十九条 被附条件不起诉的未成年犯罪嫌疑人，在考验期内具有下列情形之一的，人民检察院应当撤销附条件不起诉的决定，提起公诉：

（一）实施新的犯罪的；

（二）发现决定附条件不起诉以前还有其他犯罪需要追诉的；

（三）违反治安管理规定，造成严重后果，或者多次违反治安管理规定的；

（四）违反有关附条件不起诉的监督管理规定，造成严重后果，或者多次违反有关附条件不起诉的监督管理规定的。

第四百八十条 被附条件不起诉的未成年犯罪嫌疑人，在考验期内没有本规则第四百七十九条规定的情形，考验期满的，人民检察院应当作出不起诉的决定。

第四百八十一条 人民检察院办理未成年人刑事案件过程中，应当对涉案未成年人的资料予以保密，不得公开或者传播涉案未成年人的姓名、住所、照片、图像及可能推断出该未成年人的其他资料。

第四百八十二条 犯罪的时候不满十八周岁，被判处五年有期徒刑以下刑罚的，人民检察院应当在收到人民法院生效判决、裁定后，对犯罪记录予以封存。

生效判决、裁定由第二审人民法院作出的，同级人民检察院依照前款规定封存犯罪记录时，应当通知下级人民检察院对相关犯罪记录予以封存。

第四百八十三条 人民检察院应当将拟封存的未成年人犯罪记录、案卷等相关材料装订成册，加密保存，不予公开，并建立专门的未成年人犯罪档案库，执行严格的保管制度。

第四百八十四条 除司法机关为办案需要或者有关单位根据国家规定进行查询的以外，人民检察院不得向任何单位和个人提供封存的犯罪记录，并不得提供未成年人有犯罪记录的证明。

司法机关或者有关单位需要查询犯罪记录的，应当向封存犯罪记录的人民检察院提出书面申请。人民检察院应当在七日以内作出是否许可的决定。

第四百八十五条 未成年人犯罪记录封存后，没有法定事由、未经法定程序不得解封。

对被封存犯罪记录的未成年人，符合下列条件之一的，应当对其犯罪记录解除封存：

（一）实施新的犯罪，且新罪与封存记录之罪数罪并罚后被决定执行五年有期徒刑以上刑罚的；

（二）发现漏罪，且漏罪与封存记录之罪数罪并罚后被决定执行五年有期徒刑以上刑罚的。

第四百八十六条 人民检察院对未成年犯罪嫌疑人作出不起诉决定后，应当对相关记录予以封存。除司法机关为办案需要进行查询外，不得向任何单位和个人提供。封存的具体程序参照本规则第四百八十三条至第四百八十五条的规定。

第四百八十七条 被封存犯罪记录的未成年人或者其法定代理人申请出具无犯罪记录证明的，人民检察院应当出具。需要协调公安机关、人民法院为其出具无犯罪记录证明的，人民检察院应当予以协助。

第四百八十八条 负责未成年人检察的部门应当依法对看守所、未成年犯管教所监管未成年人的活动实行监督，配合做好对未成年人的教育。发现没有对未成年犯罪嫌疑人、被告人与成年犯罪嫌疑人、被告人分别关押、管理或者违反规定对未成年犯留所执行刑罚的，应当依法提出纠正意见。

负责未成年人检察的部门发现社区矫正机构违反未成年人社区矫正相关规定的，应当依法提出纠正意见。

第四百八十九条 本节所称未成年人刑事案件，是指犯罪嫌疑人实施涉嫌犯罪行为时已满十四周岁、未满十八周岁的刑事案件。

本节第四百六十条、第四百六十五条、第四百六十六条、第四百六十七条、第四百六十八条所称的未成年犯罪嫌疑人，是指在诉讼过程中未满十八周岁的人。犯罪嫌疑人实施涉嫌犯罪行为时未满十八周岁，在诉讼过程中已满十八周岁的，人民检察院可以根据案件的具体情况适用上述规定。

第四百九十条 人民检察院办理侵害未成年人犯罪案件，应当采取适合未成年被害人身心特点的方法，充分保护未成年被害人的合法权益。

第四百九十一条 办理未成年人刑事案件，除本节已有规定的以外，按照刑事诉讼法和其他有关规定进行。

第二节 当事人和解的公诉案件诉讼程序

第四百九十二条 下列公诉案件，双方当事人可以和解：

（一）因民间纠纷引起，涉嫌刑法分则第四章、第五章规定的犯罪案件，可能判处三年有期徒刑以下刑罚的；

（二）除渎职犯罪以外的可能判处七年有期徒刑以下刑罚的过失犯罪案件。

当事人和解的公诉案件应当同时符合下列条件：

（一）犯罪嫌疑人真诚悔罪，向被害人赔偿损失、赔礼道歉等；

（二）被害人明确表示对犯罪嫌疑人予以谅解；

（三）双方当事人自愿和解，符合有关法律规定；

（四）属于侵害特定被害人的故意犯罪或者有直接被害人的过失犯罪；

（五）案件事实清楚，证据确实、充分。

犯罪嫌疑人在五年以内曾经故意犯罪的，不适用本节规定的程序。

犯罪嫌疑人在犯刑事诉讼法第二百八十八条第一款规定的犯罪前五年内曾经故意犯罪，无论该故意犯罪是否已经追究，均应当认定为前款规定的五年以内曾经故意犯罪。

第四百九十三条 被害人死亡的，其法定代理人、近亲属可以与犯罪嫌疑人和解。

被害人系无行为能力或者限制行为能力人的，其法定代理人可以代为和解。

第四百九十四条 犯罪嫌疑人系限制行为能力人的，其法定代理人可以代为和解。

犯罪嫌疑人在押的，经犯罪嫌疑人同意，其法定代理人、近亲属可以代为和解。

第四百九十五条 双方当事人可以就赔偿损失、赔礼道歉等民事责任事项进行和解，并且可以就被害人及其法定代理人或者近亲属是否要求或者同意公安机关、人民检察院、人民法院对犯罪嫌疑人依法从宽处理进行协商，但不得对案件的事实认定、证据采信、法律适用和定罪量刑等依法属于公安机关、人民检察院、人民法院职权范围的事宜进行协商。

第四百九十六条 双方当事人可以自行达成和解，也可以经人民调解委员会、村民委员会、居民委员会、当事人所在单位或者同事、亲友等组织或者个人调解后达成和解。

人民检察院对于本规则第四百九十二条规定的公诉案件,可以建议当事人进行和解,并告知相应的权利义务,必要时可以提供法律咨询。

第四百九十七条 人民检察院应当对和解的自愿性、合法性进行审查,重点审查以下内容:

(一)双方当事人是否自愿和解;

(二)犯罪嫌疑人是否真诚悔罪,是否向被害人赔礼道歉,赔偿数额与其所造成的损害和赔偿能力是否相适应;

(三)被害人及其法定代理人或者近亲属是否明确表示对犯罪嫌疑人予以谅解;

(四)是否符合法律规定;

(五)是否损害国家、集体和社会公共利益或者他人的合法权益;

(六)是否符合社会公德。

审查时,应当听取双方当事人和其他有关人员对和解的意见,告知刑事案件可能从宽处理的法律后果和双方的权利义务,并制作笔录附卷。

第四百九十八条 经审查认为双方自愿和解,内容合法,且符合本规则第四百九十二条规定的范围和条件的,人民检察院应当主持制作和解协议书。

和解协议书的主要内容包括:

(一)双方当事人的基本情况;

(二)案件的主要事实;

(三)犯罪嫌疑人真诚悔罪,承认自己所犯罪行,对指控的犯罪没有异议,向被害人赔偿损失、赔礼道歉等。赔偿损失的,应当写明赔偿的数额、履行的方式、期限等;

(四)被害人及其法定代理人或者近亲属对犯罪嫌疑人予以谅解,并要求或者同意公安机关、人民检察院、人民法院对犯罪嫌疑人依法从宽处理。

和解协议书应当由双方当事人签字,可以写明和解协议书系在人民检察院主持下制作。检察人员不在当事人和解协议书上签字,也不加盖人民检察院印章。

和解协议书一式三份,双方当事人各持一份,另一份交人民检察院附卷备查。

第四百九十九条 和解协议书约定的赔偿损失内容,应当在双方签署协议后立即履行,至迟在人民检察院作出从宽处理决定前履行。确实难以一次性履行的,在提供有效担保并且被害人同意的情况下,也可以分期履行。

第五百条 双方当事人在侦查阶段达成和解协议,公安机关向人民检察院提出从宽处理建议的,人民检察院在审查逮捕和审查起诉时应当充分考虑公安机关的建议。

第五百零一条 人民检察院对于公安机关提请批准逮捕的案件，双方当事人达成和解协议的，可以作为有无社会危险性或者社会危险性大小的因素予以考虑。经审查认为不需要逮捕的，可以作出不批准逮捕的决定；在审查起诉阶段可以依法变更强制措施。

第五百零二条 人民检察院对于公安机关移送起诉的案件，双方当事人达成和解协议的，可以作为是否需要判处刑罚或者免除刑罚的因素予以考虑。符合法律规定的不起诉条件的，可以决定不起诉。

对于依法应当提起公诉的，人民检察院可以向人民法院提出从宽处罚的量刑建议。

第五百零三条 人民检察院拟对当事人达成和解的公诉案件作出不起诉决定的，应当听取双方当事人对和解的意见，并且查明犯罪嫌疑人是否已经切实履行和解协议、不能即时履行的是否已经提供有效担保，将其作为是否决定不起诉的因素予以考虑。

当事人在不起诉决定作出之前反悔的，可以另行达成和解。不能另行达成和解的，人民检察院应当依法作出起诉或者不起诉决定。

当事人在不起诉决定作出之后反悔的，人民检察院不撤销原决定，但有证据证明和解违反自愿、合法原则的除外。

第五百零四条 犯罪嫌疑人或者其亲友等以暴力、威胁、欺骗或者其他非法方法强迫、引诱被害人和解，或者在协议履行完毕之后威胁、报复被害人的，应当认定和解协议无效。已经作出不批准逮捕或者不起诉决定的，人民检察院根据案件情况可以撤销原决定，对犯罪嫌疑人批准逮捕或者提起公诉。

第三节 缺席审判程序

第五百零五条 对于监察机关移送起诉的贪污贿赂犯罪案件，犯罪嫌疑人、被告人在境外，人民检察院认为犯罪事实已经查清，证据确实、充分，依法应当追究刑事责任的，可以向人民法院提起公诉。

对于公安机关移送起诉的需要及时进行审判的严重危害国家安全犯罪、恐怖活动犯罪案件，犯罪嫌疑人、被告人在境外，人民检察院认为犯罪事实已经查清，证据确实、充分，依法应当追究刑事责任的，经最高人民检察院核准，可以向人民法院提起公诉。

前两款规定的案件，由有管辖权的中级人民法院的同级人民检察院提起公诉。

人民检察院提起公诉的，应当向人民法院提交被告人已出境的证据。

第五百零六条 人民检察院对公安机关移送起诉的需要报请最高人民检察

院核准的案件，经检察委员会讨论提出提起公诉意见的，应当层报最高人民检察院核准。报送材料包括起诉意见书、案件审查报告、报请核准的报告及案件证据材料。

第五百零七条 最高人民检察院收到下级人民检察院报请核准提起公诉的案卷材料后，应当及时指派检察官对案卷材料进行审查，提出核准或者不予核准的意见，报检察长决定。

第五百零八条 报请核准的人民检察院收到最高人民检察院核准决定书后，应当提起公诉，起诉书中应当载明经最高人民检察院核准的内容。

第五百零九条 审查起诉期间，犯罪嫌疑人自动投案或者被抓获的，人民检察院应当重新审查。

对严重危害国家安全犯罪、恐怖活动犯罪案件报请核准期间，犯罪嫌疑人自动投案或者被抓获的，报请核准的人民检察院应当及时撤回报请，重新审查案件。

第五百一十条 提起公诉后被告人到案，人民法院拟重新审理的，人民检察院应当商人民法院将案件撤回并重新审查。

第五百一十一条 因被告人患有严重疾病无法出庭，中止审理超过六个月，被告人仍无法出庭，被告人及其法定代理人、近亲属申请或者同意恢复审理的，人民检察院可以建议人民法院适用缺席审判程序审理。

第四节 犯罪嫌疑人、被告人逃匿、死亡案件违法所得的没收程序

第五百一十二条 对于贪污贿赂犯罪、恐怖活动犯罪等重大犯罪案件，犯罪嫌疑人、被告人逃匿，在通缉一年后不能到案，依照刑法规定应当追缴其违法所得及其他涉案财产的，人民检察院可以向人民法院提出没收违法所得的申请。

对于犯罪嫌疑人、被告人死亡，依照刑法规定应当追缴其违法所得及其他涉案财产的，人民检察院也可以向人民法院提出没收违法所得的申请。

第五百一十三条 犯罪嫌疑人、被告人为逃避侦查和刑事追究潜逃、隐匿，或者在刑事诉讼过程中脱逃的，应当认定为"逃匿"。

犯罪嫌疑人、被告人因意外事故下落不明满二年，或者因意外事故下落不明，经有关机关证明其不可能生存的，按照前款规定处理。

第五百一十四条 公安机关发布通缉令或者公安部通过国际刑警组织发布红色国际通报，应当认定为"通缉"。

第五百一十五条 犯罪嫌疑人、被告人通过实施犯罪直接或者间接产生、获得的任何财产，应当认定为"违法所得"。

违法所得已经部分或者全部转变、转化为其他财产的，转变、转化后的财

产应当视为前款规定的"违法所得"。

来自违法所得转变、转化后的财产收益,或者来自已经与违法所得相混合财产中违法所得相应部分的收益,也应当视为第一款规定的违法所得。

第五百一十六条 犯罪嫌疑人、被告人非法持有的违禁品、供犯罪所用的本人财物,应当认定为"其他涉案财产"。

第五百一十七条 刑事诉讼法第二百九十九条第三款规定的"利害关系人"包括犯罪嫌疑人、被告人的近亲属和其他对申请没收的财产主张权利的自然人和单位。

刑事诉讼法第二百九十九条第二款、第三百条第二款规定的"其他利害关系人"是指前款规定的"其他对申请没收的财产主张权利的自然人和单位"。

第五百一十八条 人民检察院审查监察机关或者公安机关移送的没收违法所得意见书,向人民法院提出没收违法所得的申请以及对违法所得没收程序中调查活动、审判活动的监督,由负责捕诉的部门办理。

第五百一十九条 没收违法所得的申请,应当由有管辖权的中级人民法院的同级人民检察院提出。

第五百二十条 人民检察院向人民法院提出没收违法所得的申请,应当制作没收违法所得申请书。没收违法所得申请书应当载明以下内容:

(一)犯罪嫌疑人、被告人的基本情况,包括姓名、性别、出生年月日、出生地、户籍地、公民身份号码、民族、文化程度、职业、工作单位及职务、住址等;

(二)案由及案件来源;

(三)犯罪嫌疑人、被告人的犯罪事实及相关证据材料;

(四)犯罪嫌疑人、被告人逃匿、被通缉或者死亡的情况;

(五)申请没收的财产种类、数量、价值、所在地以及查封、扣押、冻结财产清单和相关法律手续;

(六)申请没收的财产属于违法所得及其他涉案财产的相关事实及证据材料;

(七)提出没收违法所得申请的理由和法律依据;

(八)有无近亲属和其他利害关系人以及利害关系人的姓名、身份、住址、联系方式;

(九)其他应当写明的内容。

上述材料需要翻译件的,人民检察院应当随没收违法所得申请书一并移送人民法院。

第五百二十一条 监察机关或者公安机关向人民检察院移送没收违法所得意见书,应当由有管辖权的人民检察院的同级监察机关或者公安机关移送。

第五百二十二条 人民检察院审查监察机关或者公安机关移送的没收违法所得意见书,应当审查下列内容:

(一)是否属于本院管辖;

(二)是否符合刑事诉讼法第二百九十八条第一款规定的条件;

(三)犯罪嫌疑人基本情况,包括姓名、性别、国籍、出生年月日、职业和单位等;

(四)犯罪嫌疑人涉嫌犯罪的事实和相关证据材料;

(五)犯罪嫌疑人逃匿、下落不明、被通缉或者死亡的情况,通缉令或者死亡证明是否随案移送;

(六)违法所得及其他涉案财产的种类、数量、所在地以及查封、扣押、冻结的情况,查封、扣押、冻结的财产清单和相关法律手续是否随案移送;

(七)违法所得及其他涉案财产的相关事实和证据材料;

(八)有无近亲属和其他利害关系人以及利害关系人的姓名、身份、住址、联系方式。

对于与犯罪事实、违法所得及其他涉案财产相关的证据材料,不宜移送的,应当审查证据的清单、复制件、照片或者其他证明文件是否随案移送。

第五百二十三条 人民检察院应当在接到监察机关或者公安机关移送的没收违法所得意见书后三十日以内作出是否提出没收违法所得申请的决定。三十日以内不能作出决定的,可以延长十五日。

对于监察机关或者公安机关移送的没收违法所得案件,经审查认为不符合刑事诉讼法第二百九十八条第一款规定条件的,应当作出不提出没收违法所得申请的决定,并向监察机关或者公安机关书面说明理由;认为需要补充证据的,应当书面要求监察机关或者公安机关补充证据,必要时也可以自行调查。

监察机关或者公安机关补充证据的时间不计入人民检察院办案期限。

第五百二十四条 人民检察院发现公安机关应当启动违法所得没收程序而不启动的,可以要求公安机关在七日以内书面说明不启动的理由。

经审查,认为公安机关不启动理由不能成立的,应当通知公安机关启动程序。

第五百二十五条 人民检察院发现公安机关在违法所得没收程序的调查活动中有违法情形的,应当向公安机关提出纠正意见。

第五百二十六条 在审查监察机关或者公安机关移送的没收违法所得意见书的过程中,在逃的犯罪嫌疑人、被告人自动投案或者被抓获的,人民检察院应当终止审查，并将案卷退回监察机关或者公安机关处理。

第五百二十七条 人民检察院直接受理侦查的案件，犯罪嫌疑人死亡而撤销案件，符合刑事诉讼法第二百九十八条第一款规定条件的，负责侦查的部门应当启动违法所得没收程序进行调查。

负责侦查的部门进行调查应当查明犯罪嫌疑人涉嫌的犯罪事实，犯罪嫌疑人死亡的情况，以及犯罪嫌疑人的违法所得及其他涉案财产的情况，并可以对违法所得及其他涉案财产依法进行查封、扣押、查询、冻结。

负责侦查的部门认为符合刑事诉讼法第二百九十八条第一款规定条件的，应当写出没收违法所得意见书，连同案卷材料一并移送有管辖权的人民检察院负责侦查的部门，并由有管辖权的人民检察院负责侦查的部门移送本院负责捕诉的部门。

负责捕诉的部门对没收违法所得意见书进行审查，作出是否提出没收违法所得申请的决定，具体程序按照本规则第五百二十二条、第五百二十三条的规定办理。

第五百二十八条 在人民检察院审查起诉过程中，犯罪嫌疑人死亡，或者贪污贿赂犯罪、恐怖活动犯罪等重大犯罪案件的犯罪嫌疑人逃匿，在通缉一年后不能到案，依照刑法规定应当追缴其违法所得及其他涉案财产的，人民检察院可以直接提出没收违法所得的申请。

在人民法院审理案件过程中，被告人死亡而裁定终止审理，或者被告人脱逃而裁定中止审理，人民检察院可以依法另行向人民法院提出没收违法所得的申请。

第五百二十九条 人民法院对没收违法所得的申请进行审理，人民检察院应当承担举证责任。

人民法院对没收违法所得的申请开庭审理的，人民检察院应当派员出席法庭。

第五百三十条 出席法庭的检察官应当宣读没收违法所得申请书，并在法庭调查阶段就申请没收的财产属于违法所得及其他涉案财产等相关事实出示、宣读证据。

第五百三十一条 人民检察院发现人民法院或者审判人员审理没收违法所得案件违反法律规定的诉讼程序，应当向人民法院提出纠正意见。

人民检察院认为同级人民法院按照违法所得没收程序所作的第一审裁定确有错误的，应当在五日以内向上一级人民法院提出抗诉。

最高人民检察院、省级人民检察院认为下级人民法院按照违法所得没收程序所作的已经发生法律效力的裁定确有错误的，应当按照审判监督程序向同级人民法院提出抗诉。

第五百三十二条 在审理案件过程中，在逃的犯罪嫌疑人、被告人自动投案或者被抓获，人民法院按照刑事诉讼法第三百零一条第一款的规定终止审理的，人民检察院应当将案卷退回监察机关或者公安机关处理。

第五百三十三条 对于刑事诉讼法第二百九十八条第一款规定以外需要没收违法所得的，按照有关规定执行。

第五节 依法不负刑事责任的精神病人的强制医疗程序

第五百三十四条 对于实施暴力行为，危害公共安全或者严重危害公民人身安全，已经达到犯罪程度，经法定程序鉴定依法不负刑事责任的精神病人，有继续危害社会可能的，人民检察院应当向人民法院提出强制医疗的申请。

提出强制医疗的申请以及对强制医疗决定的监督，由负责捕诉的部门办理。

第五百三十五条 强制医疗的申请由被申请人实施暴力行为所在地的基层人民检察院提出；由被申请人居住地的人民检察院提出更为适宜的，可以由被申请人居住地的基层人民检察院提出。

第五百三十六条 人民检察院向人民法院提出强制医疗的申请，应当制作强制医疗申请书。强制医疗申请书的主要内容包括：

（一）涉案精神病人的基本情况，包括姓名、性别、出生年月日、出生地、户籍地、公民身份号码、民族、文化程度、职业、工作单位及职务、住址，采取临时保护性约束措施的情况及处所等；

（二）涉案精神病人的法定代理人的基本情况，包括姓名、住址、联系方式等；

（三）案由及案件来源；

（四）涉案精神病人实施危害公共安全或者严重危害公民人身安全的暴力行为的事实，包括实施暴力行为的时间、地点、手段、后果等及相关证据情况；

（五）涉案精神病人不负刑事责任的依据，包括有关鉴定意见和其他证据材料；

（六）涉案精神病人继续危害社会的可能；

（七）提出强制医疗申请的理由和法律依据。

第五百三十七条 人民检察院审查公安机关移送的强制医疗意见书，应当查明：

（一）是否属于本院管辖；

（二）涉案精神病人身份状况是否清楚，包括姓名、性别、国籍、出生年

月日、职业和单位等;

(三) 涉案精神病人实施危害公共安全或者严重危害公民人身安全的暴力行为的事实;

(四) 公安机关对涉案精神病人进行鉴定的程序是否合法,涉案精神病人是否依法不负刑事责任;

(五) 涉案精神病人是否有继续危害社会的可能;

(六) 证据材料是否随案移送,不宜移送的证据的清单、复制件、照片或者其他证明文件是否随案移送;

(七) 证据是否确实、充分;

(八) 采取的临时保护性约束措施是否适当。

第五百三十八条 人民检察院办理公安机关移送的强制医疗案件,可以采取以下方式开展调查,调查情况应当记录并附卷:

(一) 会见涉案精神病人,听取涉案精神病人的法定代理人、诉讼代理人意见;

(二) 询问办案人员、鉴定人;

(三) 向被害人及其法定代理人、近亲属了解情况;

(四) 向涉案精神病人的主治医生、近亲属、邻居、其他知情人员或者基层组织等了解情况;

(五) 就有关专门性技术问题委托具有法定资质的鉴定机构、鉴定人进行鉴定。

第五百三十九条 人民检察院应当在接到公安机关移送的强制医疗意见书后三十日以内作出是否提出强制医疗申请的决定。

对于公安机关移送的强制医疗案件,经审查认为不符合刑事诉讼法第三百零二条规定条件的,应当作出不提出强制医疗申请的决定,并向公安机关书面说明理由。认为需要补充证据的,应当书面要求公安机关补充证据,必要时也可以自行调查。

公安机关补充证据的时间不计入人民检察院办案期限。

第五百四十条 人民检察院发现公安机关应当启动强制医疗程序而不启动的,可以要求公安机关在七日以内书面说明不启动的理由。

经审查,认为公安机关不启动理由不能成立的,应当通知公安机关启动强制医疗程序。

公安机关收到启动强制医疗程序通知书后,未按要求启动强制医疗程序的,人民检察院应当提出纠正意见。

第五百四十一条 人民检察院对公安机关移送的强制医疗案件,发现公安机关对涉案精神病人进行鉴定违反法律规定，具有下列情形之一的，应当依法提出纠正意见：

（一）鉴定机构不具备法定资质的；

（二）鉴定人不具备法定资质或者违反回避规定的；

（三）鉴定程序违反法律或者有关规定，鉴定的过程和方法违反相关专业规范要求的；

（四）鉴定文书不符合法定形式要件的；

（五）鉴定意见没有依法及时告知相关人员的；

（六）鉴定人故意作虚假鉴定的；

（七）其他违反法律规定的情形。

人民检察院对精神病鉴定程序进行监督，可以要求公安机关补充鉴定或者重新鉴定。必要时，可以询问鉴定人并制作笔录，或者委托具有法定资质的鉴定机构进行补充鉴定或者重新鉴定。

第五百四十二条　人民检察院发现公安机关对涉案精神病人不应当采取临时保护性约束措施而采取的，应当提出纠正意见。

认为公安机关应当采取临时保护性约束措施而未采取的，应当建议公安机关采取临时保护性约束措施。

第五百四十三条　在审查起诉中，犯罪嫌疑人经鉴定系依法不负刑事责任的精神病人的，人民检察院应当作出不起诉决定。认为符合刑事诉讼法第三百零二条规定条件的，应当向人民法院提出强制医疗的申请。

第五百四十四条　人民法院对强制医疗案件开庭审理的，人民检察院应当派员出席法庭。

第五百四十五条　人民检察院发现人民法院强制医疗案件审理活动具有下列情形之一的，应当提出纠正意见：

（一）未通知被申请人或者被告人的法定代理人到场的；

（二）被申请人或者被告人没有委托诉讼代理人，未通知法律援助机构指派律师为其提供法律帮助的；

（三）未组成合议庭或者合议庭组成人员不合法的；

（四）未经被申请人、被告人的法定代理人请求直接作出不开庭审理决定的；

（五）未会见被申请人的；

（六）被申请人、被告人要求出庭且具备出庭条件，未准许其出庭的；

（七）违反法定审理期限的；

（八）收到人民检察院对强制医疗决定不当的书面纠正意见后，未另行组成合议庭审理或者未在一个月以内作出复议决定的；

（九）人民法院作出的强制医疗决定或者驳回强制医疗申请决定不当的；

（十）其他违反法律规定的情形。

第五百四十六条 出席法庭的检察官发现人民法院或者审判人员审理强制医疗案件违反法律规定的诉讼程序，应当记录在案，并在休庭后及时向检察长报告，由人民检察院在庭审后向人民法院提出纠正意见。

第五百四十七条 人民检察院认为人民法院作出的强制医疗决定或者驳回强制医疗申请的决定，具有下列情形之一的，应当在收到决定书副本后二十日以内向人民法院提出纠正意见：

（一）据以作出决定的事实不清或者确有错误的；

（二）据以作出决定的证据不确实、不充分的；

（三）据以作出决定的证据依法应当予以排除的；

（四）据以作出决定的主要证据之间存在矛盾的；

（五）有确实、充分的证据证明应当决定强制医疗而予以驳回的，或者不应当决定强制医疗而决定强制医疗的；

（六）审理过程中严重违反法定诉讼程序，可能影响公正审理和决定的。

第五百四十八条 人民法院在审理案件过程中发现被告人符合强制医疗条件，适用强制医疗程序对案件进行审理的，人民检察院应当在庭审中发表意见。

人民法院作出宣告被告人无罪或者不负刑事责任的判决和强制医疗决定的，人民检察院应当进行审查。对判决确有错误的，应当依法提出抗诉；对强制医疗决定不当或者未作出强制医疗的决定不当的，应当提出纠正意见。

第五百四十九条 人民法院收到被决定强制医疗的人、被害人及其法定代理人、近亲属复议申请后，未组成合议庭审理，或者未在一个月以内作出复议决定，或者有其他违法行为的，人民检察院应当提出纠正意见。

第五百五十条 人民检察院对于人民法院批准解除强制医疗的决定实行监督，发现人民法院解除强制医疗的决定不当的，应当提出纠正意见。

第十三章 刑事诉讼法律监督

第一节 一般规定

第五百五十一条 人民检察院对刑事诉讼活动实行法律监督，发现违法情形的，依法提出抗诉、纠正意见或者检察建议。

人民检察院对于涉嫌违法的事实，可以采取以下方式进行调查核实：

（一）讯问、询问犯罪嫌疑人；

（二）询问证人、被害人或者其他诉讼参与人；

（三）询问办案人员；

（四）询问在场人员或者其他可能知情的人员；

（五）听取申诉人或者控告人的意见；

（六）听取辩护人、值班律师意见；

（七）调取、查询、复制相关登记表册、法律文书、体检记录及案卷材料等；

（八）调取讯问笔录、询问笔录及相关录音、录像或其他视听资料；

（九）进行伤情、病情检查或者鉴定；

（十）其他调查核实方式。

人民检察院在调查核实过程中不得限制被调查对象的人身、财产权利。

第五百五十二条 人民检察院发现刑事诉讼活动中的违法行为，对于情节较轻的，由检察人员以口头方式提出纠正意见；对于情节较重的，经检察长决定，发出纠正违法通知书。对于带有普遍性的违法情形，经检察长决定，向相关机关提出检察建议。构成犯罪的，移送有关机关、部门依法追究刑事责任。

有申诉人、控告人的，调查核实和纠正违法情况应予告知。

第五百五十三条 人民检察院发出纠正违法通知书的，应当监督落实。被监督单位在纠正违法通知书规定的期限内没有回复纠正情况的，人民检察院应当督促回复。经督促被监督单位仍不回复或者没有正当理由不纠正的，人民检察院应当向上一级人民检察院报告。

第五百五十四条 被监督单位对纠正意见申请复查的，人民检察院应当在收到被监督单位的书面意见后七日以内进行复查，并将复查结果及时通知申请复查的单位。经过复查，认为纠正意见正确的，应当及时向上一级人民检察院报告；认为纠正意见错误的，应当及时予以撤销。

上一级人民检察院经审查，认为下级人民检察院纠正意见正确的，应当及时通报被监督单位的上级机关或者主管机关，并建议其督促被监督单位予以纠正；认为下级人民检察院纠正意见错误的，应当书面通知下级人民检察院予以撤销，下级人民检察院应当执行，并及时向被监督单位说明情况。

第五百五十五条 当事人和辩护人、诉讼代理人、利害关系人对于办案机关及其工作人员有刑事诉讼法第一百一十七条规定的行为，向该机关申诉或者控告，对该机关作出的处理不服或者该机关未在规定时间内作出答复，而向人民检察院申诉的，办案机关的同级人民检察院应当受理。

人民检察院直接受理侦查的案件，当事人和辩护人、诉讼代理人、利害关系人对办理案件的人民检察院的处理不服的，可以向上一级人民检察院申诉，上一级人民检察院应当受理。

未向办案机关申诉或者控告，或者办案机关在规定时间内尚未作出处理决定，直接向人民检察院申诉的，人民检察院应当告知其向办案机关申诉或者控告。人民检察院在审查逮捕、审查起诉中发现有刑事诉讼法第一百一十七条规定的违法情形的，可以直接监督纠正。

当事人和辩护人、诉讼代理人、利害关系人对刑事诉讼法第一百一十七条规定情形之外的违法行为提出申诉或者控告的，人民检察院应当受理，并及时审查，依法处理。

第五百五十六条 对人民检察院及其工作人员办理案件中违法行为的申诉、控告，由负责控告申诉检察的部门受理和审查办理。对其他司法机关处理决定不服向人民检察院提出的申诉，由负责控告申诉检察的部门受理后，移送相关办案部门审查办理。

审查办理的部门应当在受理之日起十五日以内提出审查意见。人民检察院对刑事诉讼法第一百一十七条的申诉，经审查认为需要其他司法机关说明理由的，应当要求有关机关说明理由，并在收到理由说明后十五日以内提出审查意见。

人民检察院及其工作人员办理案件中存在的违法情形属实的，应当予以纠正；不存在违法行为的，书面答复申诉人、控告人。

其他司法机关对申诉、控告的处理不正确的，人民检察院应当通知有关机关予以纠正；处理正确的，书面答复申诉人、控告人。

第二节 刑事立案监督

第五百五十七条 被害人及其法定代理人、近亲属或者行政执法机关，认为公安机关对其控告或者移送的案件应当立案侦查而不立案侦查，或者当事人认为公安机关不应当立案而立案，向人民检察院提出的，人民检察院应当受理并进行审查。

人民检察院发现公安机关可能存在应当立案侦查而不立案侦查情形的，应当依法进行审查。

人民检察院接到控告、举报或者发现行政执法机关不移送涉嫌犯罪案件的，经检察长批准，应当向行政执法机关提出检察意见，要求其按照管辖规定向公安机关移送涉嫌犯罪案件。

第五百五十八条 人民检察院负责控告申诉检察的部门受理对公安机关应当立案而不立案或者不应当立案而立案的控告、申诉，应当根据事实、法律进行审查。认为需要公安机关说明不立案或者立案理由的，应当及时将案件移送负责捕诉的部门办理；认为公安机关立案或者不立案决定正确的，应当制作相关法律文书，答复控告人、申诉人。

第五百五十九条　人民检察院经审查，认为需要公安机关说明不立案理由的，应当要求公安机关书面说明不立案的理由。

对于有证据证明公安机关可能存在违法动用刑事手段插手民事、经济纠纷，或者利用立案实施报复陷害、敲诈勒索以及谋取其他非法利益等违法立案情形，尚未提请批准逮捕或者移送起诉的，人民检察院应当要求公安机关书面说明立案理由。

第五百六十条　人民检察院要求公安机关说明不立案或者立案理由，应当书面通知公安机关，并且告知公安机关在收到通知后七日以内，书面说明不立案或者立案的情况、依据和理由，连同有关证据材料回复人民检察院。

第五百六十一条　公安机关说明不立案或者立案的理由后，人民检察院应当进行审查。认为公安机关不立案或者立案理由不能成立的，经检察长决定，应当通知公安机关立案或者撤销案件。

人民检察院认为公安机关不立案或者立案理由成立的，应当在十日以内将不立案或者立案的依据和理由告知被害人及其法定代理人、近亲属或者行政执法机关。

第五百六十二条　公安机关对当事人的报案、控告、举报或者行政执法机关移送的涉嫌犯罪案件受理后未在规定期限内作出是否立案决定，当事人或者行政执法机关向人民检察院提出的，人民检察院应当受理并进行审查。经审查，认为尚未超过规定期限的，应当移送公安机关处理，并答复报案人、控告人、举报人或者行政执法机关；认为超过规定期限的，应当要求公安机关在七日以内书面说明逾期不作出是否立案决定的理由，连同有关证据材料回复人民检察院。公安机关在七日以内不说明理由也不作出立案或者不立案决定的，人民检察院应当提出纠正意见。人民检察院经审查有关证据材料认为符合立案条件的，应当通知公安机关立案。

第五百六十三条　人民检察院通知公安机关立案或者撤销案件，应当制作通知立案书或者通知撤销案件书，说明依据和理由，连同证据材料送达公安机关，并且告知公安机关应当在收到通知立案书后十五日以内立案，对通知撤销案件书没有异议的应当立即撤销案件，并将立案决定书或者撤销案件决定书及时送达人民检察院。

第五百六十四条　人民检察院通知公安机关立案或者撤销案件的，应当依法对执行情况进行监督。

公安机关在收到通知立案书或者通知撤销案件书后超过十五日不予立案或

者未要求复议、提请复核也不撤销案件的，人民检察院应当发出纠正违法通知书。公安机关仍不纠正的，报上一级人民检察院协商同级公安机关处理。

公安机关立案后三个月以内未侦查终结的，人民检察院可以向公安机关发出立案监督案件催办函，要求公安机关及时向人民检察院反馈侦查工作进展情况。

第五百六十五条 公安机关认为人民检察院撤销案件通知有错误，要求同级人民检察院复议的，人民检察院应当重新审查。在收到要求复议意见书和案卷材料后七日以内作出是否变更的决定，并通知公安机关。

公安机关不接受人民检察院复议决定，提请上一级人民检察院复核的，上级人民检察院应当在收到提请复核意见书和案卷材料后十五日以内作出是否变更的决定，通知下级人民检察院和公安机关执行。

上级人民检察院复核认为撤销案件通知有错误的，下级人民检察院应当立即纠正；上级人民检察院复核认为撤销案件通知正确的，应当作出复核决定并送达下级公安机关。

第五百六十六条 人民检察院负责捕诉的部门发现本院负责侦查的部门对应当立案侦查的案件不立案侦查或者对不应当立案侦查的案件立案侦查的，应当建议负责侦查的部门立案侦查或者撤销案件。建议不被采纳的，应当报请检察长决定。

第三节 侦查活动监督

第五百六十七条 人民检察院应当对侦查活动中是否存在以下违法行为进行监督：

（一）采用刑讯逼供以及其他非法方法收集犯罪嫌疑人供述的；

（二）讯问犯罪嫌疑人依法应当录音或者录像而没有录音或者录像，或者未在法定羁押场所讯问犯罪嫌疑人的；

（三）采用暴力、威胁以及非法限制人身自由等非法方法收集证人证言、被害人陈述，或者以暴力、威胁等方法阻止证人作证或者指使他人作伪证的；

（四）伪造、隐匿、销毁、调换、私自涂改证据，或者帮助当事人毁灭、伪造证据的；

（五）违反刑事诉讼法关于决定、执行、变更、撤销强制措施的规定，或者强制措施法定期限届满，不予释放、解除或者变更的；

（六）应当退还取保候审保证金不退还的；

（七）违反刑事诉讼法关于讯问、询问、勘验、检查、搜查、鉴定、采取技术侦查措施等规定的；

（八）对与案件无关的财物采取查封、扣押、冻结措施，或者应当解除查封、扣押、冻结而不解除的；

（九）贪污、挪用、私分、调换、违反规定使用查封、扣押、冻结的财物及其孳息的；

（十）不应当撤案而撤案的；

（十一）侦查人员应当回避而不回避的；

（十二）依法应当告知犯罪嫌疑人诉讼权利而不告知，影响犯罪嫌疑人行使诉讼权利的；

（十三）对犯罪嫌疑人拘留、逮捕、指定居所监视居住后依法应当通知家属而未通知的；

（十四）阻碍当事人、辩护人、诉讼代理人、值班律师依法行使诉讼权利的；

（十五）应当对证据收集的合法性出具说明或者提供证明材料而不出具、不提供的；

（十六）侦查活动中的其他违反法律规定的行为。

第五百六十八条 人民检察院发现侦查活动中的违法情形已涉嫌犯罪，属于人民检察院管辖的，依法立案侦查；不属于人民检察院管辖的，依照有关规定移送有管辖权的机关。

第五百六十九条 人民检察院负责捕诉的部门发现本院负责侦查的部门在侦查活动中有违法情形，应当提出纠正意见。需要追究相关人员违法违纪责任的，应当报告检察长。

上级人民检察院发现下级人民检察院在侦查活动中有违法情形，应当通知其纠正。下级人民检察院应当及时纠正，并将纠正情况报告上级人民检察院。

第四节 审判活动监督

第五百七十条 人民检察院应当对审判活动中是否存在以下违法行为进行监督：

（一）人民法院对刑事案件的受理违反管辖规定的；

（二）人民法院审理案件违反法定审理和送达期限的；

（三）法庭组成人员不符合法律规定，或者依照规定应当回避而不回避的；

（四）法庭审理案件违反法定程序的；

（五）侵犯当事人、其他诉讼参与人的诉讼权利和其他合法权利的；

（六）法庭审理时对有关程序问题所作的决定违反法律规定的；

（七）违反法律规定裁定发回重审的；

（八）故意毁弃、篡改、隐匿、伪造、偷换证据或者其他诉讼材料，或者依据未经法定程序调查、质证的证据定案的；

（九）依法应当调查收集相关证据而不收集的；

（十）徇私枉法，故意违背事实和法律作枉法裁判的；

（十一）收受、索取当事人及其近亲属或者其委托的律师等人财物或者其他利益的；

（十二）违反法律规定采取强制措施或者采取强制措施法定期限届满，不予释放、解除或者变更的；

（十三）应当退还取保候审保证金不退还的；

（十四）对与案件无关的财物采取查封、扣押、冻结措施，或者应当解除查封、扣押、冻结而不解除的；

（十五）贪污、挪用、私分、调换、违反规定使用查封、扣押、冻结的财物及其孳息的；

（十六）其他违反法律规定的行为。

第五百七十一条 人民检察院检察长或者检察长委托的副检察长，可以列席同级人民法院审判委员会会议，依法履行法律监督职责。

第五百七十二条 人民检察院在审判活动监督中，发现人民法院或者审判人员审理案件违反法律规定的诉讼程序，应当向人民法院提出纠正意见。

人民检察院对违反程序的庭审活动提出纠正意见，应当由人民检察院在庭审后提出。出席法庭的检察人员发现法庭审判违反法律规定的诉讼程序，应当在休庭后及时向检察长报告。

第五节 羁押必要性审查

第五百七十三条 犯罪嫌疑人、被告人被逮捕后，人民检察院仍应当对羁押的必要性进行审查。

第五百七十四条 人民检察院在办案过程中可以依职权主动进行羁押必要性审查。

犯罪嫌疑人、被告人及其法定代理人、近亲属或者辩护人可以申请人民检察院进行羁押必要性审查。申请时应当说明不需要继续羁押的理由，有相关证据或者其他材料的应当提供。

看守所根据在押人员身体状况，可以建议人民检察院进行羁押必要性审查。

第五百七十五条 负责捕诉的部门依法对侦查和审判阶段的羁押必要性进行审查。经审查认为不需要继续羁押的，应当建议公安机关或者人民法院释放犯罪嫌疑人、被告人或者变更强制措施。

审查起诉阶段，负责捕诉的部门经审查认为不需要继续羁押的，应当直接释放犯罪嫌疑人或者变更强制措施。

负责刑事执行检察的部门收到有关材料或者发现不需要继续羁押的，应当及时将有关材料和意见移送负责捕诉的部门。

第五百七十六条 办案机关对应的同级人民检察院负责控告申诉检察的部门或者负责案件管理的部门收到羁押必要性审查申请后，应当在当日移送本院负责捕诉的部门。

其他人民检察院收到羁押必要性审查申请的，应当告知申请人向办案机关对应的同级人民检察院提出申请，或者在二日以内将申请材料移送办案机关对应的同级人民检察院，并告知申请人。

第五百七十七条 人民检察院可以采取以下方式进行羁押必要性审查：

（一）审查犯罪嫌疑人、被告人不需要继续羁押的理由和证明材料；

（二）听取犯罪嫌疑人、被告人及其法定代理人、辩护人的意见；

（三）听取被害人及其法定代理人、诉讼代理人的意见，了解是否达成和解协议；

（四）听取办案机关的意见；

（五）调查核实犯罪嫌疑人、被告人的身体健康状况；

（六）需要采取的其他方式。

必要时，可以依照有关规定进行公开审查。

第五百七十八条 人民检察院应当根据犯罪嫌疑人、被告人涉嫌的犯罪事实、主观恶性、悔罪表现、身体状况、案件进展情况、可能判处的刑罚和有无再危害社会的危险等因素，综合评估有无必要继续羁押犯罪嫌疑人、被告人。

第五百七十九条 人民检察院发现犯罪嫌疑人、被告人具有下列情形之一的，应当向办案机关提出释放或者变更强制措施的建议：

（一）案件证据发生重大变化，没有证据证明有犯罪事实或者犯罪行为系犯罪嫌疑人、被告人所为的；

（二）案件事实或者情节发生变化，犯罪嫌疑人、被告人可能被判处拘役、管制、独立适用附加刑、免予刑事处罚或者判决无罪的；

（三）继续羁押犯罪嫌疑人、被告人，羁押期限将超过依法可能判处的刑期的；

（四）案件事实基本查清，证据已经收集固定，符合取保候审或者监视居住条件的。

第五百八十条 人民检察院发现犯罪嫌疑人、被告人具有下列情形之一，且具有悔罪表现，不予羁押不致发生社会危险性的，可以向办案机关提出释放或者变更强制措施的建议：

（一）预备犯或者中止犯；
（二）共同犯罪中的从犯或者胁从犯；
（三）过失犯罪的；
（四）防卫过当或者避险过当的；
（五）主观恶性较小的初犯；
（六）系未成年人或者已满七十五周岁的人；
（七）与被害方依法自愿达成和解协议，且已经履行或者提供担保的；
（八）认罪认罚的；
（九）患有严重疾病、生活不能自理的；
（十）怀孕或者正在哺乳自己婴儿的妇女；
（十一）系生活不能自理的人的唯一扶养人；
（十二）可能被判处一年以下有期徒刑或者宣告缓刑的；
（十三）其他不需要继续羁押的情形。

第五百八十一条 人民检察院向办案机关发出释放或者变更强制措施建议书的，应当说明不需要继续羁押犯罪嫌疑人、被告人的理由和法律依据，并要求办案机关在十日以内回复处理情况。

人民检察院应当跟踪办案机关对释放或者变更强制措施建议的处理情况。办案机关未在十日以内回复处理情况的，应当提出纠正意见。

第五百八十二条 对于依申请审查的案件，人民检察院办结后，应当将提出建议的情况和公安机关、人民法院的处理情况，或者有继续羁押必要的审查意见和理由及时书面告知申请人。

第六节 刑事判决、裁定监督

第五百八十三条 人民检察院依法对人民法院的判决、裁定是否正确实行法律监督，对人民法院确有错误的判决、裁定，应当依法提出抗诉。

第五百八十四条 人民检察院认为同级人民法院第一审判决、裁定具有下列情形之一的，应当提出抗诉：
（一）认定的事实确有错误或者据以定罪量刑的证据不确实、不充分的；
（二）有确实、充分证据证明有罪判无罪，或者无罪判有罪的；
（三）重罪轻判，轻罪重判，适用刑罚明显不当的；
（四）认定罪名不正确，一罪判数罪、数罪判一罪，影响量刑或者造成严重社会影响的；
（五）免除刑事处罚或者适用缓刑、禁止令、限制减刑等错误的；
（六）人民法院在审理过程中严重违反法律规定的诉讼程序的。

第五百八十五条 人民检察院在收到人民法院第一审判决书或者裁定书

后，应当及时审查。对于需要提出抗诉的案件，应当报请检察长决定。

第五百八十六条 人民检察院对同级人民法院第一审判决的抗诉，应当在接到判决书后第二日起十日以内提出；对第一审裁定的抗诉，应当在接到裁定书后第二日起五日以内提出。

第五百八十七条 人民检察院对同级人民法院第一审判决、裁定的抗诉，应当制作抗诉书，通过原审人民法院向上一级人民法院提出，并将抗诉书副本连同案卷材料报送上一级人民检察院。

第五百八十八条 被害人及其法定代理人不服地方各级人民法院第一审的判决，在收到判决书后五日以内请求人民检察院提出抗诉的，人民检察院应当立即进行审查，在收到被害人及其法定代理人的请求后五日以内作出是否抗诉的决定，并且答复请求人。经审查认为应当抗诉的，适用本规则第五百八十四条至第五百八十七条的规定办理。

被害人及其法定代理人在收到判决书五日以后请求人民检察院提出抗诉的，由人民检察院决定是否受理。

第五百八十九条 上一级人民检察院对下级人民检察院按照第二审程序提出抗诉的案件，认为抗诉正确的，应当支持抗诉。

上一级人民检察院认为抗诉不当的，应当听取下级人民检察院的意见。听取意见后，仍然认为抗诉不当的，应当向同级人民法院撤回抗诉，并且通知下级人民检察院。

上一级人民检察院在上诉、抗诉期限内，发现下级人民检察院应当提出抗诉而没有提出抗诉的案件，可以指令下级人民检察院依法提出抗诉。

上一级人民检察院支持或者部分支持抗诉意见的，可以变更、补充抗诉理由，及时制作支持抗诉意见书，并通知提出抗诉的人民检察院。

第五百九十条 第二审人民法院发回原审人民法院按照第一审程序重新审判的案件，如果人民检察院认为重新审判的判决、裁定确有错误的，可以按照第二审程序提出抗诉。

第五百九十一条 人民检察院认为人民法院已经发生法律效力的判决、裁定确有错误，具有下列情形之一的，应当按照审判监督程序向人民法院提出抗诉：

（一）有新的证据证明原判决、裁定认定的事实确有错误，可能影响定罪量刑的；

（二）据以定罪量刑的证据不确实、不充分的；

（三）据以定罪量刑的证据依法应当予以排除的；

（四）据以定罪量刑的主要证据之间存在矛盾的；

（五）原判决、裁定的主要事实依据被依法变更或者撤销的；

（六）认定罪名错误且明显影响量刑的；

（七）违反法律关于追诉时效期限的规定的；

（八）量刑明显不当的；

（九）违反法律规定的诉讼程序，可能影响公正审判的；

（十）审判人员在审理案件的时候有贪污受贿，徇私舞弊，枉法裁判行为的。

对于同级人民法院已经发生法律效力的判决、裁定，人民检察院认为可能有错误的，应当另行指派检察官或者检察官办案组进行审查。经审查，认为有前款规定情形之一的，应当提请上一级人民检察院提出抗诉。

对已经发生法律效力的判决、裁定的审查，参照本规则第五百八十五条的规定办理。

第五百九十二条　对于高级人民法院判处死刑缓期二年执行的案件，省级人民检察院认为确有错误提请抗诉的，一般应当在收到生效判决、裁定后三个月以内提出，至迟不得超过六个月。

第五百九十三条　当事人及其法定代理人、近亲属认为人民法院已经发生法律效力的判决、裁定确有错误，向人民检察院申诉的，由作出生效判决、裁定的人民法院的同级人民检察院依法办理。

当事人及其法定代理人、近亲属直接向上级人民检察院申诉的，上级人民检察院可以交由作出生效判决、裁定的人民法院的同级人民检察院受理；案情重大、疑难、复杂的，上级人民检察院可以直接受理。

当事人及其法定代理人、近亲属对人民法院已经发生法律效力的判决、裁定提出申诉，经人民检察院复查决定不予抗诉后继续提出申诉的，上一级人民检察院应当受理。

第五百九十四条　对不服人民法院已经发生法律效力的判决、裁定的申诉，经两级人民检察院办理且省级人民检察院已经复查的，如果没有新的证据，人民检察院不再复查，但原审被告人可能被宣告无罪或者判决、裁定有其他重大错误可能的除外。

第五百九十五条　人民检察院对已经发生法律效力的判决、裁定的申诉复查后，认为需要提请或者提出抗诉的，报请检察长决定。

地方各级人民检察院对不服同级人民法院已经发生法律效力的判决、裁定的申诉复查后，认为需要提出抗诉的，应当提请上一级人民检察院抗诉。

上级人民检察院对下一级人民检察院提请抗诉的申诉案件进行审查后，认为需要提出抗诉的，应当向同级人民法院提出抗诉。

人民法院开庭审理时，同级人民检察院应当派员出席法庭。

第五百九十六条 人民检察院对不服人民法院已经发生法律效力的判决、裁定的申诉案件复查终结后，应当制作刑事申诉复查通知书，在十日以内通知申诉人。

经复查向上一级人民检察院提请抗诉的，应当在上一级人民检察院作出是否抗诉的决定后制作刑事申诉复查通知书。

第五百九十七条 最高人民检察院发现各级人民法院已经发生法律效力的判决或者裁定，上级人民检察院发现下级人民法院已经发生法律效力的判决或者裁定确有错误时，可以直接向同级人民法院提出抗诉，或者指令作出生效判决、裁定人民法院的上一级人民检察院向同级人民法院提出抗诉。

第五百九十八条 人民检察院按照审判监督程序向人民法院提出抗诉的，应当将抗诉书副本报送上一级人民检察院。

第五百九十九条 对按照审判监督程序提出抗诉的案件，人民检察院认为人民法院再审作出的判决、裁定仍然确有错误的，如果案件是依照第一审程序审判的，同级人民检察院应当按照第二审程序向上一级人民法院提出抗诉；如果案件是依照第二审程序审判的，上一级人民检察院应当按照审判监督程序向同级人民法院提出抗诉。

第六百条 人民检察院办理按照第二审程序、审判监督程序抗诉的案件，认为需要对被告人采取强制措施的，参照本规则相关规定。决定采取强制措施应当经检察长批准。

第六百零一条 人民检察院对自诉案件的判决、裁定的监督，适用本节的规定。

第七节 死刑复核监督

第六百零二条 最高人民检察院依法对最高人民法院的死刑复核活动实行法律监督。

省级人民检察院依法对高级人民法院复核未上诉且未抗诉死刑立即执行案件和死刑缓期二年执行案件的活动实行法律监督。

第六百零三条 最高人民检察院、省级人民检察院通过办理下列案件对死刑复核活动实行法律监督：

（一）人民法院向人民检察院通报的死刑复核案件；

（二）下级人民检察院提请监督或者报告重大情况的死刑复核案件；

（三）当事人及其近亲属或者受委托的律师向人民检察院申请监督的死刑复核案件；

（四）认为应当监督的其他死刑复核案件。

第六百零四条 省级人民检察院对于进入最高人民法院死刑复核程序的案件，发现具有下列情形之一的，应当及时向最高人民检察院提请监督：

（一）案件事实不清、证据不足，依法应当发回重新审判或者改判的；

（二）被告人具有从宽处罚情节，依法不应当判处死刑的；

（三）适用法律错误的；

（四）违反法律规定的诉讼程序，可能影响公正审判的；

（五）其他应当提请监督的情形。

第六百零五条 省级人民检察院发现死刑复核案件被告人有自首、立功、怀孕或者被告人家属与被害人家属达成赔偿谅解协议等新的重大情况，影响死刑适用的，应当及时向最高人民检察院报告。

第六百零六条 当事人及其近亲属或者受委托的律师向最高人民检察院提出不服死刑裁判的申诉，由负责死刑复核监督的部门审查。

第六百零七条 对于适用死刑存在较大分歧或者在全国有重大影响的死刑第二审案件，省级人民检察院应当及时报最高人民检察院备案。

第六百零八条 高级人民法院死刑复核期间，设区的市级人民检察院向省级人民检察院报告重大情况、备案等程序，参照本规则第六百零五条、第六百零七条规定办理。

第六百零九条 对死刑复核监督案件的审查可以采取下列方式：

（一）审查人民法院移送的材料、下级人民检察院报送的相关案卷材料、当事人及其近亲属或者受委托的律师提交的材料；

（二）向下级人民检察院调取案件审查报告、公诉意见书、出庭意见书等，了解案件相关情况；

（三）向人民法院调阅或者查阅案卷材料；

（四）核实或者委托核实主要证据；

（五）讯问被告人、听取受委托的律师的意见；

（六）就有关技术性问题向专门机构或者有专门知识的人咨询，或者委托进行证据审查；

（七）需要采取的其他方式。

第六百一十条 审查死刑复核监督案件，具有下列情形之一的，应当听取下级人民检察院的意见：

（一）对案件主要事实、证据有疑问的；

（二）对适用死刑存在较大争议的；

（三）可能引起司法办案重大风险的；

（四）其他应当听取意见的情形。

第六百一十一条　最高人民检察院经审查发现死刑复核案件具有下列情形之一的,应当经检察长决定,依法向最高人民法院提出检察意见:

(一)认为适用死刑不当,或者案件事实不清、证据不足,依法不应当核准死刑的;

(二)认为不予核准死刑的理由不成立,依法应当核准死刑的;

(三)发现新的事实和证据,可能影响被告人定罪量刑的;

(四)严重违反法律规定的诉讼程序,可能影响公正审判的;

(五)司法工作人员在办理案件时,有贪污受贿、徇私舞弊、枉法裁判等行为的;

(六)其他需要提出检察意见的情形。

同意最高人民法院核准或者不核准意见的,应当经检察长批准,书面回复最高人民法院。

对于省级人民检察院提请监督、报告重大情况的案件,最高人民检察院认为具有影响死刑适用情形的,应当及时将有关材料转送最高人民法院。

第八节　羁押期限和办案期限监督

第六百一十二条　人民检察院依法对羁押期限和办案期限是否合法实行法律监督。

第六百一十三条　对公安机关、人民法院办理案件相关期限的监督,犯罪嫌疑人、被告人被羁押的,由人民检察院负责刑事执行检察的部门承担;犯罪嫌疑人、被告人未被羁押的,由人民检察院负责捕诉的部门承担。对人民检察院办理案件相关期限的监督,由负责案件管理的部门承担。

第六百一十四条　人民检察院在办理案件过程中,犯罪嫌疑人、被告人被羁押,具有下列情形之一的,办案部门应当在作出决定或者收到决定书、裁定书后十日以内通知本院负有监督职责的部门:

(一)批准或者决定延长侦查羁押期限的;

(二)对于人民检察院直接受理侦查的案件,决定重新计算侦查羁押期限、变更或者解除强制措施的;

(三)对犯罪嫌疑人、被告人进行精神病鉴定的;

(四)审查起诉期间改变管辖、延长审查起诉期限的;

(五)案件退回补充侦查,或者补充侦查完毕移送起诉后重新计算审查起诉期限的;

(六)人民法院决定适用简易程序、速裁程序审理第一审案件,或者将案件由简易程序转为普通程序,由速裁程序转为简易程序、普通程序重新审理的;

（七）人民法院改变管辖，决定延期审理、中止审理，或者同意人民检察院撤回起诉的。

第六百一十五条　人民检察院发现看守所的羁押期限管理活动具有下列情形之一的，应当依法提出纠正意见：

（一）未及时督促办案机关办理换押手续的；

（二）未在犯罪嫌疑人、被告人羁押期限届满前七日以内向办案机关发出羁押期限即将届满通知书的；

（三）犯罪嫌疑人、被告人被超期羁押后，没有立即书面报告人民检察院并通知办案机关的；

（四）收到犯罪嫌疑人、被告人及其法定代理人、近亲属或者辩护人提出的变更强制措施、羁押必要性审查、羁押期限届满要求释放或者变更强制措施的申请、申诉、控告后，没有及时转送有关办案机关或者人民检察院的；

（五）其他违法情形。

第六百一十六条　人民检察院发现公安机关的侦查羁押期限执行情况具有下列情形之一的，应当依法提出纠正意见：

（一）未按规定办理换押手续的；

（二）决定重新计算侦查羁押期限、经批准延长侦查羁押期限，未书面通知人民检察院和看守所的；

（三）对犯罪嫌疑人进行精神病鉴定，没有书面通知人民检察院和看守所的；

（四）其他违法情形。

第六百一十七条　人民检察院发现人民法院的审理期限执行情况具有下列情形之一的，应当依法提出纠正意见：

（一）在一审、二审和死刑复核阶段未按规定办理换押手续的；

（二）违反刑事诉讼法的规定重新计算审理期限、批准延长审理期限、改变管辖、延期审理、中止审理或者发回重审的；

（三）决定重新计算审理期限、批准延长审理期限、改变管辖、延期审理、中止审理、对被告人进行精神病鉴定，没有书面通知人民检察院和看守所的；

（四）其他违法情形。

第六百一十八条　人民检察院发现同级或者下级公安机关、人民法院超期羁押的，应当向该办案机关发出纠正违法通知书。

发现上级公安机关、人民法院超期羁押的，应当及时层报该办案机关的同级人民检察院，由同级人民检察院向该办案机关发出纠正违法通知书。

对异地羁押的案件，发现办案机关超期羁押的，应当通报该办案机关的同级人民检察院，由其依法向办案机关发出纠正违法通知书。

第六百一十九条 人民检察院发出纠正违法通知书后，有关办案机关未回复意见或者继续超期羁押的，应当及时报告上一级人民检察院。

对于造成超期羁押的直接责任人员，可以书面建议其所在单位或者有关主管机关依照法律或者有关规定予以处分；对于造成超期羁押情节严重，涉嫌犯罪的，应当依法追究其刑事责任。

第六百二十条 人民检察院办理直接受理侦查的案件或者审查逮捕、审查起诉案件，在犯罪嫌疑人侦查羁押期限、办案期限即将届满前，负责案件管理的部门应当依照有关规定向本院办案部门进行期限届满提示。发现办案部门办理案件超过规定期限的，应当依照有关规定提出纠正意见。

第十四章 刑罚执行和监管执法监督

第一节 一般规定

第六百二十一条 人民检察院依法对刑事判决、裁定和决定的执行工作以及监狱、看守所等的监管执法活动实行法律监督。

第六百二十二条 人民检察院根据工作需要，可以对监狱、看守所等场所采取巡回检察、派驻检察等方式进行监督。

第六百二十三条 人民检察院对监狱、看守所等场所进行监督，除可以采取本规则第五百五十一条规定的调查核实措施外，还可以采取实地查看禁闭室、会见室、监区、监舍等有关场所，列席监狱、看守所有关会议，与有关监管民警进行谈话，召开座谈会，开展问卷调查等方式。

第六百二十四条 人民检察院对刑罚执行和监管执法活动实行监督，可以根据下列情形分别处理：

（一）发现执法瑕疵、安全隐患，或者违法情节轻微的，口头提出纠正意见，并记录在案；

（二）发现严重违法，发生重大事故，或者口头提出纠正意见后七日以内未予纠正的，书面提出纠正意见；

（三）发现存在可能导致执法不公问题，或者存在重大监管漏洞、重大安全隐患、重大事故风险等问题的，提出检察建议。

对于在巡回检察中发现的前款规定的问题、线索的整改落实情况，通过巡回检察进行督导。

第二节 交付执行监督

第六百二十五条 人民检察院发现人民法院、公安机关、看守所等机关的交付执行活动具有下列情形之一的，应当依法提出纠正意见：

（一）交付执行的第一审人民法院没有在法定期间内将判决书、裁定书、人民检察院的起诉书副本、自诉状复印件、执行通知书、结案登记表等法律文书送达公安机关、监狱、社区矫正机构等执行机关的；

（二）对被判处死刑缓期二年执行、无期徒刑或者有期徒刑余刑在三个月以上的罪犯，公安机关、看守所自接到人民法院执行通知书等法律文书后三十日以内，没有将成年罪犯送交监狱执行刑罚，或者没有将未成年罪犯送交未成年犯管教所执行刑罚的；

（三）对需要收监执行刑罚而判决、裁定生效前未被羁押的罪犯，第一审人民法院没有及时将罪犯收监送交公安机关，并将判决书、裁定书、执行通知书等法律文书送达公安机关的；

（四）公安机关对需要收监执行刑罚但下落不明的罪犯，在收到人民法院的判决书、裁定书、执行通知书等法律文书后，没有及时抓捕、通缉的；

（五）对被判处管制、宣告缓刑或者人民法院决定暂予监外执行的罪犯，在判决、裁定生效后或者收到人民法院暂予监外执行决定后，未依法交付罪犯居住地社区矫正机构执行，或者对被单处剥夺政治权利的罪犯，在判决、裁定生效后，未依法交付罪犯居住地公安机关执行的，或者人民法院依法交付执行，社区矫正机构或者公安机关应当接收而拒绝接收的；

（六）其他违法情形。

第六百二十六条 人民法院判决被告人无罪、免予刑事处罚、判处管制、宣告缓刑、单处罚金或者剥夺政治权利，被告人被羁押的，人民检察院应当监督被告人是否被立即释放。发现被告人没有被立即释放的，应当立即向人民法院或者看守所提出纠正意见。

第六百二十七条 人民检察院发现公安机关未依法执行拘役、剥夺政治权利，拘役执行期满未依法发给释放证明，或者剥夺政治权利执行期满未书面通知本人及其所在单位、居住地基层组织等违法情形的，应当依法提出纠正意见。

第六百二十八条 人民检察院发现监狱、看守所对服刑期满或者依法应当予以释放的人员没有按期释放，对被裁定假释的罪犯依法应当交付罪犯居住地社区矫正机构实行社区矫正而不交付，对主刑执行完毕仍然需要执行附加剥夺政治权利的罪犯依法应当交付罪犯居住地公安机关执行而不交付，或者对服刑期未满又无合法释放根据的罪犯予以释放等违法行为的，应当依法提出纠正意见。

第三节 减刑、假释、暂予监外执行监督

第六百二十九条 人民检察院发现人民法院、监狱、看守所、公安机关暂予监外执行的活动具有下列情形之一的，应当依法提出纠正意见：

（一）将不符合法定条件的罪犯提请、决定暂予监外执行的；

（二）提请、决定暂予监外执行的程序违反法律规定或者没有完备的合法手续，或者对于需要保外就医的罪犯没有省级人民政府指定医院的诊断证明和开具的证明文件的；

（三）监狱、看守所提出暂予监外执行书面意见，没有同时将书面意见副本抄送人民检察院的；

（四）罪犯被决定或者批准暂予监外执行后，未依法交付罪犯居住地社区矫正机构实行社区矫正的；

（五）对符合暂予监外执行条件的罪犯没有依法提请暂予监外执行的；

（六）人民法院在作出暂予监外执行决定前，没有依法征求人民检察院意见的；

（七）发现罪犯不符合暂予监外执行条件，在暂予监外执行期间严重违反暂予监外执行监督管理规定，或者暂予监外执行的条件消失且刑期未满，应当收监执行而未及时收监执行的；

（八）人民法院决定将暂予监外执行的罪犯收监执行，并将有关法律文书送达公安机关、监狱、看守所后，监狱、看守所未及时收监执行的；

（九）对不符合暂予监外执行条件的罪犯通过贿赂、欺骗等非法手段被暂予监外执行以及在暂予监外执行期间脱逃的罪犯，监狱、看守所未建议人民法院将其监外执行期间、脱逃期间不计入执行刑期或者对罪犯执行刑期计算的建议违法、不当的；

（十）暂予监外执行的罪犯刑期届满，未及时办理释放手续的；

（十一）其他违法情形。

第六百三十条 人民检察院收到监狱、看守所抄送的暂予监外执行书面意见副本后，应当逐案进行审查，发现罪犯不符合暂予监外执行法定条件或者提请暂予监外执行违反法定程序的，应当在十日以内报经检察长批准，向决定或者批准机关提出书面检察意见，同时抄送执行机关。

第六百三十一条 人民检察院接到决定或者批准机关抄送的暂予监外执行决定书后，应当及时审查下列内容：

（一）是否属于被判处有期徒刑或者拘役的罪犯；

（二）是否属于有严重疾病需要保外就医的罪犯；

（三）是否属于怀孕或者正在哺乳自己婴儿的妇女；

（四）是否属于生活不能自理，适用暂予监外执行不致危害社会的罪犯；

（五）是否属于适用保外就医可能有社会危险性的罪犯，或者自伤自残的罪犯；

（六）决定或者批准机关是否符合刑事诉讼法第二百六十五条第五款的规定；

（七）办理暂予监外执行是否符合法定程序。

第六百三十二条 人民检察院经审查认为暂予监外执行不当的，应当自接到通知之日起一个月以内，向决定或者批准暂予监外执行的机关提出纠正意见。下级人民检察院认为暂予监外执行不当的，应当立即层报决定或者批准暂予监外执行的机关的同级人民检察院，由其决定是否向决定或者批准暂予监外执行的机关提出纠正意见。

第六百三十三条 人民检察院向决定或者批准暂予监外执行的机关提出不同意暂予监外执行的书面意见后，应当监督其对决定或者批准暂予监外执行的结果进行重新核查，并监督重新核查的结果是否符合法律规定。对核查不符合法律规定的，应当依法提出纠正意见，并向上一级人民检察院报告。

第六百三十四条 对于暂予监外执行的罪犯，人民检察院发现罪犯不符合暂予监外执行条件、严重违反有关暂予监外执行的监督管理规定或者暂予监外执行的情形消失而罪犯刑期未满的，应当通知执行机关收监执行，或者建议决定或者批准暂予监外执行的机关作出收监执行决定。

第六百三十五条 人民检察院收到执行机关抄送的减刑、假释建议书副本后，应当逐案进行审查。发现减刑、假释建议不当或者提请减刑、假释违反法定程序的，应当在十日以内报经检察长批准，向审理减刑、假释案件的人民法院提出书面检察意见，同时也可以向执行机关提出书面纠正意见。案情复杂或者情况特殊的，可以延长十日。

第六百三十六条 人民检察院发现监狱等执行机关提请人民法院裁定减刑、假释的活动具有下列情形之一的，应当依法提出纠正意见：

（一）将不符合减刑、假释法定条件的罪犯，提请人民法院裁定减刑、假释的；

（二）对依法应当减刑、假释的罪犯，不提请人民法院裁定减刑、假释的；

（三）提请对罪犯减刑、假释违反法定程序，或者没有完备的合法手续的；

（四）提请对罪犯减刑的减刑幅度、起始时间、间隔时间或者减刑后又假

释的间隔时间不符合有关规定的;

(五)被提请减刑、假释的罪犯被减刑后实际执行的刑期或者假释考验期不符合有关法律规定的;

(六)其他违法情形。

第六百三十七条 人民法院开庭审理减刑、假释案件,人民检察院应当指派检察人员出席法庭,发表意见。

第六百三十八条 人民检察院收到人民法院减刑、假释的裁定书副本后,应当及时审查下列内容:

(一)被减刑、假释的罪犯是否符合法定条件,对罪犯减刑的减刑幅度、起始时间、间隔时间或者减刑后又假释的间隔时间、罪犯被减刑后实际执行的刑期或者假释考验期是否符合有关规定;

(二)执行机关提请减刑、假释的程序是否合法;

(三)人民法院审理、裁定减刑、假释的程序是否合法;

(四)人民法院对罪犯裁定不予减刑、假释是否符合有关规定;

(五)人民法院减刑、假释裁定书是否依法送达执行并向社会公布。

第六百三十九条 人民检察院经审查认为人民法院减刑、假释的裁定不当,应当在收到裁定书副本后二十日以内,向作出减刑、假释裁定的人民法院提出纠正意见。

第六百四十条 对人民法院减刑、假释裁定的纠正意见,由作出减刑、假释裁定的人民法院的同级人民检察院书面提出。

下级人民检察院发现人民法院减刑、假释裁定不当的,应当向作出减刑、假释裁定的人民法院的同级人民检察院报告。

第六百四十一条 人民检察院对人民法院减刑、假释的裁定提出纠正意见后,应当监督人民法院是否在收到纠正意见后一个月以内重新组成合议庭进行审理,并监督重新作出的裁定是否符合法律规定。对最终裁定不符合法律规定的,应当向同级人民法院提出纠正意见。

第四节 社区矫正监督

第六百四十二条 人民检察院发现社区矫正决定机关、看守所、监狱、社区矫正机构在交付、接收社区矫正对象活动中违反有关规定的,应当依法提出纠正意见。

第六百四十三条 人民检察院发现社区矫正执法活动具有下列情形之一的,应当依法提出纠正意见:

(一)社区矫正对象报到后,社区矫正机构未履行法定告知义务,致使其未按照有关规定接受监督管理的;

（二）违反法律规定批准社区矫正对象离开所居住的市、县，或者违反人民法院禁止令的内容批准社区矫正对象进入特定区域或者场所的；

（三）没有依法监督管理而导致社区矫正对象脱管的；

（四）社区矫正对象违反监督管理规定或者人民法院的禁止令，未依法予以警告、未提请公安机关给予治安管理处罚的；

（五）对社区矫正对象有殴打、体罚、虐待、侮辱人格、强迫其参加超时间或者超体力社区服务等侵犯其合法权利行为的；

（六）未依法办理解除、终止社区矫正的；

（七）其他违法情形。

第六百四十四条 人民检察院发现对社区矫正对象的刑罚变更执行活动具有下列情形之一的，应当依法提出纠正意见：

（一）社区矫正机构未依法向人民法院、公安机关、监狱管理机关提出撤销缓刑、撤销假释建议或者对暂予监外执行的收监执行建议，或者未依法向人民法院提出减刑建议的；

（二）人民法院、公安机关、监狱管理机关未依法作出裁定、决定，或者未依法送达的；

（三）公安机关未依法将罪犯送交看守所、监狱，或者看守所、监狱未依法收监执行的；

（四）公安机关未依法对在逃的罪犯实施追捕的；

（五）其他违法情形。

第五节 刑事裁判涉财产部分执行监督

第六百四十五条 人民检察院发现人民法院执行刑事裁判涉财产部分具有下列情形之一的，应当依法提出纠正意见：

（一）执行立案活动违法的；

（二）延期缴纳、酌情减少或者免除罚金违法的；

（三）中止执行或者终结执行违法的；

（四）被执行人有履行能力，应当执行而不执行的；

（五）损害被执行人、被害人、利害关系人或者案外人合法权益的；

（六）刑事裁判全部或者部分被撤销后未依法返还或者赔偿的；

（七）执行的财产未依法上缴国库的；

（八）其他违法情形。

人民检察院对人民法院执行刑事裁判涉财产部分进行监督，可以对公安机关查封、扣押、冻结涉案财物的情况，人民法院审判部门、立案部门、执行部门移送、立案、执行情况，被执行人的履行能力等情况向有关单位和个人进行调查核实。

第六百四十六条 人民检察院发现被执行人或者其他人员有隐匿、转移、变卖财产等妨碍执行情形的，可以建议人民法院及时查封、扣押、冻结。

公安机关不依法向人民法院移送涉案财物、相关清单、照片和其他证明文件，或者对涉案财物的查封、扣押、冻结、返还、处置等活动存在违法情形的，人民检察院应当依法提出纠正意见。

第六节 死刑执行监督

第六百四十七条 被判处死刑立即执行的罪犯在被执行死刑时，人民检察院应当指派检察官临场监督。

死刑执行临场监督由人民检察院负责刑事执行检察的部门承担。人民检察院派驻看守所、监狱的检察人员应当予以协助，负责捕诉的部门应当提供有关情况。

执行死刑过程中，人民检察院临场监督人员根据需要可以进行拍照、录像。执行死刑后，人民检察院临场监督人员应当检查罪犯是否确已死亡，并填写死刑执行临场监督笔录，签名后入卷归档。

第六百四十八条 省级人民检察院负责案件管理的部门收到高级人民法院报请最高人民法院复核的死刑判决书、裁定书副本后，应当在三日以内将判决书、裁定书副本移送本院负责刑事执行检察的部门。

判处死刑的案件一审是由中级人民法院审理的，省级人民检察院应当及时将死刑判决书、裁定书副本移送中级人民法院的同级人民检察院负责刑事执行检察的部门。

人民检察院收到同级人民法院执行死刑临场监督通知后，应当查明同级人民法院是否收到最高人民法院核准死刑的裁定或者作出的死刑判决、裁定和执行死刑的命令。

第六百四十九条 执行死刑前，人民检察院发现具有下列情形之一的，应当建议人民法院立即停止执行，并层报最高人民检察院负责死刑复核监督的部门：

（一）被执行人并非应当执行死刑的罪犯的；

（二）罪犯犯罪时不满十八周岁，或者审判的时候已满七十五周岁，依法不应当适用死刑的；

（三）罪犯正在怀孕的；

（四）共同犯罪的其他犯罪嫌疑人到案，共同犯罪的其他罪犯被暂停或者停止执行死刑，可能影响罪犯量刑的；

（五）罪犯可能有其他犯罪的；

（六）罪犯揭发他人重大犯罪事实或者有其他重大立功表现，可能需要改判的；

（七）判决、裁定可能有影响定罪量刑的其他错误的。

在执行死刑活动中，发现人民法院有侵犯被执行死刑罪犯的人身权、财产权或者其近亲属、继承人合法权利等违法情形的，人民检察院应当依法提出纠正意见。

第六百五十条　判处被告人死刑缓期二年执行的判决、裁定在执行过程中，人民检察院监督的内容主要包括：

（一）死刑缓期执行期满，符合法律规定应当减为无期徒刑、有期徒刑条件的，监狱是否及时提出减刑建议提请人民法院裁定，人民法院是否依法裁定；

（二）罪犯在缓期执行期间故意犯罪，监狱是否依法侦查和移送起诉；罪犯确系故意犯罪，情节恶劣，查证属实，应当执行死刑的，人民法院是否依法核准或者裁定执行死刑。

被判处死刑缓期二年执行的罪犯在死刑缓期执行期间故意犯罪，执行机关向人民检察院移送起诉的，由罪犯服刑所在地设区的市级人民检察院审查决定是否提起公诉。

人民检察院发现人民法院对被判处死刑缓期二年执行的罪犯减刑不当的，应当依照本规则第六百三十九条、第六百四十条的规定，向人民法院提出纠正意见。罪犯在死刑缓期执行期间又故意犯罪，经人民检察院起诉后，人民法院仍然予以减刑的，人民检察院应当依照本规则相关规定，向人民法院提出抗诉。

第七节　强制医疗执行监督

第六百五十一条　人民检察院发现人民法院、公安机关、强制医疗机构在对依法不负刑事责任的精神病人的强制医疗的交付执行、医疗、解除等活动中违反有关规定的，应当依法提出纠正意见。

第六百五十二条　人民检察院在强制医疗执行监督中发现被强制医疗的人不符合强制医疗条件或者需要依法追究刑事责任，人民法院作出的强制医疗决定可能错误的，应当在五日以内将有关材料转交作出强制医疗决定的人民法院的同级人民检察院。收到材料的人民检察院负责捕诉的部门应当在二十日以内进行审查，并将审查情况和处理意见反馈负责强制医疗执行监督的人民检察院。

第六百五十三条　人民检察院发现公安机关在对涉案精神病人采取临时保护性约束措施时有违法情形的，应当依法提出纠正意见。

第八节　监管执法监督

第六百五十四条　人民检察院发现看守所收押活动和监狱收监活动中具有下列情形之一的，应当依法提出纠正意见：

（一）没有收押、收监文书、凭证，文书、凭证不齐全，或者被收押、收监人员与文书、凭证不符的；

（二）依法应当收押、收监而不收押、收监，或者对依法不应当关押的人员收押、收监的；

（三）未告知被收押、收监人员权利、义务的；

（四）其他违法情形。

第六百五十五条　人民检察院发现监狱、看守所等执行机关在管理、教育改造罪犯等活动中有违法行为的，应当依法提出纠正意见。

第六百五十六条　看守所对收押的犯罪嫌疑人进行身体检查时，人民检察院驻看守所检察人员可以在场。发现收押的犯罪嫌疑人有伤或者身体异常的，应当要求看守所进行拍照或者录像，由送押人员、犯罪嫌疑人说明原因，在体检记录中写明，并由送押人员、收押人员和犯罪嫌疑人签字确认。必要时，驻看守所检察人员可以自行拍照或者录像，并将相关情况记录在案。

第六百五十七条　人民检察院发现看守所、监狱等监管场所有殴打、体罚、虐待、违法使用戒具、违法适用禁闭等侵害在押人员人身权利情形的，应当依法提出纠正意见。

第六百五十八条　人民检察院发现看守所违反有关规定，有下列情形之一的，应当依法提出纠正意见：

（一）为在押人员通风报信，私自传递信件、物品，帮助伪造、毁灭、隐匿证据或者干扰证人作证、串供的；

（二）违反规定同意侦查人员将犯罪嫌疑人提出看守所讯问的；

（三）收到在押犯罪嫌疑人、被告人及其法定代理人、近亲属或者辩护人的变更强制措施申请或者其他申请、申诉、控告、举报，不及时转交、转告人民检察院或者有关办案机关的；

（四）应当安排辩护律师依法会见在押的犯罪嫌疑人、被告人而没有安排的；

（五）违法安排辩护律师或者其他人员会见在押的犯罪嫌疑人、被告人的；

（六）辩护律师会见犯罪嫌疑人、被告人时予以监听的；

（七）其他违法情形。

第六百五十九条　人民检察院发现看守所代为执行刑罚的活动具有下列情

形之一的,应当依法提出纠正意见:

(一)将被判处有期徒刑剩余刑期在三个月以上的罪犯留所服刑的;

(二)将留所服刑罪犯与犯罪嫌疑人、被告人混押、混管、混教的;

(三)其他违法情形。

第六百六十条 人民检察院发现监狱没有按照规定对罪犯进行分押分管、监狱人民警察没有对罪犯实行直接管理等违反监管规定情形的,应当依法提出纠正意见。

人民检察院发现监狱具有未按照规定安排罪犯与亲属或者监护人会见、对伤病罪犯未及时治疗以及未执行国家规定的罪犯生活标准等侵犯罪犯合法权益情形的,应当依法提出纠正意见。

第六百六十一条 人民检察院发现看守所出所活动和监狱出监活动具有下列情形之一的,应当依法提出纠正意见:

(一)没有出所、出监文书、凭证,文书、凭证不齐全,或者出所、出监人员与文书、凭证不符的;

(二)应当释放而没有释放,不应当释放而释放,或者未依照规定送达释放通知书的;

(三)对提押、押解、转押出所的在押人员,特许离监、临时离监、调监或者暂予监外执行的罪犯,未依照规定派员押送并办理交接手续的;

(四)其他违法情形。

第九节 事故检察

第六百六十二条 人民检察院发现看守所、监狱、强制医疗机构等场所具有下列情形之一的,应当开展事故检察:

(一)被监管人、被强制医疗人非正常死亡、伤残、脱逃的;

(二)被监管人破坏监管秩序,情节严重的;

(三)突发公共卫生事件的;

(四)其他重大事故。

发生被监管人、被强制医疗人非正常死亡的,应当组织巡回检察。

第六百六十三条 人民检察院应当对看守所、监狱、强制医疗机构等场所或者主管机关的事故调查结论进行审查。具有下列情形之一的,人民检察院应当调查核实:

(一)被监管人、被强制医疗人及其法定代理人、近亲属对调查结论有异议的,人民检察院认为有必要调查的;

(二)人民检察院对调查结论有异议的;

(三)其他需要调查的。

人民检察院应当将调查核实的结论书面通知监管场所或者主管机关和被监管人、被强制医疗人的近亲属。认为监管场所或者主管机关处理意见不当，或者监管执法存在问题的，应当提出纠正意见或者检察建议；认为可能存在违法犯罪情形的，应当移送有关部门处理。

第十五章　案件管理

第六百六十四条　人民检察院负责案件管理的部门对检察机关办理案件的受理、期限、程序、质量等进行管理、监督、预警。

第六百六十五条　人民检察院负责案件管理的部门发现本院办案活动具有下列情形之一的，应当及时提出纠正意见：

（一）查封、扣押、冻结、保管、处理涉案财物不符合有关法律和规定的；

（二）法律文书制作、使用不符合法律和有关规定的；

（三）违反羁押期限、办案期限规定的；

（四）侵害当事人、辩护人、诉讼代理人的诉讼权利的；

（五）未依法对立案、侦查、审查逮捕、公诉、审判等诉讼活动以及执行活动中的违法行为履行法律监督职责的；

（六）其他应当提出纠正意见的情形。

情节轻微的，可以口头提示；情节较重的，应当发送案件流程监控通知书，提示办案部门及时查明情况并予以纠正；情节严重的，应当同时向检察长报告。

办案部门收到案件流程监控通知书后，应当在十日以内将核查情况书面回复负责案件管理的部门。

第六百六十六条　人民检察院负责案件管理的部门对以本院名义制发法律文书实施监督管理。

第六百六十七条　人民检察院办理的案件，办结后需要向其他单位移送案卷材料的，统一由负责案件管理的部门审核移送材料是否规范、齐备。负责案件管理的部门认为材料规范、齐备，符合移送条件的，应当立即由办案部门按照规定移送；认为材料不符合要求的，应当及时通知办案部门补送、更正。

第六百六十八条　监察机关或者公安机关随案移送涉案财物及其孳息的，人民检察院负责案件管理的部门应当在受理案件时进行审查，并及时办理入库保管手续。

第六百六十九条　人民检察院负责案件管理的部门对扣押的涉案物品进行

保管，并对查封、扣押、冻结、处理涉案财物工作进行监督管理。对违反规定的行为提出纠正意见；涉嫌违法违纪的，报告检察长。

第六百七十条 人民检察院办案部门需要调用、移送、处理查封、扣押、冻结的涉案财物的，应当按照规定办理审批手续。审批手续齐全的，负责案件管理的部门应当办理出库手续。

第十六章 刑事司法协助

第六百七十一条 人民检察院依据国际刑事司法协助法等有关法律和有关刑事司法协助条约进行刑事司法协助。

第六百七十二条 人民检察院刑事司法协助的范围包括刑事诉讼文书送达，调查取证，安排证人作证或者协助调查，查封、扣押、冻结涉案财物，返还违法所得及其他涉案财物，移管被判刑人以及其他协助。

第六百七十三条 最高人民检察院是检察机关开展国际刑事司法协助的主管机关，负责审核地方各级人民检察院向外国提出的刑事司法协助请求，审查处理对外联系机关转递的外国提出的刑事司法协助请求，审查决定是否批准执行外国的刑事司法协助请求，承担其他与国际刑事司法协助相关的工作。

办理刑事司法协助相关案件的地方各级人民检察院应当向最高人民检察院层报需要向外国提出的刑事司法协助请求，执行最高人民检察院交办的外国提出的刑事司法协助请求。

第六百七十四条 地方各级人民检察院需要向外国请求刑事司法协助的，应当制作刑事司法协助请求书并附相关材料。经省级人民检察院审核同意后，报送最高人民检察院。

刑事司法协助请求书应当依照相关刑事司法协助条约的规定制作；没有条约或者条约没有规定的，可以参照国际刑事司法协助法第十三条的规定制作。被请求方有特殊要求的，在不违反我国法律的基本原则的情况下，可以按照被请求方的特殊要求制作。

第六百七十五条 最高人民检察院收到地方各级人民检察院刑事司法协助请求书及所附相关材料后，应当依照国际刑事司法协助法和有关条约进行审查。对符合规定、所附材料齐全的，最高人民检察院是对外联系机关的，应当及时向外国提出请求；不是对外联系机关的，应当通过对外联系机关向外国提出请求。对不符合规定或者材料不齐全的，应当退回提出请求的人民检察院或者要求其补充、修正。

第六百七十六条 最高人民检察院收到外国提出的刑事司法协助请求后，

应当对请求书及所附材料进行审查。对于请求书形式和内容符合要求的，应当按照职责分工，将请求书及所附材料转交有关主管机关或者省级人民检察院处理；对于请求书形式和内容不符合要求的，可以要求请求方补充材料或者重新提出请求。

外国提出的刑事司法协助请求明显损害我国主权、安全和社会公共利益的，可以直接拒绝提供协助。

第六百七十七条 最高人民检察院在收到对外联系机关转交的刑事司法协助请求书及所附材料后，经审查，分别作出以下处理：

（一）根据国际刑事司法协助法和刑事司法协助条约的规定，认为可以协助执行的，作出决定并安排有关省级人民检察院执行；

（二）根据国际刑事司法协助法或者刑事司法协助条约的规定，认为应当全部或者部分拒绝协助的，将请求书及所附材料退回对外联系机关并说明理由；

（三）对执行请求有保密要求或者有其他附加条件的，通过对外联系机关向外国提出，在外国接受条件并作出书面保证后，决定附条件执行；

（四）需要补充材料的，书面通过对外联系机关要求请求方在合理期限内提供。

第六百七十八条 有关省级人民检察院收到最高人民检察院交办的外国刑事司法协助请求后，应当依法执行，或者交由下级人民检察院执行。

负责执行的人民检察院收到刑事司法协助请求书和所附材料后，应当立即安排执行，并将执行结果及有关材料报经省级人民检察院审查后，报送最高人民检察院。

对于不能执行的，应当将刑事司法协助请求书和所附材料，连同不能执行的理由，通过省级人民检察院报送最高人民检察院。

因请求书提供的地址不详或者材料不齐全，人民检察院难以执行该项请求的，应当立即通过最高人民检察院书面通知对外联系机关，要求请求方补充提供材料。

第六百七十九条 最高人民检察院应当对执行结果进行审查。对于符合请求要求和有关规定的，通过对外联系机关转交或者转告请求方。

第十七章 附 则

第六百八十条 人民检察院办理国家安全机关、海警机关、监狱移送的刑事案件以及对国家安全机关、海警机关、监狱立案、侦查活动的监督，适用本规则关于公安机关的规定。

第六百八十一条 军事检察院等专门人民检察院办理刑事案件，适用本规则和其他有关规定。

第六百八十二条 本规则所称检察官，包括检察长、副检察长、检察委员会委员、检察员。

本规则所称检察人员，包括检察官和检察官助理。

第六百八十三条 本规则由最高人民检察院负责解释。

第六百八十四条 本规则自2019年12月30日起施行。本规则施行后，《人民检察院刑事诉讼规则（试行）》（高检发释字〔2012〕2号）同时废止；最高人民检察院以前发布的司法解释和规范性文件与本规则不一致的，以本规则为准。

修订后的《人民检察院刑事诉讼规则》主要内容解读[*]

最高人民检察院法律政策研究室

2019年12月30日，修订后的《人民检察院刑事诉讼规则》（以下简称《规则》）公布，并自公布之日起施行。为了便于正确理解和适用《规则》，现就《规则》修订的有关情况介绍如下。

一、《规则》修订的背景、过程

《规则》是检察机关全面正确适用刑事诉讼法和有关法律的重要司法解释和规范司法办案的重要规范依据。此次《规则》修订是继1998年和2012年之后的第三次修订，是检察机关贯彻落实党的十九届四中全会精神，推进法律监督体系和监督能力现代化的重要举措，对于保证检察机关严格依照法定程序正确履行职责，规范司法办案行为，提高办案质量，增强法律监督实效，实现惩罚犯罪与保障人权的统一具有重要意义。

首先，《规则》修订顺应改革要求。党的十八大以来，以习近平同志为核心的党中央在全面深化依法治国、深化国家监察体制改革、加强反腐败和境外追赃追逃工作以及深化司法体制改革等方面进行了一系列的重大决策部署。最高人民检察院按照这些重大决策部署的要求，积极稳妥地推进了司法责任制改革，实行人员分类管理、推进检察官办案责任制；开展刑事案件速裁程序试点和认罪认罚从宽制度试点；完成四级检察院反贪、反渎和职务犯罪预防部门职能、机构和人员转隶；推进检察机关的内设机构重塑性改革，实行"捕诉一体"等一系列检察改革，检察权运行机制发生深刻变化。这些改革的成果，都需要通过修订2012年《人民检察院刑事诉讼规则（试行）》（以下简称2012年《规则》）予以体现和固化。

其次，《规则》修订适应法律修改的要求。2018年10月26日，十三届全国人大常委会第六次会议审议通过了关于修改刑事诉讼法的决定，对检察机关的侦查职能作出重大调整，建立了缺席审判制度，确立了认罪认罚从宽制度和速裁程序。这3项内容的修改与检察工作密切相关。刑事诉讼规则是适用刑事诉讼法的司法解释，应当在制度设计、职能履行、权利保障等具体规定上，与

---

* 原文刊载于《人民检察》2020年第1期。

刑事诉讼法保持一致。同时，随着人民检察院组织法、检察官法的修订，有必要对 2012 年《规则》的相关内容予以调整，做好法律规定之间的衔接。

最后，《规则》修订符合实践需要。2012 年《规则》实施以来，最高人民检察院一直在对其实施效果进行跟踪、分析。通过 6 年多的实践检验，发现了 2012 年《规则》确定的一些工作机制、部门分工等需要进一步调整、完善。在上述背景下，亟须对 2012 年《规则》作出修订。

早在 2014 年底，最高人民检察院就启动了《规则》的研究修订工作。后因一些重要的司法体制改革，特别是国家监察体制改革的推出，修订进程一度暂停。随着监察法的出台和刑事诉讼法的修改，根据最高人民检察院党组的决定，最高人民检察院于 2018 年 10 月重启《规则》的修订工作，并成立了《规则》修改领导小组和工作小组。最高人民检察院党组和《规则》修改领导小组多次召开会议对修订工作进行研究指导。修订过程中，广泛征求了中央纪委国家监委、中央政法委、全国人大常委会法制工作委员会、最高人民法院、公安部、国家安全部、司法部等中央国家机关，最高人民检察院相关内设机构和地方人民检察院的意见，还专门组织召开了专家论证会。经深入沟通协调、反复修改完善，形成了《规则》修订草案审议稿，于 2019 年 12 月 2 日经最高人民检察院第十三届检察委员会第二十八次会议通过。

二、《规则》修订坚持的原则

《规则》修订坚持以下原则：

一是坚持法治思维，遵循立法精神。坚持《规则》是刑事诉讼法司法解释的基本定位，确保基本制度设计、关于检察机关职权以及当事人、诉讼参与人权利和义务的规定均做到于法有据。严格依据刑事诉讼法、监察法、人民检察院组织法、检察官法等相关法律的规定，做好相关法律规定之间的衔接。

二是充分体现司法体制改革成果。坚持将全面履行刑事诉讼职责与落实司法体制改革和检察改革的要求相结合，认真梳理、参照中央、最高人民检察院出台的与刑事诉讼相关的改革文件，总结吸收司法责任制改革、以审判为中心的刑事诉讼制度改革、认罪认罚从宽制度改革，以及检察机关内设机构改革、"捕诉一体"办案机制改革等各项改革工作的经验成果，使改革成果在《规则》中得以固化。

三是坚持问题导向、回应实践需求。对于 2012 年《规则》实施以来办案实践中发现的新情况新问题，认真梳理，系统研究，并通过修改《规则》加以解决。对于最高人民检察院单独或者联合有关部门制发的司法解释、司法解释性质文件中已经作出规定、实践中证明行之有效、确有必要在《规则》中作出规定的内容，予以吸收。

四是坚持突出重点,力求详略得当。《规则》不求"毕其功于一役",对于非重点内容或者涉及尚在制定、修改的法律内容,仅作原则性规定。《规则》修订通过后,可以再制定相应的司法解释或规范性文件予以细化。

三、《规则》修订的主要内容

修订后的《规则》共17章684条,相比2012年《规则》减少了24条。减少的条文主要是由于刑事诉讼法对检察机关的侦查职权作出调整,检察机关直接受理侦查案件范围限缩,对侦查部分条文作了适当精简。对2012年《规则》中关于刑事司法协助的内容已经在国际刑事司法协助法中有明确规定的,作了删减。此外,对一些互相关联的条文予以整合。《规则》主要修改了以下内容。

(一)落实司法责任制

司法责任制改革是本轮司法体制改革的"牛鼻子"。为贯彻落实检察官办案责任制,突出检察官办案主体地位,落实"谁办案谁负责、谁决定谁负责"的要求,《规则》第4条第1款规定:"人民检察院办理刑事案件,由检察官、检察长、检察委员会在各自职权范围内对办案事项作出决定,并依照规定承担相应司法责任。"第4条第2款规定:"检察官在检察长领导下开展工作。重大办案事项,由检察长决定。检察长可以根据案件情况,提交检察委员会讨论决定。其他办案事项,检察长可以自行决定,也可以委托检察官决定。"《规则》对上述由检察长决定的"重大办案事项"逐一作了明确规定。为了体现对检察官的适度放权,适当减少"重大办案事项"的数量,明确保留了60项。主要包括6类:第一类是决定回避的事项;第二类是检察机关办理直接受理侦查案件,除勘验、检查、调取证据以外的大部分事项;第三类是改变案件定性走向的事项,包括因不构成犯罪、具有依法不应当追究刑事责任情形、证据不足而不批准逮捕,不起诉,撤回起诉等;第四类是特别程序案件的相关事项;第五类是向有关机关发出纠正违法通知书,提出检察建议、检察意见的事项;第六类是在审查逮捕时纠正漏捕,审查起诉、抗诉阶段适用强制措施的事项。为了适应各地检察实践的需要,各省级检察院可以根据刑事诉讼法和《规则》的规定,结合当地实际,制定具体的权力清单。对此,第4条第3款规定:"本规则对应当由检察长或者检察委员会决定的重大办案事项有明确规定的,依照本规则的规定。本规则没有明确规定的,省级人民检察院可以制定有关规定,报最高人民检察院批准。"

在突出检察官办案主体地位的同时,为了进一步完善办案机制、提升办案质量,《规则》还对检察长、业务机构负责人对检察官办案的监督、管理职责作了具体规定,体现了对检察官放权与监督管理的有机统一。《规则》第 6 条第 2 款规定:"业务机构负责人对本部门的办案活动进行监督管理。需要报请检察长决定的事项和需要向检察长报告的案件,应当先由业务机构负责人审核。业务机构负责人可以主持召开检察官联席会议进行讨论,也可以直接报请检察长决定或者向检察长报告。"第 7 条规定:"检察长不同意检察官处理意见的,可以要求检察官复核,也可以直接作出决定,或者提请检察委员会讨论决定。检察官执行检察长决定时,认为决定错误的,应当书面提出意见。检察长不改变原决定的,检察官应当执行。"

(二) 做好监察法与刑事诉讼法的衔接

《监察法》第 4 条第 2 款规定,监察机关办理职务违法和职务犯罪案件,应当与检察机关等互相配合、互相制约。修改后的刑事诉讼法对检察机关审查起诉监察机关移送的案件、留置措施与刑事强制措施之间的衔接机制、退回补充调查等作了原则性规定。《规则》依照相关法律规定,结合监察体制改革的实践经验,经充分征求国家监察委员会意见,从 4 个方面对监察机关与检察机关的办案程序衔接作了细化规定,确保监察机关和检察机关办案程序榫卯相接、严丝合缝,提高反腐败法治化水平。

一是对监察机关移送案件的证据及相关问题作出规定。依据《监察法》第 33 条第 1 款的规定,明确监察机关依法收集的证据材料,在刑事诉讼中可以作为证据使用。同时,为明确对监察机关收集证据的审查问题,《规则》增加了以下内容:检察机关可以对监察机关收集证据的合法性进行审查,包括在审查起诉阶段可以要求监察机关对证据收集的合法性作出说明,可以同监察机关协商沟通调取有关录音录像;在庭审阶段调查证据合法性时,可以提请调查人员出庭说明情况。

二是对指定管辖作出规定。为了使监察机关调查的案件依法顺利起诉,《规则》明确,监察机关移送起诉的案件,需要依照刑事诉讼法的规定指定审判管辖的,检察机关应当在监察机关移送起诉 20 日前协商同级法院办理指定管辖事宜。

三是细化强制措施的衔接。《规则》区分两种情况作了规定:对于已采取留置措施的案件,检察机关在受理后及时对犯罪嫌疑人作出拘留决定,留置措施自动解除;对于监察机关未采取留置措施的案件,检察机关受理后,可以根据案件情况决定是否采取逮捕、取保候审或者监视居住措施。另外,参考刑事诉讼法关于辩护权告知以及拘留、逮捕后通知犯罪嫌疑人家属的规定,增加以下内容:检察机关应当自收到移送起诉的案件材料之日起 3 日内告知其有权委托辩护人;对已采取留置措施案件的犯罪嫌疑人,应当在执行拘留时告知。决定拘留、逮捕的案件，在公安机关执行后24小时以内，通知犯罪嫌疑人家属。

四是细化派员介入调查、退回补充调查、自行补充侦查的规定。《规则》明确，经监察机关商请，检察机关可以派员介入监察机关办理的职务犯罪案件。目的是加强检察机关与监察机关的协作配合，对证据收集、事实认定、法律适用、案件管辖等提出意见和建议，完善案件证据体系，确保准确适用法律，提高职务犯罪案件办理质效。此外，《规则》还明确补充调查提纲制作要求、自行补充侦查的适用情形等。

（三）完善检察机关直接受理案件的办理程序

修改后的刑事诉讼法对检察机关的侦查职权作出调整。2018年11月印发的《关于人民检察院立案侦查司法工作人员相关职务犯罪若干问题的规定》对检察机关直接受理侦查案件的办理程序作出规定，《规则》吸收了上述规定，作出相应修改。

一是明确了直接受理侦查案件的级别管辖。《规则》明确检察机关办理直接受理侦查的案件，原则上由设区的市级检察院立案侦查。由于这类案件的主体都是司法工作人员，由市级检察院立案侦查，能够确保立案的慎重性，也有利于排除办案中的阻力。而且，检察机关直接受理侦查的案件数量不大，由市级检察院立案侦查，有利于集中有限的资源，提高办案质量和效率。因此，基层检察院在开展诉讼监督中发现这类犯罪线索的，应报请市级检察院审查，决定是否立案侦查。如果案件由基层检察院开展侦查更便于掌握情况，及时收集、固定证据，而且该基层检察院也有侦查力量的，市级检察院可以将案件交由基层检察院立案侦查，或者由基层检察院协助侦查。另外，对于刑事执行派出检察院辖区内与刑事执行活动有关的犯罪线索，可以交由刑事执行派出检察院立案侦查。

二是完善了并案管辖的规定。为了与最高人民法院、最高人民检察院、公安部、国家安全部、司法部、全国人大常委会法制工作委员会联合发布的《关于实施刑事诉讼法若干问题的规定》保持一致，《规则》第18条第2款规定："对于一人犯数罪、共同犯罪、共同犯罪的犯罪嫌疑人还实施其他犯罪、多个犯罪嫌疑人实施的犯罪存在关联，并案处理有利于查明案件事实和诉讼进行的，人民检察院可以在职责范围内对相关犯罪案件并案处理。"强调要在检察机关的职责范围内才可以并案处理。

三是不再使用"初查"概念，改用"调查核实"。刑事诉讼法中没有规定初查，只规定了审查。一般认为，审查不仅包括对材料的书面审查，还包括进一步调查核实有关情况。另外，根据《人民检察院组织法》第21条第1款的规定，检察机关行使法律监督职权，可以进行调查核实。因此，检察机关在审查立案过程中进行调查核实是有人民检察院组织法和刑事诉讼法依据的。基于以上考虑，《规则》以"调查核实"代替原来的"初查"概念，明确检察机关对案件线索进行审查后，可以进一步调查核实。并规定，进行调查核实，一般不得接触被调查对象，可以采取不限制被调查对象人身、财产权利的措施。

（四）完善捕诉一体办案机制

捕诉一体是检察权运行机制改革的重要内容，是适应以审判为中心的刑事诉讼制度改革和检察官办案责任制要求、充分发挥检察机关在审前程序中主导作用的客观需要，对于优化检察资源配置、提高诉讼效率，加强引导和监督侦查活动，提升办案质量具有重要意义。《规则》适应捕诉一体的办案机制，落实"在办案中监督，在监督中办案"的要求，完善了审查逮捕、审查起诉办案机制。

一是确立捕诉一体办案机制的一般原则。《规则》第8条规定："对同一刑事案件的审查逮捕、审查起诉、出庭支持公诉和立案监督、侦查监督、审判监督等工作，由同一检察官或者检察官办案组负责，但是审查逮捕、审查起诉由不同人民检察院管辖，或者依照法律、有关规定应当另行指派检察官或者检察官办案组办理的除外。"例如，公安机关对不批准逮捕或者不起诉决定要求复议的，检察机关负责捕诉的部门应当另行指派检察官或者检察官办案组进行审查。

二是将2012年《规则》第十章审查逮捕和第十一章审查起诉合并为一章。第一节"一般规定"整合两个"审查"环节的共性要求一并作出规定，如对讯问、询问、听取辩护人或者值班律师意见、诉讼权利告知、调取录音录像、提前介入等集中作出规定。需要说明的是，实行捕诉一体，并非将逮捕和起诉的功能和条件混为一体。逮捕是保障诉讼进行的强制措施，不是案件的最后处理，因此，其法定的证明标准低于起诉。不能因为实行捕诉一体就用审查起诉的标准来审查逮捕，或者构罪即捕、捕了即诉。《规则》虽然将审查逮捕和审查起诉合并为一章，但是分专节规定了逮捕和起诉的条件与程序，以保证逮捕和起诉各自功能的发挥。

三是完善退回补充侦查引导和说理机制，提升退回补充侦查的实效性和补充收集证据的精准度。《规则》第257条规定："对于批准逮捕后要求公安机关继续侦查、不批准逮捕后要求公安机关补充侦查或者审查起诉阶段退回公安机关补充侦查的案件，人民检察院应当分别制作继续侦查提纲或者补充侦查提纲，写明需要继续侦查或者补充侦查的事项、理由、侦查方向、需补充收集的证据及其证明作用等，送交公安机关。"补充侦查提纲制作的精细化、实质化，目的是便于侦查机关按图索骥、"照方抓药"，及时补充收集指控犯罪所必需的证据，使案件重新移送检察机关后能够达到"犯罪事实清楚，证据确实、充分"的证明标准，避免不必要的再次退回补充侦查；同时防止补充侦查不到位，因证据不足而放纵犯罪分子。

四是增加不批准逮捕后监督公安机关撤销案件的规定。《规则》第287条第1款规定："对于没有犯罪事实或者犯罪嫌疑人具有刑事诉讼法第十六条规定情形之一，人民检察院作出不批准逮捕决定的，应当同时告知公安机关撤销案件。"这一规定针对的是司法实践中的"挂案"现象，督促公安机关对没有犯罪事实或者不应追究刑事责任的犯罪嫌疑人及时撤案。

（五）完善认罪认罚从宽制度和刑事案件速裁程序

认罪认罚从宽制度是我国刑事诉讼法确立的一项重要制度，是在立法和司法领域推进国家治理体系和治理能力现代化的重大举措，是确保及时惩罚犯罪，加强人权司法保障，推动案件繁简分流，优化司法资源配置，提升诉讼效率的重要方式。修改后的刑事诉讼法总结了刑事案件速裁程序试点和认罪认罚从宽制度试点工作中行之有效的做法，新增了认罪认罚从宽制度和速裁程序的规定。2018年10月，最高人民法院、最高人民检察院、公安部、国家安全部、司法部共同发布《关于适用认罪认罚从宽制度的指导意见》，对适用认罪认罚从宽制度相关问题作了具体规定。《规则》对上述指导意见的内容予以吸收，作出以下规定：

一是对认罪认罚从宽作了原则性规定。明确认罪认罚从宽制度可以适用于所有刑事案件，并要求检察机关在办理案件的各个诉讼环节，都应当做好认罪认罚的相关工作。

二是在第十章"审查逮捕和审查起诉"增加一节"认罪认罚从宽案件办理"，对审查逮捕、审查起诉环节涉及认罪认罚从宽的内容相对集中作出规定。包括：检察机关应当商法律援助机构通过派驻值班律师或者及时安排值班律师等方式为犯罪嫌疑人提供法律帮助；检察机关应当告知犯罪嫌疑人有权约见值班律师，并为其约见值班律师提供便利；检察机关在讯问时应当听取犯罪嫌疑人、辩护人或者值班律师、被害人及其诉讼代理人的意见，并为值班律师了解案件有关情况提供必要的便利；案件移送审查起诉之日起，值班律师可以查阅案卷材料，了解案情；犯罪嫌疑人自愿认罪认罚，同意量刑建议和程序适用的，应当在辩护人或者值班律师在场的情况下签署认罪认罚具结书；犯罪嫌疑人认罪认罚的，检察机关应当提出量刑建议，量刑建议一般应当为确定刑等。

三是在第十一章"出席法庭"部分专设一节规定速裁程序。明确了检察机关有权向法院提出适用刑事案件速裁程序的建议，列举了可以建议和不得建议的具体情形；明确了检察机关建议法院适用刑事案件速裁程序的案件，起诉书可以简化；检察机关发现不宜适用刑事案件速裁程序情形的，应当建议法院转为普通程序或者简易程序重新审理。

（六）完善检察机关对刑事诉讼的监督

监督是检察机关的主责主业，完善诉讼监督的相关规定是《规则》修订的重要内容。

一是梳理各项监督手段、方式、程序等共性特征予以集中规定。在《规则》第十三章增加第一节"一般规定"，规定诉讼监督的方式、开展调查核实的措施、对纠正意见的督促落实等。明确诉讼监督的方式包括提出抗诉、纠正意见或者检察建议。在调查核实措施上，规定了讯问、询问犯罪嫌疑人，询问证人、被害人、其他诉讼参与人或者办案人员，听取申诉人、控告人、辩护人、值班律师意见，调取犯罪嫌疑人的身体检查记录、体检记录、相关录音录像，进行伤情、病情检查或者鉴定等。在纠正意见的督促落实上，细化督促被监督单位回复的程序，规定被监督单位在规定的期限内没有回复纠正情况的，检察机关应当督促被监督单位回复。经督促被监督单位仍不回复或者没有正当理由不纠正的，检察机关应当向上一级检察院报告。这些规定将进一步增强监督的刚性和实效。

二是根据近年来司法实践经验和相关文件规定，进一步完善立案监督、侦查活动监督、审判活动监督、判决裁定监督、死刑复核监督的程序和内容。例如，与正在修改的《公安机关办理刑事案件程序规定》关于立案审查期限的规定相衔接，《规则》规定，对于公安机关未在规定期限内作出是否立案决定的，检察机关应当进行监督，以进一步解决立案难问题；对侦查活动监督针对的违法行为进行了较大的调整，主要从调查取证、强制措施、侦查措施、妨害当事人依法行使诉讼权利等4个方面进行了梳理；明确再审监督案件原案承办人员和原复查案件承办人员不再参与办理；进一步完善审查死刑复核案件的方式，规定对案件主要事实证据有疑问、对适用死刑存在较大争议、可能引起司法办案重大风险的，在审查时应当听取下级检察院的意见。

三是调整羁押必要性审查工作的部门分工。2012年《规则》规定，依据不同的诉讼阶段，侦查监督部门、公诉部门、刑事执行检察部门都有羁押必要性审查的职责。而2016年《人民检察院办理羁押必要性审查案件规定（试行）》则将这项职责统一交由刑事执行检察部门负责。此次修订《规则》，对该项分工再次进行调整，明确由负责捕诉的部门依法对羁押必要性进行审查。在侦查和审判阶段，经审查认为不需要继续羁押的，应当建议公安机关或者法院释放犯罪嫌疑人、被告人或者变更强制措施；在审查起诉阶段，经审查认为不需要继续羁押的,应当直接释放犯罪嫌疑人或者变更强制措施。同时还规定,负责刑事执行检察的部门收到有关材料或者发现不需要继续羁押的,应当及时将有关材料和意见移送负责捕诉的部门。

四是新增第十四章"刑罚执行和监管执法监督"。2012年以来刑事执行检察职能变化较大,需要增加和修改的条文较多,放在"刑事诉讼法律监督"一章,将导致该章内容过多,体例失衡。因此,《规则》设置专章对刑罚执行和监管执法监督分9节进行了较为系统的规定,分别是一般规定,交付执行监督,减刑、假释、暂予监外执行监督,社区矫正监督,刑事裁判涉财产部分执行监督,死刑执行监督,强制医疗执行监督,监管执法监督和事故检察。本章吸收了刑事执行检察相关规范性文件的内容,规定了派驻与巡回相结合的监督方式,同时增加了对巡回检察中发现的问题、线索的整改落实情况"回头看"的规定,以更好地发挥巡回检察制度的持久威慑力。

(七)加强对诉讼参与人诉讼权利的保障

一是简化接待律师的程序,让辩护律师"少跑路"。对辩护律师申请检察机关向公安机关调取证据材料,申请检察机关收集、调取证据,申请检察机关许可其向被害人或者其近亲属、被害人提供的证人收集与本案有关的材料,要求听取意见的,2012年《规则》规定由负责案件管理的部门接收后转交有关办案部门,修订后的《规则》规定直接由办案部门进行审查或者安排听取意见。辩护律师不必再同检察机关多个部门打交道。

二是缩短办理期限,提高诉讼效率。《规则》将书面通知法律援助机构指派律师为犯罪嫌疑人提供辩护的期限由"及时"明确为"自发现之日起三日以内";将转交法律援助申请材料的期限由"三日以内"缩短至"二十四小时以内";将辩护律师申请向被害人一方收集证据的许可决定期限由"七日以内"缩短至"五日以内"。通过自我加压,让办案人员"抢时间",让当事人和辩护律师"少等待"。

三是落实"群众来信件件有回复"承诺。《规则》要求,对于群众来信,负责控告申诉检察的部门应当在7日以内进行程序性答复,办案部门应当在30日以内将办理进展或者办理结果答复来信人。通过及时回复和释法说理,第一时间为老百姓答疑解惑,最大限度满足人民群众的司法需求。

四是便利诉讼,减轻诉讼参与人经济负担。2012年《规则》规定,辩护人复制案卷材料,检察机关收取必需的工本费用。修订后的《规则》规定,辩护人复制案卷材料,检察机关不收取费用。2012年《规则》规定,证人在检察机关侦查、审查起诉阶段因履行作证义务而支出的交通、住宿、就餐等费用,检察机关应当给予补助。修订后的《规则》明确了在审查逮捕期间证人因履行作证义务而支出的上述费用,检察机关也应当给予补助。

五是加强对未成年人合法权益的保护。《规则》在第十二章"特别程序"第一节"未成年人刑事案件诉讼程序"中增加了以下规定:检察机关办理未成年人案件,应当贯彻"教育、感化、挽救"方针和"教育为主、惩罚为辅"的原则,坚持优先保护、特殊保护、双向保护,以帮助教育和预防重新犯罪为目的;检察机关办理未成年人与成年人共同犯罪案件,一般应当将未成年人与成年人分案办理、分别起诉;不宜分案处理的,应当对未成年人采取隐私保护、快速办理等特殊保护措施;开展社会调查应当尊重和保护未成年人隐私,不得向不知情人员泄露未成年犯罪嫌疑人的涉案信息;询问未成年被害人、证人,应当以一次为原则,避免反复询问造成再次伤害等。

(八)完善缺席审判制度检察环节办案程序

为了强化境外追逃的法律手段,修改后的刑事诉讼法在第五编"特别程序"中增设了"缺席审判程序"一章。鉴于缺席审判是刑事诉讼法新设立的一项制度,缺少实践经验,《规则》对缺席审判案件中检察环节的办案程序作了较为原则的规定:一是规定缺席审判案件由有管辖权的中级法院的同级检察院提起公诉。二是规定检察机关提起公诉的,应当向法院提交被告人已出境的证据。三是规定检察机关对公安机关移送起诉的需要报请最高人民检察院核准的案件,应当层报最高人民检察院核准。四是规定最高人民检察院收到下级检察院报请核准的案卷材料后,应当及时指派检察官对案卷材料进行审查,提出核准或者不予核准的意见,报检察长决定。五是规定审查起诉期间,犯罪嫌疑人自动投案或者被抓获的,检察机关应当重新审查案件;提起公诉后被告人到案,法院拟重新审理的,检察机关应当商法院将案件撤回并重新审查。六是规定因被告人患有严重疾病无法出庭,中止审理超过6个月,被告人仍无法出庭,被告人及其法定代理人、近亲属申请或者同意恢复审理的,检察机关可以建议法院适用缺席审判程序。

修订《规则》既是检察机关实施修改后的刑事诉讼法的必然要求,也是落实国家监察体制改革、司法体制改革要求的重要举措,还是适应检察工作新思路、新方法、新局面的重要抓手。下一步,各级检察机关应当以落实修订后的《规则》为抓手,进一步推动刑事检察工作科学发展,提升检察履职能力,向着让人民群众在每一个司法案件中感受到公平正义的目标不断迈进。

最高人民法院、最高人民检察院、公安部
关于依法惩治袭警违法犯罪行为的指导意见

（2020 年 1 月 10 日公布并施行）

人民警察代表国家行使执法权，肩负着打击违法犯罪、维护社会稳定、维持司法秩序、执行生效裁判等重要职责。在依法履职过程中，人民警察遭受违法犯罪分子暴力侵害、打击报复的事件时有发生，一些犯罪分子气焰嚣张、手段残忍，甚至出现预谋性、聚众性袭警案件，不仅危害民警人身安全，更严重损害国家法律权威、破坏国家正常管理秩序。为切实维护国家法律尊严，维护民警执法权威，保障民警人身安全，依法惩治袭警违法犯罪行为，根据有关法律法规，经最高人民法院、最高人民检察院、公安部共同研究决定，制定本意见。

一、对正在依法执行职务的民警实施下列行为的，属于刑法第二百七十七条第五款规定的"暴力袭击正在依法执行职务的人民警察"，应当以妨害公务罪定罪从重处罚：

1. 实施撕咬、踢打、抱摔、投掷等，对民警人身进行攻击的；

2. 实施打砸、毁坏、抢夺民警正在使用的警用车辆、警械等警用装备，对民警人身进行攻击的。

对正在依法执行职务的民警虽未实施暴力袭击，但以实施暴力相威胁，符合刑法第二百七十七条第一款规定的，以妨害公务罪定罪处罚。

醉酒的人实施袭警犯罪行为，应当负刑事责任。

教唆、煽动他人实施袭警犯罪行为或者为他人实施袭警犯罪行为提供工具、帮助的，以共同犯罪论处。

对袭警情节轻微或者辱骂民警，尚不构成犯罪，但构成违反治安管理行为的，应当依法从重给予治安管理处罚。

二、实施暴力袭警行为，具有下列情形之一的，在第一条规定的基础上酌情从重处罚：

1. 使用凶器或者危险物品袭警、驾驶机动车袭警的；

2. 造成民警轻微伤或者警用装备严重毁损的；

3. 妨害民警依法执行职务，造成他人伤亡、公私财产损失或者造成犯罪嫌疑人脱逃、毁灭证据等严重后果的；

4. 造成多人围观、交通堵塞等恶劣社会影响的；

5. 纠集多人袭警或者袭击民警二人以上的；

6. 曾因袭警受过处罚，再次袭警的；

7. 实施其他严重袭警行为的。

实施上述行为，构成犯罪的，一般不得适用缓刑。

三、驾车冲撞、碾轧、拖拽、剐蹭民警，或者挤别、碰撞正在执行职务的警用车辆，危害公共安全或者民警生命、健康安全，符合刑法第一百一十四条、第一百一十五条、第二百三十二条、第二百三十四条规定的，应当以以危险方法危害公共安全罪、故意杀人罪或者故意伤害罪定罪，酌情从重处罚。

暴力袭警，致使民警重伤、死亡，符合刑法第二百三十四条、第二百三十二条规定的，应当以故意伤害罪、故意杀人罪定罪，酌情从重处罚。

四、抢劫、抢夺民警枪支，符合刑法第一百二十七条第二款规定的，应当以抢劫枪支罪、抢夺枪支罪定罪。

五、民警在非工作时间，依照《中华人民共和国人民警察法》等法律履行职责的，应当视为执行职务。

六、在民警非执行职务期间，因其职务行为对其实施暴力袭击、拦截、恐吓等行为，符合刑法第二百三十四条、第二百三十二条、第二百九十三条等规定的，应当以故意伤害罪、故意杀人罪、寻衅滋事罪等定罪，并根据袭警的具体情节酌情从重处罚。

各级人民法院、人民检察院和公安机关要加强协作配合，对袭警违法犯罪行为快速处理、准确定性、依法严惩。一要依法及时开展调查处置、批捕、起诉、审判工作。民警对于袭警违法犯罪行为应当依法予以制止，并根据现场条件，妥善保护案发现场，控制犯罪嫌疑人。负责侦查办理袭警案件的民警应当全面收集、提取证据，特别是注意收集民警现场执法记录仪和周边监控等视听资料、在场人员证人证言等证据，查清案件事实。对造成民警或者他人受伤、财产损失的，依法进行鉴定。在处置过程中，民警依法依规使用武器、警械或者采取其他必要措施制止袭警行为，受法律保护。人民检察院对于公安机关提请批准逮捕、移送审查起诉的袭警案件，应当从严掌握无逮捕必要性、犯罪情节轻微等不捕不诉情形，慎重作出不批捕、不起诉决定，对于符合逮捕、起诉条件的，应当依法尽快予以批捕、起诉。对于袭警行为构成犯罪的，人民法院应当依法及时审判，严格依法追究犯罪分子刑事责任。二要依法适用从重处罚。暴力袭警是刑法第二百七十七条规定的从重处罚情形。人民法院、人民检察院和公安机关在办理此类案件时,要准确认识袭警行为对于国家法律秩序的严重危害,不能将袭警行为等同于一般的故意伤害行为,不能仅以造成民警身体伤害作为构成犯罪的标准,要综合考虑袭警行为的手段、方式以及对执行职务的影响程度等因素,准确认定犯罪性质,从严追究刑事责任。对袭警违法犯罪行为,依法不适用刑事和解和治安调解。对于构成犯罪,但具有初犯、偶犯、给予民事赔偿并取得被害人谅解等情节的,在酌情从宽时,应当从严把握从宽幅度。对犯罪性质和危害后果特别严重、犯罪手段特别残忍、社会影响特别恶劣的犯罪分子,虽具有上述酌定从宽情节但不足以从轻处罚的,依法不予从宽处罚。三要加强规范执法和法制宣传教育。人民警察要严格按照法律规定的程序和标准正确履职,特别是要规范现场执法,以法为据、以理服人,妥善化解矛盾,谨慎使用强制措施和武器警械。人民法院、人民检察院、公安机关在依法办案的同时,要加大法制宣传教育力度,对于社会影响大、舆论关注度高的重大案件,视情通过新闻媒体、微信、微博等多种形式,向社会通报案件进展情况,澄清事实真相,并结合案情释法说理,说明袭警行为的危害性。要适时公开曝光一批典型案例,向社会揭露袭警行为的违法性和严重危害性,教育人民群众遵纪守法,在全社会树立"敬畏法律、尊重执法者"的良好法治环境。

各地各相关部门在执行中遇有问题,请及时上报各自上级机关。

最高人民法院、最高人民检察院
关于缓刑犯在考验期满后五年内再犯应当判处有期徒刑以上刑罚之罪应否认定为累犯问题的批复

(2019年11月19日最高人民法院审判委员会第1783次会议、2019年9月12日最高人民检察院第十三届检察委员会第二十四次会议通过 2020年1月17日公布 2020年1月20日施行 高检发释字〔2020〕1号)

各省、自治区、直辖市高级人民法院、人民检察院,解放军军事法院、军事检察院,新疆维吾尔自治区高级人民法院生产建设兵团分院、新疆生产建设兵团人民检察院:

近来,部分省、自治区、直辖市高级人民法院、人民检察院请示缓刑犯在考验期满后五年内再犯应当判处有期徒刑以上刑罚之罪应否认定为累犯的问题。经研究,批复如下:

被判处有期徒刑宣告缓刑的犯罪分子,在缓刑考验期满后五年内再犯应当判处有期徒刑以上刑罚之罪的,因前罪判处的有期徒刑并未执行,不具备刑法第六十五条规定的"刑罚执行完毕"的要件,故不应认定为累犯,但可作为对新罪确定刑罚的酌定从重情节予以考虑。

此复。

二、指导性案例

最高人民检察院
关于印发最高人民检察院第十四批指导性案例的通知

（2019 年 5 月 21 日　高检发办字〔2019〕58 号）

各省、自治区、直辖市人民检察院，解放军军事检察院，新疆生产建设兵团人民检察院：

经 2019 年 4 月 22 日最高人民检察院第十三届检察委员会第十七次会议决定，现将广州乙置业公司等骗取支付令执行虚假诉讼监督案等五件指导性案例（检例第 52—56 号）作为第十四批指导性案例发布，供参照适用。

最高人民检察院
2019 年 5 月 21 日

检例第 52 号

广州乙置业公司等骗取支付令执行虚假诉讼监督案

【关键词】

骗取支付令　侵吞国有资产　检察建议

【要　旨】

当事人恶意串通、虚构债务，骗取法院支付令，并在执行过程中通谋达成和解协议，通过以物抵债的方式侵占国有资产，损害司法秩序，构成虚假诉讼。检察机关对此类案件应当依法进行监督，充分发挥法律监督职能，维护司法秩序，保护国有资产。

【基本案情】

2003 年起，国有企业甲农工商公司因未按期偿还银行贷款被诉至法院，银行账户被查封。为转移甲农工商公司及其下属公司的资产，甲农工商公司班子成员以个人名义出资，于 2003 年 5 月 26 日成立广州乙置业公司，甲农工商公司经理张某任乙置业公司董事长，其他班子成员任乙置业公司股东兼管理人员。

2004 年 6 月 23 日和 2005 年 2 月 20 日，乙置业公司分别与借款人甲农工商公司下属丙实业公司和丁果园场签订金额为 251.846 万元和 1600 万元的借款协议，丙实业公司以自有房产为借款提供抵押担保。乙置业公司没有自有流动运营资金和自有业务，其出借的资金主要来源于甲农工商公司委托其代管的资金。

丙实业公司借款时，甲农工商公司在乙置业公司已经存放有 13893401.67 元理财资金可以调拨，但甲农工商公司未调拨理财资金，反而由下属的丙实业公司以房产抵押的方式借款。丁果园场借款时，在 1600 万元借款到账的 1—3 天内便以"往来款"名义划付到案外人账户，案外人又在 5 天内通过银行转账方式将等额资金划还给乙置业公司。

上述借款到期后，乙置业公司立即向广州市白云区人民法院申请支付令，要求偿还借款。2004 年 9 月 6 日，法院作出（2004）云法民二督字第 23 号支付令，责令丙实业公司履行付款义务；2005 年 11 月 9 日，法院作出（2005）云法民二督字第 16 号支付令，责令丁果园场履行付款义务。丙实业公司与丁果园场未提出异议，并在执行过程中迅速与乙置业公司达成以房抵债的和解协议。2004 年 10 月 11 日，丙实业公司与乙置业公司签署和解协议，以自有房产抵偿251.846万元债务。丙实业公司还主动以自有的36栋房产为丁果园场借款提供执行担保。2006年2月、4月，法院先后裁定将丁果园场的房产作价611.7212万元、丙实业公司担保房产作价396.9387万元以物抵债给乙置业公司。

案发后，甲农工商公司的主管单位于2013年9月10日委托评估，评估报告显示，以法院裁定抵债日为评估基准日，涉案房产评估价值合计1.09亿余元，比法院裁定以物抵债的价格高出9640万余元，国有资产受到严重损害。

【检察机关监督情况】

线索发现 2016年4月，广东省人民检察院在办理甲农工商公司经理张某贪污、受贿刑事案件的过程中，发现乙置业公司可能存在骗取支付令、侵吞国有资产的行为，遂将案件线索交广州市人民检察院办理。广州市人民检察院依职权启动监督程序，与白云区人民检察院组成办案组共同办理该案。

调查核实 办案组调取法院支付令与执行案件卷宗，经审查发现，乙置业公司与丙实业公司、丁果园场在诉讼过程中对借款事实等问题的陈述高度一致；三方在执行过程中主动、迅速达成以物抵债的和解协议，而缺乏通常诉讼所具有的对抗性；经审查张某贪污、受贿案的刑事卷宗，发现甲农工商公司、乙置业公司的班子成员存在合谋串通、侵吞国有资产的主观故意；经审查工商登记资料，发现乙置业公司没有自有资金，其资金来源于代管的甲农工商公司资金；经调取银行流水清单，核实了借款资金流转情况。办案组沿涉案资金、房产的转移路径，逐步厘清案情脉络，并重新询问相关涉案人员，最终获取张某等人的证言，进一步夯实证据。

监督意见 2016年10月8日，白云区人民检察院就白云区人民法院前述两份支付令分别发出穗云检民（行）违监（2016）4号、5号检察建议书，指出乙置业公司与丙实业公司、丁果园场恶意串通、虚构债务，骗取法院支付令，借执行和解程序侵吞国有资产，损害了正常司法秩序，建议法院撤销涉案支付令。

监督结果 2018年5月15日，白云区人民法院作出（2018）粤0111民督监1号、2号民事裁定书，分别确认前述涉案支付令错误，裁定予以撤销，驳回乙置业公司的支付令申请。同年10月，白云区人民法院依据生效裁定执行回转，至此，1.09亿余元的国有资产损失得以挽回。甲农工商公司原班子成员张某等人因涉嫌犯贪污罪、受贿罪，已被广州市人民检察院提起公诉。

【指导意义】

1. 虚构债务骗取支付令成为民事虚假诉讼的一种表现形式，应当加强法律监督。民事诉讼法规定的督促程序，旨在使债权人便捷高效地获得强制执行依据，解决纠纷。司法实践中，有的当事人正是利用法院发出支付令以形式审查为主、实质问题不易被发现的特点，恶意串通、虚构债务骗取支付令并获得执行，侵害其他民事主体的合法权益。本案乙置业公司与丙实业公司、丁果园场恶意串通、虚构债务申请支付令，构成虚假诉讼。由于法院在发出支付令时无需经过诉讼程序，仅对当事人提供的事实、证据进行形式审查，因此，骗取支付令的虚假诉讼案件通常具有一定的隐蔽性，检察机关应当加强对此类案件的监督，充分发挥法律监督职能。

2. 办理虚假诉讼案件重点围绕捏造事实行为进行审查。虚假诉讼通常以捏造的事实启动民事诉讼程序，检察机关应当以此为重点内容开展调查核实工作。本案办理过程中，办案组通过调阅张某刑事案件卷宗材料掌握案情，以刑事案件中固定的证据作为本案办理的突破口；通过重点审查涉案公司的企业法人营业执照、公司章程、公司登记申请书、股东会决议等工商资料，确认丙实业公司和丁果园场均由甲农工商公司设立，均系全民所有制企业，名下房产属于国有财产，上述公司的主要班子成员存在交叉任职等事实；通过调取报税资料、会计账册、资金代管协议等档案材料发现，乙置业公司没有自有流动运营资金和业务，其资金来源于代管的甲农工商公司资金；通过调取银行流水清单，发现丁果园场在借款到账后即以"往来款"名义划付至案外人账户，案外人随即将等额资金划还至乙置业公司，查明了借款资金流转的情况。一系列事实和证据均指向当事人存在恶意串通、虚构债务骗取支付令的行为。

3. 发现和办理虚假诉讼案件，检察机关应当形成整体合力。虚假诉讼不仅侵害其他民事主体的合法权益，影响经济社会生活秩序，更对司法公信力、司法秩序造成严重侵害，检察机关应当形成整体合力，加大法律监督力度。检察机关各业务部门在履行职责过程中发现民事虚假诉讼线索的，均应及时向民事检察部门移送；并积极探索建立各业务部门之间的线索双向移送、反馈机制，线索共享、信息互联机制。本案即是检察机关在办理刑事案件过程中发现可能存在民事虚假诉讼线索，民事检察部门由此进行深入调查的典型案例。

【相关规定】

《中华人民共和国民事诉讼法》第十四条、第二百一十六条

最高人民法院《关于适用〈中华人民共和国民事诉讼法〉的解释》第四百一十四条

《人民检察院民事诉讼监督规则（试行）》第九十九条

检例第 53 号

武汉乙投资公司等骗取调解书虚假诉讼监督案

【关键词】

虚假调解　逃避债务　民事抗诉

【要　旨】

伪造证据、虚构事实提起诉讼,骗取人民法院调解书,妨害司法秩序、损害司法权威,不仅可能损害他人合法权益,而且损害国家和社会公共利益的,构成虚假诉讼。检察机关办理此类虚假诉讼监督案件,应当从交易和诉讼中的异常现象出发,追踪利益流向,查明当事人之间的通谋行为,确认是否构成虚假诉讼,依法予以监督。

【基本案情】

2010 年 4 月 26 日,甲商贸公司以商品房预售合同纠纷为由向武汉市蔡甸区人民法院起诉乙投资公司,称双方于 2008 年 4 月 30 日签订《商品房订购协议书》,约定甲商贸公司购买乙投资公司天润工业园项目约 4 万平方米的商品房,总价款人民币 7375 万元,甲商贸公司支付 1475 万元定金,乙投资公司于收到定金后 30 日内完成上述项目地块的抵押登记注销,双方再签订正式《商品房买卖合同》。协议签订后,甲商贸公司依约支付定金,但乙投资公司未解除土地抵押登记,甲商贸公司遂提出四起商品房预售合同纠纷诉讼,诉请判令乙投资公司双倍返还定金,诉讼标的额分别为 700 万元、700 万元、750 万元、800 万元,共计 2950 万元。武汉市蔡甸区人民法院受理后,适用简易程序审理、以调解方式结案,作出(2010)蔡民二初字第 79 号、第 80 号、第 81 号、第 82 号民事调解书,分别确认乙投资公司双倍返还定金 700 万元、700 万元、750 万元、800 万元,合计 2950 万元。甲商贸公司随即向该法院申请执行,领取可供执行的款项 2065 万元。

【检察机关监督情况】

线索发现　2015 年,武汉市人民检察院接到案外人相关举报,经对上述案件进行审查,初步梳理出如下案件线索:一是法院受理异常。双方只签订有一份《商品房订购协议书》,甲商贸公司却拆分提出四起诉讼;甲商贸公司已支付定金为 1475 万元,依据当时湖北省法院案件级别管辖规定,基层法院受理标的额在 800 万元以下的案件,本案明显属于为回避级别管辖规定而拆分起诉,法院受理异常。二是均适用简易程序由同一名审判人员审结,从受理到审理、制发调解书在 5 天内全部完成。三是庭审无对抗性，乙投资公司对甲商贸公司主张的事实、证据及诉讼请求全部认可，双方当事人及代理人在整个诉讼过程中陈述高度一致。四是均快速进入执行程序、快速执结。

调查核实 针对初步梳理的案件线索，武汉市人民检察院随即开展调查核实。第一步，通过裁判文书网查询到乙投资公司作为被告或被执行人的案件在武汉市蔡甸区人民法院已有 40 余件，总标的额 1.3 亿余元，乙投资公司已经资不抵债；第二步，通过银行查询执行款流向，发现甲商贸公司收到 2065 万元执行款后，将其中 1600 万元转账至乙投资公司法定代表人方某的个人账户，320 万元转账至丙公司、丁公司；第三步，通过查询工商信息，发现方某系乙投资公司法定代表人，而甲、乙、丙、丁四公司系关联公司，实际控制人均为成某某；第四步，调阅法院卷宗，发现方某本人参加了四起案件的全部诉讼过程；第五步，经进一步调查方某个人银行账户，发现方某在本案诉讼前后与武汉市蔡甸区人民法院民二庭原庭长杨某某之间存在金额达 100 余万元的资金往来。检察人员据此判断该四起案件可能是乙投资公司串通关联公司提起的虚假诉讼。经进一步审查发现，甲商贸公司、乙投资公司的实际控制人成某某通过受让债权取得乙投资公司 80% 的股权，后因经营不善产生巨额债务，遂指使甲商贸公司，伪造了以上《商品房订购协议书》，并将甲商贸公司其他业务的银行资金往来明细作为支付定金 1475 万元的证据，由甲商贸公司向武汉市蔡甸区人民法院提起诉讼，请求"被告乙投资公司双倍返还定金 2950 万元"，企图达到转移公司资产、逃避公司债务的非法目的。该院民二庭庭长杨某某在明知甲、乙投资公司的实际控制人为同一人，且该院对案件无管辖权的情况下，主动建议甲商贸公司将一案拆分为 4 个案件起诉；案件转审判庭后，杨某某向承办法官隐瞒上述情况，指示其按照简易程序快速调解结案；进入执行后，杨某某又将该案原、被告公司的实际控制人为同一人的情况告知本院执行二庭原庭长童某，希望快速执行。在杨某某、童某的参与下，案件迅速执行结案。

监督意见 2016 年 10 月 21 日，武汉市人民检察院就（2010）蔡民二初字第 79 号、第 80 号、第 81 号、第 82 号民事调解书，向武汉市中级人民法院提出抗诉，认为本案调解书认定的事实与案件真实情况明显不符，四起诉讼均系双方当事人恶意串通为逃避公司债务提起的虚假诉讼，应当依法纠正。首先，从《商品房订购协议书》的表面形式来看，明显与正常的商品房买卖交易惯例不符，连所订购房屋的具体位置、房号都没有约定；其次，乙投资公司法定代表人方某在刑事侦查中供述双方不存在真实的商品房买卖合同关系，四份商品房订购协议书系伪造，目的是通过双倍返还购房定金的方式转移公司资产，逃避公司债务；再次，在双方无房屋买卖交易的情况下，不存在支付及返还"定金"之说。证明甲商贸公司支付1475万元定金的证据是7张银行凭证，其中一笔600万的汇款人为案外人戊公司；甲商贸公司陆续汇入乙投资公司875万元后，乙投资公司又向甲商贸公司汇回175万元，甲商贸公司汇入乙投资公司账户的金额实际仅有700万元，且属于公司内部的调度款。

监督结果 2018年1月16日，武汉市中级人民法院对武汉市人民检察院抗诉的四起案件作出民事裁定，指令武汉市蔡甸区人民法院再审。2018年11月19日，武汉市蔡甸区人民法院分别作出再审判决：撤销武汉市蔡甸区人民法院（2010）蔡民二初字第79号、第80号、第81号、第82号四份民事调解书；驳回甲商贸公司全部诉讼请求。2017年，武汉市蔡甸区人民法院民二庭原庭长杨某某、执行二庭原庭长童某被以受贿罪追究刑事责任。

【指导意义】

1. 对于虚假诉讼形成的民事调解书，检察机关应当依法监督。虚假诉讼的民事调解有其特殊性，此类案件以调解书形式出现，从外表看是当事人在处分自己的民事权利义务，与他人无关。但其实质是当事人利用调解书形式达到了某种非法目的，获得了某种非法利益，或者损害了他人的合法权益。当事人这种以调解形式达到非法目的或获取非法利益的行为，利用了人民法院的审判权，从实质上突破了调解各方私益的范畴，所处分和损害的利益已不仅仅是当事人的私益，还妨碍司法秩序，损害司法权威，侵害国家和社会公共利益，应当依法监督。对于此类虚假民事调解，检察机关可以依照民事诉讼法的相关规定提出抗诉。

2. 注重对案件中异常现象的调查核实，查明虚假诉讼的真相。检察机关对办案中发现的异于常理的现象要进行调查，这些异常既包括交易的异常，也包括诉讼的异常。例如，合同约定和合同履行明显不符合交易惯例和常识，可能存在通谋的；案件的立、审、执较之同地区同类型案件异常迅速的；庭审过程明显缺乏对抗性，双方当事人在诉讼过程对主张的案件事实和证据高度一致等。检察机关要敏锐捕捉异常现象，有针对性运用调查核实措施，还案件事实以本来面目。

【相关规定】

《中华人民共和国民事诉讼法》第一百一十二条、第一百一十三条、第二百零八条、第二百一十条

《中华人民共和国刑法》第三百零七条之一

检例第 54 号

陕西甲实业公司等公证执行虚假诉讼监督案

【关键词】

虚假公证　非诉执行监督　检察建议

【要　旨】

当事人恶意串通、捏造事实，骗取公证文书并申请法院强制执行，侵害他人合法权益，损害司法秩序和司法权威，构成虚假诉讼。检察机关对此类虚假诉讼应当依法监督，规范非诉执行行为，维护司法秩序和社会诚信。

【基本案情】

2011 年，陕西甲实业公司董事长高某因非法吸收公众存款罪被追究刑事责任；2012 年底，甲实业公司名下资产陕西某酒店被西安市中级人民法院查封拍卖，拍卖所得用于退赔集资款和偿还债务。

2013 年 11 月，高某保外就医期间与郝某、高某萍、高某云、王某、杜某、唐某、耿某等人商议，由高某以甲实业公司名义出具借条，虚构甲实业公司曾于 2006、2007 年向郝某等七人借款的事实，并分别签订还款协议书。2013 年 12 月，甲实业公司委托代理人与郝某等七人前往西安市莲湖区公证处，对涉案还款协议书分别办理《具有强制执行效力的债权文书公证书》，莲湖区公证处向郝某等七人出具《执行证书》。2013 年 12 月，郝某等七人依据《执行证书》，向西安市雁塔区人民法院申请执行。2014 年 3 月，西安市雁塔区人民法院作出执行裁定书，以甲实业公司名下财产被西安市中级人民法院拍卖，尚需等待分配方案确定后再恢复执行为由，裁定本案执行程序终结。西安市中级人民法院确定分配方案后，雁塔区人民法院恢复执行并向西安市中级人民法院上报郝某等七人债权请求分配。

【检察机关监督情况】

线索发现　2015 年 11 月，检察机关接到债权人不服西安市中级人民法院制定的债权分配方案，提出高某所涉部分债务涉嫌虚构的举报。雁塔区人民检察院接到举报后，根据债权人提供的线索对高某所涉债务进行清查，发现该七起虚假公证案件线索。

调查核实　雁塔区人民检察院对案件线索依法进行调查核实。首先，到高某服刑的监狱和保外就医的医院对其行踪进行调查，并随即询问了王某、郝某、耿某，郝某等人承认了基于利益因素配合高某虚构甲实业公司借款的事实；其次，雁塔区人民检察院到公证机关调取公证卷宗，向西安市中级人民法院了解甲实业公司执行案件相关情况。经调查核实发现，高某与郗某等七人为套取执行款，逃避债务，虚构甲实业公司向郗某等七人借款1180万元的事实、伪造还款协议书等证据，并对虚构的借款事实进行公证，向西安市雁塔区人民法院申请强制执行该公证债权文书。

监督意见　在查明相关案件事实的基础上，2015年11月，雁塔区人民检察院将涉嫌虚假诉讼刑事案件的线索移交西安市公安局雁塔分局立案侦查。2016年9月23日，雁塔区人民检察院针对雁塔区人民法院的执行活动发出检察建议，指出甲实业公司与郗某等七人恶意串通，伪造借款凭据和还款协议，《执行证书》中的内容与事实不符，由于公证债权文书确有错误，建议依法不予执行。

监督结果　2016年10月24日，雁塔区人民法院回函称，经调取刑事卷宗中郗某等人涉嫌虚假诉讼犯罪的相关证据材料，确认相关公证内容确系捏造，经合议庭合议决定，对相关执行证书裁定不予执行。2017年7月16日，雁塔区人民法院作出（2017）陕0113执异153号至159号七份执行裁定书，认定郗某等申请执行人在公证活动进行期间存在虚假行为，公证债权文书的内容与事实不符，裁定对相关公证书及执行证书不予执行。后高某等四人因构成虚假诉讼罪被追究刑事责任。

【指导意义】

1. 利用虚假公证申请法院强制执行是民事虚假诉讼的一种表现形式，应当加强检察监督。对债权文书赋予强制执行效力是法律赋予公证机关的特殊职能，经赋强公证的债权文书，可以不经诉讼直接成为人民法院的执行依据。近年来，对虚假债权文书进行公证的行为时有发生，一些当事人与他人恶意串通，对虚假的赠与合同、买卖合同，或抵偿债务协议进行公证，并申请法院强制执行，以达到转移财产、逃避债务的目的。本案中，甲实业公司与郗某等七人捏造虚假借款事实申请公证，并向人民法院申请强制执行、参与执行财产分配就属于此类情形，不仅损害了案外人的合法债权，同时也损害了诉讼秩序和司法公正，影响社会诚信。本案中，检察机关和公安机关已经查实系虚假公证，由检察机关建议人民法院不予执行较之利害关系人申请公证机关撤销公证更有利于保护债权人合法权益。

2. 加强对执行公证债权文书等非诉执行行为的监督，促进公证活动依法有序开展。根据公证法规定，公证机关应当对当事人的身份、申请办理该项公证的资格以及相应的权利；提供的文书内容是否完备，含义是否清晰，签名、印鉴是否齐全；提供的证明材料是否真实、合法、充分；申请公证的事项是否真实、合法等内容进行审查。检察机关在对人民法院执行公证债权文书等非诉执行行为进行监督时,如果发现公证机关未依照法律规定程序和要求进行公证的,应当建议公证机关予以纠正。

【相关规定】

《中华人民共和国民事诉讼法》第二百三十五条

最高人民法院、最高人民检察院《关于民事执行活动法律监督若干问题的规定》第三条

《中华人民共和国公证法》第二十八条

检例第 55 号

福建王某兴等人劳动仲裁执行虚假诉讼监督案

【关键词】

虚假劳动仲裁　仲裁执行监督　检察建议

【要　旨】

为从执行款项中优先受偿,当事人伪造证据将普通债权债务关系虚构为劳动争议申请劳动仲裁,获取仲裁裁决或调解书,据此向人民法院申请强制执行,构成虚假诉讼。检察机关对此类虚假诉讼行为应当依法进行监督。

【基本案情】

2014 年,王某兴借款 339500 元给甲茶叶公司原法定代表人王某贵,多次催讨未果。2017 年 5 月,甲茶叶公司因所欠到期债务未偿还,厂房和土地被武平县人民法院拍卖。2017 年 7 月下旬,王某兴为实现其出借给王某贵个人的借款能从甲茶叶公司资产拍卖款中优先受偿的目的,与甲茶叶公司新法定代表人王某福(王某贵之子)商议申请仲裁事宜。双方共同编造甲茶叶公司拖欠王某兴、王某兴妻子及女儿等 13 人 414700 元工资款的书面材料,并向武平县劳动人事争议仲裁委员会申请劳动仲裁。2017 年 7 月 31 日,仲裁员曾某明在明知该 13 人不是甲茶叶公司员工的情况下,作出武劳仲案(2017)19 号仲裁调解书,确认甲茶叶公司应支付给王某兴等 13 人工资款合计 414700 元,由武平县人民法院在甲茶叶公司土地拍卖款中直接支付到武平县人力资源和社会保障局农民工工资账户,限于 2017 年 7 月 31 日履行完毕。同年 8 月 1 日,王某兴以另外 12 人委托代理人的身份向武平县人民法院申请强制执行。同月 4 日,武平县人民法院立案执行,裁定:(1)冻结、划拨甲茶叶公司在银行的存款;(2)查封、扣押、拍卖、变卖甲茶叶公司的所有财产;(3)扣留、提取甲茶叶公司的收入。

【检察机关监督情况】

线索发现 2017年8月初,武平县人民检察院在开展执行监督专项活动中发现,在武平县人民法院对被执行人甲茶叶公司的拍卖款进行分配时,突然新增多名自称甲茶叶公司员工的申请执行人,以仲裁调解书为依据申请参与执行款分配。鉴于甲茶叶公司2014年就已停产,本案存在虚假仲裁的可能性。

调查核实 首先,检察人员调取了法院的执行卷宗,从13个申请执行人的住址、年龄和性别等身份信息初步判断,他们可能存在夫妻关系或其他亲戚关系,随后至公安机关查询户籍信息证实了申请执行人之间的上述亲属关系;其次,经查询工商登记信息,2013年至2015年底,王某兴独资经营一家汽车修配公司,2015年以后在广东佛山经营不锈钢制品,王某兴之女一直在外地居住,王某兴一家在甲茶叶公司工作的可能性不存在;再者,检察人员经对申请人执行人李某林、曾某秀夫妇进行调查询问,发现其长期经营百货商店,亦未在甲茶叶公司工作过,仲裁员曾某明与其有亲属关系;最后,检察人员经对王某福进行说服教育,王某福交待了其与王某兴合谋提起虚假仲裁的事实,王某兴亦承认其与另外12人均与甲茶叶公司不存在劳动关系,"授权委托书"上的签名系伪造,仲裁员曾某明清楚申请人与甲茶叶公司之间不存在劳动关系但仍出具了仲裁调解书。

监督意见 2017年8月24日,武平县人民检察院向武平县劳动人事争议仲裁委员会发出检察建议书,指出王某兴、王某福虚构事实申请劳动仲裁,仲裁员在明知的情况下仍作出虚假仲裁调解书,使得王某贵的个人借款变成了甲茶业公司的劳动报酬债务,损害了甲茶业公司其他债权人的合法权益,建议撤销该案仲裁调解书。仲裁委撤销仲裁调解书后,2017年8月28日,武平县人民检察院向武平县人民法院发出检察建议书,指出王某兴与王某福共同虚构事实获取仲裁调解书后向法院申请执行,法院据此裁定执行,损害了甲茶业公司其他债权人的合法权益,妨碍民事诉讼秩序,损害司法权威,且据以执行的仲裁调解书已被撤销,建议法院终结执行。

监督结果 2017年8月24日,武平县劳动人事争议仲裁委员会作出武劳仲决(2017)1号决定书,撤销武劳仲案(2017)19号仲裁调解书。2017年8月29日,武平县人民法院裁定终结(2017)闽0824执888号执行案件的执行,并于同年9月25日书面回复武平县人民检察院。王某兴、王某福因构成虚假诉讼罪被追究刑事责任,曾某明因构成枉法仲裁罪被追究刑事责任。

【指导意义】

1. 以虚假劳动仲裁申请执行是民事虚假诉讼的一种情形,应当加强检察监督。在清算、破产和执行程序中,立法和司法对职工工资债权给予了优先保护：在公司清算程序中职工工资优先支付；在破产程序中职工工资属于优先受偿债权；在执行程序中追索劳动报酬优先考虑。正是由于立法和司法的优先保护，有的债权人为实现自身普通债权优先受偿的目的，与债务人甚至仲裁员恶意串通，伪造证据，捏造拖欠劳动报酬的事实申请劳动仲裁，获取仲裁文书向人民法院申请执行。检察机关在对人民法院执行仲裁裁决书、调解书的活动进行法律监督时，应重点审查是否存在虚假仲裁行为，对查实为虚假仲裁的，应建议法院终结执行，防止执行款错误分配。注重加强与仲裁机构及其主管部门的沟通，共同防范虚假仲裁行为。

2. 办理虚假诉讼监督案件，应当保持对线索的高度敏感性。虚假诉讼案件的表面事实和证据与真实情况往往具有较大差距，当事人之间利益纠葛复杂，多存在通谋，检察机关要敏于发现案件线索，充分做好调查核实工作。本案中，检察人员在执行监督活动中发现虚假仲裁线索，及时开展调查核实工作，认真审查当事人之间的身份关系、户籍信息、经济往来等事项，分析当事人的从业、居住等情况，有步骤地开展调查工作，夯实证据基础，最终查清虚假劳动仲裁的事实。

3. 检察机关在办理虚假诉讼案件中，发现仲裁活动违法的，应当依法进行监督。根据仲裁法及劳动争议调解仲裁法的规定，仲裁裁决被撤销的法定情形包括：仲裁庭组成或者仲裁程序违反法定程序，裁决所根据的证据系伪造，对方当事人隐瞒了足以影响公正裁决的证据，仲裁员在仲裁该案时有索贿受贿，徇私舞弊，枉法裁决行为等。根据《人民检察院检察建议工作规定》，人民检察院可以直接向本院所办理案件的涉案单位、本级有关主管机关以及其他有关单位提出检察建议。检察机关在办理虚假诉讼案件中，发现仲裁裁决虚假的，应当依法发出检察建议要求纠正；发现仲裁员涉嫌枉法仲裁犯罪的，依法移送犯罪线索。

【相关规定】

《中华人民共和国民事诉讼法》第二百三十五条

最高人民法院、最高人民检察院《关于民事执行活动法律监督若干问题的规定》第一条

最高人民法院、最高人民检察院《关于办理虚假诉讼刑事案件适用法律若干问题的解释》第一条第三款、第二条第一款

最高人民法院《关于防范和制裁虚假诉讼的指导意见》第八条

《中华人民共和国仲裁法》第五十八条、第五十九条

《中华人民共和国劳动争议调解仲裁法》第四十九条

《人民检察院检察建议工作规定》第三条

检例第 56 号

江西熊某等交通事故保险理赔虚假诉讼监督案

【关键词】

保险理赔　伪造证据　民事抗诉

【要　旨】

假冒原告名义提起诉讼,采取伪造证据、虚假陈述等手段,取得法院生效裁判文书,非法获取保险理赔款,构成虚假诉讼。检察机关在履行职责过程中发现虚假诉讼案件线索,应当强化线索发现和调查核实的能力,查明违法事实,纠正错误裁判。

【基本案情】

2012 年 10 月 21 日,张某驾驶轿车与熊某驾驶摩托车发生碰撞,致使熊某受伤、车辆受损,交通事故责任认定书认定张某负事故全部责任,熊某无责任。熊某伤情经司法鉴定为九级伤残。张某驾驶的轿车在甲保险公司投保交强险和商业第三者责任险。

事故发生后,熊某经他人介绍同意由周某与保险公司交涉该案保险理赔事宜,但并未委托其提起诉讼,周某为此向熊某支付了 5 万元。张某亦经同一人介绍同意将该案保险赔偿事宜交周某处理,并出具了委托代理诉讼的《特别授权委托书》。2013 年 3 月 18 日,周某冒用熊某的名义向上饶市信州区人民法院提起诉讼,周某冒用熊某名义签署起诉状和授权委托书,冒用委托代理人的名义签署庭审笔录、宣判笔录和送达回证,熊某及被冒用的"委托代理人"对此均不知情。该案中,周某还作为张某的诉讼代理人参加诉讼。

此外,本案事故发生时,熊某为农村户籍,从事钢筋工工作,居住上饶县某某村家中,而周某为实现牟取高额保险赔偿金的目的,伪造公司证明和工资表,并利用虚假材料到公安机关开具证明,证明熊某在 2011 年 9 月至 2012 年 10 月在县城工作并居住。2013 年 6 月 17 日,上饶市信州区人民法院作出（2013）信民一初字第 470 号民事判决,判令甲保险公司在保险限额内向原告熊某赔偿医疗费、伤残赔偿金、被抚养人生活费等共计 118723.33 元。甲保险公司不服一审判决,上诉至上饶市中级人民法院。2013 年 10 月 18 日,上饶市中级人民法院作出（2013）饶中民一终字第 573 号民事调解书,确认甲保险公司赔偿熊某医疗费、残疾赔偿金、被抚养人生活费等共计 106723 元。

【检察机关监督情况】

线索发现 2016年3月，上饶市检察机关在履行职责中发现，熊某在人民法院作出生效裁判后又提起诉讼，经调阅相关卷宗，发现周某近两年来代理十余件道路交通事故责任涉保险索赔案件，相关案件中存在当事人本人未出庭、委托代理手续不全、熊某的工作证明与个人基本情况明显不符等疑点，初步判断有虚假诉讼嫌疑。

调查核实 根据案件线索，检察机关重点开展了以下调查核实工作：一是向熊某本人了解情况，查明2013年3月18日的民事起诉状非熊某本人的意思表示，起诉状中签名也非熊某本人所签，熊某本人对该起诉讼毫不知情，并不认识起诉状中所载原告委托代理人，亦未委托其参加诉讼；二是向有关单位核实熊某出险前的经常居住地和工作地，查明周某为套用城镇居民人均可支配收入的赔偿标准获取非法利益，指使某汽车服务公司伪造了熊某工作证明和居住证明；三是对周某代理的13件道路交通事故保险理赔案件进行梳理，发现均涉嫌虚假诉讼，本案最为典型；四是及时将线索移送公安机关，进一步查实了周某通过冒用他人名义虚构诉讼主体、伪造授权委托书、伪造工作证明以及利用虚假证据材料骗取公安机关证明文件等事实。

监督意见 2016年6月26日，上饶市人民检察院提请抗诉。2016年11月5日，江西省人民检察院提出抗诉，认为上饶市中级人民法院（2013）饶中民一终字第573号民事调解书系虚假调解，周某伪造原告起诉状、假冒原告及其诉讼代理人提起虚假诉讼，非法套取高额保险赔偿金，扰乱诉讼秩序，损害社会公共利益和他人合法权益。

监督结果 2017年8月1日，江西省高级人民法院作出（2017）赣民再第45号民事裁定书，认为本案是一起由周某假冒熊某诉讼代理人向法院提起的虚假诉讼案件，熊某本人及被冒用的诉讼代理人并未提起和参加诉讼，原一审判决和原二审调解书均有错误，裁定撤销，终结本案审理程序。同时，江西省高级人民法院还作出（2017）赣民再第45号民事制裁决定书，对周某进行民事制裁。2019年1月，上饶市中级人民法院决定对一审法官、信州区人民法院立案庭副庭长戴某给予撤职处分。

【指导意义】

检察机关办理民事虚假诉讼监督案件，应当强化线索发现和调查核实的能力。虚假诉讼具有较强的隐蔽性和欺骗性，仅从诉讼活动表面难以甄别，要求检察人员在履职过程中有敏锐的线索发现意识。本案中，就线索发现而言，检察人员注重把握了以下几个方面：一是庭审过程的异常，"原告代理人"或无法发表意见，或陈述、抗辩前后矛盾；二是案件材料和证据异常，熊某工作证明与其基本情况、履历明显不符；三是调解结案异常，甲保险公司二审中并未提交新的证据，"原告代理人"为了迅速达成调解协议，主动提出减少保险赔偿数额，不符合常理。以发现的异常情况为线索，开展深入的调查核实工作，是突破案件瓶颈的关键。根据案件具体情况，可以综合运用询问有关当事人或者知情人，查阅、调取、复制相关法律文书或者证据材料、案卷材料，查询财务账目、银行存款记录，勘验、鉴定、审计以及向有关部门进行专业咨询等调查措施。同时，应主动加强与公安机关、人民法院、司法行政部门的沟通协作。本案中，检察机关及时移送刑事犯罪案件线索，通过公安机关侦查取证手段，查实了周某虚假诉讼的事实。

【相关规定】

《中华人民共和国刑事诉讼法》第二百零八条

《人民检察院民事诉讼监督规则（试行）》第二十三条

《最高人民检察院第十四批指导性案例》解读[*]

吕洪涛 兰 楠[**]

2019年4月22日,经最高人民检察院第十三届检察委员会第十七次会议决定,最高人民检察院围绕民事虚假诉讼主题发布了第十四批指导性案例,包括广州乙置业公司等骗取支付令执行虚假诉讼监督案、武汉乙投资公司等骗取调解书虚假诉讼监督案、陕西甲实业公司等公证执行虚假诉讼监督案、福建王某兴等人劳动仲裁执行虚假诉讼监督案、江西熊某等交通事故保险理赔虚假诉讼监督案共5件指导性案例。为促进指导性案例的理解与适用,现就案例中涉及的主要问题和指导要点进行解读。

一、最高人民检察院发布第十四批指导性案例的背景和意义

(一)发布背景

民事虚假诉讼,是指当事人单方或者与他人恶意串通,以谋取非法利益为目的,采取虚构事实、伪造证据等手段,捏造民事法律关系,通过提起民事诉讼或仲裁等合法途径,规避法律法规,侵害国家利益、社会公共利益或他人合法权益,妨害司法秩序的行为。通常认为,民事虚假诉讼不仅侵害合法权益、违反诚信原则,而且扰乱司法秩序,损害司法权威和司法公信力,影响恶劣。党的十八届四中全会明确提出要加大对虚假诉讼的惩治力度,全国各级检察机关立足职能定位,积极开展对虚假诉讼的监督,与法院、公安机关协调配合,不断加大监督力度。

民事虚假诉讼的成因大致包括:

一是虚假诉讼行为人对非法利益的追逐。行为人通过虚假诉讼,规避法律法规,以极低的成本获得相当可观的非法利益,而民事诉讼法所规定的强制措施并不足以形成有效震慑,行为人在评估可能获取的巨大非法利益和可能遭受的有限处罚(如罚款、司法拘留)之后,选择实施虚假诉讼行为。

二是民事诉讼及仲裁的证明标准较低。较之刑事诉讼的"排除合理怀疑"标准,民事诉讼的证明标准要求达到"高度盖然性"即可,加之举证责任的基本规则为"谁主张,谁举证",法官在组织各方当事人举证、质证的前提

---

[*] 原文刊载于《人民检察》2019年第12期。
[**] 作者单位:最高人民检察院第六检察厅。

下，结合证据规则在当事人举证的范围内进行审查，并不对当事人的举证、质证情况进行过多干预。合谋串通的当事人利用这一点，如在质证时对对方举证的真实性、合法性、关联性均予以认可，促使法官审查证据的主动性降低。

三是民事调解制度的便捷性易为虚假诉讼行为人所利用。民事诉讼法规定了自愿、平等基础上的调解，在调解中，相应的程序性要求更加简便。法院在审判工作中注重"调判结合"，对提高审判效率、定分止争发挥了积极作用，但是，许多虚假诉讼行为人利用法院鼓励调解结案这一特点，通过调解方式达成一致，规避法院对实体权利义务的审查、判断、处分。

民事虚假诉讼的特点和危害主要表现为：

一是侵害客体多重性，严重妨害司法秩序。虚假诉讼行为的目的在于通过各种手段、方式获取不法经济利益，而所采用的虚构法律关系、伪造变造证据等行为不仅损害第三人利益，更具有广泛的社会危害性，损害国家利益、社会公共利益，妨害司法秩序和国家治理，损害司法权威和司法公信，破坏社会诚信和公序良俗，浪费司法资源和诉讼成本。在虚假诉讼中，司法权沦为行为人实现违法目的的工具，司法权威和司法公正受到严重挑战，民事诉讼制度受到严重挑战。

二是方式隐蔽多样，发现查处难度大。一方面，虚假诉讼行为人之间通常具有特殊的利益关系，且隐蔽性强。虚假诉讼案件多存在合谋串通，行为人之间通常具有相对一致的利益，存在诸如亲友、关联企业、上下级单位、债权债务关联等利益相关的关系，双方在诉讼中表面对立，但实质串通，在诉讼过程中默契配合。另一方面，虚假诉讼的手段隐蔽，一般的形式审查难以发现。虚假诉讼行为人通常具备一定的法律专业知识，善于利用专业知识进行造假。

三是诉讼过程缺乏实质对抗性，多依赖于调解确认等方式。在行为人合谋串通的虚假诉讼中，当事人双方具有共同的利益，对抗性明显不足，举证、质证、抗辩均流于形式，往往采取自认、和解、放弃答辩等方式进行，以便迅速结束诉讼程序，取得具有执行效力的文书，实现非法目的。

四是案件数量呈上升态势，案件类型相对特定。2017年至2019年3月，全国检察机关共办理民事虚假诉讼监督案件5455件，其中2017年1920件，2018年2883件，2019年第一季度652件，案件量整体呈上升趋势。从案件类型来看，主要集中在民间借贷、追索劳动报酬、房地产权属纠纷等领域，在提出抗诉和发出再审检察建议的3927件案件中，民间借贷纠纷2199件，占比56.0%；劳动合同纠纷474件，占比12.0%；房屋买卖合同纠纷169件，占比4.3%。

（二）主要意义

此次发布的 5 件民事虚假诉讼监督指导性案例，是最高人民检察院第一次发布民事检察指导性案例，主要意义在于：

一是以案释法，缓解法律供给不足的困扰。《刑法》第 307 条之一规定了虚假诉讼罪，其基本犯罪构成为："以捏造的事实提起民事诉讼，妨害司法秩序或者严重侵害他人合法权益。"最高人民法院、最高人民检察院《关于办理虚假诉讼刑事案件适用法律若干问题的解释》对此类刑事案件适用法律问题进行了详细解释，界定了何为"以捏造的事实提起民事诉讼"以及如何认定"妨害司法秩序或者严重侵害他人合法权益"。《民事诉讼法》第 112 条、第 113 条规定了法院对于"当事人之间恶意串通，企图通过诉讼、调解等方式侵害他人合法权益的"和"被执行人与他人恶意串通，通过诉讼、仲裁、调解等方式逃避履行法律文书确定的义务的"行为的处理。但是，检察机关办理民事虚假诉讼监督案件只有原则性规定，并无详细具体的规范。例如，民事诉讼法规定检察机关在办理民事监督案件中有权进行调查核实，但是没有规定调查核实的手段、程序和保障措施等。如遇当事人不配合调查，又缺乏相应的强制措施，便会在相当程度上制约检察机关的办案工作。从发布的指导性案例来看，法律规定虽然不充分，但检察机关通过立足于用足用好现有法律规定，建立有效的工作机制，加强与公安机关、法院的协调配合，为办理民事虚假诉讼监督案件提供指导和借鉴。

二是彰显与强化诚信理念，共筑社会诚信体系。民事虚假诉讼的主观原因在于行为人对非法利益的追逐，反映出行为人法治观念淡漠、诚信理念缺失，肆意将民事诉讼视为其实现非法利益的工具。虚假诉讼对社会诚信体系、民事诉讼制度的打击是根本性的。检察机关不仅依法办理民事虚假诉讼监督案件，还通过法律监督工作打击虚假诉讼，总结和发布指导性案例，召开新闻发布会，与有关单位密切配合，倡导多管齐下，源头治理。虚假诉讼行为是严重的不诚信行为、违法行为，对虚假诉讼的监督，依法追究虚假诉讼行为人的相关责任，有利于发挥法治宣传和教育作用。

三是立足基础性工作，强化法律监督职能。检察机关的宪法定位是法律监督机关，对生效裁判结果的法律监督是民事检察的传统业务和基础性工作，是加大民事检察工作力度的重要着力点。第十四批指导性案例不仅围绕民事虚假诉讼这一主题，同时也涵盖了支付令、调解书、公证执行、劳动仲裁等多个方面，每个案例都按照监督工作具体开展的线索发现、调查核实、监督意见、监督结果等逻辑顺序进行编写，为检察机关依法履行职责、办理民事虚假诉讼监督案件的全过程提供了指引。

二、第十四批指导性案例的基本案情、要旨和指导意义

(一) 广州乙置业公司等骗取支付令执行虚假诉讼监督案

基本案情：2003年起，国有企业甲农工商公司因未按期偿还银行贷款被诉至法院，银行账户被查封。为转移甲农工商公司及其下属公司的资产，甲农工商公司班子成员以个人名义出资，于2003年5月26日成立广州乙置业公司，甲农工商公司经理张某任乙置业公司董事长，其他班子成员任乙置业公司股东兼管理人员。2004年6月23日和2005年2月20日，乙置业公司分别与借款人甲农工商公司下属丙实业公司和丁果园场签订金额为251.846万元和1600万元的借款协议，丙实业公司以自有房产为借款提供抵押担保。乙置业公司没有自有流动运营资金和自有业务，其出借的资金主要来源于甲农工商公司委托其代管的资金。丙实业公司借款时，甲农工商公司在乙置业公司已经存放有1389.340167万元理财资金可以调拨，但甲农工商公司未调拨理财资金，反而由下属的丙实业公司以房产抵押的方式借款。丁果园场借款时，在1600万元借款到账的1—3天内便以"往来款"名义划付到案外人账户，案外人又在5天内通过银行转账的方式将等额资金划还给乙置业公司。上述借款到期后，乙置业公司立即向广州市白云区法院申请支付令，要求偿还借款。2004年9月6日，法院作出（2004）云法民二督字第23号支付令，责令丙实业公司履行付款义务；2005年11月9日，法院作出（2005）云法民二督字第16号支付令，责令丁果园场履行付款义务。丙实业公司与丁果园场未提出异议，并在执行过程中迅速与乙置业公司达成以房抵债的和解协议。2004年10月11日，丙实业公司与乙置业公司签署和解协议，以自有房产抵偿251.846万元债务。丙实业公司还主动以自有的36栋房产为丁果园场的借款提供执行担保。2006年2月、4月，法院先后裁定将丁果园场的房产作价611.7212万元、丙实业公司的担保房产作价396.9387万元以物抵债给乙置业公司。案发后，甲农工商公司的主管单位于2013年9月10日委托评估，评估报告显示，以法院裁定抵债日为评估基准日，涉案房产评估价值合计1.09亿余元，比法院裁定以物抵债的价格高出9640万余元，国有资产受到严重损害。

该案例主要阐明：当事人恶意串通、虚构债务，骗取法院支付令，并在执行过程中通谋达成和解协议，通过以物抵债的方式侵占国有资产，损害司法秩序，构成虚假诉讼。检察机关对此类案件应当依法进行监督，充分发挥法律监督职能，维护司法秩序，保护国有资产。

监督过程：1. 线索发现。2016年4月，广东省检察院在办理甲农工商公司经理张某贪污、受贿刑事案件的过程中，发现乙置业公司可能存在骗取支付

令、侵吞国有资产的行为,遂将案件交予广州市检察院办理。广州市检察院依职权启动监督程序,与白云区检察院组成办案组共同办理该案。

2. 调查核实。办案组调取法院支付令与执行案件卷宗,经审查发现,乙置业公司与丙实业公司、丁果园场在诉讼过程中对借款事实等问题的陈述高度一致;三方在执行过程中主动、迅速达成以物抵债的和解协议,缺乏通常诉讼所具有的对抗性;经审查张某贪污、受贿案的刑事卷宗,发现甲农工商公司、乙置业公司的班子成员存在合谋串通、侵吞国有资产的主观故意;经审查工商登记资料,发现乙置业公司没有自有资金,其资金来源于代管的甲农工商公司资金;经调取银行流水清单,核实了借款资金的流转情况。办案组沿涉案资金、房产的转移路径,逐步理清案情脉络,并重新询问相关涉案人员,最终获取张某等人的证言,进一步夯实证据。

3. 监督意见。2016年10月8日,白云区检察院就白云区法院前述两份支付令分别发出穗云检民(行)违监(2016)4号、5号检察建议书,指出乙置业公司与丙实业公司、丁果园场恶意串通、虚构债务,骗取法院支付令,借执行和解程序侵吞国有资产,损害了正常司法秩序,建议法院撤销涉案支付令。

4. 监督结果。2018年5月15日,白云区法院作出(2018)粤0111民督监1号、2号民事裁定书,分别确认前述涉案支付令错误,裁定予以撤销,驳回乙置业公司的支付令申请。同年10月,白云区法院依据生效裁定执行回转,至此,1.09亿余元的国有资产得以挽回。甲农工商公司原班子成员张某等人因涉嫌犯贪污罪、受贿罪,已被广州市检察院提起公诉。

指导意义:一是明确了虚构债务骗取支付令是民事虚假诉讼的一种表现形式,应当加强法律监督。民事诉讼法规定的督促程序,旨在使债权人便捷高效地获得强制执行依据,解决纠纷。司法实践中,有些当事人利用法院发出支付令以形式审查为主、实质问题不易被发现的特点,恶意串通、虚构债务骗取支付令并获得执行,侵害其他民事主体的合法权益。该案乙置业公司与丙实业公司、丁果园场恶意串通、虚构债务申请支付令,构成虚假诉讼。由于法院在发出支付令时无需经过诉讼程序,仅对当事人提供的事实、证据进行形式审查,因此,骗取支付令的虚假诉讼案件通常具有一定的隐蔽性,检察机关应当加强对此类案件的监督,充分发挥法律监督职能。

二是强调办理虚假诉讼案件应当重点围绕捏造事实行为进行审查。虚假诉讼通常以捏造的事实启动民事诉讼程序,检察机关应当以此为重点内容开展调查核实工作。该案办理过程中,办案组通过调阅张某刑事案件卷宗材料掌握案情,以刑事案件中固定的证据作为案件办理的突破口;通过重点审查涉案公司的企业法人营业执照、公司章程、公司登记申请书、股东会决议等工商资料,确认丙实业公司和丁果园场均由甲农工商公司设立，均系全民所有制企业，名下房产属于国有财产，上述公司的主要班子成员存在交叉任职等事实；通过调取报税资料、会计账册、资金代管协议等档案材料发现，乙置业公司没有自有流动运营资金和业务，其资金来源于代管的甲农工商公司资金；通过调取银行流水清单，发现丁果园场在借款到账后即以"往来款"名义划付至案外人账户，案外人随即将等额资金划还至乙置业公司，查明了借款资金的流转情况。一系列事实和证据均证明当事人存在恶意串通、虚构债务骗取支付令的行为。

三是发现和办理虚假诉讼案件，检察机关应当形成整体合力。虚假诉讼不仅侵害其他民事主体的合法权益，影响经济社会秩序，更对司法公信力、司法秩序造成严重的侵害，检察机关应当形成整体合力，加大法律监督力度。检察机关各业务部门在履行职责过程中发现民事虚假诉讼线索的，均应及时向民事检察部门移送，并积极探索建立各业务部门之间的线索双向移送、反馈机制以及线索共享、信息互联机制。该案即是检察机关在办理刑事案件过程中发现可能存在民事虚假诉讼的线索，民事检察部门由此进行深入调查的典型案例。

（二）武汉乙投资公司等骗取调解书虚假诉讼监督案

基本案情：2010年4月26日，甲商贸公司以商品房预售合同纠纷为由向武汉市蔡甸区法院起诉乙投资公司，称双方于2008年4月30日签订《商品房订购协议书》，约定甲商贸公司购买乙投资公司天润工业园项目约4万平方米的商品房，总价款人民币7375万元，甲商贸公司支付1475万元定金，乙投资公司于收到定金后30日内完成上述项目地块的抵押登记注销，双方再签订正式《商品房买卖合同》。协议签订后，甲商贸公司依约支付定金，但乙投资公司未解除土地抵押登记，甲商贸公司遂提出四起商品房预售合同纠纷诉讼，诉请判令乙投资公司双倍返还定金，诉讼标的额分别为700万元、700万元、750万元、800万元，共计2950万元。武汉市蔡甸区法院受理该案后，适用简易程序审理、以调解方式结案，作出（2010）蔡民二初字第79号、第80号、第81号、第82号民事调解书，分别确认乙投资公司双倍返还定金700万元、700万元、750万元、800万元，合计2950万元。甲商贸公司随即向该法院申请执行，领取可供执行的款项2065万元。

该案例主要阐明：伪造证据、虚构事实提起诉讼，骗取法院调解书，妨害司法秩序、损害司法权威，不仅损害他人合法权益，而且损害国家和社会公共利益，构成虚假诉讼。检察机关办理此类虚假诉讼监督案件时，应当从交易和诉讼中的异常现象出发，追踪利益流向，查明当事人之间的通谋行为，确认是否构成虚假诉讼，依法予以监督。

监督过程：1. 线索发现。2015年，武汉市检察院接到案外人的相关举报，经对上述案件进行审查,初步梳理出如下案件线索:一是法院受理异常。双方只签订了一份《商品房订购协议书》,甲商贸公司却拆分提起四起诉讼。甲商贸公司已支付定金为1475万元,依据当时湖北省法院系统案件级别管辖的规定,基层法院受理标的额在800万元以下的案件,该案明显属于为规避级别管辖规定而拆分起诉,因此法院受理异常。二是均适用简易程序由同一名审判人员审结,从受理、审理到制发调解书在5天内全部完成。三是庭审无对抗性,乙投资公司对甲商贸公司主张的事实、证据及诉讼请求全部认可,双方当事人及代理人在整个诉讼过程中陈述高度一致。四是快速进入执行程序、快速执行结案。

2. 调查核实。针对初步梳理的案件线索,武汉市检察院随即开展调查核实。第一步,通过中国裁判文书网查询到乙投资公司作为被告或被执行人的案件在武汉市蔡甸区法院已有40余件,总标的额1.3亿余元,乙投资公司已经资不抵债。第二步,通过银行查询执行款流向,发现甲商贸公司收到2065万元执行款后,将其中1600万元转账至乙投资公司法定代表人方某的个人账户,320万元转账至丙公司、丁公司。第三步,通过查询工商信息,发现方某系乙投资公司法定代表人,而甲、乙、丙、丁四公司系关联公司,实际控制人均为成某某。第四步,调阅法院卷宗,发现方某本人参加了四起案件的全部诉讼过程。第五步,经进一步调查方某的个人银行账户,发现方某在该案诉讼前后与武汉市蔡甸区法院民二庭原庭长杨某某之间存在金额达100余万元的资金往来。检察人员据此判断该4起案件可能是乙投资公司串通关联公司提起的虚假诉讼。经进一步审查发现,甲商贸公司、乙投资公司的实际控制人成某某通过受让债权取得乙投资公司80%的股权,后因经营不善产生巨额债务,遂指使甲商贸公司,伪造了以上《商品房订购协议书》,并将甲商贸公司其他业务的银行资金往来明细作为支付定金1475万元的证据,由甲商贸公司向武汉市蔡甸区法院提起诉讼,请求"被告乙投资公司双倍返还定金2950万元",企图达到转移公司资产、逃避公司债务的非法目的。该院民二庭原庭长杨某某在明知甲商贸公司、乙投资公司的实际控制人为同一人,且该院对案件无管辖权的情况下,主动建议甲商贸公司将一案拆分为4个案件起诉。案件转至审判庭后,杨某某向承办法官隐瞒上述情况,指示其按照简易程序快速调解结案。进入执行程序后,杨某某又将该案原、被告公司的实际控制人为同一人的情况告知该院执行二庭原庭长童某,希望快速执行。在杨某某、童某的参与下,案件迅速执行结案。

3. 监督意见。2016年10月21日,武汉市检察院就(2010)蔡民二初字第79号、第80号、第81号、第82号民事调解书,向武汉市中级法院提起抗诉，认为该案调解书认定的事实与案件真实情况明显不符，4 起诉讼均系双方当事人恶意串通为逃避公司债务提起的虚假诉讼，应当依法纠正。首先，从《商品房订购协议书》的表面形式来看，明显与正常的商品房买卖交易惯例不符，连所订购房屋的具体位置、房号都没有约定；其次，乙投资公司法定代表人方某在刑事侦查中供述双方不存在真实的商品房买卖合同关系，4 份《商品房订购协议书》系伪造，目的是通过双倍返还购房定金的方式转移公司资产，逃避公司债务；再次，在双方无房屋买卖交易的情况下，不存在支付及返还"定金"之说，证明甲商贸公司支付 1475 万元定金的证据是 7 张银行凭证，其中一笔 600 万元的汇款人为案外人戊公司；最后，甲商贸公司陆续汇入乙投资公司 875 万元后，乙投资公司又向甲商贸公司汇回 175 万元，甲商贸公司汇入乙投资公司账户的金额实际仅有 700 万元，且属于公司内部的调度款。

4. 监督结果。2018 年 1 月 16 日，武汉市中级法院对武汉市检察院抗诉的 4 起案件作出民事裁定，指令武汉市蔡甸区法院再审。2018 年 11 月 19 日，武汉市蔡甸区法院分别作出再审判决：撤销武汉市蔡甸区法院（2010）蔡民二初字第 79 号、第 80 号、第 81 号、第 82 号四份民事调解书，驳回甲商贸公司全部诉讼请求。2017 年，武汉市蔡甸区法院民二庭原庭长杨某某、执行二庭原庭长童某被以受贿罪追究刑事责任。

指导意义： 一是明确对于虚假诉讼形成的民事调解书，检察机关应当依法监督。虚假诉讼的民事调解有其特殊性，此类案件以调解书形式出现，从外表看是当事人在处分自己的民事权利义务，与他人无关，但实质是当事人利用调解书形式达到某种非法目的，获得某种非法利益，或者损害他人的合法权益。当事人以调解形式达到非法目的或获取非法利益的行为，利用了法院的审判权，从实质上突破了调解各方私益的范畴，所处分和损害的利益已不仅仅是当事人的私益，还妨碍司法秩序，损害司法权威，侵害国家和社会公共利益，应当依法监督。对于此类虚假民事调解，检察机关可以依照民事诉讼法的相关规定提起抗诉。

二是强调应当注重对案件中异常现象的调查核实，查明虚假诉讼的真相。检察机关对办案中发现的异于常理的现象要进行调查，这些异常既包括交易的异常，也包括诉讼的异常。例如，合同约定和合同履行明显不符合交易惯例和常识，可能存在通谋的；案件的立、审、执较之同地区同类型案件异常迅速的；庭审过程明显缺乏对抗性，双方当事人在诉讼过程中对主张的案件事实和证据高度一致的；等等。检察机关要敏锐捕捉异常现象，有针对性地运用调查核实措施，还原案件事实。

(三) 陕西甲实业公司等公证执行虚假诉讼监督案

基本案情：2011年，陕西甲实业公司董事长高某因非法吸收公众存款罪被追究刑事责任；2012年底，甲实业公司名下资产陕西某酒店被西安市中级法院查封拍卖，拍卖所得用于退赔集资款和偿还债务。2013年11月，高某保外就医期间与郗某、高某萍、高某云、王某、杜某、唐某、耿某等人商议，由高某以甲实业公司的名义出具借条，虚构甲实业公司曾于2006年、2007年向郗某等7人借款的事实，并分别签订还款协议书。2013年12月，甲实业公司委托代理人与郗某等7人前往西安市莲湖区公证处，对涉案还款协议书分别办理《具有强制执行效力的债权文书公证书》，莲湖区公证处向郗某等7人出具《执行证书》。2013年12月，郗某等7人依据《执行证书》，向西安市雁塔区法院申请执行。2014年3月，西安市雁塔区法院作出执行裁定书，以甲实业公司名下财产被西安市中级法院拍卖、尚需等待分配方案确定后再恢复执行为由，裁定该案执行程序终结。西安市中级法院确定分配方案后，雁塔区法院恢复执行并向西安市中级法院上报郗某等7人的债权请求分配情况。

该案例主要阐明：当事人恶意串通、捏造事实，骗取公证文书并申请法院强制执行，侵害他人合法权益，损害司法权威，构成虚假诉讼。检察机关对此类虚假诉讼应当依法监督，规范非诉执行行为，维护司法秩序。

监督过程：1. 线索发现。2015年11月，检察机关接到债权人不服西安市中级法院制定的债权分配方案，提出高某所涉部分债务涉嫌虚构的举报。雁塔区检察院接到举报后，根据债权人提供的线索对高某所涉债务进行清查，发现该7起虚假公证案件的线索。

2. 调查核实。雁塔区检察院对案件线索依法进行调查核实。首先，到高某服刑的监狱和保外就医的医院对其行踪进行调查，并随即询问了王某、郗某、耿某，郗某等人承认了基于利益因素配合高某虚构甲实业公司借款的事实；其次，雁塔区检察院到公证机关调取公证卷宗，向西安市中级法院了解甲实业公司执行案件相关情况。经调查核实发现，高某与郗某等7人为套取执行款、逃避债务，虚构甲实业公司向郗某等7人借款1180万元的事实、伪造还款协议书等证据，并对虚构的借款事实进行公证，向西安市雁塔区法院申请强制执行该公证债权文书。

3. 监督意见。在查明相关案件事实的基础上，2015年11月，雁塔区检察院将涉嫌虚假诉讼刑事案件的线索移交西安市公安局雁塔分局立案侦查。2016年9月23日，雁塔区检察院针对雁塔区法院的执行活动发出检察建议，指出甲实业公司与郗某等7人恶意串通，伪造借款凭据和还款协议，《执行证书》中的内容与事实不符，公证债权文书确有错误，建议依法不予执行。

4. 监督结果。2016年10月24日，雁塔区法院回函称，经调取刑事卷宗中郗某等人涉嫌虚假诉讼犯罪的相关证据材料，确认相关公证内容确系捏造，经合议庭合议决定，对相关执行证书裁定不予执行。2017年7月16日，雁塔区法院作出（2017）陕0113执异153号至159号7份执行裁定书，认定郗某等申请执行人在公证活动进行期间存在虚假行为，公证债权文书的内容与事实不符，裁定对相关公证书及执行证书不予执行。后高某等4人因构成虚假诉讼罪被追究刑事责任。

指导意义：一是明确了利用虚假公证申请法院强制执行是民事虚假诉讼的一种表现形式，应当加强检察监督。对债权文书赋予强制执行效力是法律赋予公证机关的特殊职能，经赋予强制执行公证的债权文书，可以不经诉讼直接成为法院的执行依据。近年来，对虚假债权文书进行公证的行为时有发生，一些当事人与他人恶意串通，对虚假的赠与合同、买卖合同或抵偿债务协议进行公证，并申请法院强制执行，以达到转移财产、逃避债务的目的。该案中，甲实业公司与郗某等7人捏造虚假借款事实申请公证，并向法院申请强制执行、参与执行财产分配就属于此类情形，不仅损害了案外人的合法债权，同时也损害了诉讼秩序和司法公正，影响社会诚信。该案中，检察机关和公安机关已经查实系虚假公证，由检察机关建议法院不予执行较之利害关系人申请公证机关撤销公证更有利于保护债权人的合法权益。

二是加强对执行公证债权文书等非诉执行行为的监督，促进公证活动依法有序开展。根据公证法的规定，公证机关应当对当事人的身份、申请办理该项公证的资格以及相应的权利；提供的文书内容是否完备，含义是否清晰，签名、印鉴是否齐全；提供的证明材料是否真实、合法、充分；申请公证的事项是否真实、合法等内容进行审查。检察机关在对法院执行公证债权文书等非诉执行行为进行监督时，如果发现公证机关未依照法律规定的程序和要求进行公证的，应当建议公证机关予以纠正。

（四）福建王某兴等人劳动仲裁执行虚假诉讼监督案

基本案情：2014年，王某兴借款339500元给甲茶叶公司原法定代表人王某贵，多次催讨未果。2017年5月，甲茶叶公司因所欠到期债务未偿还，厂房和土地被福建省武平县法院拍卖。2017年7月下旬，王某兴为实现其出借给王某贵个人的借款能从甲茶叶公司资产拍卖款中优先受偿的目的，与甲茶叶公司新法定代表人王某福（王某贵之子）商议申请仲裁事宜。双方共同编造甲茶叶公司拖欠王某兴、王某兴妻子及女儿等13人414700元工资款的书面材料，并向武平县劳动人事争议仲裁委员会申请劳动仲裁。2017年7月31日，仲裁员曾某明在明知该13人不是甲茶叶公司员工的情况下，作出武劳仲案

(2017) 19 号仲裁调解书,确认甲茶叶公司应支付给王某兴等 13 人工资款合计 414700 元,由武平县法院在甲茶叶公司土地拍卖款中直接支付到武平县人力资源和社会保障局农民工工资账户,限于 2017 年 7 月 31 日履行完毕。同年 8 月 1 日,王某兴以另外 12 人的委托代理人身份向武平县法院申请强制执行。同月 4 日,武平县法院立案执行,裁定:(1)冻结、划拨甲茶叶公司在银行的存款;(2)查封、扣押、拍卖、变卖甲茶叶公司的所有财产;(3)扣留、提取甲茶叶公司的收入。

该案例主要阐明:为从执行款项中优先受偿,当事人伪造证据将普通债权债务关系虚构为劳动争议申请劳动仲裁,获取仲裁裁决或调解书,据此向法院申请强制执行,构成虚假诉讼。检察机关对此类虚假诉讼行为应当依法进行监督。

监督过程: 1. 线索发现。2017 年 8 月初,武平县检察院在开展执行监督专项活动时发现,武平县法院对被执行人甲茶叶公司的拍卖款进行分配时,突然新增多名自称甲茶叶公司员工的申请执行人,以仲裁调解书为依据申请参与执行款分配。鉴于甲茶叶公司 2014 年就已停产,该案存在虚假仲裁的可能性。

2. 调查核实。检察人员调取了法院的执行卷宗,从 13 名申请执行人的住址、年龄和性别等身份信息初步判断,他们可能存在夫妻关系或其他亲戚关系,随后至公安机关查询户籍信息,证实了申请执行人之间的上述亲属关系。经查询工商登记信息,2013 年至 2015 年底,王某兴独资经营一家汽车修配公司,2015 年以后在广东佛山经营不锈钢制品,王某兴之女一直在外地居住,王某兴一家在甲茶叶公司工作的可能性不存在。检察人员经对申请执行人李某林、曾某秀夫妇进行调查询问,发现其长期经营百货商店,亦未在甲茶叶公司工作过,仲裁员曾某明与其有亲属关系。检察人员经对王某福进行说服教育,王某福交代了其与王某兴合谋提起虚假仲裁的事实,王某兴亦承认其与另外 12 人均与甲茶叶公司不存在劳动关系,授权委托书上的签名系伪造,仲裁员曾某明知道申请人与甲茶叶公司之间不存在劳动关系但仍出具了仲裁调解书。

3. 监督意见。2017 年 8 月 24 日,武平县检察院向武平县劳动人事争议仲裁委员会发出检察建议书,指出王某兴、王某福虚构事实申请劳动仲裁,仲裁员在明知的情况下仍作出虚假仲裁调解书,使得王某贵的个人借款变成了甲茶业公司的劳动报酬债务,损害了甲茶业公司其他债权人的合法权益,建议撤销该案的仲裁调解书。仲裁委撤销仲裁调解书后,2017 年 8 月 28 日,武平县检察院向武平县法院发出检察建议书,指出王某兴与王某福共同虚构事实获取仲裁调解书后向法院申请执行,法院据此裁定执行,损害了甲茶业公司其他债权人的合法权益,妨碍民事诉讼秩序,损害司法权威,且据以执行的仲裁调解书已被撤销，建议法院终结执行。

4. 监督结果。2017年8月24日，武平县劳动人事争议仲裁委员会作出武劳仲决（2017）1号决定书，撤销武劳仲案（2017）19号仲裁调解书。2017年8月29日，武平县法院裁定终结（2017）闽0824执888号执行案件的执行，并于同年9月25日书面回复武平县检察院。王某兴、王某福因构成虚假诉讼罪被追究刑事责任，曾某明因构成枉法仲裁罪被追究刑事责任。

指导意义：一是明确了以虚假劳动仲裁申请执行是民事虚假诉讼的一种情形，应当加强检察监督。在清算、破产和执行程序中，立法和司法对职工工资债权给予了优先保护：在公司清算程序中职工工资优先支付；在破产程序中职工工资属于优先受偿债权；在执行程序中追索劳动报酬优先考虑。正是由于立法和司法对职工工资债权的优先保护，有些债权人为实现自身普通债权优先受偿的目的，与债务人甚至仲裁员恶意串通、伪造证据，捏造拖欠劳动报酬的事实申请劳动仲裁，获取仲裁文书向法院申请执行。检察机关在对法院执行仲裁裁决书、调解书的活动进行法律监督时，应重点审查是否存在虚假仲裁行为，对查实为虚假仲裁的，应建议法院终结执行，防止执行款错误分配，注重加强与仲裁机构及其主管部门的沟通，共同防范虚假仲裁行为。

二是办理虚假诉讼监督案件应当保持对线索的高度敏感性。虚假诉讼案件的表面事实和证据与真实情况往往具有较大差距，当事人之间的利益纠葛复杂，多存在通谋，检察机关要敏于发现案件线索，充分做好调查核实工作。该案中，检察人员在执行监督活动时发现虚假仲裁线索，及时开展调查核实工作，认真审查当事人之间的身份关系、户籍信息、经济往来等事项，分析当事人的从业、居住等情况，有步骤地开展调查工作，夯实证据基础，最终查清虚假劳动仲裁的事实。

三是检察机关在办理虚假诉讼监督案件时发现仲裁活动违法的，应当依法进行监督。根据仲裁法及劳动争议调解仲裁法的规定，仲裁裁决被撤销的法定情形包括：仲裁庭组成或者仲裁程序违反法定程序，裁决所根据的证据系伪造，对方当事人隐瞒了足以影响公正裁决的证据，仲裁员在仲裁案件时有索贿受贿、徇私舞弊、枉法裁决行为等。根据最高人民检察院《人民检察院检察建议工作规定》，检察机关可以直接向本院所办理案件的涉案单位、本级有关主管机关以及其他有关单位提出检察建议。检察机关在办理虚假诉讼监督案件时发现仲裁裁决虚假的，应当依法发出检察建议要求纠正，发现仲裁员涉嫌枉法仲裁犯罪的，应当依法移送犯罪线索。

（五）江西熊某等交通事故保险理赔虚假诉讼监督案

基本案情：2012年10月21日，张某驾驶轿车与熊某驾驶摩托车发生碰撞，致使熊某受伤、车辆受损，交通事故责任认定书认定张某负事故全部责任，熊某无责任。熊某伤情经司法鉴定为九级伤残。张某驾驶的轿车在甲保险公司投保交强险和商业第三者责任险。事故发生后，熊某经他人介绍同意由周某与保险公司交涉该案保险理赔事宜，但并未委托其提起诉讼，周某为此向熊某支付了5万元。张某亦经同一人介绍同意将该案保险赔偿事宜交由周某处理，并出具了委托代理诉讼的《特别授权委托书》。2013年3月18日，周某冒用熊某的名义向上饶市信州区法院提起诉讼，同时冒用熊某名义签署起诉状和授权委托书，冒用委托代理人的名义签署庭审笔录、宣判笔录和送达回证，熊某及被冒用的委托代理人对此均不知情。该案中，周某还作为张某的诉讼代理人参加诉讼。此外，该案事故发生时，熊某为农村户籍，从事钢筋工工作，居住在上饶县某某村家中，而周某为实现谋取高额保险赔偿金的目的，伪造公司证明和工资表，并利用虚假材料到公安机关开具证明，证明熊某在2011年9月至2012年10月在县城工作并居住。2013年6月17日，上饶市信州区法院作出（2013）信民一初字第470号民事判决，判令甲保险公司在保险限额内向原告熊某赔偿医疗费、伤残赔偿金、被抚养人生活费等共计118723.33元。甲保险公司不服一审判决，上诉至上饶市中级法院。2013年10月18日，上饶市中级法院作出（2013）饶中民一终字第573号民事调解书，确认甲保险公司赔偿熊某医疗费、残疾赔偿金、被抚养人生活费等共计106723元。

该案例主要阐明：假冒原告名义提起诉讼，采取伪造证据、虚假陈述等手段，取得法院生效裁判文书，非法获取保险理赔款，构成虚假诉讼。检察机关在履行职责过程中发现虚假诉讼案件线索的，应当强化线索发现和调查核实的能力，查明违法事实，纠正错误裁判。

监督过程： 1. 线索发现。2016年3月，上饶市检察机关在履行职责时发现，熊某在法院作出生效裁判后又提起诉讼，经调阅相关卷宗，发现周某近两年来代理十余件道路交通事故责任涉保险索赔案件，相关案件中存在当事人本人未出庭、委托代理手续不全、熊某的工作证明与个人基本情况明显不符等疑点，初步判断有虚假诉讼嫌疑。

2. 调查核实。根据案件线索，检察机关重点开展了以下调查核实工作：一是向熊某本人了解情况，查明2013年3月18日的民事起诉状并非熊某本人的意思表示，起诉状中的签名也非熊某本人所签，熊某本人对该起诉讼毫不知情，既不认识起诉状中所载原告委托代理人，亦未委托其参加诉讼。二是向有关单位核实熊某出险前的经常居住地和工作地，查明周某为套用城镇居民人均可支配收入的赔偿标准获取非法利益，指使某汽车服务公司伪造了熊某的工作证明和居住证明。三是对周某代理的13件道路交通事故保险理赔案件进行梳理，发现均涉嫌虚假诉讼。四是及时将线索移送公安机关，进一步查实了周某通过冒用他人名义虚构诉讼主体、伪造授权委托书、伪造工作证明以及利用虚假证据材料骗取公安机关证明文件等事实。

3. 监督意见。2016年6月26日，上饶市检察院提请抗诉。2016年11月5日，江西省检察院提起抗诉，认为上饶市中级法院（2013）饶中民一终字第573号民事调解书系虚假调解，周某伪造原告起诉状、假冒原告及其诉讼代理人提起虚假诉讼，非法套取高额保险赔偿金，扰乱诉讼秩序，损害社会公共利益和他人合法权益。

4. 监督结果。2017年8月1日，江西省高级法院作出（2017）赣民再第45号民事裁定书，认为该案是一起由周某假冒熊某诉讼代理人向法院提起的虚假诉讼案件，熊某本人及被冒用的诉讼代理人并未提起和参加诉讼，原一审判决和原二审调解书均有错误，裁定撤销，终结该案审理程序。同时，江西省高级法院还作出（2017）赣民再第45号民事制裁决定书，对周某进行民事制裁。2019年1月，上饶市中级法院决定对一审法官、信州区法院立案庭副庭长戴某予以撤职处分。

指导意义：检察机关办理民事虚假诉讼监督案件，应当强化线索发现和调查核实能力。虚假诉讼具有较强的隐蔽性和欺骗性，仅从诉讼活动表面难以甄别，要求检察人员在履职过程中有敏锐的线索发现意识。该案中，就线索发现而言，检察人员重点把握了以下几个方面：一是庭审过程异常，"原告代理人"或无法发表意见，或陈述、抗辩前后矛盾；二是案件材料和证据异常，熊某的工作证明与其基本情况、履历明显不符；三是调解结案异常，甲保险公司二审中并未提交新的证据，"原告代理人"为了迅速达成调解协议，主动提出减少保险赔偿数额，不符合常理。以发现的异常情况为线索，深入开展调查核实工作，是突破案件瓶颈的关键。根据案件具体情况，可以综合运用询问有关当事人或者知情人，查阅、调取、复制相关法律文书或者证据材料、案卷材料，查询财务账目、银行存款记录，勘验、鉴定、审计以及向有关部门进行专业咨询等调查措施。同时，应主动加强与公安机关、法院、司法行政机关的沟通协作。该案中，检察机关及时移送刑事犯罪案件线索，通过公安机关的侦查取证，查实了周某虚假诉讼的事实。

最高人民检察院
关于印发最高人民检察院第十五批指导性案例的通知

(2019年9月9日　高检发办字〔2019〕81号)

各省、自治区、直辖市人民检察院,解放军军事检察院,新疆生产建设兵团人民检察院:

经2019年7月29日最高人民检察院第十三届检察委员会第二十二次会议决定,现将某实业公司诉某市住房和城乡建设局征收补偿认定纠纷抗诉案等三件指导性案例(检例第57—59号)作为第十五批指导性案例发布,供参照适用。

最高人民检察院
2019年9月9日

检例第 57 号

某实业公司诉某市住房和城乡建设局征收补偿认定纠纷抗诉案

【关键词】

行政抗诉　征收补偿　依职权监督　调查核实

【要　旨】

人民检察院办理行政诉讼监督案件，应当秉持客观公正立场，既保护行政相对人的合法权益，又支持合法的行政行为。依职权启动监督程序，不以当事人向人民法院申请再审为前提。认为行政判决、裁定可能存在错误，通过书面审查难以认定的，应当进行调查核实。

【基本案情】

2015 年 9 月，某市政府决定对某片区实施棚户区改造项目房屋征收，市住房和城乡建设局（以下简称市住建局）依据土地房屋登记卡、测绘报告及房屋分户面积明细表，向某实业公司作出房屋征收补偿面积的复函，认定案涉大厦第四层存在自行加建面积为 203.78 平方米，第五层存在自行加建面积为 929.93 平方米，对自行加建部分按照建安成本给予某实业公司补偿。实业公司不服，认为第四层的 203.78 平方米和第五层的 187.26 平方米是规划许可允许建造且在案涉大厦建成时一并建造完成，并系经过法院裁定、判决而合法受让，遂向该市某区人民法院起诉，请求：确认复函违法并撤销；确认争议部分建筑合法并按非住宅房屋价值给予补偿。

2016 年 8 月 1 日，区人民法院作出行政判决，认为：案涉大厦目前尚未取得房屋所有权证，应当以规划许可的建筑面积来认定是否属于自行加建面积。土地房屋登记卡记载的面积，连同第四层和第五层的争议面积，共计 5560.55 平方米，未超过规划许可证件载明的面积 5674.62 平方米，应当认定争议建筑具有合法效力。某测绘公司 2011 年 11 月 13 日受法院委托，对案涉大厦进行测绘后出具了测绘报告，2015 年 12 月 25 日该测绘公司受市政府委托对该大厦测绘后出具测绘报告及房屋分户面积明细表，二者相互矛盾，2011 年测绘报告被市中级人民法院另案判决采信在先，其证明效力应当优于 2015 年出具的房屋分户面积明细表，因此对市住建局复函依据的房屋分户面积明细表不予采信。该判决还认为：该市中级人民法院另案民事判决将争议建筑作为合法财产分割归某实业公司所有,是发生法律效力的物权设立决定,应当认定争议的面积不是自行加建的面积。遂判决确认市住建局复函违法,责令其对争议部分建筑按非住宅房屋的补偿标准给予安置补偿或者货币补偿。

一审判决后,双方当事人均未提起上诉,也未申请再审。

【检察机关监督情况】

线索发现 2018年4月,该市人民检察院在处理当事人来函信件中发现该案判决可能存在错误,非住宅补偿标准(每平方米约3万元)与建安成本(每平方米约2000元)差距巨大,如果按照判决进行补偿,不仅放纵违法建设行为,而且政府将多支付补偿款1000余万元,严重损害国家利益,根据《人民检察院行政诉讼监督规则(试行)》第九条第一项之规定,决定依职权启动监督程序。

调查核实 市人民检察院在审查案件过程中,发现一审期间实业公司提供的案涉大厦规划许可证件复印件是判决的关键证据之一,与其他证据存在矛盾,遂开展了以下调查核实工作:一是向法院调取案件卷宗材料;二是向市规划委员会、市不动产登记中心等单位调取规划许可证件及相关文件;三是向市不动产登记中心等单位及工作人员询问了解规划许可证件等文件复印件的来源和审核情况。经对以上材料进行审查和比对,发现法院卷宗中的规划许可证等文件复印件记载的面积与市规划委员会保存的规划许可证等文件原件记载的面积不一致。最终查明:实业公司向法院提供的规划许可证等三份文件复印件,是从市不动产登记中心查询复印的,而该中心保存的这三份材料又是实业公司在申请办理房证时提供的复印件。市规划委员会于2018年7月19日向人民检察院出具的《关于协助说明规划许可相关内容的复函》证明:案涉大厦建筑规划许可总建筑面积为5074.62平方米。据此认定,实业公司提供的规划许可证件等3份文件复印件中5674.62平方米的面积系经涂改,规划许可的建筑面积应为5074.62平方米,二者相差600平方米。

监督意见 市人民检察院审查后,认为区人民法院行政判决认定事实的主要证据系变造,且事实认定和法律适用存在错误。第一,2015年测绘报告的房屋分户面积明细表是受市人民政府委托,为了征收某片区棚户区改造项目房屋,对整个大厦建筑面积包括合法、非法加建面积而进行的测绘,应当作为认定争议面积是否属于合法建筑面积的依据。而2011年测绘报告则是另案为了处理有关当事人关于某酒店共有产权民事纠纷而进行的测绘,未就争议建筑部分是否合法予以认定或区分,不应作为认定建筑是否合法的依据。第二,根据检察机关调查核实情况,判决认定规划许可面积错误,以此为标准认定实际建筑面积未超过规划许可面积也存在错误。第三,根据市国土局土地房屋登记卡及附件、2015年测绘报告的房屋分户面积明细表等证据，应当认定第四层、第五层存在擅自加建。第四，另案民事判决是对房屋权属进行的分割和划分，不应当作为认定建筑是否合法的依据。判决认定争议建筑不是自行加建，存在错误。市人民检察院遂于2018年11月22日依法向市中级人民法院提出抗诉。

监督结果 市中级人民法院经过审查，于2018年12月3日作出行政裁定书，指令某区人民法院再审。2019年1月8日，实业公司向某区人民法院提交撤诉申请。某区人民法院依照《中华人民共和国行政诉讼法》第六十二条之规定，裁定：（1）撤销本院原行政判决书；（2）准许实业公司撤回对市住建局的起诉。

2019年3月6日，市中级人民法院对实业公司另案起诉的市住建局强制拆除行为违法及赔偿纠纷案作出终审行政判决，认定实业公司提交的案涉大厦规划许可证件等文件中5674.62平方米是经涂改后的面积，规划许可建筑面积应为5074.62平方米。实业公司对法院认定的上述事实无异议。该案最终判决驳回实业公司的诉讼请求。对变造证据行为的责任追究，另案处理。

【指导意义】

1. 人民检察院办理行政诉讼监督案件，应当秉持客观公正立场，既注重保护公民、法人和其他组织的合法权益，也注重支持合法的行政行为，保护国家利益和社会公共利益。人民检察院行政诉讼监督的重要任务是维护社会公平正义，监督人民法院依法审判和执行，促进行政机关依法行政。人民检察院是国家的法律监督机关，应当居中监督，不偏不倚，依法审查人民法院判决、裁定所基于的事实根据和法律依据，发现行政判决、裁定确有错误，符合法定监督条件的，依法提出抗诉或再审检察建议。本案中，人民检察院通过抗诉，监督人民法院纠正了错误判决，保护了国家利益，维护了社会公平正义。

2. 人民检察院依职权对行政裁判结果进行监督，不以当事人申请法院再审为前提。按照案件来源划分，对行政裁判结果进行监督分为当事人申请监督和依职权监督两类。法律规定当事人在申请检察建议或抗诉之前应当向法院提出再审申请，目的是防止当事人就同一案件重复申请、司法机关多头审查。人民检察院是国家的法律监督机关，是公共利益的代表，担负着维护司法公正、保证法律统一正确实施、维护国家利益和社会公共利益的重要任务，对于符合《人民检察院行政诉讼监督规则（试行）》第九条规定的行政诉讼案件，应当从监督人民法院依法审判、促进行政机关依法行政的目的出发，充分发挥检察监督职能作用，依职权主动进行监督，不受当事人是否申请再审的限制。本案中，虽然当事人未上诉也未向法院申请再审，但人民检察院发现存在损害国家利益的情形，遂按照《人民检察院行政诉讼监督规则（试行）》第九条第一项的规定,依职权启动了监督程序。

3. 人民检察院进行行政诉讼监督,通过书面审查卷宗、当事人提供的材料等对有关案件事实难以认定的,应当进行调查核实。《中华人民共和国人民检察院组织法》规定,人民检察院行使法律监督权,可以进行调查核实。办理行政诉讼监督案件,通过对卷宗、当事人提供的材料等进行书面审查后,对有关事实仍然难以认定的,为查清案件事实,确保精准监督,应当进行调查核实。根据《人民检察院行政诉讼监督规则(试行)》等相关规定,调查核实可以采取以下措施:(1)查询、调取、复制相关证据材料;(2)询问当事人或者案外人;(3)咨询专业人员、相关部门或者行业协会等对专门问题的意见;(4)委托鉴定、评估、审计;(5)勘验物证、现场;(6)查明案件事实所需要采取的其他措施。调查核实的目的在于查明人民法院的行政判决、裁定是否存在错误,审判和执行活动是否符合法律规定,为决定是否监督提供依据和参考。本案中,市住建局作出复函时已有事实根据和法律依据,并在诉讼中及时向法庭提交,但法院因采信原告提供的虚假证据作出了错误判决。检察机关通过调查核实,向原审人民法院调取案件卷宗,向规划部门调取规划许可证件等文件原件,向出具书证的不动产登记中心及工作人员了解询问规划许可证件等文件复印件的形成过程,进而查明原审判决采信的关键证据存在涂改,为检察机关依法提出抗诉提供了根据。

【相关规定】

《中华人民共和国人民检察院组织法》第六条、第二十一条

《中华人民共和国行政诉讼法》第九十一条、第九十三条、第一百零一条

《中华人民共和国民事诉讼法》第二百一十条

《人民检察院行政诉讼监督规则(试行)》第九条、第十三条、第三十六条

《人民检察院民事诉讼监督规则(试行)》第六十六条

检例第58号

浙江省某市国土资源局申请强制执行杜某非法占地处罚决定监督案

【关键词】

行政非诉执行监督　违法占地　遗漏请求事项　专项监督

【要　旨】

人民检察院行政非诉执行监督要发挥监督法院公正司法、促进行政机关依法行政的双重监督功能。发现人民法院对行政非诉执行申请裁定遗漏请求事项的，应当依法监督。对于行政非诉执行中的普遍性问题，可以以个案为切入点开展专项监督活动。

【基本案情】

2014年5月，浙江省某市某区某镇村民杜某未经批准，擅自在该村占用土地681.46平方米，其中建造活动板房112.07平方米，硬化水泥地面569.39平方米。市国土资源局认为杜某的行为违反了《中华人民共和国土地管理法》和《基本农田保护条例》规定，根据《中华人民共和国土地管理法》第七十六条、《中华人民共和国土地管理法实施条例》第四十二条及《浙江省国土资源行政处罚裁量权执行标准》规定，作出行政处罚决定：（1）责令退还非法占用土地681.46平方米；（2）对其中符合土地利用总体规划的45.46平方米土地上的建筑物和设施，予以没收；（3）对不符合土地利用总体规划的636平方米土地（基本农田）上的建筑物和设施，予以拆除；（4）对非法占用规划内土地45.46平方米的行为处以每平方米11元的罚款，非法占用规划外土地636平方米的行为处以每平方米21元的罚款，共计人民币13856.06元。杜某在规定的期限内未履行该处罚决定第3项和第4项内容，亦未申请行政复议或提起行政诉讼，经催告仍未履行。市国土资源局遂于2017年7月21日向某市某区人民法院申请强制执行杜某违法占地行政处罚决定第3项和第4项内容。区人民法院立案受理后，于2017年7月25日作出行政裁定书，裁定准予执行市国土资源局行政处罚决定第3项内容，并由某镇政府组织实施。某镇政府未在法定期限内执行法院裁定。

【检察机关监督情况】

线索发现　区人民检察院在办理其他案件过程中发现该案线索。经初步调查了解，某镇政府未根据法院裁定书内容组织实施拆除，土地未恢复至复耕条件，杜某也未履行缴纳罚款的义务，遂依职权启动监督程序。

调查核实　根据案件线索，检察机关重点开展了以下调查核实工作：一是向法院调阅了案件卷宗材料；二是向当地国土管理部门工作人员了解案涉行政处罚决定执行情况和申请法院强制执行的情况；三是检察人员到违法占地现场进行实地查看。最终查明：市国土资源局的行政处罚决定有充分的事实根据，申请法院强制执行符合法律规定，目前行政处罚决定中罚款仍未缴纳，法院裁定拆除的地上建筑物和设施亦未被拆除。

监督意见　2018年5月，区人民检察院分别向区人民法院和某镇政府提出检察建议，建议区人民法院查明该案未就行政处罚决定第4项罚款作出裁定的原因，并依法处理，建议某镇政府查明违法建筑物和设施未拆除的原因，并依法处置。

监督结果 区人民法院收到检察建议后于2018年5月30日作出补充裁定，准予强制执行市国土资源局作出的13856.06元罚款决定，7月该款执行到位。某镇政府收到检察建议后，迅速行动，案涉违法建筑物和设施于2018年7月被拆除。

专项监督 区人民检察院在办理该案过程中，发现农村违法占地行政处罚未执行到位问题突出，遂决定就国土资源领域行政非诉执行开展专项监督活动，共监督法院裁定遗漏强制执行请求事项等案件17件，乡镇街道未执行法院裁判文书确定的义务案件18件。市人民检察院通过认真研究后发现辖区内类似问题较多，遂于2018年5月在全市检察机关开展专项监督活动。截至2019年2月专项活动结束时，通过检察机关监督，全市共整治拆除各类违法建筑物及设施45.5万平方米，恢复土地原状23万平方米，退还非法占用土地21.7万平方米。市中级人民法院针对检察机关专项监督活动中发现的问题，在全市法院系统开展专项评查，有效规范了行政非诉执行的受理、审查和实施等活动。

【指导意义】

1. 人民检察院履行行政非诉执行监督职能，应当发挥既监督人民法院公正司法又促进行政机关依法行政的双重功能，实现双赢多赢共赢。行政非诉执行监督对于促进人民法院依法、公正、高效履行行政非诉执行职能，促进行政机关依法履行职责，维护公共利益和社会秩序，保护公民、法人和其他组织的合法权益，具有重要作用。人民检察院对人民法院行政非诉执行的受理、审查和实施等各个环节开展监督，针对存在的违法情形提出检察建议，有利于促进人民法院依法审查行政决定、正确作出裁定并实施，防止对违法的行政决定予以强制执行，保护行政相对人的合法权益。开展行政非诉执行监督，应当注意审查行政行为的合法性，包括是否具备行政主体资格、是否明显缺乏事实根据、是否明显缺乏法律法规依据、是否损害被执行人合法权益等。对于行政行为明显违法，人民法院仍裁定准予执行的，应当向人民法院和行政机关提出检察建议予以纠正，防止被执行人合法权益受损。对于行政行为符合法律规定的，应当引导行政相对人依法履行法定义务，支持行政机关依法行政。

2. 人民法院对行政非诉执行申请裁定遗漏请求事项的，人民检察院应当依法提出检察建议予以监督。根据《中华人民共和国行政强制法》第五十七条和第五十八条的规定，人民法院受理行政机关强制执行申请后进行书面审查，应当对行政机关提出的强制执行申请请求事项作出是否准予执行的裁定。本案中，市国土资源局向区人民法院申请强制执行的项目中包括强制执行13856.06元罚款，但区人民法院却未对该请求事项予以裁定，致使罚款无法通过强制执行方式收缴，影响了行政决定的公信力。人民检察院应当对人民法院遗漏申请事项的裁定依法提出检察建议予以纠正。

3. 人民检察院应当坚持在办案中监督、在监督中办案的理念，在办理行政非诉执行监督案件过程中，注重以个案为突破口，积极开展专项活动，促进一个区域内一类问题的解决。人民检察院履行行政非诉执行监督职责，要注重举一反三，深挖细查，以小见大，以点带面，针对人民法院行政非诉执行受理、审查和实施等各个环节存在的普遍性问题开展专项活动，实现办理一案、影响一片的监督效果。某市两级检察机关在成功办理本案的基础上，开展专项监督活动，有力推进了全市国土资源领域"执行难"等问题的解决，促进了行政管理目标的实现。市中级人民法院针对检察机关专项监督活动中发现的问题，在全市法院系统开展专项评查，规范了行政非诉执行活动。

【相关规定】

《中华人民共和国行政诉讼法》第十一条、第九十七条、第一百零一条

《中华人民共和国民事诉讼法》第二百三十五条

《中华人民共和国行政强制法》第五十三条、第五十七条、第五十八条

《人民检察院行政诉讼监督规则（试行）》第二十九条

最高人民法院、最高人民检察院《关于民事执行活动法律监督若干问题的规定》第一条、第二十一条

《人民检察院检察建议工作规定》第十一条

检例第 59 号

湖北省某县水利局申请强制执行肖某河道违法建设处罚决定监督案

【关键词】

行政非诉执行监督　河道违法建设　强制拆除

【要　旨】

办理行政非诉执行监督案件，应当查明行政机关对相关事项是否具有直接强制执行权，对具有直接强制执行权的行政机关向人民法院申请强制执行，人

民法院不应当受理而受理的,应当依法进行监督。人民检察院在履行行政非诉执行监督职责中,发现行政机关的行政行为存在违法或不当履职情形的,可以向行政机关提出检察建议。

【基本案情】

2011年9月,湖北省某县村民肖某未经许可,擅自在某水库库区(河道)管理范围内316国道某大桥下建房(房基)5间,占地面积289.8平方米。2011年11月3日,某县水利局根据《中华人民共和国水法》第六十五条作出《行政处罚决定书》,要求肖某立即停止在桥下建房的违法行为,限7日内拆除所建房屋,恢复原貌;罚款5万元;并告知肖某不服处罚决定申请复议和提起诉讼的期限,注明期满不申请复议、不起诉又不履行处罚决定,将依法申请人民法院强制执行。肖某在规定的期限内未履行该处罚决定,亦未申请复议或提起行政诉讼。2012年3月29日,县水利局向法院申请强制执行。2012年4月23日,县人民法院作出行政裁定书,裁定准予执行行政处罚决定,责令肖某履行处罚决定书确定的义务。但肖某未停止违法建设,截至2017年4月,肖某已在河道区域违法建成四层房屋,建筑面积约520平方米。

【检察机关监督情况】

线索发现 县人民检察院于2017年4月通过某日报《"踢皮球"执法现象何时休?》的报道发现案件线索,依职权启动监督程序。检察机关经调查发现,肖某在河道内违法建设的行为持续多年,违反了国家河道管理规定,违法建筑物严重影响行洪、防洪安全。水利局和法院对违法建筑物未被强制拆除的原因则各执一词。法院认为,对违反水法的建筑物,水利局是法律明确授予强制执行权的行政机关,法院不能作为该案强制执行主体。但水利局认为,其没有强制执行手段,应当由法院强制执行。

监督意见 检察机关审查认为:法律没有赋予水利局采取查封、扣押、冻结、划拨财产等强制执行措施的权力,对于不缴纳罚款的,水利局可以向法院申请强制执行;但根据行政强制法和水法等相关规定,水利局对于河道违法建筑物具有强行拆除的权力,不应当向法院申请强制执行。因此,水利局向法院申请执行行政处罚决定中的拆除违法建筑物部分,法院不应当受理而受理并裁定准予执行,违反法律规定。县人民检察院于2017年5月向县水利局提出检察建议,建议其依法强制拆除违法建筑物;同年8月向县人民法院提出检察建议,建议其依法履职、规范行政非诉执行案件受理等工作。

监督结果 县水利局收到检察建议后,立即向当地党委政府报告。在县委、县政府的大力支持下,河道违法建筑物被依法拆除。县人民法院收到检察建议后,回复表示今后要加强案件审查,对行政机关具有强制执行权而向法院申请强制执行的案件裁定不予受理。

【指导意义】

1. 人民检察院办理行政非诉执行监督案件，应当依法查明行政机关对相关事项是否具有直接强制执行权。我国行政强制法规定的行政强制执行，包括行政机关直接强制执行和行政机关申请人民法院强制执行两种类型。法律赋予某些行政机关以直接强制执行权的主要目的是提高行政效率，及时执行行政决定。如果行政机关有直接强制执行权，又向人民法院申请执行，不但浪费司法资源，而且容易引起相互推诿，降低行政效率。人民检察院办理行政非诉执行监督案件，应当查明行政机关是否具有直接强制执行权，对具有直接强制执行权的行政机关向人民法院申请强制执行，人民法院不应当受理而受理的，应当依法进行监督。《中华人民共和国水法》第六十五条第一款规定，"在河道管理范围内建设妨碍行洪的建筑物、构筑物，或者从事影响河势稳定、危害河岸堤防安全和其他妨碍河道行洪的活动的，由县级以上人民政府水行政主管部门或者流域管理机构依据职权，责令停止违法行为，限期拆除违法建筑物、构筑物，恢复原状；逾期不拆除、不恢复原状的，强行拆除……"根据上述规定，对河道管理范围内妨碍行洪的建筑物、构筑物，水行政主管部门具有直接强行拆除的权力。但在本案中，水利局本应直接强制执行，却向人民法院申请执行，人民法院不应当受理而受理、不应当裁定准予执行而裁定准予执行，致使两个单位相互推诿，河道安全隐患长期得不到消除，人民检察院依法提出检察建议，促进了问题的解决。

2. 人民检察院在履行行政非诉执行监督职责中，发现行政机关的行政行为存在违法或不当履职情形的，可以向行政机关提出检察建议。《人民检察院检察建议工作规定》第十一条规定，"人民检察院在办理案件中发现社会治理工作存在下列情形之一的，可以向有关单位和部门提出改进工作、完善治理的检察建议：……（四）相关单位或者部门不依法及时履行职责，致使个人或者组织合法权益受到损害或者存在损害危险，需要及时整改消除的；……"根据上述规定，检察机关发现行政机关向人民法院提出强制执行申请存在不当，怠于履行法定职责的，应当向行政机关提出检察建议。对由于行政机关违法行为致使损害持续存在甚至继续扩大的，应当更加重视，优先快速办理，促进行政执行效率提高，及时消除损害、减少损失，维护人民群众的合法权益。本案中，检察机关针对水利局怠于履职行为，依法提出检察建议，促使河道违法建筑物被拆除，保障了行洪、泄洪安全，保护了当地人民群众的生命财产安全。

【相关规定】

《中华人民共和国行政诉讼法》第二十五条、第九十七条、第一百零一条

《中华人民共和国民事诉讼法》第二百三十五条

《中华人民共和国行政强制法》第四条、第十三条、第三十四条、第四十四条、第五十三条

《中华人民共和国水法》第三十七条、第六十五条

《人民检察院行政诉讼监督规则（试行）》第二十九条

《人民检察院检察建议工作规定》第十一条

《最高人民检察院第十五批指导性案例》解读[*]

张相军　胡文正[**]

2019年7月29日，经最高人民检察院第十三届检察委员会第二十二次会议决定，最高人民检察院于9月25日召开新闻发布会，正式发布第十五批指导性案例，包括某实业公司诉某市住房和城乡建设局征收补偿认定纠纷抗诉案、浙江省某市国土资源局申请强制执行杜某非法占地处罚决定监督案、湖北省某县水利局申请强制执行肖某河道违法建设处罚决定监督案共3件指导性案例。这是最高人民检察院首次发布行政检察指导性案例，为促进指导性案例的理解与适用，现就案例中涉及的主要问题和指导要点进行解读。

一、最高人民检察院第十五批指导性案例的发布背景

习近平总书记强调："一个案例胜过一打文件。"张军检察长多次强调，要充分发挥案例的示范、引领和指导作用，实现行政检察指导性案例零的突破。进入新时代，党和人民对加强和改进行政检察工作提出了新的更高要求，通过检察机关内设机构系统性、整体性、重塑性改革，法律监督总体布局实现刑事、民事、行政、公益诉讼"四大检察"并行，面对新形势，需要通过加强案例指导、发布指导性案例，引领、指导行政检察变革理念、提升能力和创新发展。

（一）党中央对全面依法治国提出新任务，人民群众对公平正义提出新需求，发布行政检察指导性案例有利于引领、促进依法行政和公正审判，增强人民群众的获得感、幸福感、安全感

行政检察的核心是行政诉讼监督，其贯穿行政诉讼活动全过程，既包括结果监督，也包括程序监督；就其功能而言，是"一手托两家"，一方面监督法院公正司法，另一方面促进行政机关依法行政。党的十九大对新时代推进全面依法治国提出了新任务，描绘了2035年基本建成法治国家、法治政府、法治社会的宏伟蓝图。2018年8月和2019年2月，习近平总书记主持召开中央全面依法治国委员会第一次、第二次会议并发表重要讲话，都对推进全面依法治国提出了明确要求。推进全面依法治国，法治政府建设是重点任务：2019年

---

[*] 原文刊载于《人民检察》2019年第19期。
[**] 作者单位：最高人民检察院第七检察厅，本文作者还有庞远丽、贾敏。

的全国两会上，李克强总理在政府工作报告中突出强调"政府工作人员要自觉接受法律监督、监察监督和人民监督"，"法律监督"第一次写进政府工作报告；全国人大通过的关于最高人民检察院工作报告的决议明确要求"更好发挥人民检察院刑事、民事、行政、公益诉讼各项检察职能"，"四大检察"第一次写进人大决议。人民群众对公平正义的需求越来越多地体现在行政案件中。近几年检察机关受理的行政申诉案件大幅上升。2018年，全国各级法院审结一审行政案件25.1万件，是2013年12.1万件的2.07倍，与2017年的23.7万件相比增加了5.9%；检察机关受理的行政裁判结果监督案件同比上升13.8%。2019年1月至8月，检察机关受理的行政裁判结果监督案件同比上升35%。为贯彻党中央的决策部署，满足人民群众的新期盼，必须通过加强案例指导，引领、促进行政机关依法行政和法院公正审判，为社会提供更好的法治产品。

（二）在检察工作整体格局中，行政检察是"弱项中的弱项""短板中的短板"，亟须指导性案例引领其发展，补齐短板、强化弱项

2018年以来，最高人民检察院新一届党组和张军检察长提出做优刑事检察、做强民事检察、做实行政检察、做好公益诉讼检察，实现"四大检察"全面协调充分发展的愿景。检察机关开展了恢复重建40年来最大的系统性、重塑性内设机构改革，行政检察成为"四轮驱动"中的重要一轮。但是，行政检察起步较晚，无论是理念还是实践、社会影响力，以及重视、投入程度等，都和其他检察业务有明显差距；其他检察监督工作已经到了"好不好"的阶段，而行政检察总体上仍处于"有没有"的阶段，多数地方有职能、无机构、无业务、无案件。指导性案例具有示范、引领和指导功能，对推动检察业务发展具有重要作用。在此之前，最高人民检察院已经发布了14批共56件指导性案例，但没有一件行政检察的指导性案例。第十五批指导性案例的发布，使行政检察指导性案例实现"零的突破"，有利于引领和促进行政检察创新发展。实现"四大检察"全面协调充分发展。

（三）行政检察工作开展难度大，做实行政检察需要指导性案例引领理念变革，促进能力提升

为适应新形势，最高人民检察院党组和张军检察长提出做实行政检察的要求，但目前行政检察工作仍存在诸多困难和问题。一方面，行政检察政治性、法律性、政策性强，使得行政检察监督存在很多困难。进入检察环节的申请监督案件经过多次审判，错误和违法情形明显减少，检察机关发现问题的难度大；对于当事人申请监督的很多问题，法律没有明确规定，理论界也存在争

议，检法统一认识的难度大；大量案件没有经过实体审理，实体错误纠正难度大；行政法律法规体系庞杂，正确适用难度大；等等。另一方面，以往行政检察工作不够主动，依职权监督的案件较少；司法理念落后、监督能力较弱，办案精品意识不强，精细化审查不够，典型性、引领性案件少；坐堂办案，调查核实手段运用不充分；立法精神理解不透彻，法律适用不准确；就案办案，办案与监督相割裂，不善于从个案中发现普遍性问题。此外，生效裁判结果监督是行政检察的主要业务，但提出抗诉和再审检察建议的数量很少；非诉执行监督已经成为行政检察新的增长点，但监督实践还非常薄弱。发布指导性案例并加强学习和运用，对于推动行政检察理念变革、促进监督水平提高、做实行政检察具有重要意义。

二、最高人民检察院第十五批指导性案例的主要特点

第十五批指导性案例是最高人民检察院第一次发布行政检察方面的指导性案例，实现了行政检察指导性案例零的突破。这批案例的主要特点有以下几个方面：

一是聚焦"两违"（违法占地和违法建设）等社会热点。"十分珍惜、合理利用土地和切实保护耕地"是我国的基本国策。习近平总书记高度重视耕地保护问题，要求毫不动摇坚持最严格的耕地保护制度和节约用地制度，坚决遏制土地违法行为，牢牢守住耕地保护红线。"两违"问题严重损害有限的土地资源、制约经济发展、影响城市形象，甚至威胁公共安全，影响法律权威和尊严，损害执法司法公信力，人民群众反映强烈，是当前社会治理的难点之一。第十五批指导性案例全部涉及"两违"问题，对引导全国检察机关加大行政检察监督力度、回应人民群众关切具有积极作用。

二是突出检察监督理念变革。行政检察底子薄，工作开展难度大，长期发展缓慢。新时代行政检察工作要实现创新发展，只有持续更新理念，树牢和践行最高人民检察院新一届党组提出的"在办案中监督、在监督中办案""精准监督""智慧借助""双赢多赢共赢"等新理念，办案和监督才会有新思路、新方法，才能做实行政检察工作，取得新成效，人民群众才能在行政检察工作中有实实在在的获得感。第十五批指导性案例突出理念变革和引领，通过鲜活、生动的行政检察实践，诠释新时代检察监督新理念。

三是注重法律适用和办案方法，指导性案例的价值在于指导，其生命在于应用。强弱项、补短板、促重点，是编发本批行政检察指导性案例的意义所在，此次选编案例集中在裁判结果监督和行政非诉执行监督两项业务上，既注重对行政检察"一手托两家"双重监督功能和客观公正监督立场的阐释，又注重对行政强制法、水法等具体疑难法律适用问题的剖析，还注重对依职权监

督、调查核实等检察监督方法的示范、引领和指导。对第十五批指导性案例的学习和应用，将有助于提升办案人员的素质和办案质效，提升检察机关行政诉讼监督能力和水平。

四是重视社会治理，党的十八大以来，习近平总书记在一系列重要讲话中提出了创新社会治理的新理念新思想新战略，党的十九大报告也提出打造共建共治共享的社会治理格局。法治是社会治理的基本手段，检察机关的法律监督包括行政检察制度，是具有鲜明中国特色的国家制度和法律制度。办案是检察机关参与社会治理的基本方式，此次发布的指导性案例便是检察机关通过行政非诉执行监督参与社会治理的体现。检察机关坚持个案办理与类案监督、专项活动相结合，一方面通过办理个案促进社会治理；另一方面对于办理个案中发现的普遍性问题，或者一个区域、一个系统存在的普遍性问题，集中开展专项监督活动，推进一个区域或一个系统的社会治理工作，达到办理一案、治理一片、影响一方的监督效果。

三、最高人民检察院第十五批指导性案例的基本案情、要旨和指导意义

（一）某实业公司诉某市住房和城乡建设局征收补偿认定纠纷抗诉案

基本案情：2015年9月，某市政府决定对某片区实施棚户区改造项目房屋征收，市住房和城乡建设局（以下简称市住建局）依据土地房屋登记卡、测绘报告及房屋分户面积明细表，向某实业公司作出房屋征收补偿面积的复函，认定案涉大厦第四层存在自行加建面积为203.78平方米，第五层存在自行加建面积为929.93平方米，对自行加建部分按照建安成本给予某实业公司补偿。实业公司不服，认为第四层的203.78平方米和第五层的187.26平方米是规划许可允许建造且在案涉大厦建成时一并建造完成，并系经过法院裁定、判决而合法受让，遂向该市某区法院起诉，请求：确认复函违法并撤销；确认争议部分建筑合法并按非住宅房屋价值给予补偿。

2016年8月1日，某区法院作出行政判决，认为：案涉大厦目前尚未取得房屋所有权证，应当以规划许可的建筑面积来认定是否属于自行加建面积。土地房屋登记卡记载的面积，连同第四层和第五层的争议面积，共计5560.55平方米，未超过规划许可证件载明的面积5674.62平方米，应当认定争议建筑具有合法效力。某测绘公司2011年11月13日受法院委托，对案涉大厦进行测绘后出具了测绘报告，2015年12月25日该测绘公司受市政府委托对该大厦测绘后出具测绘报告及房屋分户面积明细表，二者相互矛盾，2011年的测绘报告被市中级法院另案判决采信在先，其证明效力应当优于2015年出具的

房屋分户面积明细表，因此对市住建局复函依据的房屋分户面积明细表不予采信。该判决还认为：该市中级法院另案民事判决将争议建筑作为合法财产分割归某实业公司所有，是发生法律效力的物权设立决定，应当认定争议的面积不是自行加建的面积。遂判决确认市住建局复函违法，责令其对争议部分建筑按非住宅房屋的补偿标准给予安置补偿或者货币补偿。一审判决后，双方当事人均未提起上诉，也未申请再审。

主要阐明：检察机关办理行政诉讼监督案件，应当秉持客观公正的立场，既保护行政相对人的合法权益，又支持合法的行政行为。依职权启动监督程序，不以当事人向法院申请再审为前提。认为行政判决、裁定可能存在错误，通过书面审查难以认定的，应当进行调查核实。

监督过程：1. 线索发现。2018年4月，该市检察院在处理当事人来函信件时发现该案判决可能存在错误，非住宅补偿标准（每平方米约3万元）与建安成本（每平方米约2000元）差距巨大，如果按照判决进行补偿，不仅放纵违法建设行为，而且政府将多支付补偿款1000余万元，严重损害国家利益，根据最高人民检察院《人民检察院行政诉讼监督规则（试行）》（以下简称《规则》）第9条第1项之规定，决定依职权启动监督程序。

2. 调查核实。市检察院在审查案件过程中，发现一审期间实业公司提供的案涉大厦规划许可证件复印件是判决的关键证据之一，与其他证据存在矛盾，遂开展了以下调查核实工作：一是向法院调取案件卷宗材料；二是向市规划委员会、市不动产登记中心等单位调取规划许可证及相关文件；三是向市不动产登记中心等单位及工作人员询问了解规划许可证件等文件复印件的来源和审核情况。经对以上材料进行审查和比对，发现法院卷宗中的规划许可证等文件复印件记载的面积与市规划委员会保存的规划许可证等文件原件记载的面积不一致。最终查明：实业公司向法院提供的规划许可证等3份文件复印件，是从市不动产登记中心查询复印的，而该中心保存的这3份材料又是实业公司在申请办理房证时提供的复印件。市规划委员会于2018年7月19日向市检察院出具的《关于协助说明规划许可相关内容的复函》证明，案涉大厦建筑规划许可总建筑面积为5074.62平方米。据此认定：实业公司提供的规划许可证等3份文件复印件中5674.62平方米的面积系经涂改，规划许可的建筑面积应为5074.62平方米，二者相差600平方米。

3. 监督意见。市检察院审查后，认为某区法院行政判决认定事实的主要证据系变造，且事实认定和法律适用存在错误。第一，2015年测绘报告的房屋分户面积明细表是受市政府委托，为了征收某片区棚户区改造项目房屋，对整个大厦建筑面积包括合法、非法加建面积而进行的测绘，应当作为认定争议面积是否属于合法建筑面积的依据。而2011年的测绘报告则是另案为了处理有关当事人关于某酒店共有产权民事纠纷而进行的测绘，未就争议建筑部分是否合法予以认定或区分，不应作为认定建筑是否合法的依据。第二，根据检察机关调查核实情况，判决认定规划许可面积错误，以此为标准认定实际建筑面积未超过规划许可面积也存在错误。第三，根据市国土资源局土地房屋登记卡及附件、2015年测绘报告的房屋分户面积明细表等证据，应当认定第四层、第五层存在擅自加建。第四，另案民事判决是对房屋权属进行的分割和划分，不应当作为认定建筑是否合法的依据。判决认定争议建筑不是自行加建，存在错误。市检察院遂于2018年11月22日依法向市中级法院提出抗诉。

4. 监督结果。市中级法院经过审查，于2018年12月3日作出行政裁定书，指令某区法院再审。2019年1月8日，实业公司向某区法院提交撤诉申请。某区法院依照《行政诉讼法》第62条之规定，裁定：撤销本院原行政判决书；准许实业公司撤回对市住建局的起诉。

2019年3月6日，市中级法院对实业公司另案起诉的市住建局强制拆除行为违法及赔偿纠纷案作出终审行政判决，认定实业公司提交的案涉大厦规划许可证件等文件中5674.62平方米是经涂改后的面积，规划许可建筑面积应为5074.62平方米。实业公司对法院认定的上述事实无异议。该案最终判决驳回实业公司的诉讼请求。对变造证据行为的责任追究，另案处理。

指导意义： 一是检察机关办理行政诉讼监督案件，应当秉持客观公正的立场，既注重保护公民、法人和其他组织的合法权益，也注重支持合法的行政行为，保护国家利益和社会公共利益。检察机关行政诉讼监督的重要任务是维护社会公平正义，监督法院依法审判和执行，促进行政机关依法行政。检察机关是国家的法律监督机关，应当居中监督，不偏不倚，依法审查法院判决、裁定所基于的事实根据和法律依据，发现行政判决、裁定确有错误，符合法定监督条件的，应当依法提出抗诉或再审检察建议。该案中，检察机关通过抗诉，监督法院纠正了错误判决，保护了国家利益，维护了社会公平正义。

二是检察机关依职权对行政裁判结果进行监督，不以当事人申请法院再审为前提。按照案件来源划分，对行政裁判结果进行监督分为当事人申请监督和依职权监督两类。法律规定当事人在申请检察建议或抗诉之前应当向法院提出再审申请，目的是防止当事人就同一案件重复申请、司法机关多头审查。检察机关是国家的法律监督机关，是公共利益的代表，担负着维护司法公正、保证法律统一正确实施、维护国家利益和社会公共利益的重要任务，对于符合《规则》第9条规定的行政诉讼案件，应当从监督法院依法审判、促进行政机关依法行政的目的出发，充分发挥检察监督职能作用，依职权主动进行监督，不受当事人是否申请再审的限制。该案中，虽然当事人未上诉也未向法院申请再审，但检察机关发现存在损害国家利益的情形，遂按照《规则》第9条第一项的规定，依职权启动了监督程序。

三是检察机关进行行政诉讼监督，通过书面审查卷宗、当事人提供的材料等对有关案件事实难以认定的，应当进行调查核实。人民检察院组织法规定，检察机关行使法律监督权，可以进行调查核实。办理行政诉讼监督案件，通过对卷宗、当事人提供的材料等进行书面审查后，对有关事实仍然难以认定时，为查清案件事实，确保精准监督，应当进行调查核实。根据《规则》等相关规定，调查核实可以采取以下措施：（1）查询、调取、复制相关证据材料；（2）询问当事人或者案外人；（3）咨询专业人员、相关部门或者行业协会等对专门问题的意见；（4）委托鉴定、评估、审计；（5）勘验物证、现场；（6）查明案件事实所需要采取的其他措施。调查核实的目的在于查明法院的行政判决、裁定是否存在错误，审判和执行活动是否符合法律规定，为决定是否监督提供依据和参考。该案中，市住建局作出复函时已有事实根据和法律依据，并在诉讼中及时向法庭提交，但法院因采信原告提供的虚假证据作出了错误判决。检察机关通过调查核实，向原审法院调取案件卷宗，向规划部门调取规划许可证件等文件原件，向出具书证的不动产登记中心及工作人员了解询问规划许可证件等文件复印件的形成过程，进而查明原审判决采信的关键证据存在涂改，为检察机关依法提出抗诉提供了证据。

（二）浙江省某市国土资源局申请强制执行杜某非法占地处罚决定监督案

基本案情：2014年5月，浙江省某市某区某镇村民杜某未经批准，擅自在该村占用土地681.46平方米，其中建造活动板房112.07平方米，硬化水泥地面569.39平方米。市国土资源局认为杜某的行为违反了土地管理法和《基本农田保护条例》的规定。根据《土地管理法》第76条、《土地管理法实施条例》第42条及《浙江省国土资源行政处罚裁量权执行标准》的规定，作出行政处罚决定：（1）责令退还非法占用土地681.46平方米；（2）对其中符合土地利用总体规划的45.46平方米土地上的建筑物和设施，予以没收；（3）对不符合土地利用总体规划的636平方米土地（基本农田）上的建筑物和设施，予以拆除；（4）对非法占用规划内土地45.46平方米的行为处以每平方米11元的罚款，非法占用规划外土地636平方米的行为处以每平方米21元的罚款，共计人民币13856.06元。杜某在规定的期限内未履行该处罚决定第3项和第4项内容，亦未申请行政复议或提起行政诉讼，经催告仍未履行。市国土资源局遂于2017年7月21日向某市某区法院申请强制执行杜某违法占地行政处罚决定第 3 项和第 4 项内容。区法院立案受理后，于 2017 年 7 月 25 日作出行政裁定书。裁定准予执行市国土资源局行政处罚决定第 3 项内容，并由某镇政府组织实施。某镇政府未在法定期限内执行法院裁定。

主要阐明： 检察机关行政非诉执行监督应发挥监督法院公正司法、促进行政机关依法行政的双重监督功能。发现法院对行政非诉执行申请裁定遗漏请求事项的，检察机关应当依法监督。对于行政非诉执行中的普遍性问题，可以个案为切入点开展专项监督活动。

监督过程： 1. 线索发现。区检察院在办理其他案件过程中发现该案线索。经初步调查了解，某镇政府未根据法院裁定书内容组织实施拆除，土地未恢复至复耕条件，杜某也未履行缴纳罚款的义务，遂检察机关依职权启动监督程序。

2. 调查核实：根据案件线索，检察机关重点开展了以下调查核实工作：一是向法院调阅了案件卷宗材料；二是向当地国土管理部门工作人员了解案涉行政处罚决定执行情况和申请法院强制执行的情况；三是检察人员到违法占地现场进行实地查看。最终查明：市国土资源局的行政处罚决定有充分的事实根据，申请法院强制执行符合法律规定，目前行政处罚决定中罚款仍未缴纳，法院裁定拆除的地上建筑物和设施亦未被拆除。

3. 监督意见。2018 年 5 月，区检察院分别向区法院和某镇政府提出检察建议，建议区法院查明该案未就行政处罚决定第 4 项罚款作出裁定的原因，并依法处理，建议某镇政府查明违法建筑物和设施未拆除的原因，并依法处置。

4. 监督结果。区法院收到检察建议后于 2018 年 5 月 30 日作出补充裁定，准予强制执行市国土资源局作出的 13856.06 元罚款决定，7 月该款执行到位。某镇政府收到检察建议后，迅速行动，案涉违法建筑物和设施于 2018 年 7 月被拆除。

5. 专项监督：区检察院在办理该案过程中，发现农村违法占地行政处罚未执行到位问题突出，遂决定就国土资源领域行政非诉执行开展专项监督活动，共监督法院裁定遗漏强制执行请求事项等案件 17 件，乡镇街道未执行法院裁判文书确定的义务案件 18 件。市检察院通过认真研究后发现辖区内类似问题较多，遂于 2018 年 5 月在全市检察机关开展专项监督活动。截至 2019 年 2 月专项监督活动结束时，通过检察机关监督，全市共整治拆除各类违法建筑物及设施 45.5 万平方米，恢复土地原状 23 万平方米，退还非法占用土地 21.7 万平方米。市中级法院针对检察机关专项监督活动中发现的问题，在全市法院系统开展专项评查，有效规范了行政非诉执行的受理、审查和实施等活动。

指导意义： 一是检察机关履行行政非诉执行监督职能，应当发挥既监督法院公正司法又促进行政机关依法行政的双重功能，实现双赢多赢共赢。行政非诉执行监督对于促进法院依法、公正、高效履行行政非诉执行职能，促进行政机关依法履行职责，维护公共利益和社会秩序，保护公民、法人和其他组织的合法权益，具有重要作用。检察机关对法院行政非诉执行的受理、审查和实施等各个环节开展监督，针对存在的违法情形提出检察建议，有利于促进法院依法审查行政决定、正确作出裁定并实施，防止对违法的行政决定予以强制执行，保护行政相对人的合法权益。开展行政非诉执行监督，应当注意审查行政行为的合法性，包括是否具备行政主体资格、是否明显缺乏事实根据、是否明显缺乏法律法规依据、是否损害被执行人合法权益等。对于行政行为明显违法，法院仍裁定准予执行的，检察机关应当向法院和行政机关提出检察建议予以纠正，防止被执行人合法权益受损。对于行政行为符合法律规定的，检察机关应当引导行政相对人依法履行法定义务，支持行政机关依法行政。

二是法院对行政非诉执行申请裁定遗漏请求事项的，检察机关应当依法提出检察建议予以监督。根据《行政强制法》第57条和第58条的规定，法院受理行政机关强制执行申请后进行书面审查，应当对行政机关提出的强制执行申请请求事项作出是否准予执行的裁定，该案中，市国土资源局向区法院申请强制执行的项目中包括强制执行13856.06元罚款，但区法院未对该请求事项予以裁定，致使罚款无法通过强制执行方式收缴，影响了行政决定的公信力。检察机关应当对法院遗漏申请事项的裁定依法提出检察建议，予以纠正。

三是检察机关应当坚持在办案中监督、在监督中办案的理念，在办理行政非诉执行监督案件过程中，注重以个案为突破口，积极开展专项活动，促进一个区域内一类问题的解决。检察机关履行行政非诉执行监督职责，应注重举一反三，深挖细查，以小见大，以点带面，针对法院行政非诉执行受理、审查和实施等各个环节存在的普遍性问题开展专项活动，实现办理一案、影响一片的监督效果。某市两级检察机关在成功办理该案的基础上，开展专项监督活动，有力推进了全市国土资源领域"执行难"等问题的解决，促进了行政管理目标的实现。市中级法院针对检察机关专项监督活动中发现的问题，在全市法院系统开展专项评查，规范了行政非诉执行活动。

（三）湖北省某县水利局申请强制执行肖某河道违法建设处罚决定监督案

基本案情：2011年9月，湖北省某县村民肖某未经许可，擅自在某水库库区（河道）管理范围内316国道某大桥下建房（房基）5间，占地面积289.8平方米。2011年11月3日，某县水利局根据《水法》第65条作出《行政处罚决定书》，要求肖某立即停止在桥下建房的违法行为，限7日内拆除所建房屋，恢复原貌；罚款5万元；并告知肖某不服处罚决定申请复议和提起诉讼的期限，注明期满不申请复议、不起诉又不履行处罚决定，将依法申请法院强制执行。肖某在规定的期限内未履行该处罚决定，亦未申请复议或提起行政诉讼。2012年3月29日，县水利局向法院申请强制执行，2012年4月23日，县法院作出行政裁定书，裁定准予执行行政处罚决定，责令肖某履行处罚决定书确定的义务。但肖某未停止违法建设，截至2017年4月，肖某已在河道区域违法建成4层房屋，建筑面积约520平方米。

主要阐明：检察机关办理行政非诉执行监督案件，应当查明行政机关对相关事项是否具有直接强制执行权，对具有直接强制执行权的行政机关向法院申请强制执行，法院不应当受理而受理的，应当依法进行监督。检察机关在履行行政非诉执行监督职责中，发现行政机关的行政行为存在违法或不当履职情形的，可以向行政机关提出检察建议。

监督过程：1. 线索发现。县检察院于2017年4月通过某日报《"踢皮球"执法现象何时休?》的报道发现案件线索，依职权启动监督程序。检察机关经调查发现，肖某在河道内违法建设的行为持续多年，违反了国家河道管理规定，违法建筑物严重影响行洪、防洪安全。水利局和法院对违法建筑物未被强制拆除的原因则各执一词。法院认为，对违反水法的建筑物，水利局是法律明确授予强制执行权的行政机关，法院不能作为该案的强制执行主体。但水利局认为，其没有强制执行手段，应当由法院强制执行。

2. 监督意见。检察机关审查认为：法律没有赋予水利局采取查封、扣押、冻结、划拨财产等强制执行措施的权力，对于不缴纳罚款的，水利局可以向法院申请强制执行；但根据行政强制法和水法等相关规定，水利局对于河道违法建筑物具有强行拆除的权力，不应当向法院申请强制执行。因此，水利局向法院申请执行行政处罚决定中的拆除违法建筑物部分，法院不应当受理而受理并裁定准予执行，违反法律规定。县检察院于2017年5月向县水利局提出检察建议，建议其依法强制拆除违法建筑物；同年8月向县法院提出检察建议，建议其依法履职、规范行政非诉执行案件受理等工作。

3. 监督结果。县水利局收到检察建议后，立即向当地党委政府报告。在县委、县政府的大力支持下，河道违法建筑物被依法拆除。县法院收到检察建议后，回复表示今后要加强案件审查，对行政机关具有强制执行权而向法院申请强制执行的案件裁定不予受理。

指导意义：一是检察机关办理行政非诉执行监督案件，应当依法查明行政机关对相关事项是否具有直接强制执行权。我国行政强制法规定的行政强制执行，包括行政机关直接强制执行和行政机关申请法院强制执行两种类型。法律赋予某些行政机关以直接强制执行权的主要目的是提高行政效率,及时执行行政决定。如果行政机关有直接强制执行权,又向法院申请执行,不但浪费司法资源,而且容易引起相互推诿,降低行政效率。检察机关办理行政非诉执行监督案件,应当查明行政机关是否具有直接强制执行权,对具有直接强制执行权的行政机关向法院申请强制执行,法院不应当受理而受理的,应当依法进行监督。《水法》第65条第1款规定:"在河道管理范围内建设妨碍行洪的建筑物、构筑物,或者从事影响河势稳定,危害河岸堤防安全和其他妨碍河道行洪的活动的,由县级以上人民政府水行政主管部门或者流域管理机构依据职权,责令停止违法行为,限期拆除违法建筑物、构筑物,恢复原状;逾期不拆除、不恢复原状的,强行拆除……"根据上述规定,对河道管理范围内妨碍行洪的建筑物、构筑物,水行政主管部门具有直接强行拆除的权力。但在该案中,水利局本应直接强制执行,却向法院申请执行,法院不应当受理而受理、不应当裁定准予执行而裁定准予执行,致使两个单位相互推诿,河道安全隐患长期得不到消除,检察机关依法提出检察建议,促进了问题的解决。

二是检察机关在履行行政非诉执行监督职责中,发现行政机关的行政行为存在违法或不当履职情形的,可以向行政机关提出检察建议。最高人民检察院《人民检察院检察建议工作规定》第11条规定:"人民检察院在办理案件中发现社会治理工作存在下列情形之一的,可以向有关单位和部门提出改进工作、完善治理的检察建议:……(四)相关单位或者部门不依法及时履行职责,致使个人或者组织合法权益受到损害或者存在损害危险,需要及时整改消除的;……"根据上述规定,检察机关发现行政机关向法院提出强制执行申请存在不当,怠于履行法定职责的,应当向行政机关提出检察建议。对由于行政机关违法行为致使损害持续存在甚至继续扩大的,应当更加重视、优先快速办理,促进行政执行效率提高,及时消除损害、减少损失,维护人民群众的合法权益。该案中,检察机关针对水利局怠于履职行为,依法提出检察建议,促使河道违法建筑物被拆除,保障了行洪、泄洪安全,保护了当地人民群众的生命财产安全。

图书在版编目（CIP）数据

最高人民检察院司法解释指导性案例理解与适用. 2019 / 最高人民检察院法律政策研究室编著. —北京：中国检察出版社，2020.12
ISBN 978-7-5102-2502-4

Ⅰ.①最… Ⅱ.①最… Ⅲ.①法律解释-中国②案例-中国③法律适用-中国 Ⅳ.①D920.5

中国版本图书馆CIP数据核字(2020)第215738号

最高人民检察院司法解释指导性案例理解与适用（2019）
最高人民检察院法律政策研究室　编著

出版发行：	中国检察出版社
社　　址：	北京市石景山区香山南路109号　（100144）
网　　址：	中国检察出版社（www.zgjccbs.com）
编辑电话：	（010）86423753
发行电话：	（010）86423726　86423727　86423728
	（010）86423730　86423732
经　　销：	新华书店
印　　刷：	北京宝昌彩色印刷有限公司
开　　本：	710 mm×960 mm　16开
印　　张：	30.25
字　　数：	551千字
版　　次：	2020年12月第一版　2020年12月第一次印刷
书　　号：	ISBN 978-7-5102-2502-4
定　　价：	95.00元

检察版图书，版权所有，侵权必究
如遇图书印装质量问题本社负责调换